中国社会科学院 学者文选

王怀宁集

中国社会科学院科研局组织编选

中国社会科学出版社

图书在版编目(CIP)数据

王怀宁集 / 中国社会科学院科研局组织编选. —北京：中国社会科学出版社，2004.1（2018.8 重印）
（中国社会科学院学者文选）
ISBN 978-7-5004-3780-2

Ⅰ.①王… Ⅱ.①中… Ⅲ.①王怀宁—文集②经济—世界—文集 Ⅳ.①F11-53

中国版本图书馆 CIP 数据核字（2003）第 099380 号

出 版 人	赵剑英
责任编辑	周兴泉
责任校对	石春梅
责任印制	戴 宽

出　　版	中国社会科学出版社
社　　址	北京鼓楼西大街甲 158 号
邮　　编	100720
网　　址	http://www.csspw.cn
发 行 部	010-84083685
门 市 部	010-84029450
经　　销	新华书店及其他书店
印刷装订	北京市十月印刷有限公司
版　　次	2004 年 1 月第 1 版
印　　次	2018 年 8 月第 2 次印刷
开　　本	880×1230　1/32
印　　张	13.5
字　　数	322 千字
定　　价	79.00 元

凡购买中国社会科学出版社图书，如有质量问题请与本社营销中心联系调换
电话：010-84083683
版权所有　侵权必究

出版说明

一、《中国社会科学院学者文选》是根据李铁映院长的倡议和院务会议的决定，由科研局组织编选的大型学术性丛书。它的出版，旨在积累本院学者的重要学术成果，展示他们具有代表性的学术成就。

二、《文选》的作者都是中国社会科学院具有正高级专业技术职称的资深专家、学者。他们在长期的学术生涯中，对于人文社会科学的发展作出了贡献。

三、《文选》中所收学术论文，以作者在社科院工作期间的作品为主，同时也兼顾了作者在院外工作期间的代表作；对少数在建国前成名的学者，文章选收的时间范围更宽。

中国社会科学院

科研局

1999 年 11 月 14 日

目　录

序 …………………………………………………………（1）
主要资本主义国家的通货膨胀及其对经济危机的影响………（1）
略论战后资本主义世界经济发展的特点 ………………（11）
欧洲货币体系的建立与货币战的加剧 …………………（22）
国际贸易对资本主义国家经济发展的影响 ……………（34）
浅议当前美国的经济危机和高利率 ……………………（45）
略论战后金融资本的发展 ………………………………（59）
当前资本主义世界经济危机问题 ………………………（86）
谈谈当前世界经济形势中的几个问题 …………………（101）
80年代世界经济发展趋势及其对世界政治的影响 ……（109）
2000年的国际经济环境与我国的对外开放……………（123）
美国在世界经济中的地位变化…………………………（150）
世界经济的低速增长与我国的对外开放………………（168）
试论当代帝国主义的特点与我们所处的时代…………（185）
美国和日本经济地位的变化及其对我国对外开放的
　　影响……………………………………………（202）

中国改革与开放的国际环境……………………………（214）
变化中的世界经济与中国………………………………（222）
人类似将以相当沉重的步伐走向 21 世纪 ……………（236）
全球贸易，看石油眼色行事……………………………（250）
1991 年世界经济的增长速度将更为缓慢………………（254）
国际新格局与国际新秩序………………………………（269）
世界经济尚难摆脱不景气………………………………（282）
世纪之交的世界政治与经济格局的巨大变化…………（291）
世纪之交我国的国际环境………………………………（300）
世界经济形势出现好转…………………………………（321）
世界经济缓慢而相对平稳地发展
　　——世界经济形势 1996 年的回顾与 1997 年的
　　展望……………………………………………（328）
试论世界经济发展的主要趋势
　　——兼及"知识经济"与其他…………………（338）
进入 21 世纪的世界经济格局 …………………………（353）
纵观世纪，回眸沧桑
　　——20 世纪世界经济发展的历程 ……………（367）
迈入经济信息化和全球化的新时代
　　——21 世纪世界经济的发展趋势 ……………（387）
《世界经济与中国》序…………………………………（409）

作者主要著述目录……………………………………（414）
作者年表………………………………………………（418）
编后……………………………………………………（419）

序

在王怀宁同志逝世两周年之际,《王怀宁集》与读者见面了。中国社会科学院世界经济与政治研究所和中国世界经济学会的同志委托我为文集作序,王怀宁同志的夫人李泽兰同志也希望我为文集写几句话,我作为怀宁同志近半个世纪的老战友,当责无旁贷,但惟恐寥寥数笔难以尽述怀宁同志的学术思想和学术风格!

怀宁同志是我的老同学、老同事。1956年,我们一同考入中国人民大学经济学系,毕业后一同留校当教员。1970年"文革"期间,人民大学被迫停办,我们一同调到北京大学经济系工作;粉碎"四人帮"后,人大复校,我们又一同回到母校。以后,他调到社科院,虽同我不在一个单位,但由于我们专业相同,还是经常在一起开会,联系十分紧密。怀宁同志虽与我是同班同学,但他年长我6岁,1950年便参加了工作,政治上比我们成熟、老练。早在大学期间,他担任党支部书记时就表现出了很强的组织才能和协调能力。在业务上,他更是才华横溢,出类拔萃。

毕业留校工作的最初几年,怀宁同志作为一个青年教师便能洞察世界经济中出现的新问题、新现象,在当时的学术杂志和报纸上发表文章，在学术上已小有名气。但是，我们这一代人生不逢时，在那个"以阶级斗争为纲"的时代，反右派、反右倾、四清、"文化大革命"、批邓、反击右倾翻案风等，政治运动一个接着一个，在这种政治环境中，有才气的知识分子能有何作为？被埋没的何止怀宁同志一个人啊！

党的十一届三中全会，为我们国家迎来了真正的科学春天。怀宁同志豪情满怀地投入到我国改革开放的伟大事业中。从1978年到他去世时的2002年的24年中，他独立撰写了3本专著，主编或参与编写学术著作和教材30余本，撰写学术论文100余篇，共完成写作近300万字，学术成就卓著，他参与的学术著作多部获省部级优秀著作奖，并被出版社多次再版和重印，成为畅销书，如《世界经济史》、《资本主义兴衰史》等。他在80年代初出版的《国际金融与贸易》一书是国内同类作品中最早的著作之一，并被译成日文在日本出版，在国内外产生了广泛的影响。

本文集的30篇论文是从怀宁同志的100多篇论文中选出来的，每篇文章都凝结着他独到的见解和创新的精神。从这些论文中，可以看出怀宁同志的学风和文风都有自己独特的风格。他从不随波逐流、人云亦云。中国社会科学院世界经济与政治研究所主办的《世界经济》杂志每年都有一期"世界经济回顾与展望"特刊，对世界经济一年来的发展、变化进行权威性的评论。社科院人才云集，担任写作的大多为本领域的顶尖人物，而怀宁同志每次都承担总论部分的写作，每次他都是高屋建瓴，对世界经济作出深刻而全面的分析，令人折服。特别值得一提的是，1999—2000年和2000—2001年《世界经济黄皮书》，总论部分的撰稿人都是怀宁同志。前者是概括20世纪100年世界经济发展的历程，后者是写21世纪世界经济的发展趋势，前后跨度200年，要总结前100年的历史发展规律并预测后100年的发展趋势，涉及到经济、政治、历史、社会等诸多方面的问题，难度之大，可想而知，没有深厚的学术造诣，没有对世界经济与政治的深刻洞察力和透彻研究，是很难胜任这一工作的。应该说，怀宁同志非常出色地完成了这一任务。这两篇论文表现了怀宁同志的胆识、勇气、智慧和力量，充分说明他是一位著名的世界经济和国际问题专家。特别值得一提的是，写第二篇论文的时候，怀宁同志已经重病在身，正在同疾病进行积极的斗争，他以视死如归的大无畏精神接受了这项任务，并如此出色地完成了任务。这是要付出比常人多得多的艰辛，可见怀宁同志是一位意志多么顽强的学者！做学问如同他做人一样，怀宁同志一生刚直不阿，敢作敢为，无论是我们国家顺利的时候，还是处于逆境之中，他都充满着乐观主义的必胜信念。

王怀宁同志多年担任中国世界经济学会副会长兼秘书长、会长，为我国世界经济学的建设和发展做出了重要贡献；他还兼任中国人民大学、南开大学、复旦大学等著名高校的兼职教授，他的品格和学识赢得学生的尊敬与爱戴，可谓桃李满天下！

昔人已乘黄鹤去，作为生者谨以这本《文集》寄予我们对王怀宁同志的深深怀念！

杜厚文
2003年10月23日

主要资本主义国家的通货膨胀及其对经济危机的影响

通货膨胀是由于货币的供应量超过了商品流通的实际需要而引起的。通货膨胀的必然结果是引起纸币贬值,而纸币贬值则表现为物价上涨。所以,物价上涨就成了通货膨胀的重要标志。当然,我们不能把物价上涨和通货膨胀完全等同起来。因为,引起物价上涨的因素是多方面的,如供求关系的变动(特别是资本主义再生产周期的影响)、垄断价格的形成,都会造成物价上涨。但是通货膨胀在当前西方国家持续的物价上涨中无疑是最主要的因素。

通货膨胀业已成为主要资本主义国家的经济通病。它是垄断资本及其利益的代表者帝国主义国家为攫取高额利润、对付经济危机和加紧对外掠夺而放出的"妖魔"。但它一经出笼,就再也不受放出者的驾驭。它开始肆虐于整个资本主义世界。通货膨胀和经济危机交织并发的严重局面发生了,使这些国家的经济旧疾未除,新病又添,从而动摇着帝国主义自己的统治基础。

一

纸币流通已经有三四百年的历史,但经常性的通货膨胀则是进入帝国主义时期,特别是二次大战以来才发生的现象。过去,在金币流通的情况下,纸币只是辅助的流通手段。而金币能执行货币贮藏手段的职能,可以自发地调节流通过程中的货币量。所以,一般是在发生战争、灾荒等特殊情况时,国家发行过多的纸币才引起通货膨胀,通货膨胀不是经常性的。第一次世界大战以后,资本主义货币制度危机发生和发展起来,到30年代,资本主义国家原来实行的"金本位制"便彻底垮台了,各资本主义国家相继完全实行纸币流通。这就为通货膨胀开放了绿灯。而国家垄断资本主义的空前发展,则为通货膨胀提供了肥土沃壤。

战后,随着国家垄断资本主义的进一步发展,西方主要资本主义国家的通货膨胀也日益发展,愈来愈严重。其发展过程大体有三个阶段。

(一)战后初期,各主要资本主义国家的物价普遍猛烈上涨。从1946年到1949年,日本的消费物价上涨了3.7倍,每年平均增长达67.8%。当时经济情况最好的美国,同期的消费物价年平均上涨率也高达7.3%。这一时期的物价上涨,有通货膨胀的因素,也有物资缺乏、供不应求的因素,而且后者的作用还更大一些。

(二)从20世纪50年代到60年代,可以说是慢性通货膨胀时期。这20年中,主要由于通货膨胀的因素,物价总的趋势是不断上升的,但上涨的幅度还比较小。在50年代,主要资本主义国家消费物价上涨最快的是法国,平均每年的上涨率是3.4%,上涨率最低的是西德,每年仅为1.1%。到60年代,各主要资本主义国家的物价上涨已呈加快趋势,例如西德的上涨率为2.6%,法国的上涨率为4.0%。但发展仍然不算猛烈。

(三)进入70年代以来,主要资本主义国家的通货膨胀日趋严重,物价因之迅速上涨。许多主要资本主义国家的消费物价年上涨率都曾突破 10%，达到"双位数"。1975 年，英国和日本的消费物价年上涨率曾高达 24.2% 和 23.2%。最近两年，各主要资本主义国家的消费物价上涨速度虽比前几年有所放慢，但比之 50 和 60 年代，仍然要高得多。1977 年，各主要资本主义国家消费物价的年上涨率分别是：美国 6.8%，日本 4.8%，西德 3.5%，法国 9.0%，英国 12.1%，意大利 15.0%。美国 1978 年下半年以来物价的上涨折合年率又已开始达到"双位数"。看来，各国由于通货膨胀引起物价上涨的这种势头，今后还要继续下去。

从战后各主要资本主义国家通货膨胀的发展过程，我们可以看出如下特点：从通货膨胀所涉及的面来看，它已不是个别国家的偶然现象，而是囊括了各主要资本主义国家的经济"瘟疫"，这是普遍性。从其延续的时间来看，它已不是暂时的现象，可以说已经从战后一直连绵至今，而且往后也望不到尽头，这是经常性和长期性。从整个发展趋势来看，通货膨胀大有一个阶段比一个阶段更为严重之势，各国政府已很难改变这种愈益严重的通货膨胀和物价上涨的局面，这是严重性。从其对资本主义再生产过程的影响来看，通货膨胀已与财政危机、经济危机等等交织在一起，使各国统治阶级苦无两全之策，深陷两难之中，这是并发性。

主要资本主义国家的通货膨胀发展到今天如此严重的地步，是资本主义固有矛盾发展的必然结果，是资本主义总危机在货币金融领域里的重要表现，因而也是无法加以解决的。

二

当前，各主要资本主义国家的通货膨胀已经发展到相当严重的程度。这可以从如下几个方面来分析：

（一）各主要资本主义国家货币供应量的增长已越来越快于生产的发展。在50年代，各国货币供应量的增长和工业生产的发展速度大体上还比较一致，有的国家货币供应量的增长还稍慢于工业生产的发展速度，这是比较正常的。到了60年代，在主要资本主义国家中多数国家货币供应量的增长快于工业生产的发展。如日本、西德、法国、意大利的货币供应量年平均增长率各为17.1%，8.0%，9.4%和15.5%；而它们工业生产的年平均增长率仅为13.6%，5.2%，5.8%和7.2%。仅美国和英国货币供应量和工业生产的年平均增长率大致相当。进入70年代，各国货币供应量的增长速度全都大大超过了工业生产的发展速度。从1971年到1976年，各国货币供应量的年平均增长率分别是：美国5.8%，日本17.5%，西德9.4%，法国12.0%，英国12.6%，意大利15.5%。同期它们工业生产的年平均增长率则是：美国2.7%，日本3.8%，西德1.9%，法国3.5%，英国0.4%，意大利3.4%。货币供应量的增长要高出工业生产发展速度的一倍到十几倍。

（二）流通过程对货币量的需求相对减少是加重通货膨胀的一个重要因素。在这方面信用膨胀起着极为重要的作用。战后，无论是资本家之间的商业信用和银行信用，还是资本家对消费者实行的消费信用，都急剧发展。资本家的商品有很大数量是通过信用赊销出去的，并没有用货币作为媒介。如从1950年到1976年，美国的国内信贷总额从1522亿美元增加到了8779亿美元，增长5倍多；日本的国内信贷总额从1953年的38290亿日元猛增至1976年的1692980亿日元，增长近45倍。这当然会极大地减少对货币量的需要，而使货币供应量的超额现象更为严重。

（三）货币流通速度的加快进一步加剧了通货膨胀。随着生产和技术的发展，货币流通速度加快了。并且，在通货膨胀的情况下，人们为了避免货币购买力下降、物价不断上涨所带来的损失，总是想方设法要把手中的货币尽快地花出去换回商品。以占货币供应量大部分的活期存款来说，美国纽约银行的活期存款周转率，已从1954年一年周转24.1次，增加到现在的200多次，增长6倍以上。这虽然不是直接增加了货币的供应量，但却从减少需要方面使货币供应量更加显得过多了。

因此，无论是货币供应量的直接增加也好，还是对货币需要量的相对减少也好，都使通货膨胀朝着日益严重的方向发展。

必须指出，各主要资本主义国家通货膨胀的这种发展，主要是由于国家垄断资本主义的发展，是与这些国家大力推行"凯恩斯主义"，执行赤字财政政策直接有关的。

各主要资本主义国家把越来越多的财政开支用来干预经济发展过程，政府的财政支出庞大，赤字累累。美国在1946—1977年的32个财政年度里，就有21年有财政赤字，赤字净额高达1885亿美元。即使经济发展较快的日本，目前每年的财政赤字也已突破3万亿日元的大关。西德战后的财政赤字总额则早已超过1000亿马克。从上可以看出，赤字财政已成为各主要资本主义国家所共有的经济现象和特点。赤字财政必然会带来通货膨胀。因为，财政赤字的弥补办法主要是发行公债和印制钞票，其结果都是大大增加货币供应量。发行钞票，直接增加着流通中的纸币量。发行公债也会增加货币供应量。这是由于在资本主义国家里，发行银行只要握有国家公债就可以用其作为担保来增发钞票。国家发行公债还会引起银行存款的增加。因为，在资本主义国家里，公债的相当大部分是由银行承购的。银行在承购公债时并不直接付出现金，而只是在政府的账户上为其记上一笔相应的存款，在国家需要时再开支票支取使用。增加一笔存款，也就等于增发一批货币。银行由于购买公债，增加了一笔政府存款，而银行有了存款，是要将之贷放出去收取利息的。而接受银行贷款的资本家也不会把借来的钱马上全部支出使用，就又把它存入银行备用。这样，银行由于有了存款而增加贷款，而贷款又会引起新的存款，也就是派生存款。派生存款是同样要增加支票流通的，从而进一步增加着货币供应量。可见，发行公债不仅和发行钞票一样会增加货币供应量，它甚至比直接发行钞票还厉害，起着双重、三重地增加货币供应量的作用。正因为如此，当前主要资本主义国家因财政赤字而发行的巨额公债，也就成了引起通货膨胀严重发展的一个极重要的原因。由于赤字财政已成为国家垄断资本主义干预社会经济生活不可或缺的重要财政金融措施，这就决定了，通货膨胀只能继续不断地发展下去。把通货膨胀作为"头号敌人"，要向通货膨胀"宣战"等等，只能是各国统治阶级用来继续施行通货膨胀的挡箭牌和遮羞布。

三

垄断资产阶级是把通货膨胀当作解脱经济危机的天书妙法来加以运用的。他们以为，只要政府实行膨胀政策来刺激经济的发展，就能够解决生产和消费的矛盾，从而也就可以消除经济危机。但是结果却并不如是。

马克思曾指出："一切真正的危机的最根本的原因，总不外乎群众的贫困和他们的有限的消费，资本主义生产却不顾这种情况而力图发展生产力，好像只有社会的绝对的消费能力才是生产力发展的界限。"[①] 从经济危机发生的这一"最根本的原因"来

---

① 马克思：《资本论》第3卷，第548页。

看，通货膨胀却毋宁说是经济危机的催化剂和推动力。因为，实行赤字财政、搞通货膨胀，乃是通过进一步扩大生产而又大大限制了以后的消费这样的办法来应付眼前的经济危机的。结果，还是马克思和恩格斯早就说过的那句话："这究竟是怎样的一种办法呢？这不过是资产阶级准备更全面更猛烈的危机的办法，不过是使防止危机的手段愈来愈少的办法。"[①]

先看看赤字财政和通货膨胀是怎样进一步刺激了生产的发展，从而对经济危机发生影响的：

首先，它使主要资本主义国家的固定资本更新发生了很大的变化。由于政府通过财政支出直接进行投资，并通过采购大量的商品和劳务促使私人垄断资本进行投资，固定资本更新比之过去是规模更大、速度更快了。政府的其他膨胀政策，诸如加速折旧、优惠赋税、压低利息、放宽信贷等等，也都刺激私人垄断资本进行更多的固定资本投资。这不仅使固定资本投资经常保持在较高的水平上，而且即使在经济危机时期，也不像过去那样大幅度下降。以美国为例，第二次世界大战前，经济危机时期加工工业的固定资本投资都大幅度地下降，在1920—1921年和1929—1933年经济危机期间分别下降了57%和79%。而在战后发生的历次经济危机期间，固定资本投资的下降幅度就大大缩小了，一般只下降百分之几，最多的一次也只下降了28%，不及战前降幅的一半。在1973—1975年美国战后最严重的一次经济危机期间，私人固定资本投资也只下降了不到17%。其他主要资本主义国家的情况也莫不如此。经济危机本来是要通过强制性地破坏过剩的生产力来缓和生产和消费的矛盾，现在，由于固定资本投资加速进行，不但达不到这一目的，却反而使问题更加突出和严

[①] 马克思恩格斯：《共产党宣言》，《马克思恩格斯选集》第1卷，第257页。

重。当然，从暂时的效果来看，它可以通过增加对生产资料的需求和增加一部分工人就业，起一定的带动整个社会生产的作用，也似乎确能因此较快地阻止生产下降而渡过经济危机。但是，从长远来看，这种矛盾的暂时解决是靠进一步扩大生产力来实现的，这就埋下了更大冲突的种子。矛盾积累起来了，到了一定程度，就会导致更加严重而猛烈的经济危机。

其次，国家扩大政府开支、实行膨胀政策还加快了科学技术的发展。国家投资从事科学研究当然主要是为了军事的目的。但科学研究的成果不单是被用于军事工业和与之有关的工业，它总是要在一定程度上、一定时期后被用于其他生产部门的。战后，各主要资本主义国家的科学技术比较迅速地发展，在很大程度上是和资产阶级政府致力于科学技术的研究工作密切关联着的。在美国，国家用于科学技术研究的资金，约比私人资本高出50％，在法国，前者更比后者高出一倍以上。国家直接参与科学技术的研究，作为推动资本主义生产更快发展的一个重要因素，同时也就是加剧生产和消费之间矛盾的一个原因。

第三，为了免遭通货膨胀、物价上涨而带来的损失，资本家和一般居民都比过去更快地花出货币、购买生产资料和消费品，甚至借债消费。这就使商品的销售增快，造成虚假的繁荣，从而也促使资本家进一步盲目地扩大生产，使生产过剩进一步加剧。

第四，由于通货膨胀，物价上涨，而工资的增长有时慢于物价上涨，工人的实际工资也因之下降。美国有的经济学家曾经估计，由于通货膨胀和劳动生产率的提高，美国制造业的剥削率已从1947年的146％增至1969年的226％。资本剥削率的提高，刺激着资本家更进一步地扩大生产规模以攫取更多的利润，加速着资本的积累，使资本家能够有进一步扩大生产的能力。

通货膨胀加速和加重经济危机，不仅仅在于促使生产进一步盲目发展这方面，它还在降低劳动人民的购买力和整个社会的消费水平方面起着作用。因此，它的影响是双重的。

国家扩大政府开支、实行通货膨胀是靠增税、借债和增加货币供应量来实现的。增税加重着对劳动人民的剥削。不仅个人所得税大部分要向劳动人民征收，而且其他种种赋税，最终也是要转嫁到劳动人民和消费者身上的。借债同样在加重着劳动人民的负担。劳动人民受着增税、国债、增发通货有几重压迫，购买力当然要被压到最低的水平。然而劳动人民占人口的绝大多数，他们的消费在社会总的私人消费中是占着极大比重的。这就一定会使生产和消费的矛盾更加尖锐。

信用膨胀是通货膨胀的重要组成部分。在信用膨胀中，银行对工商企业放款的扩大，不仅加剧着生产的盲目发展，而且大大增加了触发经济危机的因素。只要有个别企业破产倒闭，就会引起连锁反应，引起货币信贷领域的混乱，从而会使经济危机加速和加重。消费信用则是靠牺牲劳动人民以后的购买力来实现商品销售的。它的沉重利息负担也极大地压缩着未来劳动人民的购买力。

非常明显，通货膨胀绝不是经济危机的免疫剂。它对经济危机的影响有着两重性。但这种两重性并不是对等的、平衡的。在实行通货膨胀之初，其促使生产扩大、增加消费需求的作用可以比较明显，能够对经济危机起一定的缓冲作用。但是，长期实行，这种缓冲作用就会逐渐缩小，而其加速、加重经济危机的作用就会逐渐显露，发挥更大得多的破坏力。1973—1975年资本主义世界战后最严重的一次经济危机的爆发，以及此后各主要资本主义国家的经济长期恢复不到经济危机前的最高水平，已经开始向我们显示出，这些国家近年来大肆实行通货膨胀，已在自食其果。

用通货膨胀来解决经济危机问题，已使各国统治阶级面临着经济危机和通货膨胀并存的局面，陷入了两难的困境之中。严重的通货膨胀对物价上涨的强劲推力，大大超过了经济危机迫使物价下跌的力量。结果，在经济危机期间物价甚至比之过去上涨更加猛烈。经济危机通过破坏生产力、迫使物价下跌而使生产力和有支付能力的消费取得暂时的、相对的平衡这一作用，现在达不到了。矛盾进一步积累着。一旦经济危机过去了，通货膨胀的矛盾就会突出起来。这时，政府又不得不采取一些措施抑制一下通货膨胀。紧缩开支、提高利率、增加税收、如此等等，使生产资料和消费资料的需求大大减少。这样，又很可能成为又一次经济危机的引爆剂。正是在这种情况下，经济危机和通货膨胀已经结下了不解之缘，双双紧密交织在一起了。资本主义生产关系成为生产力发展的严重桎梏，在这里是更清楚地表现出来了。面对这种景况，各国统治阶级中一些人士也提出了实行凯恩斯主义"是不是反而害了自己"的问题。资本主义生产方式的"经济危机"，是无法根治的。垄断资产阶级的谋士们所开的最好药方充其量也只能使帝国主义的寿命稍微延长一个时期而已。

（原载《世界经济》1979 年第 1 期）

略论战后资本主义世界经济发展的特点

第二次世界大战后世界的政治经济发生了深刻的变化。各主要资本主义国家的经济有了相当快的发展，并出现了一些新的特点，概括起来，大体上有如下几点：

（一）生产和科学技术的发展比较迅速，生产社会化和国际化有了很大程度的提高。同时，进一步激化了国内外的矛盾。主要资本主义国家的国民生产总值，在20多年中增长了十几倍。1913—1938年的25年里，资本主义世界的工业生产总共增长了52%，平均年增长率不到1.7%；1946—1970年，同样是25年，资本主义世界的工业生产竟增长了大约四倍，平均年增长率高达6%左右，比过去快三倍多。[1] 有的国家（如日本和西德）更快一些。谷物总产量在战后增长了大约两倍。[2] 由于农业有较快的增长，一些原来农产品依赖进口的国家，如法国和西德，现在在不同程度上也有了较大量的农产品出口。

主要资本主义国家生产的迅速发展，是与科学技术的进步

---

[1] 参见《国际贸易问题》1978年第2期，第2页。
[2] 参见联合国粮农组织《生产年鉴》有关数字。

密切相关的。战后的科学技术进步，被看作是资本主义发展史上的"第三次工业革命"。这次"工业革命"是以原子能、电子计算技术和空间技术的发展和运用为其标志的。科学技术的进步，大大提高了劳动生产率，据美国官方统计，在1967—1977年的十年中，各主要资本主义国家劳动生产率的年平均增长率分别为：日本6.8%，西德5.3%，意大利5.3%，法国5.2%，英国2.5%，美国2.3%。① 虽然快慢不一，但总起来说不能算慢。农业劳动生产率的提高也很快。例如，美国每个农业工人的生产量所能供养的人数，1950年为15.5人，现在，已提高到将近60人。② 同时，随着科学技术的发展，开创了许多新兴的工业部门，扩大了生产的领域，并使生产的结构发生了巨大的变化。电子工业、原子能工业、航空工业、石油化学工业等等，日益成为重要的工业部门。这对整个国民经济的发展也起着很大的推动作用。

　　追逐利润是资本的最高原则。科技革命和生产发展，当然也是在利润的推动下进行的，从而不但带来很大的局限性，而且加深着资本主义的各种固有的矛盾。从生产结构的变化来看，与许多新兴的工业部门迅速发展的同时，不少老的工业部门，如煤炭工业、棉纺织工业等等，因无法与石油工业、化学纤维工业相竞争，急剧地衰落了。即使有丰富的煤炭资源，也不能得到很好的利用，形成了片面依赖石油的局面。这些部门的衰落，使许多旧的工业区越来越萧条，形成了不少失业特别严重的部门和地区。这使经济发展的不平衡加剧了，也使阶级矛盾加剧了。从整个国民经济来看，物质生产部门在国内生产总值中所占之比重大大下

---

① 参见《新闻周刊》1978年5月29日，第39页。
② 参见《美国统计摘要》各年数字。

降。据统计，主要资本主义国家的工农业现在已只占国内生产总值的47％左右，而服务业（包括教师、政府雇员等等在内）则约占53％，超过了一半。[①] 在相当大的程度上与生产受到劳动人民有支付能力的消费水平的限制有关，这也是帝国主义寄生性和腐朽性加深的一种表现。

科学技术的发展，使人们的日常生活方式也随着工业化和电气化了。这为资本家开辟了新的资本市场，也使资本对劳动人民的剥削进一步从生产领域扩大到了消费领域。

科学技术进步产生了更高效率的机器和设备，生产的分工和专业化程度大大提高，相互的依存关系也更为密切，这使资本主义企业从生产过程到产品销售都具有了更高程度的社会化。例如，即使是世界上最大的钢铁企业——新日本钢铁公司，如果离开了几百家协作企业，离开了从国外输入的矿石和燃料，就根本无法进行生产。就是只有几个人经营的一座养鸡场，要饲养几十万只鸡，如果没有饲料、运输、收购、销售等一系列其他企业与之协作，也是很难想象的。

随着生产社会化的发展导致了进一步地国际化，这些国家国内市场的相对狭小，生产力的迅速扩大，只能从发展国际市场去寻找出路，其生产力的发展无不带有明显的世界规模的趋向。生产国际化的加强，集中地反映在它们对进出口贸易的依赖程度上。从战后初期到现在，这些国家的出口贸易额在国民生产总值中所占的比重，少则提高了1/3—1/2，多则增长1—2倍。总起来说，这些国家所生产的商品现在已大约有1/3是依靠在国外市场上销售的，而有些国家、特别是某些重要的工业产品，甚至主要是依

[①] 参见《经济导报》1979年2月21日，第37页。

靠国外市场来维持再生产过程正常运转的。[1] 随着生产的发展，这些国家原料和燃料的供应也越来越依靠国外市场，有的甚至高达90%以上。[2] 此外，生产社会化和国际化的发展，还反映在一些新兴工业和大型工程的国际合作经营上。一些国家联合搞科学试验卫星的发射、西欧国家合作生产"协和式"和"空中公共汽车"巨型超音速飞机等等，就是最突出的例子。生产力的发展已经达到超出了一个国家的资本能够单独从事和驾驭的能力。

主要由于科学技术进步所推动的生产力的相当大的发展，使生产力和资本主义私有制的狭隘界限产生更为剧烈的冲突，致使生产力在有了相当发展的情况下，又出现了发展速度大大减慢的趋势，并随着生产力的不断发展，这种矛盾还会更加激化。

（二）垄断，特别是国家垄断有了空前的发展，但无法克服资本主义固有的种种矛盾。随着生产比较快地发展，垄断的程度也大大提高了。以美国为例，一些重要的工业部门和行业，三家最大的垄断公司在全部营业额中所占的比重，在1976年分别达到：汽车77%，飞机61%，钢铁53%，电气和电子工业57%，化学工业36%，广播业81%，百货业40%，……[3] 垄断组织的资本积累也达到了巨大的规模。美国在本世纪初，资产10亿美元以上的大公司只有1家，而现在，资产100亿美元以上的特大公司有20—30家。[4] 日本垄断的发展同样很快。目前仅六大财团就控制了全国钢铁生产的50%、造船业的88%、汽车业的55%和进出口贸易的一半左右。[5]

---

[1] 参见《世界经济译丛》1978年第3期，第18页。
[2] 参见美国《总统经济报告》1978年1月。
[3] 参见《经济导报》所编《经济统计》，1977年11月25日。
[4] 参见《幸福》历年5月所载之统计材料。
[5] 参见《世界经济统计简编》，第322页。

国内垄断促进了国际垄断的发展。大量的跨国公司涌现和发展起来。目前，主要资本主义国家的跨国公司已有八九千家，其中营业额超过10亿美元的大公司就有500家左右，占有着资本主义世界工业企业资产总额的2/3。而在工业企业数量上只占0.002%。100家最大的国际银行则控制着全部货币金融业务的85%—90%。[①]

垄断是帝国主义最基本的经济特征。垄断的不断发展，超级公司的大量涌现，这是自从进入帝国主义时期以来就一直存在着的。战后垄断程度的提高只不过是继续着这一趋势。从这一意义上来说，还不能算是战后主要资本主义国家经济发展所独具的特点。战后在垄断发展方面真正具有重要意义的是国家垄断资本主义的大规模的、非常迅速的发展。

主要资本主义国家在战前没有或者很少有国营的企业或部门，而现在，主要资本主义国家国有经济在整个国民经济中所占的比重，除美国外，一般都已占30%—40%。西欧主要资本主义国家国有企业的资产一般已占全国企业资产总额的2/3左右。[②] 从生产部门来说，西欧主要资本主义国家的煤炭、石油、钢铁、电子、铁路、航空、造船、汽车等等，这样一些重要的部门和行业，不是全部国有，就是部分国营，都在不同程度上被置于国家的直接控制之下。由于能源、动力和主要工业原料部门已经国有，国有经济在国民经济的作用中也就显得更为重要。

但是，国有经济在国家垄断资本主义的经济作用中还只是一部分，在一些国家（如美国）甚至还是比较小的一部分。战后国家垄断资本主义空前发展更为重要的方面，毋宁说是在于资产阶

[①] 参见《世界经济译丛》1978年第3期，第18页。
[②] 同上，第5页。

级国家对整个社会经济生活的调节和干预。国家通过财政收支和各种货币金融政策直接或间接地干预从生产、分配直到交换和消费的整个经济过程，力图在不触动资本主义经济基础的范围内，尽可能地对资本主义生产关系的某些方面作局部的调整，以在一定程度上适应社会生产力的一定发展，缓和生产力和生产关系的尖锐矛盾和阶级矛盾。目前，主要资本主义国家的财政开支少的占国民生产总值的2/3，多的接近1/2。[①] 在这种情况下，国家开支的大小和重点所向，对国民经济各部门的发展不能不具有举足轻重的影响。国家的各项经济政策，不管是刺激膨胀，还是强制压缩，也都对再生产过程有一定的左右之力。有些国家（如法国）还通过制定国家计划来指导国民经济的发展。资产阶级国家采取的社会福利措施（如失业救济、医疗补助、普及教育……），则在一定时期内、在一定程度上缓和了阶级矛盾。国家对经济发展过程的种种干预，可以说对战后经济的较快增长是起了一定作用的。

当然，国家垄断资本主义对国民经济进行的干预和调整，是完全局限在资本主义生产关系所允许的范围之内的，它并不能从本质上改变资本主义的生产关系，解决资本主义固有的一切矛盾，摆脱危机。战后主要资本主义国家再生产的周期过程，特别是1973—1975年资本主义世界经济危机的爆发以及随后的经济"滞胀"局面，就充分说明了国家垄断资本主义干预社会经济生活有着很大的局限性。它的作用，一方面是在一定程度上适应生产力发展的要求，暂时缓和了一些矛盾，使国民经济在一个时期能有较快的发展；另一方面，又正是由于前一方面的作用，同时又加剧着生产力和资本主义生产关系的矛盾，为生产力的发展增

---

① 参见《国际金融统计》的有关数字。

添了新的桎梏。因此，资本主义的各种固有矛盾不但依然存在，而且还在继续发展之中。

（三）经济危机一般不如战前严重，各国经济危机的同期性也不明显，但资本主义的再生产过程仍一再为经济危机所中断。战后，主要资本主义国家的再生产过程，是在国家垄断资本主义空前发展和经常性通货膨胀的情况下进行的。国家垄断资本主义实行"反危机"的赤字财政政策，引起了严重的财政危机和通货膨胀。但经济危机并未因之消灭或减少。资本主义的再生产过程仍一再为经济危机所中断，就这一点来说，与战前相比并没有明显的区别。但是，国家垄断资本主义的政策措施，对资本主义再生产过程还是有影响的，这表现在：

第一，战后发生的经济危机迄今不如战前严重。即使把1974—1975年的经济危机包括在内，也还没有发生过如同战前1929—1933年那样空前猛烈的危机风暴。其原因：一方面，是科学技术革命，既扩大了生产设备改造和更新的需求，也增加了耐用消费品和其他生活用品的需要，对缓和生产和消费的矛盾起了一定的作用；另一方面，则是因为国家垄断资本主义的"反危机"措施在一定时间和一定程度上对缓和经济危机起了一定的影响。

第二，由于国家垄断资本主义的"反危机"措施，使经济危机延缓或减轻了，矛盾不是较好地解决，而是积累起来了，形成了破坏不重、回升不力的情况。

第三，由于国家垄断资本主义在货币金融领域里的种种政策措施，战后，在经济危机爆发时尚未同时发生过货币信用危机。不仅如此，甚至还产生了些新的情况，例如，由于严重的通货膨胀，经济危机时期的物价不但不下跌反而上涨；由于国家采取膨胀政策以摆脱危机，利息率不是提高而是下降；如此等等，都与过去有很大的不同。

第四，在资本主义形成世界体系之后，主要资本主义国家的经济危机一般都是同期爆发的。但是，战后，主要资本主义国家的经济危机，不但次数不同，而且时序也有差异，同期性表现得不明显。战后，一般公认的世界经济危机只有两次，一次是1957—1958年经济危机，一次是1974—1975年经济危机。这种情况的出现，也与国家垄断资本主义的政策措施有很大关系。例如，由于国民经济军事化的程度不同，各国的国家投资对各个工业部门的影响就很不一样；由于通货膨胀的严重程度和再生产过程的矛盾不一，各国对紧缩政策和膨胀政策的交替运用，也就有侧重点和时序上的差别；由于各国对外贸易和国际收支状况不同，其对国际市场的行情好坏、价格涨落、汇率高低所采取的对策也有轻重缓急之异；……这就造成了对各国再生产过程所产生的不同影响，并因之引起了周期过程的不一致。

但是，国家垄断资本主义对再生产过程所起的作用只能是暂时的和有限的。随着资本主义各种矛盾的积累，今后主要资本主义国家经济危机的频繁和严重将不可避免；在生产社会化和国际化程度不断提高、各国经济之间的相互联系和依赖进一步发展的情况下，经济危机的周期性也必定会日益明显；这是完全可以预计的。

（四）经济发展更加不平衡，大大加剧了各国之间的矛盾。主要资本主义国家经济发展不平衡的主要表现，是美国经济的相对衰落和日本与西欧"共同市场"的迅速崛起。

战后初期，美国在资本主义世界工业生产中所占的比重接近54%，黄金储备更高占3/4，并控制着国际贸易的大约1/3。[1] 当

---

[1] 参见《资本主义货币危机》，第15页。

时的美国，在资本主义世界经济中可以说是名副其实的霸主，对其他国家拥有着绝对的优势。但是，由于美国经济的发展速度相对缓慢，随着岁月的流逝，在30多年的时间里，美国在经济上的这种优势已经大部分丧失了。现在，美国在资本主义世界工业生产中所占的比重已下降到大约只有1/3多一点；黄金外汇储备下降到只占世界总额的6%—7%，还不及西德的一半，也落在日本、甚至英国之后；它在世界出口贸易中的比重已只占11%左右，而西欧"共同市场"和日本合在一起，则占45%以上，高出美国好几倍。[1] 时过而境迁，主要资本主义国家之间的经济力量对比所发生的变化是巨大的。

垄断引起停滞和腐朽，这是一般的规律和趋势。正是美国战后在资本主义世界经济中的垄断地位成了导致美国经济相对衰落的一个重要原因。列宁在分析第一次世界大战前后资本主义国家发展不平衡的情况时曾指出："整个说来，现在资本主义发展的迅速是从前远不能相比的，但是这种发展不仅一般地更不平衡了，而且不平衡也特别表现在资本最雄厚的国家（英国）的腐朽上面。"[2] 只要把列宁当时所说的英国换成现在的美国，这句话就完全适用于二次大战后的情况。

由于战后美国一直在资本主义世界处于垄断地位，它的工业不能像西德和日本那样更好地利用先进的科学技术来改造自己的生产部门。它甚至还要受旧有的部门和企业的一定拖累。这样，美国虽然在战后的科学技术发展方面并不落后，但工业劳动生产率增长却远远落后于其他主要资本主义国家。美国还利用垄断地

---

[1] 参见《国际金融统计》有关数字。
[2] 列宁：《帝国主义是资本主义的最高阶段》，《列宁全集》第22卷，第294页。

位,拼命进行资本输出,到处搞跨国公司,以扩张在世界各地的经济势力。战后仅美国在国外的私人直接投资达1400亿—1500亿美元,比战前增长了20多倍;[1] 此外,还有通过"援助"方式进行的大量国家资本输出。这当然要大大影响国内投资和生产的发展。再加上美国为了维持资本主义世界的霸主地位,并与苏联社会帝国主义争霸世界,它一直大力发展军事生产,维持着高额的军事开支,国民经济军事化的程度非常高,这也不能不影响经济的发展速度。因此,美国经济在战后的相对衰落也就是必然的了。

与美国经济相对衰落对应的,是西欧"共同市场"国家和日本经济的高速度发展。它们已从战后初期在经济上要仰仗美国鼻息的狼狈处境,强大到足以和美国在经济上一争高下了。当然,这些国家的经济规模还仍然远远不如美国。但是,它们的经济发展速度却大大超过了美国,在某些个别的生产部门,在对外贸易的许多方面,在货币金融领域的地位和状况,也已赶上或超过了美国。从当前的趋势来看,这种经济上的不平衡今后还会继续下去。它们在经济领域里与美国的矛盾与竞争也必然会进一步加剧。

这些就是主要资本主义国家战后经济发展的主要特点。

现在,主要资本主义国家的经济正处在一个转折点。第三次科学技术革命对经济的刺激力正在削弱;国家垄断资本主义的种种政策措施有的已经失灵,有的甚至开始走向反面;由于发展不平衡和市场问题的进一步尖锐化,它们相互间的经济矛盾加剧了;再加上发展中国家为反对旧的国家经济秩序正开展着日益激烈的斗争,主要资本主义国家的日子都很不好过。经济停滞、通

---

[1] 参见《美国统计摘要》有关年份数字。

货膨胀、失业增加、债台高筑，如此等等，都是无法克服的困难和问题。它清楚地显示出腐朽的资本主义制度正越来越成为生产力发展的障碍。帝国主义的历史地位决定了它们今后只能面对更大的矛盾和冲突，这是资本主义不可避免的。

（原载《教学与研究》1979年第5期）

欧洲货币体系的建立
与货币战的加剧

　　1979年3月，西欧"共同市场"国家正式建立了"欧洲货币体系"。"欧洲货币体系"的建立，是欧洲"共同市场"国家为实现"经济一体化"而取得的一个重大进展。它既反映了西欧"共同市场"国家在国际货币金融局势极端混乱的状况下求得偏安一隅的愿望，也表明了资本主义国际货币金融领域的斗争已进入更尖锐的时期。

一

　　西欧"共同市场"的关税同盟和"共同农业政策"的实施遇到了资本主义国际货币信用制度危机所带来的问题。由于美国经济的相对衰落和国际收支连年逆差，美元大量流出国外，美国的黄金储备急剧减少，从1960年开始爆发了美元危机。而当时在国际货币金融领域里实行的是以美元为中心的国际货币体系。这一体系的主要特点是以美元为中心实行固定汇率制。美元一发生危机，就必然要引起整个国际货币金融局势的震荡。西欧各国不仅要花费很高的代价来维持本国货币与美元的汇率，而且，由于汇率的巨大波动，还使关税同盟和"共同农业政策"的实行遇到了很大困难。例如，1969年8月，法国法郎贬值了12.5%，此后不久，西德马克又升值了8.5%。在这种情况下，要实行农产品的统一价格，法国的农产品价格就必须调高，而西德则应降低农产品价格。但法国和西德为维持国内农产品的价格和本国农民的利益，都不愿改变原有的农产品价格。最后几经争吵，只好采取变通的办法，让其他成员国对法国的农产品征收过境税，而对西德的农产品出口则给予价格补贴，并允许西德对进口的农产品征收进口税。这种变通的办法，实际上是恢复了部分内部关税。这对西欧"共同市场"的存在和发展非但不利，甚至还是一个威胁。正是在这种背景下，西欧"共同市场"建立经济和货币同盟的问题便自然而然地提了出来。

1969年12月，西欧"共同市场"六国荷兰海牙举行的政府首脑会议上正式决定，把建立一个完整的经济和货币同盟作为西欧"共同市场"的重要目标之一。1971年2月，西欧"共同市场"六国宣布建立"欧洲经济和货币同盟"的时机"已经成熟"，并计划在十年内分三个阶段，把西欧"共同市场"建成为拥有统一货币、设有共同储备基金、实行共同的财政经济政策的经济和货币同盟。

可是，为了防止美元危机的影响而开始创立的"欧洲经济和货币同盟"，却由于美元危机的迅猛发展而一再受到阻挠，进展非常缓慢。1973年，在以美元为中心的资本主义国际货币体系完全瓦解以后，西欧"共同市场"国家决定实行"共同浮动"汇率制。但由于各国的经济和国际收支状况有很大的不同，英国、意大利和爱尔兰三国从一开始就没有参加"共同浮动"，后来法国也一再退出"共同浮动"。结果，"共同浮动"变成了只是西德领着四个较小的成员国实行的局部的制度了，致使"欧洲经济和货币同盟"第一阶段要缩小成员国货币汇率差距的目标未能完成。在这一段时间里,"欧洲经济和货币同盟"的惟一较大进展,是在 1973 年 4 月建立了"欧洲货币合作基金"。"欧洲货币合作基金"创立的目的,是为了帮助成员国解决国际收支的困难,维持成员国货币之间的固定比价,并逐渐使之成为成员国之间的国际结算中心。"欧洲货币合作基金"还创设了"欧洲货币计账单位",以代替美元用来作为成员国之间进行国际结算的手段。但是,在"共同浮动"并未真正实行,各国的黄金外汇储备也未开始集中的情况下,"欧洲货币合作基金"的作用一直是很有限的,也没能达到预期的计划目标。

在资本主义世界经过 1973—1975 年战后最严重的一次经济危机之后,西方的国际货币金融局势又开始了新的剧烈动荡。先是里拉和英镑告急,后来则是断续发生了一年半之久的美元危机。1977 年和 1978 年两年,美元对西欧"共同市场"各国货币的汇率都巨幅下降。1977 年,美元对西德马克、法国法郎和英镑的汇率分别下降了 10.0%、4.8% 和 10.9%,1978 年又继续下降了 12.1%、10.2% 和 3.9%。美元的疲软和西欧"共同市场"多数国家货币的坚挺,既不利于西欧国家争夺出口市场的斗争,也给各国货币金融市场带来很大的冲击,使"共同浮动"更加不易维持,并扩大着自由浮动的货币与"共同浮动"货币之间的汇价差距。这样,由于资本主义货币信用危机而延缓了的西欧"经济和货币问题"的进程,却为这一危机的进一步深化重新获得了推动力。西欧"共同市场"国家不得不在美元危机风暴的猛烈袭击面前,用加快建立"经济和货币同盟"的办法来巩固在关税同盟和"共同农业政策"方面所取得的成果,增加对付资本主义货币信用制度危机的力量,并在与美国争夺世界金融霸权的斗争中占据更为有利的地位。为此,在 1978 年 7 月西欧"共同市场"

九国首脑于不来梅举行会议时,便就建立"欧洲货币体系"问题达成了初步协议,并终于在1979年3月把协议付诸实行。

二

"欧洲货币体系"酝酿和建立的过程,也正是主要资本主义国家为"国际货币制度改革"进行激烈斗争的时候。

在以美元为中心的资本主义国际货币体系瓦解之后,各主要资本主义国家围绕"国际货币制度改革"所展开的斗争,其实质仍然和过去一样,主要是维护美元霸权和反对美元霸权的斗争。这集中表现在如下问题上:

1. 关于今后的汇率制度问题

战后一直实行的是以美元为中心的固定汇率制。在美元危机频繁爆发之后,西方各国为维持本国货币与美元的固定比价,费尽了力气,吃够了苦头,不但要代受美元危机之过,而且还深受美国输出通货膨胀之害,以致后来不得不改行浮动汇率制(有的国家单独浮动,有的则"共同浮动")。美国在以美元为中心的资本主义国际货币体系垮台以前,是极力要维护固定汇率制的,因为这是当时美元霸权的集中表现。

但是,在"国际货币制度改革"的过程中,主要资本主义国家在今后的汇率制度问题上,态度有了很大的变化。美国一反过去坚持固定汇率制的立场,反而成了主张实行浮动汇率制的带头羊。美国是想在美元已经一再贬值的情况下,通过实行浮动汇制来免除维持美元汇率的沉重负担,并利用美元下浮来增加出口,改善美国的国际收支状况。西欧"共同市场"国家过去是反对实行以美元为中心的固定汇率制的。现在,却转而主张在某种程度上恢复实行固定汇率制,但不再以美元为中心就是了。因为,它们既惟恐美元长期下浮使它们在国际贸易的激烈竞争中处于不利地位，也生怕国际货币信用制度的混乱扩大西欧"共同市场"各国的矛盾，从而影响西欧"共同市场"的存在和发展。美国和西欧"共同市场"国家在汇率制度问题上的矛盾是很尖锐的。

经过反复斗争，双方各作妥协，最后通过"国际货币基金"作出了在今后实行"有管理的浮动汇率制"的决定。这只不过是仅仅承认了已经实行的浮动汇率的事实，使浮动汇率合法化了。虽然，协议在浮动汇率制前面加上"有管理的"限制词，但这并没有多大的实际意义。因为，过去实行固定汇率制，货币危机的风暴一来，汇率都"管理"不了，现在实行浮动汇率，难道反而能把汇率"管理"住？显然是不可能的。另外，不论规定不规定要进行"管理"，各国政府也都是要干预本国货币的汇率的。因为，这关系到争夺出口市场的激烈竞争，只不过这种干预和"管理"有明有暗、方向不同、程度有别罢了。很明显，这一协议实际上是接受了美国的意见，西欧"共同市场"国家的主张并没有被采纳。

在通过了实行"有管理的浮动汇率制"之后的二三年里，货币危机的风暴一直连绵不断。各国货币的汇率跌而复升，涨而复跌，各国政府利用汇率进行货币战和贸易战已成为经常的现象。这种状况甚至使西欧"共同市场"国家的"共同浮动"都有实行不下去的危险。这当然要引起西欧"共同市场"国家的不满。

2. 关于黄金在今后资本主义国际货币体系中的作用问题

黄金是世界货币，是进行国际结算的最后手段。战后，美国能够迫使其他国家接受以美元为中心的资本主义国际货币体系，其最重要的条件之一，就是美国握有大量的黄金，可以让其他国家用美元兑换黄金，使美元能够和黄金"等同"。后来，以美元为中心的资本主义国际货币体系之所以垮台，也正是因为美国的黄金大量流失，美国再也无力用黄金收回流出国外的上千亿美元，致使美元不再能继续"等同"黄金之故。

在黄金问题上，美国和西欧"共同市场"国家也是主张迥异，矛盾重重。过去依靠美元"等同"黄金而建立了美元霸权的美国，走到了另一个极端，成了要"废止"黄金货币职能的主要鼓吹者。美国这样主张，一方面是与其要求实行浮动汇率制相联系的。如果实现了黄金"非货币化"，各国货币都不与黄金相联系，也再没有如美元过去那样的中心货币，汇率就只能取决于供求关系而处于经常的变动之中。另一方面是为了赖账，是想通过使"黄金非货币化"来推卸用黄金收回流出国外的美元之责。西欧"共同市场"国家当然不会同意美国所打的如意算盘。法国提出的主张是，黄金仍然应当作为未来国际货币体系的基础和国际结算的最终手段。当时西欧"共同市场"国家的黄金储备已经大大超过美国。只要黄金还仍然起世界货币的作用，它们既可以要美国用黄金收回美元以打击美国，又拥有着与美国一争高下的足够实力。

和在汇率制度问题上一样，经过几年的争论，也仍然是美国的意见占了上风。"黄金非货币化"写进了文件。根据"国际货币基金"通过的关于黄金问题的初步协议：今后要"逐步削弱黄金在国际货币体系中的作用"。据此，正式宣布取消了黄金官价，并将"国际货币基金"章程中凡一切有关黄金的规定都统统删除，而且，"国际货币基金"还要逐步处理自己已经拥有的黄金，先取 1/3 发还各会员国和公开拍卖，其余待以后看情况再作决定。

要在商品生产高度发展，国际贸易不断扩大的资本主义条件下，完全"取消"黄金的货币职能，这只不过是痴人说梦。因此，"逐步削弱"黄金货币作用的协议尽管草拟，但黄金却依然故我。除美国为了维持美元汇价和带头使黄金"非货币化"而少量卖金之外，其他主要资本主义国家无一减少黄金储备者，而且，黄金的身价甚至比过去更高了。过去，黄金价格一般是随美元的汇率变动而升降涨落的。而现在，即使在美元坚挺、汇率上升的情况下，黄金价格也依然上涨。在这种情况下，西欧"共同市场"国家在黄金问题上与美国的矛盾不仅不会解决，而且还要进一步发展，这是不足为怪的。

3. 关于"特别提款权"的地位和作用问题

"特别提款权"是美国为了对付美元危机而倡议"国际货币基金"设立的。美国倡议"特别提款权"是为了借助"国际货币基金"的力量来增加美国的国际清偿能力，以减轻黄金外流和抛售美元的压力。所以，也可以说它是美元危机的产物。美国的倡议一出，就曾遭到法国等国的反对。因为从反对美元霸权的角度来说，它们当然不愿去维护美元霸权。但由于美国坚持其所提之倡议，在拖了二三年之后，"特别提款权"还是创立了，并且美国分得的"特别提款权"也最多，一国就独占了将近 1/4。

在以美元为中心的资本主义国际货币体系瓦解之后，美元已失去了中心货币的地位，而黄金的货币作用又要被逐渐"废止"。那么，在今后的国际货币体系中，又以什么来代替美元和黄金，作为各国货币定值的标准和主要的国际储备资产呢？在这个问题上也是几经斗争，才达成了今后要逐步使"特别提款权"发挥这方面作用的协议。但是，各类国家赞成这一协议的动机和出发点是完全不同的。

就美国来说，它主张用"特别提款权"来取代黄金的作用，是为了不让其他国家的货币来填补美元中心货币地位的真空。用"特别提款权"来作为各国货币定值的标准和主要的国际储备资产，虽不如直接由美元起此作用好，但在美元已不可能再起这种作用的情况下，用"特别提款权"来取而代之，则可谓是不幸中之万幸。因为这样，美国仍可凭借它在"国际货币基金"中拥有的优势地位来继续左右国际货币金融事务。

而就西欧"共同市场"国家来说，它们现在赞成"特别提款权"的作用，绝不是为了使美国换汤不换药，继续左右国际货币金融事务，恰恰相反，它们是想借此进一步缩小美元的影响，增加它们对国际金融事务的发言权。

可见，在"特别提款权"的问题上，西欧"共同市场"国家与美国的斗争同样非常激烈。

西欧"共同市场"国家与美国在"国际货币制度改革"方面的矛盾当然不止这些，但就以上几个主要问题来看，斗争的结局，却主要是对美国有利。同时，"改革"的结果，没有也不可能解决资本主义货币信用制度危机所带来的种种问题。在"改革"暂告一个段落之后，国际货币金融领域的混乱和动荡并未比以前有所缓和。而且和以前一样，最主要的危机渊源仍然是美元。因为，以美元为中心的资本主义国际货币体系虽然已经瓦解了，但美元依旧是当前最主要的国际储备货币和国际支付手段。上千亿流出国外的美元在到处游荡，是国际货币金融市场上一股最大的祸水。美元危机有增无减，这不能不使整个国际货币金融领域经常波涛汹涌，少有宁日。在这种情况下，西欧"共同市场"国家遂不得不加速"经济和货币同盟"的发展，以减少美元危机对西欧国家货币金融市场的冲击，并使它们在"国际货币制度改革"中所未被采纳的意见，在其自己的势力范围之内实施起来，以作为继续反对美元霸权的一个手段，并进而扩大西欧"共同市场"在国际货币金融领域里的实力和影响。

三

正是在西欧"共同市场"内部发展的需要和货币金融斗争的促使之下，西欧"共同市场"克服了成员国之间的矛盾，正式建立了"欧洲货币体系"。

西欧"共同市场"建立的"欧洲货币体系"，主要包括了如下内容：

（1）扩大原已实行的"共同浮动"，以形成一个比较稳定的欧洲货币区。现在，除英国仍未参加"共同浮动"之外，其他八个成员国都参加共同浮动。为了使国际收支状况不佳、货币地位较弱的国家也能参加"共同浮动"，特别为这些国家放宽了货币汇率波动所容许的幅度，一般成员国货币汇率的波动幅度为平价上下的各 2.25%，而像意大利则放宽到平价上下各 6%。

（2）创建"欧洲货币单位"，以作为成员国之间国际清算的手段，并发挥储备货币的作用。"欧洲货币单位"开始时与过去的"欧洲货币计账单位"等值，也是由各成员国的货币加权来确定（这也与"特别提款权"的确定方法一样，只不过采用的货币和权数不同罢了）。"欧洲货币单位"还作为各成员国货币定值的标准，要求各国货币与之确定一个中心汇率。各成员国的货币汇率波动时，对中心汇率不能超过规定的波幅。

（3）逐步建立"欧洲货币基金"，以动员成员国的储备、加强干预货币市场和提供信贷的力量。目前，先扩大现有的"欧洲货币合作基金"的贷款能力，然后，再逐步集中成员国 20% 的黄金和外汇储备（黄金占 10%），以及与此等值的本国货币。预计届时"欧洲货币基金"的总额可达 500 多亿美元。

从"欧洲货币体系"的上述内容可以看出，它与"国际货币制度改革"所达成的主要协议是背道而驰的。首先，它不是实行"有管理的浮动汇率制"，而是对内实行固定汇率制，对外实行"共同浮动"汇率制。其次，它并没"废止"黄金的货币作用，使黄金"非货币化"，而是要集中成员国的一部分黄金储备，作为集体的国际储备手段。第三，它又在"特别提款权"之外，另创了一个"欧洲货币单位"以作为成员国之间国际清算的手段和国际储备手段，这显然不是有助于扩大"特别提款权"的作用，而是在唱对台戏。

如果我们把"欧洲货币体系"的主要内容和过去实行的以美元为中心的资本主义国际货币体系加以比较，则可发现两者之间有极大的相似之处。过去是以美元为中心实行固定汇率制，现在是以"欧洲货币单位"为中心实行固定汇率制；过去已有一个"国际货币基金"，现在又出现了一个"欧洲货币基金"，而两者的作用，又都是集中成员国的一部分国际储备和资金，通过贷款来帮助"稳定国际货币金融局势"；过去已有一个"特别提款权"，现在又有了"欧洲货币单位"，其目的都是要起货币定值标准和国际储备手段的作用；如此等等。所以，西方报刊曾指出，"欧洲货币体系"的建立，乃是想在西欧"共同市场"的范围内，重建一个类似在1971年垮了台的布雷顿森林式的制度。只不过在这里，主要的中心货币不是美元，而是西德马克，虽然表面上没有这样规定，但实际上却是如此。

可见，"欧洲货币体系"是在双重的矛盾之中建立起来的。它既以其明显的反对霸权的主要倾向，表明了西欧"共同市场"国家与美国的矛盾；也通过其成立过程中的坎坷和曲折，显露出了各成员国之间的矛盾和斗争。英国至今不参加当然是一例；法国曾借"欧洲货币体系"成立之机压西德在"共同农业政策"方面让步则又是一例。只是因为反对美元霸权、保证西欧"共同市场"的存在和发展是各成员国更大的共同利益，所以，"欧洲货币体系"才最终地建立了起来。

"欧洲货币体系"的建立，削弱了美元的作用和影响，这是显而易见的。它在"国际货币基金"之外另立炉灶，也对美国在国际货币金融领域里的霸权是进一步的打击。但是，由于它确定了各国货币与"欧洲货币单位"的中心汇率，同时又扩大了"欧洲货币合作基金"的贷款能力，在将来还要建立"欧洲货币基金"，从而使西欧各国货币之间的汇价可以比过去稳定，这对美元却也是一个帮助。因为这大大减少了国际游资对美元汇价波动投机的压力，缓和了对美元的冲击。当然，这只是影响美元汇率的一个小小因素，发生美元危机的症结并不在这里，美元危机并不会因此而得以消失。今后，美国与西欧"共同市场"国家在汇率问题上的矛盾和斗争仍将是长期和尖锐的。

"欧洲货币体系"的建立，使人们在当前纷扰混乱的国际货币金融局势中，更加注目于一个新动向，那就是货币区或货币集团的建立和发展。战后，由于实行以美元为中心的资本主义国际货币体系，在相当长的一段时期里，可以说是美元的一统天下，有一个比较稳定、相对统一的国际货币制度。这对战后各主要资本主义国家能够扩大国际经济往来、加速经济发展，无疑是起了一定作用的。随着以美元为中心的资本主义国际货币体系的垮台，这种相对统一也就分裂了。不但过去就已存在的法郎区和英镑区又已加强活动和联系，而且，日元也在极力扩大自己的作用和影响，大大加快了日元"国际化"的步伐。现在，又来了一个"欧洲货币体系"。"欧洲货币体系"的建立，不但使"新的"资本主义国际货币体系由于加进了新的因素而更加难以形成，而且还使已经达成的有关"国际货币制度改革"的种种协议面临着新的矛盾和问题。虽然"欧洲货币体系"还不像过去的英镑区、法郎区那样，具有明显的排他性，没有实行极为严格的、统一的外汇管制，但它毕竟是一个单独的体系和货币集团，如果形势发展，矛盾激化，是不能排除其发展为排他性货币区的可能性的。"欧洲货币体系"对国际货币金融以至整个国际经济关系会起什么样的影响，是值得我们今后加以注意和研究的一个新的课题。

(原载《经济科学》1980年第1期)

国际贸易对资本主义国家
经济发展的影响

战后，主要资本主义国家的经济发展在一个时期里比较快，其原因是多方面的。从生产力方面来说，发生了第三次科学技术革命，这有决定性的意义；从生产关系方面来说，是由于国家垄断资本主义高度发展，对资本主义的生产关系作了一定的、局部的调整，使之在某种程度上适应了生产力发展的需要；而就外部条件来讲，国际贸易的迅速发展和扩大则起了很大的作用。

一

国际贸易作为商品资本在国际间的流通，是整个资本主义经济不可或缺的重要组成部分。马克思说："对外贸易的扩大，虽然在资本主义生产方式的幼年时期是这种生产方式的基础，但在资本主义生产方式的发展中，由于这种生产方式的内在必然性，由于这种生产方式要求不断扩大市场，它成为这种生产方式本身的产物。"[1] 国际贸易对于资本主义经济的这种必要性，是从资

---

[1] 《马克思恩格斯全集》第25卷，第264页。

本主义生产的内在规律产生的。

第一，它是资本主义的利润规律所决定的。资本家为了追逐更多、更大的利润，总是要不断地追加资本，扩大生产。这就不仅需要国内市场在广度和深度上不断发展，而且还需要打破一切地域和国家的界限，寻求建立和扩大世界市场，使一切国家的生产和消费都变成世界性的。追逐利润是资本主义国际贸易产生和发展的内在动力；国际贸易则是资产阶级攫取超额利润、加速资本积累、把资本主义生产关系扩大到世界范围的重要手段。

第二，它是资本主义的竞争规律所决定的。由于竞争，资本家必须不断地扩大自己的生产能力和规模，大力发展国际贸易。在国际贸易中同样存在着激烈的竞争，从而也存在着迫使资本家更进一步扩大生产、广拓市场的力量。资本家只能受竞争规律的驱使而奔走于世界各地。否则，他就会在激烈的竞争中被击败。

第三，它是资本主义经济发展不平衡规律所决定的。资本主义再生产过程客观上要求各生产部门之间保持一定的比例关系。但是，资本主义生产的竞争和无政府状态，却使国民经济不可能均衡地、按比例地发展。总是有的部门发展过快，有的部门发展不足。这样，发展过于迅速的生产部门，就会出现大量的过剩商品，而必须到国外去寻求市场。正如列宁所说："彼此互为'市场'的各种生产部门，不是均衡地发展着，而是互相超越着，因此较为发达的生产部门就寻求国外市场。"[①] 同时，由于存在着一些生产发展相对落后的部门，对于因此而发生短缺的商品，又需要到国外市场去求得供应，以弥补国内生产之不足。

正是由于资本主义生产的这种内在要求，随着生产规模的扩大和社会化程度的提高，资本主义国家对国际贸易的依赖也越来

---

① 《列宁全集》第3卷，第45页。

越大。这从战后的情况也可看得很清楚。1952年，主要资本主义国家的出口贸易额占国民生产总值的比重分别是：美国3.8％，日本7.3％，西德12.4％，法国9.7％，英国17.3％，意大利7.5％。1977年，这一比重已变为：美国6.8％，日本12.1％，西德22.2％，法国14.1％，英国21.3％，意大利26.3％。如果单就工农业生产对出口的依赖程度来看就更高了。现在，西德的工业有将近1/3是依靠出口，日本的工业产品也有约1/5要依赖国外市场。这些国家对能源和原料的进口的依赖更为严重。西欧共同市场国家和日本的许多重要燃料和原料的80％—90％甚至100％要依靠进口。

主要资本主义国家对国际贸易依赖程度不断加深的原因是双重的。一方面，由于生产的高度发展和社会化程度的提高，各国之间的分工和协作，以及它们在经济、政治和文化等方面的相互联系，都更为密切了。从这个角度来说，各国对外贸易关系的发展，是适应了生产力发展的客观要求的。另一方面，随着资本主义基本矛盾的加深，帝国主义国家再生产过程的矛盾更加激化了。它们都迫切地要求扩大国外市场，不但在生产和消费两个方面越来越严重地依赖出口和进口，而且还进一步加重了对发展中国家的剥削。从这个角度来说，它又是帝国主义腐朽性和寄生性加深的表现。

二

战后国际贸易发展的一个重要特点是发展速度快，交易规模大。

战前的1938年，世界各国的出口贸易总额仅为230多亿美元，经过40年，到1978年，已增至12800亿美元，增长了50多倍，若与战后初期相比，也增长了 20 多倍。当然，在出口总额的增长中，包括了通货膨胀、物价上涨的影响在内，但即使扣除了这方面的因素，增长幅度之大也仍然是可观的。

生产决定流通。属于商品流通范畴的资本主义国际贸易，能够在战后有较快的发展，当然首先决定于生产有了较快的发展。世界出口贸易总额能够从战后初期的 500 多亿美元增长到现在的规模，其基础正是资本主义各国国民生产总值在同一时期内从几千亿美元增长到七八万亿美元。没有资本主义国家发生的科学技术革命和生产力在战后的较大增大，也就不可能有国际贸易的迅速发展和今日如此巨大的规模。

帝国主义国家经济政治发展不平衡，是促使战后国际贸易有较快发展的另一个因素。西德和日本这样一些国家的经济增长，大大快于战后处于霸主地位的美国。它们当然不会满足于在国际市场上原来占有的份额。它们必然要采取种种措施来扩大自己的出口。西欧国家则组织了西欧"共同市场"，通过实行国家垄断资本主义国际联盟的办法，来相互开放国内市场，并促进成员国和联系国之间的出口贸易。美国不甘心失败，总是力图保持原有的地位，有可能时甚至还想进一步扩大，也在拼命增加自己的出口。而这些国家的经济迅速增长和社会消费水平的提高，则为扩大的出口提供了能够加以容纳的一定可能性。苏美两个超级大国对世界霸权的争夺，使得国际军火贸易和战略物资的进出口有了惊人的增长，这在国际贸易的增长中也是应该予以考虑的一个因素。

还有一个促使战后国际贸易迅速发展的因素是第三世界的兴起。大批新独立的发展中国家都在不同程度上采取了促进民族经济发展的政策和措施，一方面增加了对各种机器和生产设备的需要，另一方面也扩大了它们的出口能力。

除此而外,国家垄断资本主义对国际贸易的支持和干预,战后相当长的时期内有一个相对统一和稳定的国际货币体系等等,也都对国际贸易的迅速发展有一定的影响。

战后国际贸易的持续发展,进一步向我们证明了马克思的论断:"资产阶级社会真正的任务是创造世界市场——至少是就这市场的轮廓讲——和以这市场为基础的一种生产。"[1]

三

战后国际贸易的发展,主要是由资本主义国家生产的较大发展所决定的,同时国际贸易对资本主义国家经济的发展也有很大的促进作用,后者主要表现在如下几个方面:

(1) 国际贸易扩大了资本主义国家的市场,解决了相当一部分产品的实现问题,从而使再生产过程能够不断地扩大和较为顺利地进行。

战后,国际贸易的发展速度一直大大快于各国生产发展的速度。直到最近几年,情况也依然如此。据统计,主要资本主义国家,1972—1977年按人口平均的工农业生产总值增长,美国为10%,日本为17%,西德为12%,法国为15%,英国为8%,意大利为11%,而同期这些国家按人口平均的出口增长则为美国31%,日本53%,西德40%,法国30%,英国37%,意大利30%,后者都比前者高出2—3倍。

在资本主义条件下,商品能否销售出去,使商品的价值和剩余价值得以实现,是资本主义再生产过程能否正常进行的关键所在。在资本主义国家国内生产和消费的矛盾日益尖锐的情况下,

---

[1] 《马克思恩格斯书信集》第2卷,第402页。

国外市场的扩大,对解决过剩商品的实现问题就更具有重要的意义。战后一些国家1/4、甚至1/3的工农业产品可以在国外找到销路,这不能不对资本主义国家的生产发展起着极大的刺激作用。

(2) 国际贸易从促进劳动生产率提高方面加速着资本主义国家国民经济的发展。这主要表现在两个方面。

一方面,国际市场上的激烈竞争,迫使各国资本家不得不改进技术、降低成本来提高商品的竞争能力,以打败竞争对手,攫取更大的利润;另一方面,由于国际贸易扩大了销售市场,使资本家能够更充分地发挥现有生产设备的能力,加速资本的循环和周转。

从战后来看,国际贸易促进劳动生产率提高的作用特别重要的是促进了先进科学技术的国际交流。

科学技术的发展是全人类进行长期生产斗争的共同成果。但是,在资本主义条件下,它却为私人或个别国家所占有。要使先进的科学技术能够广泛地、超越国界地发挥其促进生产的作用,就只有通过交换关系来实现。通过国际贸易引进别国的先进科学技术,对于生产较为落后的国家赶上和超过先进的国家更具有重要意义。因为科学技术本身直接就是生产力,引进了先进的科学技术,也就增加和扩大了生产能力。同时,引进科学技术还可以节约时间和科学研究费用,把人力和物力集中到有特长的生产部门和项目中去,使生产有更快的发展。据统计,日本在1950—1970年期间为进口专利技术大约花费了60亿美元,而这些专利技术所需要的科研、试验和设计等方面的费用则高达1800亿—2000亿美元。有人估计,日本在战后的工业生产增长中,约有1/3是依靠引进先进的科学技术得来的。

(3) 国际贸易是资本家提高利润率的重要手段,它加速了资本积累，从而使资本主义国家能更为迅速地扩大生产。

国际贸易从三个方面促使商品的生产成本降低，从而使资本能够获得更高的利润率：它可使资本家从国外获得价格低廉的原料和燃料，这就降低了不变资本的费用；它可以通过进口廉价的粮食和原料来降低消费品的价格，从而使劳动力的价值随之降低而为资本家节约大量的可变资本，提高了剥削率；它由于使生产规模扩大，从而不但提高了劳动生产率，而且也促使着生产费用的降低。正如马克思所说："对外贸易一方面使不变资本的要素变得便宜，一方面使可变资本转化成的必要生活资料变得便宜，它具有提高利润率的作用，……一般说来，它在这方面起作用，是因为它可以使生产规模扩大。"①

战后一个突出的特点是主要资本主义国家长期依靠廉价的石油大大加速了自己的经济发展。在主要资本主义国家的能源消费中，石油所占的比重高达60%—70%以上。而在1973年石油生产国开展石油斗争以前，石油标价一直被压在极低的水平上。据估计，主要资本主义国家战后从石油生产国掠走的石油财富在2000亿美元以上。连石油进口国家的报刊也不得不承认，战后资本主义世界的经济繁荣乃是建立在廉价石油这一基础之上的。近几年来，由于石油提价，这方面的情况有了较大的变化，但从整个国际贸易的状况来说，由于工业制成品和初级产品价格剪刀差的继续扩大，不等价交换依然是主要资本主义国家剥削第三世界国家、加强资本积累的重要手段。

国际贸易的扩大，还带动和促进了航运、通讯、银行、保险等等许多为国际贸易服务行业的发展，扩大了资本经营的领域和规模，也为资本家获取更多的利润、加速整个资本的积累创造了

---

① 《马克思恩格斯全集》第25卷，第264页。

条件。

(4) 国际贸易使资本主义国家能够利用"国际分工"来促进生产的发展。

日本是最突出的例子。日本国土狭小，资源缺乏，但却通过利用"国际分工"，依靠进口的农产品和矿产原料，使国民经济在战后获得了高速度的发展。1979年日本政府发表的贸易白皮书，就曾通过具体的实例来说明，输入低价的半制成品，放弃使用国内的高价原料，由日本加工装配成制成品，就可大大促进生产的发展，并提高商品的出口竞争能力。日本的钢铁工业正是这样发展起来的。它利用进口的铁矿石，也引进先进的炼钢技术，使其钢产量从60年代初的2000多万吨，经过十几年就突破了1亿吨，成了世界上仅次于苏美两国的第三产钢国和最大的钢铁出口国。钢铁工业的巨大发展，又促使造船工业一跃而为世界之冠，汽车工业也仅次于美国占据了世界第二位。正因为"国际分工"对日本经济有这样重要的意义，所以日本政府强调："日本必须放弃全面生产的政策，而应该赞助国际上的劳动分工。"

国际贸易使资本主义国家能够利用"国际分工"来促进国民经济的发展，这种作用当然决不只局限于日本。即使对于资源比较丰富、国内市场比较广阔的国家，例如美国，也同样如此。只不过这种作用的大小和形式有所不同罢了。

应该看到，自从1973年石油生产国开展石油斗争和1974—1975年资本主义世界发生战后最严重的一次经济危机以来，国际贸易促进各国经济发展的这些方面已在不同程度上起了变化。国际贸易的发展速度在减慢，主要资本主义国家之间以及它们和发展中国家之间在国际贸易领域里的矛盾有了进一步的发展，国际货币金融危机的深化也会给国际贸易带来更多的困难和障碍，这些因素不但正在减弱国际贸易对各国经济发展的积极作用，而且还使其对经济发展的不利影响在扩大。这种情况值得引起我们的密切注意。

四

国际贸易对资本主义国家的经济,除了积极的促进作用之外,还有消极的一面。马克思就曾经说过:"同一对外贸易会使本国的资本主义生产方式得到发展,……另一方面,对国外来说,它引起生产过剩,因而以后又会起反作用。"[1]

首先,国际贸易的发展起着加剧国内阶级矛盾的作用。因为,为了加强商品在国际市场上的竞争能力,资本家必然要进一步加重对工人阶级的剥削,以降低工资成本。为了能够在国际市场上进行商品倾销,垄断资本则在国内市场上实行垄断高价,从而成为物价上涨、工人的实际工资水平下降的一个重要原因。国际贸易在迅速发展时可以因为扩大生产规模而增加工人就业,而在国际市场发生不景气使商品销售发生问题时,却会更多地增加工人失业。这些都不能不使国内的阶级对立更加尖锐,生产和消费的矛盾更为激化,从而对国民经济的发展产生不利的影响。

其次,它使资本主义生产的无政府状态进一步扩大和发展了,因为不仅在一国范围内的生产发展不平衡加剧了,而且还加上了国际竞争的因素。一旦有的国家发生了经济危机,不但会波及其它国家,而且还常常会使危机更加严重和难以摆脱。例如,以日本的造船工业来说,它主要是靠国外订货而发展起来的,现在由于国际航运业发生了不景气,造船订单成倍减少。近几年来,日本的造船业有一半以上的生产设备过剩,形成了造船业的

---

[1] 《马克思恩格斯全集》第25卷,第266页。

严重危机。其他许多行业也是如此。在1974—1975年战后资本主义世界最严重的一次经济危机以后，主要资本主义国家的经济发展速度已普遍减缓。为了争夺国际市场，保护自己的国内市场，各国的保护主义逐渐抬头。在这种情况下，为了扩大生产、保证经济发展的一定速度，它们需要进口更多的燃料和原料；而在生产扩大之后，由于各国采取的保护主义措施而使商品出口遭遇到很大的困难。这已成为当前主要资本主义国家之间的突出矛盾。它们在国际贸易领域里的这种矛盾，今后将会进一步影响经济发展的进程。

就整个资本主义世界范围来说，由于资本主义国际贸易中存在的严重剥削，它对发展中国家的经济发展也有着起阻碍作用的一面。由于发展中国家在国际贸易中长期处于受剥削的地位，它们的对外贸易仍然普遍呈现出如下的特点：

（1）对外贸易长期存在大量的入超。从50年代到现在，非产油的发展中国家对外贸易逆差累计已超过2500亿美元。巨额的对外贸易逆差，使发展中国家的外债不断增加。到1978年年底，发展中国家未偿还的外债总额已达3000亿美元，这使原已十分不足的建设资金更为匮乏。

（2）出口以初级产品为主，而进口则以制成品为主。初级产品在发展中国家的出口中占70%—80%；制成品则在进口中占70%—80%。在价格剪刀差不断扩大的情况下，这种对外贸易的商品构成，乃是发展中国家对外贸易长期逆差、对外贸易地位不断恶化和备受剥削的一个重要原因。仅1978年，发展中国家由于贸易条件恶化而遭受的损失就达300亿美元。

（3）对外贸易的对象主要是发达的资本主义国家，对外贸易活动则主要为外国垄断资本所控制。目前，发展中国家的出口有80%、制成品的进口有90%是输往和来自发达的资本主义国家。

垄断资本和跨国公司对许多发展中国家对外贸易活动的操纵和垄断与战前并没有什么两样。这种状况，不但使发展中国家的经济发展要受主要资本主义国家经济周期的巨大影响，而且还常常使许多经济活动处于经营无权、长期受害的局面之下。因而这些国家民族经济的发展不能不遇到很大的阻力和障碍。

从以上的特点可以看出，通过国际贸易，发展中国家仍然被紧紧地束缚在资本主义国际经济关系的旧的罗网之中。这是发展中国家在国际贸易领域里与主要资本主义国家的根本矛盾所在，也是近年来发展中国家为打破旧的国际经济秩序、建立新的国际经济秩序而团结斗争的一个重要动因。

帝国主义的历史地位决定了主要资本主义国家本身存在的进口与出口的矛盾，它们之间为争夺国际市场而发生的矛盾，它们在国际贸易领域里进行剥削而引起的与第三世界国家的矛盾，都是无法克服的。这些矛盾对主要资本主义国家和发展中国家的再生产过程和整个经济发展都是一个很大的限制，而且随着资本主义基本矛盾的发展还会进一步加强。这一总趋势今后将会更加明显地表现出来。

（原载《世界经济》1980年第4期）

浅议当前美国的经济危机和高利率

对于从 1979 年开始的资本主义世界经济危机的性质和原因，国内和国外都存在着许多不同的看法。由于这次世界经济危机首先是从美国爆发再逐渐蔓延到其他国家的，而与此同时，美国的利息率又一直维持在很高的水平上，因此有一种意见认为，这次危机乃是由高利率这一"非周期因素"引起的，危机发展的进程也将由利息率的升降来左右，而利息率的升降则是由里根政府所采取的政策来决定的。这样，美国的高利率被说成是这次世界经济危机的渊薮，而祸根则是美国政府的经济政策。这就出现了一个问题，如果美国的政策有所改变，是不是这次经济危机便可以雪融冰消、甚至不会发生呢？这种意见还使人们想起，当 1973—1975 年资本主义世界经济危机发生时，也曾经出现过一种说法，把那一次经济危机看成是由"石油冲击"引起的，而"石油冲击"当然也是"非周期性因素。"很显然，对于这种"非周期性因素"的理论，无论是在理论研究方面，还是在现实问题的分析和预测方面，都很有必要进行认真的商榷。

一

目前，高利率可以说已成为帝国主义国家普遍的一种经济现象。近几年来，除美国的利息率曾突破20％的大关之外，意大利的利息率更曾高达22.5％，英国、法国、比利时、加拿大等国的利息率也曾超过15％，只有日本的利息率比较低，一直没有超过10％。把各国现在的利息率与战后初期的利息率相比，已经完全不能同日而语。那时的利息率一般仅为1％左右。即使日本现在的利息率，也要比当时高出好几倍。

帝国主义国家的高利率并不是最近几年一蹴而上的，而是逐渐发展，经历了一个不断上升的过程。以美国联邦储备银行的贴现率为例：1950年为1.75％，1955年为2.50％，1960年为3.00％，1965年为4.50％，1970年为6.50％，1974年为7.75％，1980年为13％（如果加上附加利率3％，实际高达16％）[1]。中央银行的贴现率是决定市场利息率的基准，贴现率不断上升，市场利息率当然也就要水涨船高了。可见，现在美国的高利率绝不是里根政府想当然的政策造成的。现在的高利息率只不过是利息率不断提高这一长期发展趋势所带来的结果。

帝国主义国家利息率的不断提高，是由帝国主义发展的内在规律所决定的，因而绝不是暂时的或偶然的现象。

首先，利息率的提高是资本主义剥削加重的结果和表现。

在资本主义社会里，利息是产业资本家为获得贷款而付给借贷资本家的一部分利润。因此，利息率的高低首先要受产业资本榨取的剩余价值量和其利润率所制约。战后，由于垄断统治的加

---

[1] 参见国际货币基金《国际金融统计》有关年份的数字。

强和国家垄断资本主义的发展,资本对雇佣劳动的剥削率已有了很大的提高。据统计,美国物质生产部门的剩余价值率在1950年为236.7%,到1977年已提高为325.3%。[①]产业资本家榨取到的剩余价值越多,借贷资本能够从中瓜分到的也就可能越多,这是显而易见的。由于产业资本榨取的剩余价值增加了,虽然由于科学技术的发展使资本有机构成在不断提高,利息率也有所增长,但产业资本的利润率却并没有因之降低。美国制造业纳税后的利润率,1950年为15.4%,1979年为16.4%。[②]即使扣除了统计方法有所改变的因素,利润率至少没有降低,这是可以肯定的。因此,帝国主义国家利息率的提高,反映了这样的事实,即各类资本家在共同加重着对劳动人民的剥削。

其次,利息率的提高是金融资本统治进一步加强的表现。

不是工业资本而是金融资本占统治地位,这是帝国主义的基本特征之一。掌握大量借贷资本的金融寡头和日益增多的食利者,越来越要求在榨取到的剩余价值总量中占有更大的份额。战后,由于剥削的加重,美国企业纳税后的利润率一直是比较高的。最高时曾达25%以上,低时也不少于12%—13%。用美国各个时期的利息率与之相比,除了最近两三年,企业的利润率都高于利息率。这使借贷资本家通过提高利息率来瓜分更多的剩余价值有了可能性。再加上帝国主义国家的企业已越来越依赖借贷资本进行经营,自有资本在整个资本中所占的比重日益下降,[③]就更给借贷资本提高利息率提供了可乘之机。借贷资本量的增大

---

① 引自《现代美国经济问题简论》,上海人民出版社1981年版,第322页。
② 美国《总统经济报告,1981年》,第329页。
③ 据统计,在1968—1976年期间,各国企业自有资本所占比重下降情况如下:美国从56.2%减至51.7%,英国从53.1%减至41.8%,西德从41.4%减至29.4%,日本从22.0%减至20.8%。

和利息率的提高，已使借贷资本的利息收入在国民收入总额中占据着日益增大的份额。以美国为例，纯利息在国民收入中所占的份额，1950年还不到1.3%，1960年增为2.7%，1970年再增至5.1%，1980年已高达8.5%，总金额则接近1800亿美元。[①] 食利者攫取着如此巨额的国民收入，集中反映了帝国主义国家债务经济的发展，说明帝国主义的寄生性已空前地加深了。这当然不会是什么政策的结果，而是由帝国主义的经济本质所决定的。

再次，利息率的提高也是国家垄断资本主义的空前发展而必然会带来的一种后果。

国家垄断资本主义越来越广泛地采用财政和金融方面的政策和手段来干预经济发展过程。为了刺激经济发展，帝国主义国家的政府普遍实行了凯恩斯主义的赤字财政政策。少增税，多投资，多消费，通过这种办法保证资本家的一定市场和稳定、高额的利润。连年财政赤字，这种情况已无一帝国主义国家可以例外。美国从1950年财政年度到1981年财政年度的财政赤字，累计已超过5200亿美元。[②] 里根入主白宫以前，曾一再声称要减少财政赤字，而他提出的第一个财政预算——1983年财政年度的预算，财政赤字竟创下了915亿美元的最新记录。同时，美国政府官员还公开预言，美国的财政赤字实际很可能要达到1500亿美元，这真是天文数字。巨额的、日益增加的财政赤字如何弥补？在帝国主义国家里主要是靠发行公债。所有帝国主义国家的国债在战后都因之有了惊人的增长，如果再加上地方政府债务，就更不得了。美国的国债1950年为2550亿美元，现在已超过1

[①] 据美国《总统经济报告，1981年》第254—255页材料计算。
[②] 据美国《总统经济报告，1981年》第316页材料计算。

万亿美元，每年因之支付的利息也随着多达 800 亿—900 亿美元。① 每年增发的公债越多，销售公债也就越困难。为了通过公债筹集更多的预算资金，刺激和吸引公众购买公债，政府只好提高公债的利息率。美国三个月期的财政部库券，战前的年利率还不到 0.5％，1950 年为 1.218％，1960 年为 2.928％，1970 年为 6.458％，1980 年已提高到了 11.50％，比战前高出 20 多倍。② 其他各种公债券的利息率也与此相差不多。公债利息率的节节上升，必然会促使市场利息率与之相应地提高。

　　赤字财政和膨胀性的金融政策还造成了日益严重的通货膨胀。帝国主义国家由于通货膨胀而引起的物价上涨，也是促使利息率上升的一个因素。物价上涨使纸币的购买力下降，使纸币处于不断贬值的过程中。借贷资本在其运动的始终，票面价值是不变的。贷出去时是多少美元，收回时仍然是多少美元。纸币的不断贬值使借贷资本收回时的实际价值大大降低了。在不可能变动贷款面额的情况下，借贷资本为了不致由于纸币贬值而遭受损失，必然要在利息率上打主意，通过收取较高的利息来抵消或减少这方面的损失。所以，高物价和高利率是孪生兄弟。近几年来，美国每年消费物价的年上涨率一直徘徊在 10％ 上下，利息率高达 15％ 以上，也就不足为怪了。

　　上述主要因素决定了利息率不断上升的总趋势，但实际利息率的高低还会受借贷资本供求关系的影响。政府的金融政策也会起某种暂时的作用。不过，这些都是次要的因素。它们不可能改变总的趋势，而只能使利息率变动轨迹发生一定的变化，使之不是按直线上升，而是形成一个不断波动的上升曲线。有一种意见

---

① 据美国《总统经济报告，1981 年》第 316 页材料计算。
② 同上。

认为，现在的高利率是由借贷资本供不应求造成的。这夸大了借贷资本供求关系的作用，也不符合战后的实际情况。现在的情况仍然如列宁在《帝国主义是资本主义的最高阶段》一书中所说的，是大量的资本过剩，而不是资本不足。资本既然过剩，而利息率又不断高涨，这是不是矛盾呢？看似矛盾，但却是事实。这正如既有生产过剩，又有物价飞涨一样。在1973—1975年发生战后最严重的一次资本主义世界经济危机时，帝国主义国家的物价上涨也创造了最高记录。这种矛盾的现象之所以会出现，其原因在于垄断和国家垄断的经济本质。生产过剩了，也仍然要维持垄断价格；资本过剩了，照样继续索取高利率。垄断发展到今天，其实力已足以使它做到这一点，再加上国家垄断资本主义的支持，从而形成了这样矛盾的现实。认为现在的高利率是由美国政府现行的经济政策造成的，这种意见同样是不对的，也不符合实际情况。因为，前已述及，美国的利息率提高并非自今日始，而是一个长期的现象。就拿最近的情况来看，在1980年12月美国利息率创下21.5%的最高记录时，当时执政的还是民主党的卡特。里根虽然已经当选，但还没有正式黄袍加身，当然还谈不上实行他那一套供应学派的主张。里根只不过是继承了卡特时期已经飞速上升的高利率而已。所以，决不能把当前美国的高利率仅仅看成是某种政策的结果。在信奉不同经济学说的战后历届政府期间，美国的利息率都照样上涨不误就是证明。所以，借贷资本的供求关系，美国政府的金融政策，虽然可以在一定程度上影响利息率，但战后利息率几倍、几十倍地增长，却决不可能是这两者造成的。我们只能把高利率看成是由帝国主义的基本矛盾不断发展所决定的、必然会出现的一种经济现象，而不是偶然的、可以由人们的主观意志来左右的。

二

利息在资本主义社会里是由资本作为借贷资本（或生息资本）而运动的产物。借贷资本的运动公式是 G—G′，即 G—G＋△G。它是货币资本循环 G—W……P……W′—G′独立的和简化的形式。在借贷资本的运动中，我们看到的只是 G—G′，货币资本被贷放出去，到期便带着增殖的价值——利息回来。在这一运动中，生产过程和商品的流通过程都被抽掉了，从而使人们觉得，货币本身就能增殖货币。它的价值增殖好像与再生产过程毫无关系，而价值增殖的多少似乎也是可以随意决定的。所以，马克思曾经指出："在生息资本的形式上，资本拜物教的观念完成了。"[①] 现在，我们有的同志把利息率的高低看成是某种政策的结果，并把它看作是资本主义再生产过程以外的因素，其与经济危机的关系被看作是一种"非周期性的因素"。这些看法，是不是或多或少地也受到了资本拜物教的影响。

货币资本的运动从来就是资本总循环的一种形式和重要组成部分。随着资本主义信用制度的发展，借贷资本在帝国主义国家中已经达到了空前的规模。借贷资本的规模及其重要性的增长，已使银行成为万能的垄断者。金融资本的发展和统治正是建立在货币资本运动的基础上的，是借贷资本发展到顶峰的突出表现。在这种情况下，我们怎么能够把借贷资本的运动和反映这一运动情况和趋势的利息率看成是资本主义再生产过程以外的一个因素呢？显然不能。

再者，如果能够把借贷资本的运动和利息率看成是"非周期

---

① 《资本论》第 3 卷，第 449 页。

性的因素",那么,对商业资本的运动和价格又应如何看待呢？因为,商业资本的运动乃是商品资本运动独立的和简化了的形式。它的运动公式是由：W′—G′—W……P……W′公式简化而来的 G—W—G′。同借贷资本的运动一样,资本的生产过程被抽掉了,利润似乎是从买进和卖出商品的差价中产生的。因此,当借贷资本的运动可以当作与再生产过程无关的因素时,商业资本的运动当然也应该享有同样的待遇,而不能厚此薄彼。但是,当借贷资本和商业资本的运动都被排除掉之后,也就根本不再存在现代资本的循环与周转,不再存在整个资本主义的再生产了。

在资本主义国家中,利息率从来就与再生产周期有着密切的关系。马克思早已指出："如果我们考察一下现代工业在其中运动的周转周期,……我们就会发现,低利息率多数与繁荣时期或有额外利润的时期相适应,利息的提高与繁荣到周期的下一阶段的过渡相适应,而达到高利贷极限程度的最高利息则与危机相适应。"[①] 为什么在资本主义的再生产周期过程中利息率会发生这样的变化呢？因为,在经济危机时期,商品的实现遇到了困难,资本家预付的资本不能完成从商品资本到货币资本的形态变化,因而无法重新开始资本新的循环过程。这时,为了维持生产和支付到期的债务,资本家需要借入比平时更多的货币资本。对借贷资本的需求急剧增加了,货币市场的竞争状况有利于借贷资本家,于是利息率会迅速上升。经济危机时期,借贷资本的风险比平时增大了,这也促使借贷资本家要求更高的利息。而在经济高涨时期,情况却正好相反。这时,货币资本的回流比较顺利,资本的积累也在增加,从而使借贷资本的供应也随之扩大,对借贷资本的需求却相对地增长较慢,竞争形势对产业资本家有利,利

---

① 《资本论》第3卷,第404页。

息率因之有所下降。可见，利息率总是要在资本主义再生产过程中不断变化的。但高利率绝不是经济危机的成因，而毋宁说是经济危机在货币金融领域里的一种反映和表现。是经济危机引起高利率，而不是高利率引起经济危机，对于这一生产决定流通，而不是流通决定生产的马克思主义的基本观点，我们必须坚持。决不能把因果关系弄颠倒了。

当然，和一切事物都相互作用一样，利息率的高低对再生产过程也有一定的反作用。低利率会刺激信贷扩张，使投资增加、生产发展；高利率则会抑制投资和消费。但这种反作用是有限的。在经济高涨时期，即使利息率高，只要资本家认为预期的利润率更高，他仍然会大力借入资本来扩大经营；在经济危机时期，生产已经严重过剩，利息率就是有所降低，资本家扩大经营的兴趣也是有限的。利息率的高低也有可能受人为因素的影响，但绝不会超越利润率所规定的界限。这就更加限制了利息率对再生产过程的反作用。

和在经济危机时期物价不是下跌而是上涨一样，在信贷领域里，战后也出现了反常的现象：利息率尽管呈现出不断上涨的趋势，而在经济危机时期，利息率却反而不再上涨，并出现下跌的情况。战后美国历次经济危机期间利息率的变化情况最好不过地说明了这种反常的变化（见下页表）。

当前的这一次经济危机发生后，由于危机过程有所反复，利息率变动的情况比过去也显得复杂一些。1979年4月，美国经济危机爆发前的利息率是11.75%，此后仍继续上升到1980年4月的19.50%，从1980年5月利息率才开始下降，7月降为11.00%。但随后又迅速上升到1980年年底的21.50%。里根上台后，继续维持了高利率。直到1981年8月经济危机重趋严重，利息率遂又逐渐下降到14.00%左右。但今年以来，利息率已开始反弹，2月份重新提高到16.50%。

战后美国经济危机发生时的利息率变化情况[①]　　　　　　（%）

经济危机前的利息率		经济危机期间的利息率		变化幅度
1953年4月	3.25	1954年3月	3.00	-7.7
1957年8月	4.50	1958年4月	3.50	-22.3
1959年9月	5.00	1960年8月	4.50	-10.0
1969年6月	8.50	1971年3月	5.25	-38.2
1974年7月	12.00	1976年12月	6.25	-47.9

战后经济危机时期的利息率，出现违反利息率不断上升的长期趋势和过去经济危机时期利息率总要上升的情况而下降，其原因要从国家垄断资本主义干预经济发展过程之中去找。每当经济危机来袭，帝国主义国家总是加紧推行各种膨胀政策来缓和摆脱危机。减税、扩大政府支出、压低利息率等等纷至沓来。在经济危机时期，人为地压低利息率是通过中央银行规定的较低的再贴现率实现的。在资产阶级政府看来，在经济危机时期压低利息率可以获得双重的好处：一方面，可以借此刺激资本家借入资本，扩大投资，也可以扩大消费信贷，在生产资料和消费资料领域里都促使购买力的增加，从而减轻经济危机的压力；另一方面，扩大财政开支引起的财政赤字需要靠增发公债来填壑，利息率压低了，公债的利息负担便可因之减轻。因此，在经济危机时期，帝国主义国家的政府总要想方设法压低利息率，这是不足为怪的。

当然，用降低利息率的办法来刺激经济回升，其作用和其他的反危机措施一样，是暂时的，也是有限的。它不可能真正解决

[①] 引自《美国新闻与世界报道》1979年9月24日。

生产与消费的尖锐矛盾,而只是把它延缓了或掩盖了。由于它是在生产已经过剩并发生危机的情况下用继续促进投资的办法来扩大生产,从而也就积累了更大、更尖锐的矛盾。人为地压低利息率终究不能阻挡经济危机的爆发,也不能阻挡利息率不断上升的总趋势。在这里,资产阶级政府采取的政策所起的作用,是在强制地压迫利息率暂时地下降,而不表现为使利息率提高。一旦经济危机有所缓和,国家放松了对利息率的压制,利息率便会以更快的速度上涨。这已为战后帝国主义国家利息率的发展过程所证明。人为的干预使利息率的变动更加经常化了,并使整个信贷市场也随之更不稳定。

现在,国家垄断资本主义干预经济发展过程的种种措施,由于矛盾的积累,已经大大降低了效果,有的甚至在向反面转化。在经济危机时期压低利息率的作法也同样如此。这最明显不过地表现在美国的这次经济危机中。在1979年4月经济危机开始爆发后,直到1980年5—7月,利息才有了短时期的下降,而接着又是利息率的更快上升。尽管这时经济危机仍在发展,美国大选也在紧锣密鼓中进行,卡特政府也未能迫使利息率下降。1981年8月,里根政府迫于经济危机的重新发展并面临着其他国家对其经济政策的指责,不得不降低了中央银行的贴现率,使利息率也随之有所下降。可是,过了不久,利息率就又重新表现出上升的趋势,而这时,中央银行的贴现率并没有发生变化。这种情况说明,美国政府左右利息率的能力毕竟是有限的。利息率在经济危机时期会上升这一规律又重新开始明显地表露了出来。不仅在利息率方面的情况如此,在物价方面的情况也是这样。1981年美国消费物价的上涨速度有所减缓,应该说是有生产过剩影响物价的作用在内的。在财政赤字加大、通货膨胀继续发展的情况下,它虽没有造成物价下跌,却使物价的上涨速度放慢了。凡此种种，都向人们显示出国家垄断资本主义干预经济发展过程的能力确实已经削弱了。

简要地说来，我们的看法是：利息率是由资本主义再生产过程决定的，是包括在经济发展过程之内的一个重要因素。帝国主义国家的政策可以影响利息率的高低涨落，但其作用是有限的和暂时的，更不能把它视为引起经济危机的原因。它充其量也只能在经济危机的条件成熟时起导火线的作用。正如暗杀奥地利皇太子裴迪南是第一次世界大战的导火线而不是其原因一样，高利率对于经济危机的作用最多也止于此，切不能将其夸大了。

三

当前美国的经济危机是战后的第七次经济危机。从1979年算起，危机已持续了近三年的时间，并且仍在继续发展之中。在危机的发展过程中，美国的工业生产有一定反复，但这一反复并不能构成把这次危机看成是两次危机的充分论据。

资本主义国家的经济危机是生产过剩的危机，其作用是要通过危机强制性地破坏一部分生产力，使生产和消费的矛盾得到暂时的解决。经过危机，生产力和社会有支付能力的需求暂时相对地适应了，从而使资本主义生产有可能进入新的高涨。从这一点出发来分析美国当前的危机，似以得出一次危机的论断为宜。因为，1979年4月危机爆发以后，美国的工业生产持续下降到1980年7月，从8月开始有所回升，这一回升虽然持续了一年，但却是非常缓慢的，一直未能使工业生产恢复到危机爆发前的最高水平（根据美国原来公布的数字，1979年3月美国工业生产指数是153.5，1981年7月为153.4），最多也只刚刚超过这一水平（美国调整后的数字相应变成了153.0和153.4，很难说哪一组数字更可靠）。如果说，这是两次危机，那么，前一次的危机对生产力的破坏并没有足以使两次危机之间出现一次新的经济高涨，从而需要马上开始再一次的破坏来加以补充。同时，既然没有一次新的经济高涨，那又从何而来新的一轮生产过剩呢？因此，这次危机虽然时间拖得较长并且中间还有反复，但从经济危机的性质和要完成的任务来看，都很难把它分割成两次危机。同时，单从工业生产指数来看经济危机是不够的，还应该和其他的指标结合起来进行分析。固定资本更新是经济危机周期性发展的物质基础，而在这次危机期间还没有出现大规模进行固定资本投资的情况，美国的固定资本投资直到目前为止，按固定价格计算实际上一直未达到以前的最高点，更不要说大大超过了。许多重要工业部门的生产如汽车、钢铁和建筑业都一直处在下降或停滞的状况之中。企业的开工率也在下降。工人的失业率则一直维持在很高的水平上（现在已突破9%的大关）。把所有这些合在一起看，怎么能把这次经济危机一分为二呢？

这次经济危机中间有一年时间的反复，工业生产略有回升。应该看到，这里有暂时的、人为的因素在起作用。一是当时的卡特政府采取了种种反危机措施，如降低利息率、扩大政府开支等等，以使经济好转，便于争取连任；二是里根刚刚上台，人们对其"新"的政策主张抱有一定的希望和幻想。这些暂时的、人为的因素虽然对危机发展进程有所影响，引起了一定的反复，但终究不能阻止它的深化。事实证明，国家垄断资本主义对经济发展过程的干预所积累起来的矛盾，已使其反危机措施进一步失灵。经济危机不但依旧发生，而且要越来越还其本来面目，按照其固有的规律来发展。所以，我们在考察和预测美国未来经济危机的发展时，固然仍需注意各种暂时的、人为的因素，但更为重要地还是要分析引起危机的原因——资本主义基本矛盾的发展和深化，要看到国家垄断资本主义反危机措施的局限性。

由于客观经济条件的变化，经济危机的表现形式也会有一定变化，这一点也是应该肯定的。问题在于不能离开本质去谈形式。战后，主要是由于国家垄断资本主义有了空前的发展，其对再生产过程产生的影响，曾使经济危机的爆发往往不如战前猛烈。但却导致了"停滞膨胀"局面的出现。在这种情况下，经济危机对生产力的猛烈破坏，在一定程度上发生了转化，而由经常性的破坏来加以补充。由于当前美国的经济危机是在"停滞膨胀"之中发生的，因此，一般还不会出现特别猛烈的生产下降，但危机过后，也将难以出现明显的高涨。

列宁在《帝国主义是资本主义的最高阶段》一书中曾经提出过这样的论断："资本主义的发展是从小规模的高利贷资本开始，而以大规模的高利贷资本结束"。看看今天美国上万亿美元的公私债务，看看空前发展的欧洲货币市场以及发展中国家所背负的沉重债务，再看看现在帝国主义国家普遍的高利率及其发展趋势，列宁这一论断闪烁的科学预见的光辉，使我们更加坚信，马克思列宁主义的基本原理，现在和将来都仍然是我们在认识帝国主义的经济本质和分析各种经济现象时所必须掌握的理论武器。

（原载《经济研究参考资料》1982 年 9 月第 144 期）

略论战后金融资本的发展

战后，在帝国主义国家中，生产力和生产关系都已发生了很大的变化。生产不仅成倍地增长了，而且更加社会化和国际化了。在科学技术革命的基础上，国际分工已经深入到技术和工艺专业化的领域。混合联合企业和跨国公司大量涌现出来。垄断和国际垄断不仅在广度和深度上，而且在形式上都有了很大的发展和变化。国家垄断资本主义空前地发展了，已成为国内生产关系日益重要的组成部分，并且对国际经济关系也有着越来越大的影响。综而观之，变化确实是广泛而巨大的。

但是，这些变化都是在资本主义生产方式之内的变化。这些变化没有也不可能改变帝国主义的经济实质。在帝国主义国家中，仍然是金融资本在进行统治和主宰一切。生产力和生产关系所发生的变化，对于金融寡头的统治，只不过是进一步把它推到了极端。金融资本在加强对国内统治的同时，还进一步国际化了。它凭借其掌握的巨额资本和更大规模的生产力，在更严重地剥削着整个资本主义世界，并力图恢复在社会主义国家已经失去的天堂。国家垄断资本主义的发展，则使金融资本有了更加可靠的后盾和扩大剥削的手段。战后帝国主义国家的历史发展和资本主义世界正在激化的各种矛盾，都在愈来愈清楚地说明这一切。帝国主义国家的统治者和谋士们为了掩盖金融资本对世界人民的剥削和统治，一直在鼓吹种种金融资本已经削弱甚至消失的谬论。但是，客观的现实却是最有说服力的。在无情的事实面前，各种诡辩和谎言，都是注定要破产的。战后帝国主义国家的各种最新发展，无时无刻不在有力地证明，只有马列主义关于金融资本的理论，才是惟一经受得住实践检验的客观真理。

一

要研究战后金融资本的发展，首先就要对金融资本这一概念和范畴有一个正确的理解。各种否定金融资本统治的奇谈怪论，常常都是建立在歪曲金融资本正确含意的基础之上的。先歪曲之，再否定之，这乃是资产阶级辩护士们惯用的一种手法。因此，我们有必要进一步深入学习列宁关于金融资本的重要论述，用以指导我们进行正确的研究。

金融资本是在资本主义向帝国主义过渡时才出现的一种新的资本形态。列宁指出："生产的集中；由集中而成长起来的垄断；银行和工业的融合或混合生长，——这就是金融资本产生的历史和这一概念的内容。"① 对列宁就金融资本所下的这一科学定义，我们必须作全面、统一的理解。在这一定义中，任何一个内容都是必不可少的，都是构成金融资本这一概念的必要的组成部分。没有生产的集中和垄断，就根本不可能有金融资本的产生和发展。因此，垄断乃是金融资本赖以产生和发展的基础，也是金融资本作为一个经济范畴的实质所在。银行和工业的融合和混合生

---

① 《列宁选集》第2卷，第769页。

长,则是金融资本作为一种新的资本形态区别于单一的银行资本或工业资本的关键之处,是金融资本作为各种具体形式的资本的统一代表所必须具备的基本条件。正是由于金融资本能够把资本运动过程中的各种独立的形态都置于自己的统一体中,它才能成为主宰资本主义再生产过程的真正统治者。

金融资本的出现,是资本主义长期发展过程的结果和必然产物。从金融资本的内容和特性来看,它是符合资本职能由合一而分化,由分化而合一这一螺旋式上升的历史和逻辑的发展过程的。资本为了榨取利润,必然要不断地通过货币资本、生产资本和商品资本的形态变化,以完成榨取和实现剩余价值的全部过程。随着资本主义的发展,商品资本形态和货币资本形态都相继从产业资本中分离了出来,作为独立的资本形式而发挥自己的作用。商业资本和借贷资本出现了,并相应地产生了专门从事商品买卖的商业企业和专门从事货币资本交易的银行。商业资本的出现和发展,把资本主义的商品生产推到了更高的阶段。银行的产生和发展,则日益扩大着资本主义信用制度的规模和作用。应当看到,在资本主义的长期发展过程中,作为货币资本独立运动形式的借贷资本,较之商业资本,有着越来越重要的意义。因为,货币资本既是产业资本赖以剥削的出发点和前提,也是它追逐的目标和归宿。专门从事货币资本交易的银行,把所能集中的一切货币资本集中起来供给产业资本家使用,并借此日益深入地对各种资本主义企业进行监督和控制。银行通过它的各种经营活动,还促使着利润率平均化,并在资本的积聚和集中方面起着极大的作用。正如列宁所指出:"垄断是从银行成长起来的"。[①] 在这个意义上,没有银行,也就不会有垄断。在垄断产生以后,生产和

---

① 《列宁选集》第2卷,第841页。

企业规模的扩大，使资本本身也更进一步地社会化了。企业都越来越依赖向社会筹集资本。资本的所有权也随之更加分散了。垄断资本家都需要依靠掌握和控制更多的社会资本来实现自己的统治。在这种情况下，作为专门经营借贷资本的特殊企业，作为资本所有权最突出最集中的代表，银行具有了"万能垄断者"的地位和作用。银行加强了对产业资本的控制，反过来又促进了产业资本对银行的渗透。你中有我，我中有你，银行资本与产业资本就这样日益融合起来。从产业资本中分离和独立出去的货币资本又重新和产业资本结合起来，再一次合二而一。但这已是新条件与新形式下的重新结合，这种结合的结果，已不再是原来意义上的产业资本，而是产生了一种新的资本形式，是过去从来没有过的金融资本。资本主义的发展因之也就走向了更高的阶段。

帝国主义是金融资本的统治。正是由于金融资本的发展和壮大，才使资本主义从一般资本的统治变成了垄断资本的统治，从而进入了它的最高阶段——帝国主义。否定了金融资本，也就否定了垄断，否定了帝国主义。这就是各种金融资本消失论之所以出现的真实背景和目的所在。

在各种金融资本消失论中，战后较为流行一种论点，是用垄断企业的急剧膨胀来否定银行资本对工业资本的控制和两者更加紧密地融合。这种论点认为，大企业由于已经掌握了巨大的资本，从而已经不再需要依赖于银行了。"大公司它们自己提供资本"，"大公司在绝大多数情况下，都无需寻求资本，它们自己产生资本。"[①] 在这种情况下，银行的业务已转为主要是为中小企业和居民服务了。这种论调的错误是极其明显的。

---

① 参见埃德温·曼斯菲尔德所编《垄断权力和经济活动》和阿道夫·贝利的《二十世纪的资本主义革命》等著作。

首先，大公司自有资本虽然有所增长，但说它不再依赖银行为之提供资本，则并不符合战后的实际情况。(1)帝国主义国家各类企业的自有资本在资本总额中所占的比重，并没有一个确定的数额，而是处在不断变动的情况之中的。从战后来看，企业自有资本的比重在50年代比较高，但自60年代以来却在下降。到70年代末，美国工业企业自有资本所占的比重已从以前的60％以上，下降到了50％左右。[1] 在其他帝国主义国家，也存在同样的趋势。在战前，日本企业的自有资本也曾占60％以上，而现在，已下降到不足20％了。[2] 可见，即使企业自有资本比重最大的美国，也仍然有一半左右的资本需要依赖金融机构去为之筹措；而在日本和其他帝国主义国家，企业的绝大部分资本都要仰仗于金融机构。(2)虽然某些大企业的自有资本占有较大的比重，它们同样摆脱不了对银行的依赖，并受其控制。因为，银行为企业提供资本，仅仅是银行控制企业的一种手段。在帝国主义国家中，银行早已成了整个社会的支付中介和信用中介。企业的资本，无论是自有的，还是外来的，只要它为剥削剩余价值而运动，只要它为此而不断地循环和周转，它就无法离开银行而独自行动。银行不仅可以通过作为企业的会计和出纳来了解和监督企业的经营活动，而且还由于它为企业提供着大量短期的流动资金，因之可以在很大程度上左右企业的命运。企业和银行这种在业务上的紧密联系和结合，现在较之过去是进一步发展而不是倒退了。在这种情况下，我们怎能说企业已不再依赖于银行了呢？

其次，即使大公司自有资本增长了，也不能否定工业资本和银行资本会进一步地相互渗透和融合。列宁在评述希法亭关于金

---

[1] 参见美国《总统经济报告》历年的有关数字。
[2] 参见《资本主义国家的货币流通与信用》，第141页。

融资本的论述时，早就指出过，把金融资本仅仅理解为由银行提供资本给工业资本家使用是不完全的，从而也是不对的。因为，他忽视了垄断这一最重要的因素，并忽视了银行资本和工业资本的相互结合。问题的症结恰恰就在于，是工业资本和银行资本的相互结合或融合才产生了金融资本。如果金融资本单纯就是由银行提供资本给工业资本家使用，那也就用不着提出金融资本这一全新的概念了。因为，自从有了资本主义银行以来，早已如此，何不就用早已有了的银行资本这一原来的概念呢？既然，金融资本是指工业资本和银行资本的融合，那么，工业资本的增强也好，银行资本的壮大也好，都只不过是金融资本组成要素的发展和变化，而绝不是金融资本的削弱和消失。作为构成金融资本的要素，工业资本和银行资本任何一方的发展和加强，都应看成是金融资本本身的发展和加强，而不能看作是它的否定，这是非常浅显而明白的。

最后，在帝国主义国家中，银行和企业都是属于同一个主人——金融寡头的。银行资本和工业资本都是金融寡头运用资本的形式。银行资本和工业资本在其各自的运动过程中，相互之间是会有竞争和矛盾的。但是，它们之间的竞争和矛盾，在金融资本那里却得到了统一，统一于为金融资本服务，统一于为金融资本带来最大限度的利润和巩固金融资本的统治。这种统一的具体表现形式，就是巨大垄断财团的存在。每一个巨大的垄断财团，从美国的洛克菲勒和摩根财团，到日本的六大财阀，都无一不是银行和各种企业的综合体和统一体，这难道不是有目共睹的事实吗？属于同一垄断财团的银行和各个企业，从资本到人事，都是紧密结合着的，而不是对立的。

所以，垄断企业在战后实力的巨大发展和自有资本的增加，只能被看作是金融资本进一步发展的一个重要方面，而不是金融资本在任何意义上的削弱或消失。

另一种比较流行的错误论点，是所谓的"经理革命论"，或"权力转移论"。这种理论认为，由于资本家越来越脱离企业的经营管理，坐而食利，过着悠闲享乐的生活，"资本家大部分在舞台上消失了"，[①] 权力已"从资本的供给者手中转移到专门知识的拥有者手中"，即"包括高级经理、副经理、科学家、工程师、工厂经营管理人员、销售部门经营管理人员、销售学专家、广告经营管理人员、稽核员、律师，……这些拥有并分享情报的人手中"，"资本家已经不再掌握权力"。[②] 因此，现在也就不再存在金融资本的统治了。现在是经理和技术专家们在企业中起着决定性的作用。用这种论点来否定金融资本的统治，同样是站不住脚的。

第一，运用他人的资本进行剥削，这是自股份公司产生以来资本主义制度的一个重要特点。在资本主义的发展过程中，资本的所有权和使用权，甚至资本的使用权和管理权，早就分离了，绝不是自今日始。马克思曾指出："资本主义生产本身已经使那种完全同资本所有权分离的指挥劳动比比皆是。因此，这种指挥劳动就无须资本家亲自担任了。"这正如"一个乐队指挥完全不必就是乐队的乐器的所有者"一样。[③] 在帝国主义时期，这种分离是更加明显和突出了。这种分离不能用来否定金融资本的存在，它反而是金融资本统治的一个重要特点。所以，列宁指出："资本主义的一般特性，就是资本的占有同资本在生产中的运用相分离，货币资本同工业资本或生产资本相分离，全靠货币资本

---

① 参见阿道夫·贝利的《二十世纪的资本主义革命》一书。
② 参见《论加尔布雷斯的制度经济学说》，商务印书馆1979年版。
③ 马克思：《资本论》第3卷，第435页。

的收入为生的食利者同企业家和其他一切直接参与运用资本的人相分离。帝国主义或金融资本的统治,是资本主义的最高阶段,这时候,这种分离达到了极大的程度。金融资本对其他一切资本的优势,表明食利者和金融寡头占有统治地位"。[①]

第二,资本所有权和使用权、管理权的分离,并没有改变资本主义所有制的性质。这种分离并不是资本权力在所有者、使用者和管理者之间的平均分割,或者甚至是由管理者在决定着一切,而是仍然由资本的所有权主宰着企业的命运。资本的使用和管理,都要服从资本所有者的意志,服从资本榨取剩余价值的目的,为资本的所有者带来最大限度的利润。如果违背了金融资本——资本所有权的集中代表的利益和意志,任何经理和技术专家,都会被冷眼相待,斥之而去。资本所有者是随时可以收回它们所委托的经营管理之权的。经理人员的褒贬升降要由他们为金融资本服务的好坏优劣而定。资本家是没有失业问题的,而经理人员则有。一旦被资本家踢开就要失业。美国报刊曾登载资料,说明高级经理人员的失业率甚至超过了其他阶层的失业率。这清楚地表明,经理人员并没有逃出资本权力的天国,他们也仍然是资本的奴隶,只不过是比较高级的奴才罢了。在资本的王国中,只有受到金融资本青睐的经理人员才能保有自己的领地,施展自己的才能。他们是金融资本意志的体现者。他们的这种地位,决定了他们根本就不可能成为金融资本的对立面和替代者。

可见,所谓"经理革命"、"权力转移"都只是无视客观实际的无稽之谈。

还有一种否认金融资本的论点,是以战后帝国主义国家金融

[①] 《列宁选集》第2卷,第780页。

机构专业化和多样化的发展作为其主要论据的。他们认为，由于各种保险公司、基金会等等非银行的金融机构有了空前的发展，已使银行的作用大大削弱了。在金融领域里已经发生了从集权到分权的现象，从而不再存在金融资本的垄断了。事实当然不是这样的。

帝国主义国家的金融机构，在战后存在着两种发展趋势。一种趋势是，金融机构更加专业化和多样化了。金融机构的专业化、多样化，适应了金融资本把触角更广更深地伸入社会各个领域的需要。这使金融资本拥有了更加庞大和更为完善的金融控制网。各种不同的金融机构既彼此分工，又相互合作，使金融资本更加牢固地把整个国民经济控制在自己的手中。另一种趋势是，作为金融资本统治中枢的各种银行，不但更加集中，规模空前，而且它们的业务也多样化了。各类银行过去的业务分工不断被突破，它们在经营业务方面的特色在逐渐消失。过去的商业银行，一般只经营短期信贷业务；现在，商业银行从事长期投资和证券交易已成为普遍的现象。以前只从事长期投资业务的各种投资银行，现在也拼命挤入短期信贷领域。银行和其他金融机构之间也同样存在越来越多的业务交错。所以，金融机构的专业化、多样化，是与金融机构业务上的多样化、全面化同时发展的，是相并而行的。不能只看到其中的一种趋势。两种趋势的同时存在说明，金融资本为了加强剥削和统治，在运用更多的机构和手段，并让各种机构和手段更充分和更全面地发挥着各自的作用。金融机构多样化，这看起来好像是在分权；但实际上，金融机构的领导权却更集中地掌握到了极少数金融寡头手里。这不仅表现在作为金融资本统治核心的银行，已把货币资本的各种运动形式更直接、更集中地囊括到了自己的业务范围之内，而且还表现在银行和其他金融机构在资本和人事方面的紧密结合上。通过股票参与制和人事结合，银行和各种金融机构不仅在实际利益上息息相关，而且都被置于金融资本的统一控制之下了。银行和各种金融机构都只不过是金融资本运用货币资本的一种形式和手段。它们之间也会存在竞争，但这种竞争仅仅是奴才之间如何更好地为主子服务的竞争。不管是谁服务得好，其结果都是对金融资本的统治有利的。这里应该指出的一点是，尽管战后帝国主义国家的金融机构多样化了，银行的地位和作用却并未因之而降低。各种非银行的金融机构，对于银行只能如众星拱月，而不能与之争辉。因为，在所有金融机构中，银行，特别是商业银行，仍然是首屈一指，居于领导地位。商业银行的资产和信贷总额，它所控制的各种股票和债务，都是其他金融机构无法与之比拟的。银行机构的分布之广之多，也使其他金融机构望尘莫及。在美国，商业银行的资产和股票控制额现在都比其他金融机构超出一倍到两倍。因此，银行无疑仍然是当前金融资本的核心组成部分。这一点，连美国统治阶级也是公开承认的："美国重要的银行业机构，通过它们所掌握的全部巨额资金，通过这些资金的集中以及它们同美国大部分非银行业企业界的种种相互关系，日益显露为经济中的独一无二的重要力量。……银行本身的权力本来已给人以十分深刻的印象了，再加上同其他金融机构的联合，这种权力就可以压倒一切了。"[1] 这就是美国的政治家对资产阶级理论家们的回答。

凡此种种，都清楚地告诉我们，只要对金融资本这一概念和范畴有一个正确的理解，就绝不会得出战后金融资本已经削弱甚至消失的结论。事实显示的完全是另一番景象。金融资本在战后是更进一步地大大向前发展了。

---

[1] 美国《帕特曼报告》，商务印书馆1980年选译本，第144页。

二

战后,帝国主义国家金融资本的发展,主要表现在哪些方面、具有一些什么样的特点呢?

(一)金融资本的实力有了巨大的增长,它们涉足广泛的经济部门,使垄断财团的经营更加多样化了。

垄断财团是金融资本的现象形态和统治形式。随着生产和资本的进一步集中,帝国主义国家垄断财团已攫占了越来越多的社会财富。在美国,最大的两个垄断财团——洛克菲勒财团和摩根财团控制的资产都已有好几千亿美元(据1975年的统计,它们控制的资产分别为3081亿美元和2316亿美元)。和战前相比,增长了几十倍,财富集聚之快是惊人的。在日本,仅六大财阀(三菱、三井、住友、富士、第一和三和)就占有了日本全部企业资产的25%;它们直接控制的垄断企业已超过150家。[①]

垄断财团实力的增长,不仅表现为它们控制的资本量和企业数都增加了,而且还表现在它们已扩大了在各个经济部门的影响。它们所控制的企业分布在越来越多的部门中,从金融业到工矿业,从公用事业到商业和旅游业,从各种研究机构到农业,都无不包括在内。这表明,金融资本的统治从广度到深度都不能与过去同日而语了。

垄断财团对国民经济的控制从一些具体数字中可以看得很清楚。在美国,十大财团(洛克菲勒、摩根、加利福尼亚、第一花旗银行、芝加哥、波士顿、梅隆、得克萨斯、杜邦和克利夫兰)已控制了钢铁产量的77.1%,汽车产量的67%,石油产量的

---

① 参见日本《富士杂志》1980年8月号。

57.1%，发电量的 34%。它们还控制着全国商业银行资产总额的 43.5%，人寿保险公司资产总额的 55.6%。在日本，六大财阀则控制着 36 个最主要的工业部门，并占有了全国银行存款总额的 41.8% 和贷款总额的 42.3%。

垄断财团经营的多样化，是金融资本在战后发展的一个重要特点，也是其加强统治的一个重要手段。以前，垄断财团大都带有比较浓厚的行业色彩和部门分工。例如，美国摩根财团的主要阵地是钢铁工业和其他基础工业；洛克菲勒财团则以"石油大王"闻名于世，其主要领地是石油工业；库恩—罗比财团集中经营的是铁路运输业，故号称"铁路大王"；梅隆财团和杜邦财团则分别控制着制铝工业和化学工业。在日本，战前的财阀也都有各自的独占行业：三菱垄断着造船业和海洋运输业，三井经营煤炭工业和贸易业，住友则倚重于有色金属工业。现在的情况已经与过去大不相同了。由于各垄断财团都拼命向其他财团占有的领域扩张和渗透，都在越来越多的经济部门中扩大自己的势力范围，以致已经很难说哪一个垄断财团只是属于某一个经济部门了。几乎所有的垄断财团现在都是跨行业的，或者说是全行业的。它们属下的各种垄断企业，也在日益增多地变成混合联合企业。

垄断财团经营范围的扩大和多样化说明，第一，金融资本的统治欲望是没有止境的。垄断财团决不会满足于既有的领地和势力范围。它们总是要力图把自己的王国扩大了再扩大。第二，垄断并没有消灭竞争，而是使竞争在更大的规模上展开了。垄断财团无不力图打击自己的竞争对手，挤入对方的世袭领地，以树立自己的优势。这在资本日趋过剩，市场问题更加尖锐的情况下就更是如此。互相渗透，互挖墙脚，财团的行业界限便被打破了。第三，随着生产的进一步社会化和国际化，生产各部门之间有计划地协调发展的内在要求是越来越强烈了。但在资本主义条件下，又不可能做到这一点，结果是带来了严重的混乱和危机。这种情况作为一种外在的强制力量，也在迫使垄断财团尽可能地扩大经营范围，使自己的活动多样化，以便在更大的规模上和范围内来协调生产的发展。这乃是在不触及生产资料私有制的范围内适应生产力发展的一种方式和表现，从而能够在战后成为一种趋势。

（二）随着资本的进一步社会化，金融资本的家族色彩已日趋淡薄，各垄断财团正在越来越紧密地交织在一起，从而使集中和垄断的程度更高了。

生产的社会化促使着资本的进一步社会化，这使垄断财团本身也在随之变化。过去的垄断财团一般多以经营某一行业的富有家族为核心。这些富有的家族掌握着财团的股票控制权，是财团的主要占有者和统治者。所以财团也往往以这些家族来命名，如洛克菲勒、摩根、杜邦、梅隆、克虏伯、安田等等。现在，情况有了很大的变化。生产规模的巨大，经营范围的广泛，使金融寡头越来越多地使用别人的资本。资本所有权分散了，资本控制额也越来越小。这样，富有家族虽仍然掌握着股票控制额，他们在财团中所占的比重却大大下降了。再加上垄断财团相互之间的渗透，由一个家族独占某一财团的情况便受到了削弱，甚至开始消失。垄断财团在开始相互融合着。这是资本吸引资本，资本剥夺资本在更大规模上的继续。有一些财团现在虽然仍沿用过去的家族名称，但已很难说还是由原来的家族在单独控制着。例如，摩根家族早已对美国的摩根财团失去了决定性的支配权，甚至连摩根的直系亲属也被排挤出了摩根财团的主要领导机构之外。西德的克虏伯财团，由于克虏伯公司已改成股份公司，克虏伯家族也不再是可以完全左右它的一个力量了。所以，现在许多财团的家族名称，实际上只不过保留了历史的遗迹，是一个没有实际意义的名义上的象征。正因为如此，有些财团已干脆改掉了过去名称，例如日本的安田财团，在改名为富士财团后，又再次改名为芙蓉财团。这样，连过去家族统治的原有面貌也难以追寻和辨认了。

垄断财团的相互交织，突出地表现在越来越多的垄断企业从一个财团的属下，变成了许多财团共同占有的领地，成了它们共同经营的剥削手段。美国最大的垄断企业埃克森石油公司，过去一直是洛克菲勒财团的核心企业，是洛克菲勒家族的发祥地。现在，洛克菲勒家族拥有该公司的投票权已只有2.08％，而摩根财团、第一花旗银行财团、杜邦财团和芝加哥财团，已都分别拥有了该公司1％左右的投票权。如果这些财团联合起来，它们的投票权就会大大超过洛克菲勒家族。美国的通用汽车公司，过去是杜邦财团的属地，现在也由杜邦、摩根和洛克菲勒等财团共同占有着，仅摩根财团就控制了该公司4％左右的投票权和资产的大约1/3。福特家族独占的福特汽车公司，现在也同样被摩根等其他垄断财团大肆渗入。这种相互渗透和利益的交织，已成为金融资本进一步加强自己的地位、扩大和巩固对整个国民经济统治的一个重要手段。

财团家族色彩的淡薄和财团之间的相互渗透，是私人资本在资本主义生产关系允许的范围内进一步社会化和自我扬弃的一种新的表现。一方面，资本已经进一步社会化了，垄断财团的资本所有权已越来越分散；另一方面，金融寡头却凭借他们的实力和地位，控制着越来越多的他人的资本，加强着他们对整个国民经济的统治。股权分散，控制集中，是这同一过程的两个方面。生产的发展越来越要求赋予生产资料以社会所有的性质，而私有制和资本积累的规律却使金融寡头把越来越多的生产资料置于自己的控制之下。这就是当前帝国主义国家的现实和一切矛盾的渊薮所在。

（三）在垄断财团具有相对稳定性的同时，正在进行着金融资本之间特别尖锐复杂的竞争。

由于金融资本实力雄厚，并且控制着空前广泛的经济部门，从而使它们获得了一定的相对稳定性。战后初期有那些财团，现在也仍然大体是那些财团活跃在帝国主义国家的舞台上。美国的八大财团，日本的六大财阀，都长期安然处于资本统治的金字塔顶端。个别的大公司有可能倒闭，但还没有发生过垄断财团瓦解的事例。

垄断财团的相对稳定性，是由下列原因所使然：（1）垄断财团占有着巨额资本，控制着众多的经济部门，这使它们不仅有力量排除一般的竞争，而且也有能力经受住各种危机的打击。这一部门经营不利，可以由另一部门的赢利来补偿；这一地区不景气，可以到别的地方去扩大经营。这种企业之间、部门之间和地区之间的随机转移、以盈补亏，绝不是一般的企业能够轻易做到的，而垄断财团则可以做到。（2）由于金融资本是工业资本和银行资本的结合，垄断财团都有自己控制的金融机构网。它们控制着亿万货币资本和各种暂时闲置的资金，既可借此实行兼并和扩张，也可调资巨万来帮助企业支撑局面和渡过难关。（3）战后国家垄断资本主义的发展，更使金融资本集团有了可靠的后盾。在垄断企业实在遇到难以克服的困难时，它们可以动员国家的财政力量来为自己服务。帝国主义国家通过各种补贴和贷款帮助垄断财团摆脱困境、避免破产的事例是屡见不鲜的。摩根、洛克菲勒和其他财团共同控制的洛克希德飞机公司和克莱斯勒汽车公司先后由于严重亏损而面临破产的威胁，结果皆因获得了政府的低利贷款保证和财政上的支持而死里逃生，便是其中突出的例子。

但是，如果由于垄断财团在战后具有一定的相对稳定性，因而忽视它们之间的极大矛盾和剧烈冲突，那就错了。资本就其本性来说，从来就是独占性的和排他性的。对于异己的其他资本，它总是要力图吞而食之，夺而有之。要各个垄断财团之间完全相安无事、和平共处是绝对不可能的。垄断财团之间相互渗透和相互融合的过程，同时也就是它们之间相互排斥和相互争夺的过程。一方面，巨大财团的存在虽然具有一定的相对稳定性，但它们相互之间的力量对比却一直在不断地发生变化，不同财团的升降沉浮从来就没有停止过。另一方面，一些老财团的衰落和另外一些新兴财团的迅速崛起，也是时有发生的事情，财团俱乐部的成员是在变动的。

在美国，摩根财团和洛克菲勒财团的地位在战前和战后就互相对调了。在30年代，摩根财团的资产曾比洛克菲勒财团高出二三倍。战后，由于洛克菲勒财团控制的石油业和金融业有了巨大增长，摩根财团主要实力所在的钢铁、煤炭、铁路等行业却在相对地萎缩，它们的相互地位也就随着发生了变化。现在，摩根财团控制的资产总额已反而比洛克菲勒财团少了七八百亿美元。[①] 八大财团的第一把交椅遂为洛克菲勒财团所攫有，摩根财团只好暂时屈居第二位。战前和战后初期一直占据八大财团第三位的库恩—罗比财团，由于战后铁路运输业的萎缩，再加上它控制的曼哈顿银行被洛克菲勒财团吞并，已经衰落了。现在，它不但早已被摒弃于八大财团之外，甚至连二十五大财团也排不上号了，从而已从显赫一时的大财团变成了八大财团的附属财团和小伙伴。克利夫兰财团和杜邦财团的地位虽不如库恩—罗比财团衰

---

① 参见《战后帝国主义基本经济特征的发展》，广西人民出版社1980年版，第46—47页。

落得那么快，却也今不如昔了。与此同时，一些主要从事新兴工业和军火工业的西部和南部财团却在迅速升起。西部的加利福尼亚财团（或称美洲银行财团）早在50年代就已跃居八大财团的第三位。南部的得克萨斯财团也上升得特别快。当然，在东部财团中也有佼佼者。第一花旗银行就是一个。它由于控制了巨大的金融业和从事新兴的军火工业，已跻身于八大财团前四名的行列。

在日本，由原来古河、沚泽、川崎、铃木等许多中小财阀联合组成的第一劝业银行财团，已超过了三井、三菱等原有的老财阀，成了日本最大的金融资本集团。紧跟在第一劝业银行财团之后居第二、三位的三和财团和芙蓉财团，也都是在战后由过去的中小财阀联合之后才上升起来的。战前最大的三井、三菱和住友财阀，现在虽然仍保持在六大财阀之内，却已被甩在上述三个财团之后了。

随着资本主义基本矛盾的进一步加剧，帝国主义国家的垄断财团，今后还会在剧烈的争夺中，不断改变自己的实力和地位，这是完全可以预言的。

（四）随着生产的进一步国际化，金融资本在战后也进一步国际化了。

资本没有国界，帝国主义本来就是一个世界体系。资本家一直都是在共同地剥削着全世界。但是，这不等于资本国际化的程度不会提高和发展。

列宁曾经指出，世界各国都不过是少数几个金融资本大国的债务人和进贡者。战后，金融资本把其触角更深更广地伸向世界各地，只不过是这种情况的自然延续而已。由于科学技术革命推动着国际分工的发展，帝国主义国家的生产都进一步国际化了。金融资本随之国际化就更加成为一种必然的趋势。现在，如果不对金融资本的进一步国际化作充分的估计，就不可能对金融资本的实力及其在世界范围内的统治有全面、正确的理解。

战后，金融资本的进一步国际化主要表现在如下几个方面：

1. 各国的金融资本正在把更大的注意力放在对国外的扩张上。金融资本的经营活动都进一步国际化了。各垄断财团控制的各类企业，从大银行到大公司，几乎都是跨国经营的。不但跨国公司和跨国银行越来越多了，而且经营重点在国外，利润来源也主要在国外的企业也在日益增加。据估计，现在帝国主义国家的跨国公司，国外销售额所占比重在50%以上的，已超过50家；比重在25%以上的更多达100家以上。在这种情况下，甚至在一些帝国主义国家里，一些重要的工业部门现在也已被外国的金融资本控制了很大的比重。例如，外国资本在全部资本中所占的比重在一半以上的工业部门，在法国有电力设备和石油等5个，在西德有石油和煤气、电子计算机、塑料、食品、电力设备和橡胶制品等7个；在英国有电子计算机、拖拉机等12个。如果把外国资本所占比重在50%以下的部门也加以统计，那就更要以几十计了。[①]

2. 金融资本向国外的扩张，除了依靠自己的资本，搞大量的资本输出之外，还越来越倚重于在国外筹集资金。金融资本的资本来源国际化了。这是战后金融资本发展的一个突出特点。跨国公司现在虽仍然具有原来的国籍，但从它的资本所有权来看，却已走上不断国际化的道路。跨国公司不仅在子公司的所在国吸收当地的资本，而且还从其他国家吸收资金。据1970年前后的统计，美国跨国公司国外子公司的资本来源，就有1/3以上是在

[①] 所引材料均见联合国秘书处经济社会事务部：《世界发展中的多国公司》，1973年。

当地或其他地方筹措的。这种资本来源的国际化，是生产国际化的要求，也是它的一种表现。这种国际化与帝国主义国家的各自利益是有一定矛盾的，所以，它又在加剧着帝国主义国家之间的矛盾。金融资本现在控制的是整个资本主义世界范围的资本，它们要凭此指挥所有国家的生产，以便加强剥削全世界。但金融资本最终又都是有自己的国籍的。它们总是要以自己母体所在的国家的利益为最高利益，因为这也是它最根本的利益所在。这就不能不产生巨大的矛盾。这种矛盾实质上仍然是生产社会化和资本主义私有制之间的矛盾，是这一矛盾在世界范围内的展开。国际化的生产力和资产阶级民族国家的矛盾，使资本主义的基本矛盾在更广阔的范围内和更高的程度上表现出来了。

3. 在生产和资本国际化的基础上，出现了越来越多的国际银行资本，并建立了规模日趋扩大的欧洲货币市场和欧洲信贷市场。到1981年底，欧洲货币市场的货币总量已远远超过15000亿美元，比10年前增加了14倍。欧洲信贷市场的信贷额现在也已超过了1300亿美元。[①] 国际货币市场和国际信贷市场的巨大发展，适应了生产和资本国际化的需要，同时，也是金融资本在国际范围内扩大经营和统治领域的一种表现。经营国际货币和国际信贷业务的国际银行，与跨国公司正在日益紧密地结合起来。跨国公司的资金来源，大多是由国际银行提供或筹措的。跨国公司的闲置资金，则是国际银行存款的一个重要来源。国际银行和跨国公司在国际范围内的结合，便产生了金融资本的一种新的国际形态。巨大的国际金融资本集团，可以说是一个个独立的经济王国。它们常可置各国的政策法令于度外，完全根据自己的需要和利益来运转。当然，从目前来说，跨国公司和国际银行的相互融

---

① 参见《世界经济》1982年第8期，第18页。

合,仍然是以同属一个国家的企业为主的,而绝不是什么"超帝国主义"的东西。所以,它仍然只不过是一个国家的金融资本在国外活动和扩张的一种形式。

根据以上粗浅的分析,我们得出的肯定结论是:金融资本不是正在消失,而是在其自身的基础上又大大地向前发展了。金融资本的统治,现在仍然是当代帝国主义最本质的特征和客观现实。

三

战后,金融资本统治的加强,是在国家垄断资本主义空前发展的条件下实现的。因此,如果不研究金融资本和国家垄断资本主义之间的关系,就难以对当代帝国主义的经济实质有一个全面、正确的认识。

在帝国主义国家中,国家垄断资本主义是从两个方面对社会经济生活发生影响和作用的。第一,资产阶级的国家,作为上层建筑,通过各种方针、政策和法令,从外部来干预社会经济活动,以符合资产阶级维护统治、加强剥削的总利益。就这一点来说,这是资产阶级国家从一开始便在执行着的任务,只不过在战后这一方面有了进一步的发展和加强罢了。第二,资产阶级的国家,通过实行国有化和进行国家投资,建立和拥有国有企业,不断扩大国家消费和各种其他支出等等,直接地参与社会再生产过程,并在其中发挥巨大的作用。在这种情况下,帝国主义的国家已不只是作为上层建筑从外部干预着经济生活,而是已经开始直接参与其中。它们的这种参与已经成为社会生产关系日益重要的一个构成部分。但是,在这两个方面,即在帝国主义国家干预经济和参与经济这两个方面,国家垄断资本主义的目的只有一个,就是从不同的方面和角度来加强金融资本在国内外的统治。

由于一般地阐述国家垄断资本主义的问题不是本文所要解决的任务，所以，我们仅从国家垄断资本主义与金融资本的相互关系方面，扼要地说明如下几点：

第一，战后，帝国主义国家国有或国家与私人合有的金融机构有了空前的发展。这说明帝国主义的国家与金融资本在货币信用领域里正在更直接地紧密结合在一起。国家已更多地直接参加着货币资本的运动过程。

帝国主义国家国有的或国家与私人合有的金融机构，在业务上主要有三种不同的类型。（1）中央银行。这是现代帝国主义国家整个金融体系的中枢。它是帝国主义国家金融政策的执行者和金融活动的管理者。因此，不管是国有的，还是国家与私人合有的，甚至仍然是私人资本经营的，中央银行实际上都早已成了国家机构的一个重要组成部分。（2）商业银行。这是帝国主义国家金融体系中的主要力量。现在，虽然还不是所有的帝国主义国家都有国有的商业银行，但在一些国家中，国有的商业银行已在起着决定性的作用。在法国，最大的四家商业银行（里昂信贷银行、总公司、国民贴现公司和国民工商银行），占有着全国银行业务量的一半以上，但在1945年就已国有化了。1981年社会党执政后，又将36家主要银行实行了国有化。这样，法国的银行已几乎全部变成国有的了。在意大利，占全国银行营业额45%以上的九家最大的商业银行也是由国家所有或国家与私人共有的。（3）各种专业金融机构。这包括专门为经济发展服务的开发银行、复兴信贷银行和工业金融公司等等；专门为对外贸易和金融服务的进出口银行、输出入银行等等；专门为住宅和各种抵押贷款服务的住宅抵押银行、土地银行等等；也包括专门为各种私人专业金融机构提供资金的金融公库、经济合作金库等等。

这些国有或国家与私人合有的金融机构空前发展，绝不是私人金融机构的否定，而是金融资本在货币信用领域里的重要支持者和坚强的后盾。这些金融机构的活动，既为私有的金融机构服务，在保证货币信用领域的相对稳定、避免或缓和货币信用危机方面起着重要作用；也为私有的工商企业服务，向它们提供巨额的货币资本，这对风险大、利润低的经济部门和新开发的地区的发展，起了很大的支持和推动作用。例如，美国的联邦土地银行，战后已发放了上千亿美元的农业贷款，这对美国农业发展所起的作用是可想而知的。

第二，战后，由于国有经济的发展，许多重要的国民经济部门，已经由国家和金融资本共同控制着。国家通过国有或国家与私人共有的经济部门或企业，为金融资本榨取高额垄断利润起着日益增大的保证和促进作用。

在国有经济比较发达的西欧各国，这一点表现得特别明显。国家对一些基础工业部门（如钢铁、煤炭、铁路、电讯、邮政等等）实行国有，以为垄断资本提供廉价的动力、原料、通讯和运输服务。国家还和垄断资本集团共同控制着许多重要的工业部门（如汽车、造船、飞机和宇航工业等等），从而在保证这些企业的资本来源和销售市场方面起着作用。国家在科学技术研究方面的巨额投资，则为金融寡头提高资本效率、开阔新的剥削领域提供着有利的条件和可能性。

国有经济的发展在使金融资本直接利用国家机器镇压工人反抗方面的作用也是不容忽视的。

国有经济的发展对帝国主义国家的政府当然也有重要的意义。一方面，由于国家直接掌握了一些经济部门和企业，使国家的财政收入增加了一个重要的来源。在西德，现在国有企业的红利收入已占联邦政府财政收入的5%以上。另一方面，由于政府直接控制了一部分经济力量,这使资产阶级的国家能够在经济活动过程的内部来发生影响和起作用,更便于其对整个社会的经济生活进行干预和控制。

即使在国有经济不那么发展的美国,企业对政府的依赖也是很大的。因为除了国有经济这一途径之外,国家还可以通过国家投资和国家消费,运用国家财政的力量给金融资本以巨大的资助。现在,美国各级政府财政支出占国民收入的比重,已从1950年前后的25%左右提高到了40%以上。美国政府在全国建设投资中所占的比重一直维持在20%—30%之间。其影响之大,由此可见一斑。从私人金融业来看,国家已成为它们最重要的债务人。国家因连年财政赤字而发行的政府债券,已成为私人金融机构的重要投资场所和利润来源。美国联邦政府发行的公债,现在约有半数是由商业银行和其他金融机构购买的。在商业银行的放款总额中,政府债券所占的比重已约占1/4。商业银行和其他金融机构因之攫取的公债利息是很可观的。从私人工商企业来看,依靠政府财政开支攫取高额利润的企业是大量的。在美国,政府的军事订货已遍及五十个州,涉及5000个市和76个工业部门,有22000家主包商和10万多家转包商在从事军事生产。[①] 离开了政府提供的这一巨大而稳定的市场,美国经济的运转和垄断资本的高额利润都是不可想象的。因此,无论是金融企业,还是工商企业,金融资本的存在和发展,都在越来越倚重于国家的资助和支持。

第三,国家垄断资本主义的加强,不仅促进了金融资本的发展,而且还加深了国家本身对金融资本的依赖,因此使帝国主义国家的政府不得不进一步听命于金融资本,更好地为其对国内外

[①] 参见《现代美国经济问题简论》,第134页。

的剥削和扩张服务。

这至少有如下几个方面的表现：(1)国家在财政上已越来越依赖于金融资本。除了垄断财团所交纳的各种赋税是政府财政收入的一个重要来源之外，金融寡头还为政府提供着越来越多的借贷资本。国家的债务已有一半左右被各种金融机构控制在手中，如果加上各种非金属企业所购买的公债，金融寡头占据国家债务的比重就更大。国家在为金融资本提供了一个广阔的投资场所的同时，却使自己沦为了金融资本最大的债务人。(2)国家在货币信用领域里对金融资本的依赖更大了。帝国主义国家现在都有以中央银行为其核心的金融体系。这一金融体系从来就是金融资本的世袭领地和主要活动阵地。在国家垄断资本主义加强对经济发展过程的干预时，这一体系起着日益重要的作用。不仅国家的各种国内货币信用政策，离开了这一整套体系的执行与合作，就不可能得到贯彻和付诸实现，就是国家的许多对外经济政策也同样需要这些金融机构的支持和协助。诸如对资本输出入的限制政策、汇率制度和汇价政策、对外贸易的政策和措施等等，既需要金融资本本身加以实行，也需要金融资本提供必要的货币资本和外汇资金来加以保证和兑现。(3)国家对国民经济的调节与管理也要日益倚靠于金融资本。国家对经济的预测，国家制定各种发展目标和所谓的计划任务，都需要金融资本为之提供各种信息和情报，并在符合金融资本本身利益的范围内使其业务活动尽可能地朝着国家干预和调节的方向发展。离开了金融资本在上述各个方面的支持与配合，帝国主义国家对经济发展过程的调节与干预，只能是一句空话。

帝国主义的国家，作为上层建筑，本来就是为经济基础服务的，为金融资本的剥削与统治服务的。现在，当国家作为一个经济实体大大发展起来，并且在越来越多地直接介入经济发展过程的时候，它在经济上和管理上对金融资本的依赖也随之加深了。从这一点来说，现在的帝国主义国家，已在双重的意义上要听命于金融资本：作为上层建筑，它要为金融资本服务；作为经济关系内的一个因素，它也要唯金融资本之命是从。这当然会促使帝国主义的国家更好地去为金融资本服务。

第四，国家垄断资本主义的发展，进一步促进了金融资本与国家的个人联合。金融资本对国家机器的控制和利用比过去任何时候都加强了。

国家垄断资本主义的发展，国家在经济发展过程中具有的日益增长的作用，促使着金融资本为了自身的利益更加积极地去直接掌握国家政权机构。"今天是部长，明天是银行家；今天是银行家，明天是部长。"[①] 这种现象在战后比过去任何时候都更加突出了。金融寡头亲自出马担任国家首脑的情况早已司空见惯。有关这方面的事实俯拾皆是。肯尼迪、洛克菲勒这样一些金融资本巨头亲自出任美国总统和副总统，就是其中最突出的例子。在这种情况下，国家所制定的各种政策和法令，都是以维护金融资本的剥削和统治为其出发点和最终目的，也就不足为怪了。

金融资本除了与政府实行"个人联合"之外，还通过建立各种各样的机构来对政府施加影响和进行控制。各帝国主义国家都有"全国制造商协会"、"雇主协会"、"经济团体联合会"之类的组织。这些组织通过提出各种建议和研究报告来影响和左右政府的决策，实际上是在为政府规定具体的方针的行动计划，使政府更好地贯彻它们的意图，更好地为它们服务。所以，这些金融寡头搞的所谓民间组织，实际上往往是君临于政府之上的"太上皇"。

---

① 《列宁全集》第24卷，第97页。

直接与政府实行个人联合，以及从外部影响和左右政府的方针和政策，双管齐下，金融资本就这样，把国家机构更加随心所欲地玩弄于自己的股掌之上了。

仅从上面所述的几点中，我们就已经可以看出，战后金融资本统治的加强是和国家垄断资本主义的发展密切结合在一起的。国家垄断资本主义的发展，对金融资本的统治绝不是什么限制和削弱，而是金融资本利用国家机构加强剥削与统治的一个具体表现和重要方面。构成国家垄断资本主义主体并在其中起决定性作用的，仍然是垄断资产阶级，是金融寡头；而国家也仍然只不过是"理想的总资本家"。国家垄断资本主义的发展，丝毫也没有限制或削弱金融资本对生产资料和社会财富的占有，反而使之发展到了顶点。现在，金融资本已经不是一般地占有生产资料并凭之进行剥削，而是已经掌握了整个国家的经济命脉和政权机构，把这些都变成了自己进行剥削的手段和实现压迫的工具。

当然，国家垄断资本主义的发展和加强，在某些时候或某些情况下，也会与个别的垄断财团发生这样或那样的矛盾。因为，国家垄断资本主义并不保证每一个垄断财团在每一个时期都能够获得高额垄断利润，而只是保证它们具有获得垄断利润的环境和条件。为了垄断资产阶级的整体利益和长远利益，国家垄断资本主义有时也会与某些个别的垄断财团发生激烈的冲突，甚至牺牲某些私人资本集团的利益。但是，这不是国家垄断资本主义与金融资本的利益不一致的表现，而是恰好说明，国家作为"理想的总资本家"，它更集中地代表了垄断资产阶级的意志，是以巩固整个金融资本的统治为着眼点并据之行事的。它要求垄断资本集团局部的、暂时的利益服从于帝国主义制度的根本利益和长远利益。也正是由于国家垄断资本主义的这种阶级本质，才能使金融资本在战后国家垄断资本主义空前发展的条件下，得以极大地膨胀自己的实力，加强剥削，猛攫财富，并获得了一段时期相对稳定的统治局面。

战后国家垄断资本主义的空前发展，把帝国主义国家金融资本的统治进一步推向了顶峰。金融资本为了其自身的利益，也使国家垄断资本主义的发展达到了一个新的高度。但是，金融资本的发展，同时也就是资本主义基本矛盾的发展。帝国主义和金融资本的历史地位是早已确定了的，整个资本主义剥削制度最终都难逃最后覆灭的命运。

（原载《经济研究参考资料》1983年1月第14期）

当前资本主义世界经济危机问题

第二次世界大战后，第三次资本主义世界经济危机从1979—1980年开始，迄今已经三年多，还在继续发展中。这次危机的严重性在战后是空前的。西方正在惊呼："世界经济向何处去？会走向30年代那样的崩溃吗？会走向一场贸易战吗？或者会走向一场真正的战争？"

这次经济危机的严重性是难以否认的。但是，对于这次危机的性质和原因等，却众说纷纭。由于这次危机到目前为止还没有结束，现在要对它作出全面的评价，也还为时尚早。在这里，我只想就它的基本性质和某些特点提出一些初步的看法。

一 这次经济危机的情况和特点

1979年4月，一次新的经济危机在美国开始爆发。这时，距严重的1973—1975年资本主义世界经济危机才不过四年，距美国的工业生产恢复到危机前的水平更只有两年多。在美国经济危机爆发之后不久，英国便在1979年7月步入了危机。到1980年上半年，西欧其他国家和日本也全都陷入了经济危机。

在1973—1975年资本主义世界经济危机之前，帝国主义国家曾经有过大约二十年经济发展较快的时期。但是，由于资本主义各种固有矛盾的积累和激化，以1973—1975年危机为转折点，帝国主义国家普遍陷入了经济发展停滞和通货膨胀交织的严重困境。当前的这次经济危机，就是在这种"滞胀"的条件下发生的。在这次危机爆发之前，各帝国主义国家并没有出现真正有力的经济高涨阶段，而是在步履蹒跚的时候，经济危机就再一次袭来了。这种情况本身就已说明了这次危机的严重性。这次经济危机有不少新的特点。这些新的特点也说明这次经济危机的严重程度：

（1）这次经济危机的来势虽不像过去的一些危机那么猛烈，但是，拖的时间特别长；在危机的发展过程中，生产的下降也不是直线的，而是起伏不定，在有升有降中形成一个向下波动的曲线运动。这种情况的出现，显然是与"滞胀"这一客观经济条件密切关联着的，是由后者决定和制约的。

从美国来看，这次经济危机已经经历了三个阶段：从1974年4月到1980年7月，工业生产继续下降了16个月，下降的幅度为8.6%；从1980年8月到1981年7月，工业生产又回升了12个月，重新回复到危机前的水平；从1981年8月到1982年11月，工业生产再次连续下降了16个月，下降的幅度达11.9%。什么时候能走出危机现在还很难说。其他帝国主义国家经济危机的进程虽不像美国那样具有明显的阶段性，但降降停停，停停降降却是共同的。

正是由于生产下降幅度不是一下子就很大，因此，经济危机要能够较大地破坏社会生产力，使生产和消费的矛盾得到暂时的解决，就只有用拖长时间的办法来加以满足了。所以，对于这次经济危机，如果光从生产下降的幅度来看，似乎并不如过去严重，还不能算作是战后最严重的一次经济危机。但是，如果从危机拖长的角度来看，情况就不同了。到目前为止，帝国主义国家这次危机的延续时间，都已经是上次危机的2—3倍。

在考虑生产下降情况的时候，还需要注意的另一个新因素，是开工率的大幅度下降。以美国为例，在这次经济危机中，企业的设备利用率已下降到68%以下，也就是说有1/3的生产能力被闲置不用。在遭受危机打击最为严重的汽车和钢铁部门中，开工率只有50%和40%。这在战后确实是空前的。它是垄断资本用减少生产的办法来应付经济危机所带来的结果。这虽然减轻了商品过剩的压力，似乎是在防患于未然，但其对社会生产力所造成的破坏，却是一样的。企业开工率大幅度下降不过是商品过剩的另一种表现形式罢了。因此，只有当我们把商品的过剩和生产能力的过剩结合在一起进行研究的时候，帝国主义国家生产过剩的严重程度才能充分地显现出来。这是我们在考察这次危机的时候所不能忽略的一点。

（2）这次危机中，失业人数和失业率均已创战后最高记录，工人阶级深受其害。

目前，美国全失业的工人已超过1200万人，失业率高达10.8%，创造了40年代以来的最高记录。在建筑业中，失业率更已高达23%。如果把几百万半失业的工人也考虑在内，失业的情况就更严重了。英国的失业率比美国还要高，已突破14%，失业人数多达300多万人。整个西欧经济共同体的失业人数已超过1100万人，失业率也在10%以上。所有发达资本主义国家的失业人数合在一起已超过3200万人。工人失业人数的剧增从来就是衡量经济危机程度的一个重要因素。因此，从当前帝国主义国家工人失业的急剧增加来看，这次经济危机确实是战后最严重的一次了。

工人失业增加是和生产下降、开工不足密切联系在一起的，前者是由后者决定的。但是，工人失业的猛烈增加，又促使着社会有支付能力的消费水平进一步下降，从而使生产更加难以止降和回升。这种恶性循环与这次危机的迟迟无法摆脱，不能说没有关系。

在这次危机中，企业破产之多也创造了战后的最高记录，这是引起失业剧增的又一重要因素。仅1982年的头11个月，美国倒闭的企业就已高达22049家。法国1982年倒闭的企业，平均每月超过1700家。西德、日本的企业破产数全部创下了战后的最高记录。企业倒闭虽仍然以中小企业为最多，但已开始波及不少的大企业。在美国名列榜首的500家最大的工业公司中，1982年已有二家倒闭。连有名的跨国公司国际收割机公司现在也因无力偿还债务而破产。还有为数不少的银行开始倒闭。仅1982年，美国倒闭的银行就已达40家。与此同时，还有多达近350家的银行被列入了有问题的银行名单。这是在战后历次经济危机中所未有的。

（3）在这次经济危机中，物价的上涨速度减缓了，而利息率却始终维持在较高的水平上，物价和利息率的变动出现了与战后历次危机不同的趋势。

过去，每当经济危机爆发，商品大量过剩，物价下跌是很自然的事。但战后，由于国家垄断资本主义的发展，通货膨胀成了垄断资产阶级"反危机"的重要手段，经济危机时期的物价不但不下跌，反而上涨。危机愈重，通货膨胀愈厉害，物价遂扶摇直上。所以，在1973—1975年严重的经济危机爆发之时，也正是帝国主义国家物价上涨最快之日，消费物价的年上涨率除西德外都达到了二位数，有的竟高达22.7%和24.2%。

在这次危机中，帝国主义国家国内物价的变动虽然还没有转升为降，但物价上涨的速度却大大减缓了。到1982年，除个别国家外，都已下降到一位数，一般在4%—8%之间。造成这种情况的原因，除了帝国主义国家为抑制通货膨胀而采取的紧缩政策之外，还是在于经济危机自身的严重性。它使国际市场上的各种初级产品，甚至包括石油在内，价格都大幅度下跌，跌幅少则10%左右，多则高达30%—40%。这当然会影响到帝国主义国家国内的物价。再加上国内需求因工人大量失业和实际工资下降而受到进一步的限制，商品供过于求更加严重了，迫使物价下跌的力量要比过去大得多，物价上涨的速度当然只能进一步放慢。

在这次经济危机中，利息率长期居高不下，也与战后各次危机的情况有所不同。在资本主义国家中，利息率的变动从来就与再生产的周期运动有着密切的关系。马克思曾经指出："如果我们考察一下现代工业在其中运动的周转周期，……我们就会发现，低利息率多数与繁荣时期或有额外利润的时期相适应，利息的提高与繁荣到周期的下一阶段的过渡相适应，而达到高利贷极限程度的最高利息则与危机相适应。"[①] 但在战后，利息率在历次经济危机中却不是提高而是下降，这当然是反常的。这种反常和物价变动的反常一样，是由国家垄断资本主义对经济发展过程的干预造成的。政府用强制降低利息率的办法来刺激借债投资和消费，以缓和或摆脱危机。危机愈严重，政府强制利息率下降的幅度就愈大。这就是战后的情况。但是，这次危机却回复到了与战后历次危机不同而与以前的状况相似的情景之中，利息率在近几年来一直维持在很高的水平上。这当然与实行的紧缩政策有一定关系，但经济危机的严重发展同样是一个重要因素。由于经济危机严重，现在帝国主义国家已在不断压低利息率以刺激经济回

---

① 马克思：《资本论》第3卷，人民出版社1975年版（下同），第404页。

升。但是，从目前情况来看，名义利息率是降下来了，美国已从21%左右降到了11%左右，降幅可谓大矣。但是，扣除了通货膨胀后的实际利息率却依然很高。因为，现在的消费物价上涨率已降到只有5—6%，所以实际的利息率仍达5%—6%，要比过去高2—3倍。这说明，国家干预经济的力量毕竟是有限的，利息率在经济危机时会上升的规律又在有力地发挥着自己的作用。

（4）这次危机是在国际贸易萎缩的情况下发展的，这在战后是第一次。

国际贸易的迅速发展一直是战后促使帝国主义国家经济较快发展的一个重要因素。由于国际分工和生产国际化日益发展，国际贸易的发展速度在战后一直快于世界生产的发展速度，即使在历次经济危机时期，国际贸易也仍然以较快的速度增长。这对缓和帝国主义国家生产过剩的矛盾起了不小的作用。但是，在这次危机中情况逆转了。1981年，资本主义世界的工业生产虽然在经济危机的打击下却仍然增长了约1%，而国际贸易则出现了战后的第一次下降，出口额减少约1%。1982年，这种趋势仍在继续着。这说明了世界范围商品的严重过剩，是经济危机深化在国际市场上的一种反映。由于国际贸易萎缩，1979—1981年，世界的海上贸易运输量也随之下降了8%，使闲置的商船已占世界商船总吨位的12%，创下了战后的最高记录。可见，国际贸易的萎缩，既加重着各国的商品过剩，也严重打击了与国际贸易有密切关系的许多行业，从造船业、航运业到保险业、银行业，都无不深受其害。

这些就是当前这次资本主义世界经济危机的主要特点。这些特点完全可以说明：这次资本主义世界经济危机确实是战后最严重的一次经济危机。

二 这次经济危机的性质和原因

当前,关于这次资本主义世界经济危机的性质和原因,存在不同的看法。

有一种意见认为,这次经济危机"不是生产过剩的危机",因而是"马克思主义的经济危机理论解释不了的";另一种意见认为:这次危机并不是由资本主义再生产过程的内部矛盾引起的,而是"由第二次石油冲击",或"里根政府的高利率政策"等等这些"非周期性"因素造成的,因此不能把它看成是周期性的经济危机,只能把它叫做"结构性危机"或者"政策性危机";等等。我认为上述意见是不正确的。

当前的资本主义世界经济危机,虽然呈现出了许多新的情况和特点,但是,它的基本性质并没有发生丝毫的改变,它仍然是生产过剩的危机。我们不能因为危机的现象形态有一定变化而否定它的本质。从当前危机的各种特点来看,有哪一个特点能离开生产过剩而孤立地存在呢?都不能。比较缓慢但持续的生产下降、工人的大量失业、物价上升速度缓慢、利息率居高不下、国际贸易锐减、价格猛跌,所有这些,都是由生产过剩决定的,并且表现着生产的过剩。

把石油冲击作为帝国主义国家发生经济危机的原因,这已不是第一次了。现在,"石油冲击论"又卷土重来,但与过去有一点不同。过去,把经济危机和通货膨胀归因于石油斗争比较直接,也比较简单,它们只是说石油涨价带动了其他物价上涨,从而引起了经济危机,并使通货膨胀更加严重。这一次,它们的解释复杂化了,并赋予了一定的理论色彩。它们认为,石油第二次大幅度涨价,引起了帝国主义国家经济结构的变化,使帝国主义国家耗能多的生产部门缩减了,从而造成了当前的经济困难和危机。乍听起来,这似乎有道理,但一推敲,就不对了。因为,帝国主义国家的经济结构改变,既不是由这次石油提价引起的,也绝不是自今日始,而是战后以来由于科学技术革命就一直在进行着的。怎么能把早已存在的、长期以来就起作用的经济过程归因于后来才出现的事情呢?再说,最近两年来,石油价格已不是上涨而在下跌,帝国主义国家的经济危机却更严重了,这又该如何解释呢?当然,我们绝不是否认石油作为一种重要的能源,其价格的变化会对经济的发展发生一定的影响。但是,我们不能同意用外在的、偶然的因素来解释帝国主义经济发展中的规律性现象。如果没有石油提价,帝国主义国家照样会发生周期性的经济危机,而且随着各种矛盾的积累,经济危机也会呈现出更加严重的趋势。对于当前如此严重的世界经济危机,我们只能从帝国主义经济发展的内在矛盾中去找原因,而不能相反。

作为生产过剩的危机,这一次仍然一如既往,是由帝国主义国家生产和消费的尖锐矛盾引起的。"一切真正的危机的最根本的原因,总不外乎群众的贫困和他们的有限的消费,资本主义生产却不顾这种情况而力图发展生产力,好像只有社会的绝对的消费能力才是生产力发展的界限。"[①] 我们在分析经济危机问题的时候,必须牢牢地把握住这一基本点。

(1) 从生产力变化的角度来看,战后,由于发生了第三次科学技术革命,帝国主义国家的经济不但有过一段时期的较快发展,而且也因之加剧了资本主义的基本矛盾。在这里,科学技术革命所起的作用是双重的。列宁曾经指出:"技术愈向前发展,

---

① 马克思:《资本论》第3卷,第548页。

劳动力就愈供过于求，资本家就愈能提高对工人的剥削程度。"① 科学技术革命从两个方面引起工人失业的增加：一方面，科学技术进步使资本的有机构成进一步提高了。资本家需要用更多的资本来购买生产设备和先进技术，而随着生产自动化的发展，物质生产过程所需要的劳动力却大大减少了，这必然要引起相对的人口过剩。另一方面，科学技术的发展还引起了产业结构的变化，电子工业、原子能工业、宇航工业等等迅速兴起和壮大，而一些旧有产业部门如煤炭、纺织、钢铁等等却在相对的萎缩，新兴工业所需要的工人远远少于衰落的工业部门所排挤出的工人，这也使失业人数大量地增加起来。可见，科学技术的进步在推动劳动生产率提高和生产迅速发展，也在排斥着更多的工人。与此同时，工人工资的增长也绝不是与劳动生产率的提高并步而行的。工资的增长总是缓慢和落后的。这不能不使资本主义的基本矛盾进一步加剧。当经济发展在科学技术革命的推动下比较快速的时候，矛盾还被一时的繁荣掩盖着，而一旦经济发展减慢，矛盾又积累到了一定的程度，问题就会突出地暴露在人们的面前。这就是自70年代以来帝国主义国家的失业人数一直不断上升的一个重要原因。这也说明腐朽的资本主义制度已愈来愈不能容纳先进科学技术所创造的生产力。

（2）就生产关系而言，国家垄断资本主义在战后的迅猛发展是帝国主义国家经济一度较快增长的又一重要因素。在这里，国家垄断资本主义所起的作用同样是双重的。一方面，国家垄断资本主义对经济发展过程进行的干预和参与，确实在为垄断资本扩大剥削、增加积累方面起了不小的作用，在一定时期里加速了经济的发展，也缓和了再生产过程中的某些矛盾；但是，另一方

---

① 列宁：《俄国社会民主工党纲领草案》，《列宁全集》第6卷，第10页。

面，国家垄断资本主义的各种政策措施，又都在积累着矛盾和增加着新的矛盾。通货膨胀，物价飞涨，是一例；信用膨胀，债务惊人，又是一例。在美国，现在仅联邦政府的债务就已超过了1万亿美元，把公私债务合在一起，总额更已超过5万亿美元。战后，帝国主义国家的经济发展，在很大程度上就是建立在这种债务经济的沙滩之上的。公司借债投资，私人借债消费，政府借债开支，债务岂能不惊人增长！但是，债务经济归根到底乃是用预支购买力的办法来增加当前的投资和消费，它最终必将反过来对经济造成更大的危害。政府债务的增加要靠以后增税来还本付息。现在，各种税收在美国工人的收入中已要占去大约1/4。再加上私人债务的到期还本付息，能留在工人自己手中可支配的收入就更少了。近几年来，由于通货膨胀和经济危机，工人的实际收入还在继续不断地下降，这就更使劳动人民有支付能力的需求受到了进一步限制。矛盾积累到今天，生产在债务经济基础上的发展和劳动人民各种需求的相对缩小，不能不引起一场旷日持久的经济危机。

（3）这次危机是战后的第三次资本主义世界经济危机。帝国主义国家经济危机同期性的恢复，使它们相互之间转嫁危机的可能性缩小了。可是，帝国主义国家对相互之间的贸易依赖程度都增大了。它们相互间的出口贸易已占其出口总额的50%—60%。现在，它们都同时发生了经济危机，出口本来就在缩小，再加上各自以邻为壑而采取的种种保护主义措施，就更使相互间的出口贸易遇到了极大的障碍。正是在这种情况下，美国1982年的对外贸易赤字将超过420亿美元，达到创记录的数字。也正是在这种情况下，帝国主义国家为相互争夺国内市场，已连续爆发了汽车战、钢铁战和农产品战，都在想方设法阻止对方商品的进口，而却要对方放松对自己商品的进口限制。它们在这方面的剧烈争夺决不会到此结束。随着各国经济危机的深化，各种贸易战还会接踵而来。现在的情况正如西方报刊所描绘的那样："当大家都饥肠辘辘时，把闯入饭厅的外来者赶出去的愿望是不可抗拒的。"这种局面的出现，对这次经济危机的难以摆脱，显然是有一定作用的。

（4）帝国主义是一个世界剥削体系。在考察资本主义世界经济危机时，当然不能不联系到帝国主义国家对广大发展中国家进行的剥削和带来的后果。战后，广大发展中国家虽然冲破了帝国主义的旧殖民体系，获得了政治上的独立，但是，帝国主义对发展中国家的剥削不仅从来没有中断，而且在许多方面甚至超过了旧殖民主义。这正是当前发展中国家与帝国主义国家在经济上的差距进一步扩大的根本原因所在，帝国主义的残酷剥削现在已反过来影响着帝国主义本身的经济发展。这首先表现在发展中国家积累起来的无法偿还的债务上。由于对外贸易连年逆差，再加上帝国主义国家的资本输出，发展中国家到1982年积欠的国际债务已高达6200多亿美元，为偿还这笔债务的本息，每年要用去一半以上的出口收入，有些国家甚至要用去80%—90%的出口收入。在这种情况下，发展中国家当然不可能有力量去大力发展自己的民族经济。这既影响到本国出口的增加，也不利于从帝国主义国家进口更多的商品。在经济危机发生后，帝国主义国家还拼命向发展中国家转嫁危机，使发展中国家蒙受出口商品价格暴跌的巨大损失，这就更增加了发展中国家从帝国主义国家进口商品的困难。发展中国家的市场在相对萎缩，经济发生巨大困难，不能不反过来影响到帝国主义国家，增加了它们转嫁危机的困难。这是促使这次经济危机持久而又深刻的又一个不可忽略的因素。

正是生产力和生产关系的发展和变化，帝国主义在世界范围内的剥削和争夺，这些帝国主义国家经济发展的内在因素，加重了剥削，增加了矛盾，成了这次经济危机发生和持续发展的现实的和具体的原因。许多外在的因素，如高利率政策和石油涨价等等，虽也会对危机的进程发生一定的影响，但外因只有通过内因才能起作用。如果不是帝国主义国家经济的内在矛盾决定了这一次经济危机的必然爆发，即使有更多的外在因素，这次危机也同样不会发生并持续这样长的时间。

三 这次经济危机过去以后的展望

经济危机是资本主义制度的痼疾。战后，帝国主义国家采取了种种"反危机"措施，也未能使它们免于经济危机的轮回之苦。自70年代以来，由于矛盾的积累，经济危机反而比过去更加频繁和严重了。即使一次经济危机过去了，接着而来的"滞胀"，又将继续折磨帝国主义国家。急性病和慢性病交织并发，使帝国主义处于多种危机的夹击之中。这是资本主义基本矛盾加剧、帝国主义腐朽性加深的明证。在这次危机过后，资本主义世界经济又将如何呢？

（1）战后，帝国主义国家一直把凯恩斯主义奉为医治各种经济病症的经典。但是，事实证明，凯恩斯主义并不灵。它虽然可以缓和经济危机于一时，但却带来了一系列的新病症。它虽然鼓吹通货膨胀可以减少失业，而伴随着严重通货膨胀而来的竟是更为严重的失业。垄断资产阶级不再把凯恩斯看成是"资本主义的救星"了，它们企图寻找新的"救星"。于是，近年来，保守主义经济思潮随之而起，货币学派、供应学派纷纷出笼。里根当上美国总统以后，还提出了所谓的"里根经济学"，鼓吹要倒退到自由放任的经济时代去，要把政府对经济的干预减少到最低限度。其实，私人垄断和国家垄断出现以前，资本主义就一直是在

"自由放任"和"自由竞争"的，历史早已对此作出了结论，它必然要被私人垄断和国家垄断所代替。时代发展到今天，还想倒退到原来的老路上去是根本不可能的。当前这次经济危机的兴起和发展，正是在"里根经济学"喧嚣一时的时候，最好不过地说明了这一点。为了加强对经济的干预以摆脱危机，里根政府已创造了国家预算的最高赤字记录，使赤字超过了每年一千亿美元的大关。这是对里根要减少政府干预的最好的讽刺。如果说，凯恩斯主义还风行了二三十年的话，那么，"里根经济学"之类刚一出笼就失败了。帝国主义既然找不到比凯恩斯主义更好的理论和办法，垄断资产阶级只有无可奈何地将膨胀和紧缩政策交替使用下去。这样，"滞胀"局面也将继续存在下去。帝国主义国家当前所遇到的各种经济矛盾不但解决不了，而且还要加剧和扩大。

（2）实行国民经济军事化历来是帝国主义国家对外扩张的需要，同时也是解决国内经济矛盾的一种手段。战后，帝国主义国家的经济发展，在一定程度上就是与国民经济军事化密切关联着的。这在美国表现得最为明显。为了对外侵略和争霸世界，它一直把大量的人力、物力和财力投入军备竞赛，其军费开支和军工生产一直维持在很高的水平上。目前，美国全部经济活动的大约1/4到1/3要靠政府的军费开支来维持。其他帝国主义国家的军费开支与美国比较起来要少一些，但是，它们在战后的经济发展，一方面，都无不在一定程度上得惠于美国发动侵略战争的军事订货、物资供应以及海外军费开支；另一方面，它们自己的军火生产和军火出口也都在不断地增加。现在，由于严重的经济危机，帝国主义国家的国民经济军事化又都呈现出了加强的趋势。里根上台以后，一再声称要削减政府开支，但惟独军费开支却有了大幅度的增长。美国 1982 年的直接军费开支已近 1900 亿美元，占整个财政支出的 25% 以上。但里根还嫌不够，计划要在

1984年把这一比重提高到32.4%。其他帝国主义国家的军费也在增加。例如，北大西洋公约各国的军费开支总额就已从1980年的2500多亿美元，增加到了1981年的近3000亿美元。现在，主要帝国主义国家都有大量的军火出口。它们在世界每年的军火输出额中大约要占60%—70%。仅美国一国1981年的军火出口就约有200亿美元。帝国主义国家国民经济军事化的进一步发展，已成为当前国际局势动荡不定的重要因素。今后，它还将进一步加剧国际紧张局势。

（3）这次资本主义世界经济危机对帝国主义国家的打击轻重不一，从而使它们的发展不平衡加剧了。美国的经济实力本来就一直在相对衰落，这次遭受危机的打击又最大。西德和日本的经济实力与美国的差距进一步缩小了。现在，西欧共同市场作为一个整体，其国内生产总值已经接近美国，而出口总额和国际储备则大大超过了美国。日本在这些方面虽然都还没有赶上美国，但在出口竞争方面却保持着极大的优势。美国巨额的对外贸易逆差主要就是对日本的逆差，现在每年有100多亿美元。经济危机造成的国际贸易萎缩，使它们在争夺市场的斗争中更加短兵相接。在首脑会议上的激烈争吵，国际贸易和关税总协定会议的不欢而散，以及各种贸易战的连绵不断，都在说明这一问题。不仅美、日、西欧之间如此，而且在西欧共同市场之内也是这样。这对帝国主义国家摆脱危机和今后的经济发展都会发生不利的影响。事情的发展还是如列宁所说的那样，决不会出现一个什么"超帝国主义"的时代，尽管帝国主义国家之间为了各自的或共同的利益可以在政策上进行一些协调，互作某种程度的让步，但这些都不过是暂时的、相对的。一旦矛盾发展，利害冲突便会激化，协调、妥协就会为激烈的斗争所代替。过去的帝国主义战争是由此引起的，今后也决不会排除这种可能性。

(4) 帝国主义从来都是要把经济危机的重担转嫁到国内外劳动人民身上的。在这次严重的资本主义世界经济危机中，当然也不例外。国内工人的大量失业，实际工资水平的连续下降，在军费开支提高的同时要大砍社会福利开支，这些都在促使帝国主义国家阶级矛盾的发展。现在，帝国主义国家工人的斗争，已从要求增加工资逐渐转向反对失业和政府转嫁危机的各种社会、经济政策。1982年10月和11月，西德工人连续举行了三次大规模的示威游行和集会，反对科尔政府的经济纲领，参加者多达50万人。美、法等国也发生了类似的工人斗争。严重的经济危机和阶级矛盾的发展，正带来帝国主义国家政局的动荡。法国、西德、意大利和日本都在危机过程中发生了政府的更迭，这在战后是少有的。

帝国主义国家向发展中国家转嫁危机，这一次比战后任何一次经济危机都更为突出。在这种情况下，1981年整个发展中国家的经济增长率仅为0.1%，远远低于联合国为80年代国际发展战略制定的平均每年增长7%的指标。从国内的经济发展，到进出口贸易，到国际债务，发展中国家都面临着战后以来最严重的困难。发展中国家与帝国主义国家之间经济矛盾的发展，必将进一步推动发展中国家为建立国际经济新秩序而开展的斗争。发展中国家反对帝国主义、殖民主义和霸权主义的斗争，对今后的国际经济和政治局势肯定发生越来越大的影响。

经济危机既是资本主义各种经济矛盾的集中爆发，同时又通过一定的破坏使这些矛盾得到暂时的缓和和解决。所以，它总是周期地运动着。这次危机也是要过去的。在这次危机结束之后，帝国主义国家要迅速地走向另一次繁荣是不可能的。国内外矛盾的发展和激化，是不会让帝国主义安然地剥削和统治下去的。

（原载《经济研究》1983年第3期）

谈谈当前世界经济形势中的几个问题

经过1979—1982年战后持续时间最长的一次经济危机，发达资本主义国家的经济在1983年已陆续走向回升。但发展并不平衡。最早陷入经济危机的美国也最早摆脱危机，并在经济回升中一直处于领先地位。1983年，美国的国民生产总值增长了大约6%，成为发达资本主义国家中的佼佼者。日本的情况有所不同。它在经济危机中受的打击比较轻，经济回升也比较慢，经济下降和回升的幅度与速度都不太大。"滞"仍表现得比较明显。1983年，日本全年的经济增长率大约为3.3%。在发达资本主义国家中，西欧的情况最差，也最复杂。过去经济情况一直不如其他西欧国家的英国，在这一次经济回升中却最快，1983年的经济增长率将从1982年的1.2%提高到3.0%，虽还不如美国和日本，在西欧却首屈一指。联邦德国和法国的经济则只能说刚刚摆脱危机，几经曲折，才略有上升，表现平平。1983年，它们的经济只分别增长了1.2%和0.1%左右。意大利的经济情况最差，至今仍然在经济危机的泥潭中挣扎。1983年，意大利经济在1982年下降0.3%的基础上，又进一步下降了1.2%。它所面临的经济困难仍很大。

在发达资本主义国家经济已经开始回升的情况下，发展中国家的经济却在进一步恶化。由于发达资本主义国家采取各种办法向发展中国家转嫁危机，给发展中国家带来了巨大的困难，使它们的经济发展遭受了严重的挫折。1983年，发展中国家的经济继续下降，拉丁美洲国家下降了3.3%，非洲国家下降了2%，中东国家更下降了大约7%。虽然亚洲地区经济情况较好，全年经济增长了4%—5%，但对发展中国家整个说来，经济仍然下降了大约1%。

现在，发达资本主义国家正处于经济周期的回升阶段。1984年，这些国家的经济将继续回升。但是，由于存在着许多不利于经济回升的因素和比较动荡的世界政治局势，看来一时还很难形成一次新的经济高涨。

目前，国内外对世界经济形势存在着许多不同的看法，其中有不少牵涉到一些有关的理论问题，这些问题对如何估计今后的世界经济发展趋势有密切的关系。所以，我想就下面几个问题谈谈自己的看法。

1. 关于发达资本主义国家经济政策变化所起的作用问题。

近年来，由于长期实行凯恩斯主义，使西方国家普遍陷入了经济"滞胀"的困境，货币主义、供应学派等各种保守主义经济思潮开始流行起来。一些国家的政府（如英国的撒切尔政府和美国的里根政府）也采用了一些货币主义和供应学派的政策，以图借之摆脱经济"滞胀"的困境。西方国家施行这些政策之时，正值资本主义世界经济危机严重发展之日。按照过去凯恩斯主义的办法，这时本应大搞膨胀政策来刺激经济回升。而现在，它们实行的货币政策却是紧缩性的，大有反其道而行之的味道。在这种情况下，国内外曾有这样一种意见，认为这次严重的经济危机就是由于这种政策上的转变造成的。被指责最多的是美国的高利率政策，认为里根政府的高利率政策不仅引起了这次经济危机，而且还将左右这次经济危机发展的进程。现在,西方国家开始走出危机,而且有的国家(如美国)经济回升速度还比一般人原来的估计要快。于是,又产生了一种看法,认为这是西方国家政策调整开始收到了效果,是所谓"里根经济学"的胜利。据此,甚至有人认为,经过这次政策调整,西方国家将会重新走向一个经济较快发展的时期。

不可否认,在国家垄断资本主义已经空前发展的情况下,西方国家的经济政策确实会对再生产过程发生不小的影响和作用。但是,如果把这种作用看成是经济危机的成因,或是反危机的有效之法,能决定经济的发展过程,却值得商榷了。

我们先看事实。高利率并非从里根政府始。在卡特政府时就已达到了年率 21.5% 的最高峰。而且,利息率也不是突然高起来的。从战后初期的年率 1% 左右,上升到现在的百分之十几、二十几,是一个长期发展过程的结果。所以,把高利率看成仅仅是里根政府的政策,并因此带来了经济危机,是不妥当的。在这次经济回升中,各国的利息率又有所下降。但是,实际利息率并没有发生太大的变化。在经济回升中起着较大作用的,毋宁说仍然是凯恩斯主义的赤字财政政策。正是宣称要改变凯恩斯主义的里根,把凯恩斯主义的赤字财政政策推到了新的高峰。美国 1983 年财政年度的财政赤字达到了 1954 亿美元,比里根上台执政时翻了两番。庞大的财政支出对刺激经济回升所起的作用是很清楚的。从这一点来说,里根政府在这次经济回升中所执行的政策,基本上仍然是走的老路,并没有逃出交替使用膨胀政策和紧缩政策的窠臼。

同时,我们还必须看到,西方国家的政府实行什么样的经济政策,固然会因为政府首脑的经济思想而常常有所不同,但却不能因此而赋予它随意性。它们奉行什么样的经济政策,主要还是由客观经济过程的矛盾所决定的。由于资本主义基本矛盾使生产和消费发生严重的脱节和冲突，经济危机因之不可避免地周期爆发，这才产生了凯恩斯主义以对付经济危机。这是资产阶级政府不得不采取膨胀性的财政和金融政策，人为地刺激投资和消费的根本原因所在。而长期实行膨胀性的政策，却带来了严重的通货膨胀。这又使得它们回过头来，只好用紧缩政策来对付这一新的病症。在再生产过程已经严重依赖国家财政和金融力量进行支撑的情况下，紧缩必然会加剧生产的过剩。于是，紧缩政策又只能被膨胀政策所代替。整个战后西方国家的经济政策史，就是在这一往复循环中形成的。现在，西方各国政府，包括里根政府在内，都仍然深陷在这种轮回之中，还看不到有使它们得救的灵光。

西方国家的经济政策，不仅不具有随意性，而且其作用也是有限的，它不可能从根本上改变客观的经济规律，最多只能使其表现形式发生某种变化而已。所以，经济危机仍然周期性地爆发，危机过后，经济又总是会有一段时期的回升。过去如此，现在也这样。西方政府的政策没有、也不可能改变它。看到现在的经济回升，就认为是某种政策的成功，多少有点颠倒了客观经济规律和经济政策之间的关系。即使拿高利率来说，也同样如此。经济危机时期利息率提高，经济高涨时期利息率下降，历来如此。战后，国家垄断资本主义为了反危机，总是在经济危机时期人为地压低利息率。而在这一次危机中，利息率的变化又顽强地表现出了过去运动的轨迹。可见，政策毕竟只是政策，它决取代不了经济规律的地位和作用。

当然，不应由此产生一种误解，好像我们认为西方国家的经济政策一点不起作用。决不如此。政策是起作用的，有时还会起重要的作用。凯恩斯主义在战后帝国主义国家经济中所起的作用难道还小吗？对西方国家的经济政策确实应大力进行研究。我们所反对的只是对政策的作用的估计过分夸大。

2. 关于发达资本主义国家经济结构调整的问题。

在1979—1982年资本主义世界经济危机开始发生之时，国内外曾有这样一种意见，认为这次经济危机不是周期性的生产过剩危机，而是由于所谓的两次石油冲击，引起西方国家进行经济结构调整，从而带来了暂时的经济衰退。只要经济结构调整好了，很快就会出现新的经济高涨。现在，随着西方国家走向经济回升和石油价格下跌，持有这一观点的人便认为，这是经济结构调整已取得一定成功的表现。

在这里，关于这次经济危机的性质问题就不多讲了。因为，事实已清楚地表明，它仍然是周期性的生产过剩危机，而不是其他的什么危机。

至于经济结构调整是否已取得成功的问题，同样应该先看事实。现在，发达资本主义国家生产能力大量过剩的问题并没有得到解决。在美国，作为重要经济支柱的钢铁工业，开工率虽然已由经济危机时期的40％提高到现在的大约60％，但仍然有1/3以上的生产能力被闲置不用。大量工厂不得不破产、关闭。即使在最近的经济回升中起了重要作用的汽车工业和建筑业，也同样存在类似的问题。1983年，美国新住宅的动工数比1972年还要少30％，小汽车产量则只及1978年的40％。在造船、纺织等等其他传统工业部门，都有大量的生产能力过剩。虽然近年来有一些新兴工业部门，如电子工业、宇航工业等等，发展比较迅速，但它们的发展远远不足以抵偿旧经济部门的衰落。其他发达资本主义国家的情况都与美国大同小异。英国有65％的企业存在着生产能力过剩的问题。现在，整个西欧平均的设备利用率和美国一样，还不到80％。正因为如此，这些国家的失业率都居高不下。目前，美国的失业率仍达8.2％，比战后历次经济危机时期的失业率还要高。西欧的失业更严重，在经济已开始回升的情况下，失业仍在继续增加。1983年底，西欧共同市场的失业人数已超过1200万人，失业率超过了11%。失业续增不减，无论把它归之于周期性失业，还是看成为结构性失业，总不能视为经济结构正在趋于合理和完善的标志吧？这种情况恰恰说明，现在的经济结构，虽然在被迫进行调整，但要说它已取得一定的成功还为时过早。而且，即使经济结构作了某些调整，在现有的经济制度下，也难以解决固有的基本经济矛盾。战后西方国家的失业率所呈现出的逐渐提高趋势，仍然在继续发展着，一时还看不出能根本扭转这一趋势的前景。这绝不是进行经济结构调整所能加以解决的。随着科学技术和生产力的发展，经济结构总是要变化和调整的。自资本主义诞生以来一直如此。但它既不是资本主义国家经济周期变动的原因，也不是解决现有经济矛盾的妙药。我们要看到经济结构的变化及其带来的影响，但不能把它的作用和影响夸大了，更不能用它来取代马克思主义对资本主义经济周期所作的分析，这一点应当是非常清楚的。

3. 关于发达资本主义国家是否已经解决了"胀"的问题或者很快就能摆脱经济"滞胀"的问题。

最近两三年，由于严重的经济危机，也由于一些国家实行了货币主义的紧缩政策，发达资本主义国家消费物价的上涨速度大大放慢了。1983年，主要西方国家的消费物价上涨率已分别下降为：美国2.9%，日本1.4%，联邦德国2.6%，英国5%，法国10%，意大利13%。这与前几年大多数国家百分之十几、二十几的上涨率比起来，确实是大幅地降低了。据此，有人认为，西方国家的通货膨胀问题已基本上得到了解决。"胀"既不存，"滞"也就比较好办了。所以，西方国家将能迎来一个经济重新高速增长的时期。我认为，作这种乐观的估计，论据并不充分。

首先，消费物价上涨速度的放慢，并不等于通货膨胀的问题已经解决。在这次经济危机中，物价并没有因为严重的生产过剩而下跌，这说明，通货膨胀促使物价上涨的力量仍然超过了经济危机迫使物价下跌的力量。同时，在国际市场上，初级产品的价格在经济危机期间下跌了25%，工业制成品的价格也下跌了6%，而各国的消费物价并没有随之下跌，却仍然在继续上涨，这也说明各国通货膨胀的存在。

其次，西方国家现在所奉行的经济政策，尽管有了一定的变化，但从根本上来说，基本上仍然是凯恩斯主义的。为了摆脱经济危机，刺激经济回升，各国政府都扩大了政府支出，从而使财政赤字与国债飞快地增长着。美国的国债已接近15000亿美元的最高限额，日本和联邦德国的国债也分别达到100万亿日元和3300亿马克的最高记录。为了刺激经济回升，各国政府也都放松了对通货供应量的控制。1981年，美国通货供应量的年增长率曾下降到5.0%，1983年已重新上升到13.7%。英国的通货供应量则从1980年年增长率为6.3%的低点，反弹到1983年12.8%。而实行凯恩斯主义膨胀性的财政和金融政策，正是使西方国家陷入经济"停滞膨胀"困境的一个重要因素。现在，病因未除，要想从"滞胀"的魔影下逃出来，显然是不现实的。

再次，战后西方国家通货膨胀的主要特点是信用膨胀。除了国家信用——国债在与日俱增之外，私人信用的规模也在急剧地扩大。现在，美国的公私债务总额就已超过了5万亿美元，为一年国民生产总值的一倍半以上。为了刺激经济回升，各国政府都采取了扩大信用的金融政策。美国之所以能在经济回升中走得比其他国家快，消费信贷的增加就起了重要作用。信用在迅速膨胀，通货膨胀接踵而至也就不可避免。

所以，不能光从这一二年物价上涨速度放慢就做出通货膨胀问题已经解决的结论。这一二年物价上涨减慢，除了一定的政策性因素之外，是经济危机的机制在发生作用。它迫使物价上涨放慢来暂时缓和生产和消费的尖锐矛盾。一旦危机过去，通货膨胀引起的物价迅速上涨局面就会重新出现，这不是臆测，而是非常现实的可能性。

由于经济停滞和通货膨胀是"滞胀"病的两个重要内容，它们是紧密联系在一起的，因此，我们还不能光从通货膨胀来论通货膨胀。通货的"胀"是为了解决经济的"滞"而引起的。因此，只要经济的"滞"继续存在，西方国家就不可能弃"滞"于不顾而去彻底的医治"胀"。而"胀"的问题不解决，经济的发展也就不可能快起来。西方国家目前苦恼的，正是找不出既能解决"滞"而又不致引起"胀"的两全之策。

现在，西方国家有人把希望寄托在新的科学技术革命上。认为只要很快迎来一次科学技术革命，一切问题就都可以迎刃而解了。科学技术在日新月异地进步着，这是事实。但必须看到，要通过科学技术进步来解决资本主义制度的尖锐矛盾，只是一种妄想。因为，资本主义社会并不在于生产力的不够发达，不是生产的不足而是生产过剩。这一矛盾是由于生产关系落后于生产力的发展、变成了生产力发展的障碍而造成的。因此，如果不进行生产关系的变革而只是去更快地发展生产力，不但生产力的发展不可能顺利，而且它将会进一步激发资本主义的基本矛盾。

在研究当前的世界经济形势时，涉及的问题当然远远不止上面谈到的几个。诸如国际债务危机问题、贸易保护主义问题、南北矛盾问题等等，都是影响资本主义世界经济发展的重要问题。这些问题都有待于我们进一步进行研究。

（原载《经济学文摘》1984年第6期）

80年代世界经济发展趋势及其对世界政治的影响

在70年代,世界经济的发展发生了重大的转折,世界政治格局也随之发生了一定的变化。发生这种转折和变化的一个重要原因,是美国经济力量的相对削弱。美国失去了在经济上的很大一部分优势,不但导致了世界贸易和金融体系的改组,也使它控制世界政治和军事局势的能力日益减弱。苏联和美国的经济差距缩小了,这进一步加剧了苏美两国争夺世界霸权的斗争。发展中国家反对剥削与控制的斗争也大大加强了。世界经济与政治局势更加动荡。

在80年代,世界经济和政治会向什么方向发展变化?是重蹈第二次世界大战前经济集团化的覆辙,还是重建大国的经济霸权?是重现五六十年代的经济高速增长,还是继续处于经济低速增长甚至出现更大危机的局面?这些都是人们普遍关心的问题。我们应该对这些问题进行研究,并作出自己的回答。

一

一种经济和政治局面的出现,从来都不是偶然的。它都是过去历史发展的延续,从而具有规律性和必然性。战后,美国在资本主义世界政治、军事和经济霸权的建立,就是战前历史发展的延续和结果。

第一次世界大战后,美国虽在经济上早已超过其他资本主义国家,但是,由于它占有的殖民地不多,在国际贸易与金融领域里的地位也不如一些老牌的帝国主义国家,因此,并没有形成一国独霸的局面。当时,实际上是群雄并立。

1929—1933年的资本主义世界经济危机是战前资本主义国家经济发展的一个重要转折点,同时也是促使世界政治和军事形势发生迅速变化的催化剂。这次空前严重的资本主义世界经济危机,结束了20年代资本主义国家的相对稳定时期。从此,资本主义国家的经济出现了长期的萧条,一蹶不振。资本主义国家相对稳定的货币制度——金本位制瓦解了,各种对立的、排他性的货币集团随之出现;以帝国特惠制为代表的贸易保护主义盛行一时;这不能不使国际贸易和国际金融关系受到严重影响而处于混乱和动荡之中。也正是在这一时期,日本开始了对中国的军事侵略,法西斯在意大利和德国跳上了政治舞台,走上了大肆对外侵略扩张的道路。这种经济和政治局面的进一步发展,终于导致了第二次世界大战的爆发。不难看出,严重的经济困难和巨大矛盾,在造成这种严重后果中所起的作用。

战争彻底改变了世界的政治和经济格局,它反过来给世界经济的发展以巨大的影响。通过战争,美国在军事、政治和经济各个方面都取得了绝对的优势。战前世界经济分裂和混乱的局面为美国的经济霸权所代替。在国际经济领域里,以美国为中心建立了相对统一的国际贸易和金融体系。战前资本主义国家的两大军事集团也统一到了美国的麾下,成立了北大西洋公约组织。与这一军事集团相对立,苏联建立了华沙条约组织。

美国在战后建立的政治和经济霸权，实现了美国称霸世界的梦想，它为美国的进一步对外扩张创造了前所未有的有利条件。商品输出剧增，资本输出也成倍地增长。美国垄断资本的触角伸展到了资本主义世界的各个角落。美国在战后的政治和经济霸权，在客观上也促进了世界经济的发展。因为，它在一定程度上扫除了资本主义国家为国际经济关系发展所设置的一些人为的障碍，从而为战后各国经济比较顺利地发展，创造了必要的国际条件。

但是，在整个资本主义世界，建立霸权和反对霸权的斗争一直没有停止过。发展中国家反对美国霸权的斗争自不必说，就是发达资本主义国家，反对美国霸权的斗争也非常激烈。美国为了加强对外扩张和对西欧、日本进行控制，曾大力"援助"和扶植它们。西欧和日本得益于此，加上国内外的一些有利条件，它们的经济发展速度在五六十年代大大超过了美国。美国很快就面临着两个巨大的竞争对手。这当然是美国不愿意看到的，但符合资本主义发展的规律。等到西欧和日本的发展已经成为对美国霸权的威胁时，美国也只好面对现实，想方设法来维护已经建立的霸权。西欧和日本对美国的经济霸权不断提出挑战，进行冲击。西欧国家还组成了"共同市场"以联合起来对付美国。这时，美国利用霸权过度地进行对外扩张，已反过来影响着自身的经济发展。为了与苏联争霸而进行的军备竞赛，也拖累着美国经济，减缓其前进的速度。这样，主要资本主义国家的经济力量对比在不断地发生变化。到 70 年代初，美国经济力量的相对削弱和其他国家的冲击，终于使布雷顿森林会议确立的国际货币体系瓦解了。浮动汇率制代之而起，贸易保护主义卷土重来。石油冲击更使国际贸易的价格体系发生了巨大变动。正是在这种背景下，加上曾经对各国经济发展暂时起过推动作用的凯恩斯主义已开始带来各种严重的经济后果，资本主义国家在1973—1975年发生了战后最严重的一次世界性经济危机。这次经济危机，标志着主要资本主义国家经济战后一度高速增长的时期已经结束。从此，这些国家都被经济的停滞膨胀所困扰。经济的困难既影响着各国的政治和社会局势，也影响着它们的对外关系。主要资本主义国家在贸易和金融领域的矛盾扩大了。它们在对苏联和东欧国家的政治和经济关系上也不断出现各种各样的分歧。苏联控制下的经互会，由于东西方之间经济关系的发展，同样出现了不少新的动向。南北关系的问题正在日益增多。这就是当前世界经济与政治错综复杂的景象。

回顾过去是为了瞻望将来，以作为我们估计80年代世界经济，特别是主要资本主义国家经济发展趋势的客观条件和基本出发点。不分析造成当前世界经济和政治状况的这些历史发展和各种因素，我们是不可能对今后发展作出正确判断的。

二

我们认为，在80年代，世界经济总的来说发展将是缓慢的。主要资本主义国家将难以摆脱经济停滞膨胀的困难局面。因为，造成这种困难局面的国内和国际经济条件一时还难以发生大的变化，有些因素甚至还在进一步恶化。所以，要想重现五六十年代那样的经济高速增长是极其困难的。

从各国的国内经济条件来看，长期实行凯恩斯主义造成的财政危机仍在发展。各国的财政赤字继续扩大，国债已一再突破历史记录。里根政府是以消灭财政赤字作为口号走进白宫的，但财政赤字在里根执政以来已翻了两番，美国的国债随之达到突破15000亿美元大关的最高限额。其他发达资本主义国家也存在类似的情况。现在，依靠财政赤字来维持经济的运转已成为一种不可抗拒的力量和趋势，要消除财政赤字是难而又难。即使退一步，使财政赤字有较大幅度的减少，一时也难以做到。财政赤字下不来，不仅会成为促使利息率居高不下的一个因素，而且还存在着使通货膨胀重新加剧的严重威胁。因此，凯恩斯主义虽然已由于其造成的种种恶果而受到抨击，但要各国政府彻底摒弃它，改弦更张，用全新的经济理论和政策来代替它，短期内还不存在这种可能性。因为现在还找不到足以替代凯恩斯主义的理论和政策。凯恩斯主义是用延缓和积累矛盾的办法来换取眼前的经济增长，它的长期实行，加上其他各种因素，终于导致了西方国家的经济滞胀局面。现在，发达资本主义国家无不需要继续使用凯恩斯主义的一套政策和办法，而已经积累的巨大矛盾却进一步限制了政府调节经济的能力和余地。病因未除，沉疴仍在，主要资本主义国家的经济发展也就不可能重新快起来。

从现在的国际经济条件来看，美国左右西方经济形势的能力已进一步削弱了。国际贸易和金融领域的动荡局面一时难以从根本上得到解决。浮动汇率制的实行，既为各国的外汇倾销打开了方便之门，使前几年的外汇汇率波动频繁而猛烈；也为当前美元高汇率的长期维持提供了可能，使国际贸易和金融受到许多不利的影响。世界经济的不景气，加剧了各国对国内外市场的争夺，贸易保护主义日益盛行。国际贸易的增长速度大大放慢了，在1979—1982年世界经济危机期间甚至连续三年绝对下降和停滞不前。这与五六十年代贸易自由化的趋向大大推动了各国贸易和经济发展的情况已不可同日而语。

战后主要资本主义国家的经济高速增长，曾受惠于发展中国家的廉价石油。现在，由于石油斗争的开展，这一有利条件已不复存在。虽然由于各种因素促使石油的供求关系在不断发生变动，油价会涨中有跌，80年代很可能大体维持现在的价格水平，但要想回到廉价石油的时代是不现实的。发展中国家除了在石油问题上与发达资本主义存在尖锐的矛盾之外，在其他经济问题上的矛盾也在增长。最突出的是发展中国家的严重债务问题。发展中国家由于已经积欠了高达7000多亿美元的债务，再加上近年来国际利息率的高昂，已使许多发展中国家无力偿还到期的债务本息。现在，甚至出现了这样的情况，即发展中国家每年偿付的债务本息已多于从发达国家新输入的资本，发生了资本的倒流。这不能不严重地影响发展中国家民族经济的发展，进一步加剧它们的经济困难。发展中国家的国际债务危机已大大增加了触发严重的国际金融危机的可能性。它们的经济困难也日益阻碍着发达国家对第三世界的商品出口。近年来，美国对拉丁美洲国家的出口大幅度减少就是一个突出的例子。发展中国家现在吸收着大约40%的发达资本主义国家的出口商品。因此，它们进口商品的能力减弱，对发达资本主义国家的经济发展，也是一个不利的国际因素。凡此种种，使发展中国家与发达资本主义国家的经济矛盾不断增长，发达资本主义国家的经济要重新快速发展就更不现实了。

战后的科学技术发展曾是五六十年代发达资本主义国家经济高速增长的一个重要因素。现在，科学技术仍在继续进步。微电脑的大量采用，各种尖端技术的最新发展，如此等等，正在引起生产和生活的巨大变化。人们已越来越多地把西方经济的重新高速增长寄望于一次新的技术革命高潮会迅速到来。科学技术的发展确实将对各国的经济发展起重要的推动作用，对此我们决不应低估。但是，也必须看到，这种作用除了科学技术本身的发展之外，还必须通过现有的经济关系、经济结构和国际环境才能产生实际的效果。不但科学技术从发现到实际运用于大规模生产，需要有一个过程,而且,从目前的情况看,由于各国大量失业人口的存在,国内外债务的迅速增长和贸易保护主义的抬头等等,要充分发挥科学技术的作用并使之产生重大的经济效果,也还不大具备良好的国内外条件和环境。因此,在80年代要依靠科学技术出现有重大意义的突破来摆脱经济滞胀局面,可能性似乎不大。

所以,对于发达资本主义国家能够在短期内走向经济的重新高速发展,我们并不持乐观的态度。低速增长,不时为周期性的经济危机所打断,仍将是80年代主要资本主义国家经济发展的主要特点。当然,矛盾的积累也没有达到极其尖锐的程度。在80年代还不至于发生像30年代那样的特大危机。

经济上的巨大困难,已使各国保守主义的经济思想和政治势力有所抬头。这种情况今后一段时期有可能还会继续下去。但这决不会使发达资本主义国家从中找到出路。

三

在80年代,发达资本主义国家的经济发展不平衡将继续下去。但趋势可能会与70年代以前有所不同。

西欧的复兴和日本的崛起,是战后发达资本主义国家发展不平衡的显著特点。在50年代到70年代,西欧和日本国民生产总值的年平均增长率要比美国快一倍到二倍,致使各国在世界国民生产总值中所占的比重有了很大的变化。1955年,美国在世界国民生产总值中所占的比重曾高达36.3%,而当时联邦德国和日本只分别占3.9%和2.2%,英国和法国也仅为4.9%和4.5%。[①] 而现在,美国的比重已下降到25.8%,减少了近30%;

---

① 参见美国1977年和1979年《总统经济报告》。

日本和联邦德国则分别提高到了 10.1% 和 6.5%；法国也提高到了 5.4%，英国和美国一样比重有所下降，仅占 4.6%。①

自从进入 80 年代以来，日本、西欧和美国的经济发展又出现了一些新的情况。现在，美国经济发展的势头已反过来大于西欧。近两年经济回升的速度也超过了日本。在这种情况下，在各国人士中已出现一种对西欧经济持悲观态度的看法，认为今后的西欧将在三角竞争中处于不利的地位并逐渐走向衰落。当然，也有人认为，今后三方的竞争将加剧，但鹿死谁手，主要看谁在新的科技革命中占领先地位，目前尚难预料。

从现在的情况看，今后发达资本主义国家经济发展不平衡的趋势确实可能发生某种变化。首先，由于科学技术发展在国民经济中所起的作用越来越重要，而美国和日本在科学技术方面处于相对领先的地位，这对它们今后的经济发展是有利的。在当前对经济发展已经起重要作用、将来会起更大作用的微电子技术、光导纤维、激光技术和宇航工程等等领域里，西欧无论在研究方面，还是在应用方面都要比美国和日本略逊一筹；其次，西欧国家多数是老殖民主义国家，其受旧殖民体系瓦解和发展中国家开展经济斗争的影响要比美国和日本大得多。因此这使它们丧失了许多传统的经济利益，也影响到它们现在的许多市场和原料来源。这种影响还会在今后较长一段时期里发生作用；再次，西欧国家大多背上了落后的、传统的工业部门国有化的包袱，加上实行对农业进行大量补贴和各种福利国家的政策，从而使财政负担过重。同时，在庞大的财政支出中，用于科学技术发展的费用又相对较少，不利于刺激经济的发展。这样，和美国、日本比较起来，国家通过财政力量支持经济发展的余地要更小一些；最后，

---

① 根据世界银行《1984 年世界发展报告》资料计算。

曾经一度对推动西欧经济发展起过不少作用的西欧"共同市场",由于各国经济困难增加而矛盾扩大,经济一体化的进程放慢了,现在已经推行的各种政策和措施也遇到了不少麻烦和障碍。这些使西欧"共同市场"在推动各国经济发展方面的作用已不如以前那样巨大而有力。所以,在今后,西欧的经济发展很有可能会慢于美国和日本。

但是,存在这种趋势并不等于很快会使三足鼎立的局面发生根本性的变化。美、日、西欧三足鼎立的局面在80年代还会继续下去,只不过趋势稍不利于西欧,而重新有利于美国。应该看到,整个西欧的经济潜力仍然是很大的,如果它们能在经济政策和经济结构的调整上取得较快的进展,在发展东西欧经济关系上有所突破,它们也可能变不利为有利。美国作为最大资本主义国家的地位将继续保持,但也不可能重振战后初期的雄威,再次取得经济上的绝对优势地位。不经过战争和特大的世界经济和金融危机,目前的相对均势就难以打破,从而也就不可能重现超级大国一国独霸的局面。

主要资本主义国家这种经济格局的变化,必然会对整个世界经济的发展起重要的影响。美国在战后经济上的一度绝对优势,导致了战后以美国为中心的各种国际经济体系的建立。在这一体系下,为了美国对外扩张的利益,它推动了国际贸易和国际金融的相对统一和自由化倾向。而随着美国经济绝对优势的逐步丧失,这些体系也就瓦解了。代之而起的是保守主义的经济思潮和保护主义的对外政策。今后发达资本主义国家之间经济力量对比的变化,会使世界经济重新走向"新自由主义"的道路吗?至少在80年代还看不出有这样的可能。因为,资本主义的自由贸易实际都是和一定的霸权相联系的。因为这有利于拥有霸权的国家扩大市场和对外扩张。从世界经济发展史来看,有过两次自由贸易盛行的时期：在18世纪后半叶和19世纪，因为有英国作为"世界工厂"和"海上霸主"；在第二次世界大战后，则由于美国成了煊赫一时的超级大国。而大凡群雄并立、多国争霸之时，则总是保护主义盛行。因为这时没有能够统一发号施令的霸主，而各国为了其自身的经济利益又总是想保护国内市场而更多地占领国外市场。第二次世界大战前的情况就是最好的例子。现在的保护主义日炽，则是最新的论证。由于在今后一段时期内不可能有任何一个发达资本主义国家会拥有左右世界经济的绝对优势，要想扭转当前的保护主义趋向是不现实的。人们看到的将是经济多极化和集团化的进一步发展。国际货币制度也好，国际贸易体系也好，都只能在现有的条件下，在各国经济利益允许的范围内，作一些小的修补。不经过一次大的较量，不经过特别的经济危机和震荡，是不可能重建相对统一的世界经济体系的。今后一段时期内世界经济的发展，仍然只能继续目前的趋势。矛盾在积累和发展；而矛盾的积累和发展，又还没有达到彻底解决问题的程度。所以，只能是在酝酿着变化，而不会很快发生巨大的变化。

发展不平衡加剧着各国的竞争，竞争既促进各国的经济发展，也使保护主义抬头。而保护主义与经济发展日益国际化的趋向和要求是矛盾的。但矛盾一时又解决不了，从而使整个世界经济的发展会受到很大的限制，并不时发生各种各样的冲突和混乱。这就是80年代今后一段时期里，世界经济形势不得不面临严重困难的症结所在。

发达资本主义国家在经济领域里矛盾的增长，势必会影响到美国与其盟国之间的政治关系和军事同盟。由于美、日、西欧在经济上处于激烈竞争的状态，各种矛盾在增多和发展，美国对盟国的控制会进一步有所削弱。这对美国与苏联的争夺显然是一个不利的因素。但西方的军事联盟尚不致分裂和瓦解。东西方对峙将仍然是世界最基本的政治格局。

四

我们再看看苏美争霸的另一方——苏联。在五六十年代，苏联的经济发展快于美国，苏联和美国在经济上的差距缩小了。这是促使苏美争霸加剧的一个重要原因。也正是有基于此，在苏美争霸的格局中，苏联随着其经济实力的增长，大大加强了与美国在各个地区的争夺。而美国则力图巩固其已有的阵地，处处针锋相对，并不示弱。

进入70年代以来，苏联的经济发展也遇到了严重的困难，从而使经济增长速度大大放慢了。今后苏联的经济发展能够重新快于美国吗？从现在的情况看，苏联经济的增长要想回到五六十年代那样的高速度同样是不现实的。虽然苏联正在进行经济体制的改革，但阻力很大，困难不少，而且会有反复。因此短期内还很难一除积弊。苏联为了和美国争霸，其用于军事方面的财力和物力并不亚于美国，而它的经济发展水平和规模却大大低于和小于美国。因此，军备竞赛对苏联经济的拖累是很大的。苏联的经济发展还受到农业落后的限制。重工业和轻工业，工业和农业等等国民经济各部门的发展不平衡，不是短期内能够解决的，这使苏联经济在一个相当长的时期内很难出现新的高速增长。当然，苏联在统一调度全国经济力量和严密地控制盟国的经济发展方面，存在着相对的优势。因此，今后它的经济发展仍有可能略快于美国。这样，美苏经济力量的差距会进一步缩小，但缩小的速度会大大慢于五六十年代。经济力量对比的这种形势决定了苏美争霸的局面今后将是剧烈和尖锐的。在今后一段时期内，苏美双方将继续严重对峙，但可能互有攻守，处于相对均势的状态。

随着苏美两国与各自盟国经济力量对比所发生的变化，它们对各自盟国的控制力量都将有所削弱。这正是西欧中立主义情绪日益增长、东欧国家更多谋求与西方国家发展经济关系的政治和经济背景，但欧洲仍然是苏美两霸争夺的重点，它们都不会放松在这一地区进行新的军事部署。这必然会增加苏美两国与各自盟国的矛盾，并使欧洲的政治和经济局势处于更加动荡和混乱的状态。

苏美在中东的争夺，既是为了石油，也是为了地中海和非洲。在这里，双方都已剑拔弩张，是双方当前争夺的焦点。这里的复杂斗争局面，已使这一地区成了第一次世界大战前的"巴尔干"，弄不好就会引发导火线和火药库。目前，苏联正在采取积极行动加强对中东的渗透。由于苏美两国处于相对均势，在整个80年代都不会从这一地区退却，也不会由一方占据绝对优势，这里将难以实现真正的和平。

随着亚太地区在经济上的重要性日益增长，苏美两国都正在把注意力逐渐转移到未来的太平洋这一广阔的领域。苏联已在加紧扶持越南，并在越南筹建军事基地；同时，在远东地区正广设导弹基地并大力加强海军力量。这些都已充分显示了这种苗头。美国则公开宣称要加强对太平洋地区的注意。看来，随着亚太地区经济进一步发展，这里的政治和军事形势将不是趋于缓和，而是有走向紧张的可能。

五

第三世界的兴起，是战后世界政治、经济形势变化的重要因素。如果说五六十年代一系列国家的独立，其影响主要是表现在政治方面的话，那么，从70年代以来发展中国家已经成为影响国际经济发展的重要力量。发展中国家通过民族经济的发展和为改变旧的国际经济秩序而进行的斗争，大大扩大了它们对世界经济发展的影响。两次石油斗争带给发达资本主义国家的巨大经济震荡，充分说明了这一点。

发展中国家的发展道路并不是平坦的，每前进一步都要经过激烈的斗争。政治独立是如此，发展民族经济也是这样。发达资本主义国家对发展中国家仍然在进行着严重的剥削。它们凭借在资本和技术上的优势，维护旧的国际经济关系和秩序，利用国际贸易中的价格剪刀差和大量发放高利贷，使发展中国家为发展民族经济付出了极其沉重的代价。许多发展中国家经济片面发展，背负了日益严重的外债，与发达资本主义国家的经济差距，在某些方面甚至进一步扩大了。在国际经济事务中，发展中国家仍然处于无权的地位。这使许多发展中国家在进入80年代之后遇到了严重的经济困难，并已成为引起南北矛盾加剧的重要经济原因。

在80年代，发展中国家经济发展中遇到的许多困难一时难以减轻。发展中国家的经济困难势必引起两个方面的后果：一是一些发展中国家的政局将更加动荡。从亚洲的菲律宾，到非洲的乍得和加纳；从中美洲和加勒比，到南美洲的智利和阿根廷，如此等等，政治局势的不稳定和武装冲突，以至发生武装政变，都有其深刻的经济原因。这不仅会反过来影响这些国家本身的经济发展，也会影响到周围国家以及整个世界经济的发展。另一方面是南北矛盾会进一步加剧。目前，发达资本主义国家出于自身利益的考虑，虽已采取一些办法和措施来缓和发展中国家的债务危机，但这只能救一时的燃眉之急，而不能从根本上解决问题。而且，现在的应急措施，往往是用进一步增加债务的办法来解决目前无法偿付债务的问题。这是在积累矛盾，而不是在解决矛盾。

不仅如此，为了解决发展中国家的债务危机而限制发展中国家的经济发展，为了保护国内市场而限制发展中国家的商品输出，长此以往，势必会造成更加严重的局势。因此，各类国家如不及早考虑长久之策，很可能到80年代末、90年代初就会酿成更大的国际金融危机。如果这种情况不幸而言中，其后果是不难想象的。所以，虽然一般说来矛盾的积累还不致于造成类似1929—1933年那样的世界经济大危机，但也不能完全排除这种可能性。这就要看发达资本主义国家是否看到了继续严重剥削发展中国家的严峻前景，而及早加以防范了。正是有基于此，促进发展中国家民族经济的发展，对发展中国家希望改革国际经济秩序的要求作出积极的响应，已成为各类国家都应认真考虑的重要课题。

展望未来的世界经济与政治，既有严重的困难和矛盾，同时，也存在着可以解决问题的条件和可能。现在，毕竟已是20世纪80年代。人们已有了丰富的经验和教训，也拥有了比过去更多的办法和手段。问题决定于各国人民的斗争和努力。经过各国人民的斗争和努力，是有可能避免世界经济和政治局势的急剧恶化而争取一个较好前途的。我们应该有信心去争取世界紧张局势的缓和，为世界的和平与进步作出自己的贡献。

(原载《世界经济》1985年第1期)

2000年的国际经济环境与我国的对外开放

中国共产党全国第十二次代表大会，为我国本世纪的经济发展确定了具体的战略目标。到2000年时，我国的工农业总产值将比1980年翻两番。要完成这一伟大的历史任务，不仅需要有正确的政策和全国人民的努力，而且需要有良好的国际环境。同时，这两个方面又是紧密联系在一起的。正确的政策可以为我们争取良好的国际环境，而有利的国际环境则有助于正确政策的贯彻实行。

在新中国成立后将近三十年的时间里，我们的社会主义建设，从来没有具备像现在这样有利的国内外条件。在新中国刚刚建立的时候，我们遇到的是美帝国主义发动的侵略朝鲜的战争和对中国实行的全面的经济封锁。在当时的情况下，我们要进行大规模的经济建设，就只能"一边倒"，从苏联引进资金和技术。到60年代，苏联走上了霸权主义的道路。撕毁合同、撤走专家，也对我们实行经济上的压制。这样，我们更只能在两个超级大国的夹击中，依靠自己的力量，走自己的路。

这种在国际上被封锁的状态，助长了国内的"左"的思想倾向，过分地强调了在经济建设中的自力更生，实际上实行了一条闭关锁国的经济路线,使我国的经济发展遇到了严重的挫折。

所以,过去我国的经济不开放,既有国际条件不允许的客观原因,又有主观上的决策失误。光埋怨我们为什么不及早实行对外开放政策,从而失去了世界经济高速增长时期所提供的机会,是不对的。

现在,我们总结了过去的经验和教训,制定了正确的路线和政策;而国际条件也发生了有利于我们的变化。我们可以放手实行对外开放了。对外开放的顺利实行,必将进一步加速我国的经济发展,为我们经济发展战略目标的实现,提供必要的条件和保证。

一

当前的世界是三个世界。在本世纪内,这种世界格局不会发生根本的变化。美国和苏联两个超级大国的地位,还没有任何其他国家能够取而代之。发展中国家在国际政治和经济中基本无权的地位也难以从根本上得到改变。

但是,在这种情况下,世界各类国家经济发展的不平衡将进一步加剧,从而使世界经济有可能进一步走向多极化和集团化。所以,在今后的一二十年里,我们面临的将是一个经济矛盾增多、情况更为复杂的国际经济环境。在这种情况下,我们要及时掌握世界经济变化的信息,采取相应的对策,以趋利避害,变不利为有利,为加速四化建设的进程创造有利的条件。

现在,世界不同类型国家经济实力的对比,大致如下页表所示:

不同类型国家经济实力对比（1980年）

国家类别	人口 人口数（亿人）	人口 占世界比重	国土 面积（万平方公里）	国土 占世界比重	国民生产总值 总额（亿美元）	国民生产总值 占世界比重
发展中国家①	33.1	75.7	7634.0	58.5	23380	20.6
发达资本主义国家	7.1	16.2	3094.0	23.7	73730	65.0
苏联东欧国家②	3.5	8.0	2316.0	17.8	16393	14.0
世界合计	43.7	100.0	13044.0	100.0	113503	100.0

① 包括中国。
② 未包括罗马尼亚。
资料来源：世界银行《1982年世界发展报告》表1。

从上表可以清楚地看出，发达资本主义国家在各类国家经济实力对比中现在仍占据着很大的优势。如果我们再看看它们在国际贸易和黄金外汇储备中所占据的比重，这种优势就表现得更为明显。在世界出口总额中，发达资本主义国家1980年所占的比重为62.9%，尽管比70年代已有较大的下降，但仍然约占世界贸易大约2/3。不仅如此，它们的工业制成品出口更处于垄断的地位。它们在钢铁制品的出口中占83%，在机械和运输设备的出口中占85%（其中小汽车的出口独占了95%）。在世界黄金和外汇储备总额中，发达资本主义国家分别占83%和58%。也就是说，世界4/5的黄金掌握在人口仅占大约7%的发达资本主义国家手中。

到本世纪末，世界的经济格局会发生怎样的变化，在很大程度上要取决于今后十几年里各类国家的经济发展速度。现在，各种国际机构和各国政府，对世界经济的发展有许多不同的预测。参考各种预测方案，我们认为，在1980—2000年期间，世界经济的平均年增长率有可能达到3.5%左右，其中发达资本主义国家约3%，发展中国家约为5%，苏联和东欧国家约为4%。我们作出这样的预测，是基于如下的估计：在本世纪最后的20年里，世界经济的发展速度将难以超过1960—1973年每年平均5.2%的水平；但由于种种因素的变化，却有可能超过1974—1981年每年平均2.9%的增长速度。不同类型国家在今后十几年里发展的差异，则决定于它们面临的不同条件和问题。对发达资本主义国家来说，由于造成五六十年代经济高速增长的许多条件已经发生变化，它们的经济已从70年代中期以来陷入"停滞膨胀"的困境之中。在可预见的将来，它们将难以真正摆脱"经济停滞"的羁绊。因此，它们今后的经济发展速度将是各类国家中最慢的。苏联东欧国家自70年代以来经济发展速度已比过去减慢，近两年已止降回升，但要恢复到60年代以前的水平还有困难。它们今后的经济发展速度将居于发达资本主义国家和发展中国家之间。发展中国家的经济发展速度战略一直快于发达资本主义国家，今后也仍然会快于发达资本主义国家。但这些国家的经济发展速度也不可能太快，加上它们在世界经济所占的比重还比较小，因此不可能把整个世界经济的发展速度拉快多少。

按照世界经济每年平均增长3.5%的速度计算，到2000年，世界的国民生产总值总额将达到23万多亿美元（按1980年美元价格计算）。各类国家的经济力量对比届时也会因之发生变化。发达资本主义国家在世界国民生产总值中所占的比重将从目前的65.0%进一下降到57.8%，但仍占据着一半以上。苏联和东欧国家的比重还略有上升，从14.4%变为15.6%。发展中国家则将从现在的20.6%，提高到26.9%，升幅在6个百分点以上，但与它们的人口和领土相比，仍很不相称。

2000年各类国家经济指标的对比　　（亿美元，按1980年价格计算）

国家类别	国民生产总值	占世界总值的比重
发展中国家①	62030	26.9%
发达资本主义国家	133160	57.8%
苏联东欧国家	35920	15.6%
世界总计	231110	100%

① 包括中国。

* 本表根据世界银行《1982年世界发展报告》中1980年的资料（苏联除外）和我们预测的发展速度推算。

各类国家经济力量的对比，仅看国民生产总值及其所占比重是不够的，还必须考虑到人口这一重要的因素。如果从按人口平均的国民生产总值来看问题，则出现在我们面前的世界经济格局将是另一番图景，即发展中国家与发达资本主义国家的经济差距不是在缩小，而是在扩大。

根据美国《全球2000年》一书所作的预测，世界人口到2000年时将从现在45亿左右增长到63亿左右。① 各种人口预测都表明，世界人口迅速增长的趋势今后仍将继续下去，但各类国家人口增长的速度却很不一样。美国这一预测估计各类国家人口增长率是：从1975—2000年，发达资本主义国家每年平均增长0.6%，而发展中国家则达2.1%。② 这样，世界人口的增长90%将集中在经济不发达国家。

发展中国家的经济增长速度快于发达资本主义国家，但人口的增长更快。这样，按人口平均的国民生产总值，发展中国家将更加落后于发达资本主义国家。根据世界银行公布的经济资料和

---

① 参见美国《统计摘要》1982—1983年第856页和《全球2000年》第8页。
② 同上。

人口数额计算，1980年发达资本主义国家按人口平均的国民生产总值是10302美元，发展中国家（不包括中国在内）为879美元，两者之比为11.7∶1。如果今后发达资本主义国家和发展中国家的经济发展速度各为年平均3%和5%，由于发展中国家人口增长更快，2000年时的人均国民生产总值将各为16813美元和1375美元，两者之比将扩大为12.2∶1。因此，如何控制人口增长，对发展中国家将是一个很大的问题。

不仅各类国家之间的经济发展是不平衡的，而且，各类国家内部的发展也是很不平衡的。

战后初期，美国在发达资本主义国家中占有绝对的经济优势，成了资本主义世界赫赫一时的霸主。随着岁月流逝，这种一国称雄的局面已时过境迁，一去不复返了。美国在整个资本主义世界的经济地位逐渐下降。在60年代末、70年代初，日本和西欧国家在经济上已壮大到足以和美国抗衡的地步。它们向美国在国际贸易和国际金融领域里的霸权不断发起冲击和挑战。这样，从70年代初期起，美国的对外贸易开始出现了将近100年未有过的逆差，战后实行的各国货币与美元保持固定大比价的国际货币体系也土崩瓦解了。资本主义世界出现了美国、日本和西欧在经济上激烈竞争和三足鼎立的局面。

1980年，美国、日本和西欧经济共同体国家共同占有世界国民生产总值的56.6%。与此相适应，世界出口贸易的一半以上（52%）也掌握在它们手中。因此，整个世界经济形势的好坏，在很大程度上要取决于美国、日本和西欧国家的经济状况。它们之间的激烈竞争和力量对比的变化，常常成为推动或阻碍世界经济发展的重要因素，是各种经济风暴和经济震荡的风源和震中所在。

战后，美国、日本和西欧国家的力量对比已经发生了很大的变化。在50年代初，美国占据着资本主义世界工业生产的将近一半，而日本仅占 1.6%，西欧国家合在一起也只不过约 25%。现在，美国在资本主义世界工业生产中已只占有 1/3 左右，日本则跃增到 10% 以上，西欧国家也提高到了近 1/3。国际贸易领域里的变化更大。美国在世界出口贸易中所占的比重，已比战后初期下降了将近一半，从 22% 下降到 12% 左右。日本则从不到 1% 上升到了大约 10%，西欧国家也从 20% 左右提高到将近占 1/3。美国虽然仍旧是最大的资本主义国家，但其经济优势的逐渐削弱却是十分明显的。

今后，三方的经济力量对比会朝着什么方向变化呢？这要取决于三方经济发展速度的对比。从 50 年代到 70 年代初，日本的经济发展速度最快，西欧国家次之，美国最慢。从 70 年代中期起，除日本仍然最快外，美国的速度已反过来超过了西欧国家。在 1979—1982 年资本主义世界经济危机后，美国的经济回升速度更超过了日本而走到了最前列。最近两年经济发展的排列是美国第一，日本第二，西欧国家第三。但是，根据目前的发展趋势和各国所面临的经济问题，我们估计，从 80 年代初到 2000 年，三方的经济发展速度将是：（1）日本最快，每年增长速度可达 4% 左右。我们作这种估计的根据在于，日本在 1960—1973 年期间，平均每年的经济增长率曾高达 10.4%；1974—1981 年，已大幅度下降到了 4.4%。今后日本经济有可能还会放慢，但不可能再大幅度减少。因为，日本在经济结构调整方面步伐较快，在科学技术发展方面也有一定的优势，在国际竞争中正处于上升的势头，而且今后能源和原料价格的形势也对日本有利。（2）美国居中，每年的增长速度可在 3.0% 左右，也可能为 2.5%。这在前面已作过一定的分析。（3）西欧最慢，每年的经济增长率大约在 2.0%—2.5% 之间。这是因为西欧国家现在面临的经济困难比美国和日本都大，在新技术的竞争中又处于不利地位，很可能迎来

"一个比在第二次世界大战以后整个三十年中所面临的远为没有把握的前途"。①

如果所作的上述预测大体符合实际,到 2000 年时,美国、日本和西欧国家的经济力量对比就会进一步发生变化,但排列的顺序仍将是美国、西欧和日本。

美国、日本和西欧国家经济力量对比的变化 *

国 别	1980 年		2000 年	
	国民生产总值(亿美元)	占三方总额的比重(%)	民国生产总值(亿美元)	占三方总额的比重(%)
美国	25870	40.3	46720	40.4
日本	11550	18.0	25300	21.8
西欧	26780	41.7	43800	37.8
合计	64200	100.0	115820	100.0

* 根据世界银行《1982 年世界发展报告》中 1980 年的资料和我们预测的发展速度推算。

随着日本经济力量的继续增强和美国、西欧的相对优势的进一步缩小,三方之间的竞争会更加激烈,经济矛盾将进一步增多。这种情况加上其他各种因素,使资本主义世界经济多极化的趋势更难逆转。

在美国、日本和西欧国家的竞争中,新技术的开发起着关键的作用。目前,美国在基础技术研究,特别是在微电子技术、生物工程、新型材料、海洋工程、核能技术和宇航工船等尖端技术领域,都居于领先地位。但在应用技术方面,日本则占有优势,而且在微电子技术、信息技术等方面已向美国的领先地位提出挑

---

① 参见《2000 的欧洲》中译本,第 19 页。

战。由于日本善于利用和改造进口的先进技术，因此虽然自己的发明创造并不多，但在利用技术促进经济方面却比美国做得好。西欧现在在技术竞争中处于相对落后的地位。不过，也不应忽视西欧有发展先进技术的良好基础和条件。它们已经注意到了目前相对落后的处境，正在设法追赶日本和美国。因此，在利用先进技术促进经济发展方面也不致落后于美国和日本太远。

到本世纪末，美国、日本和西欧经济差距的缩小，还不足以把美国挤出它所占据的第一把交椅，日本虽然在赶上来，但总的经济力量仍然弱于美国和西欧，在国际金融领域的地位和作用也远不如美国和西欧。日本对国外资源和能源的严重依赖，更是日本的一大弱点。因此，在可以预见的将来，日本还很难与美国平起平坐，更不用说成为新的资本主义世界霸主了。今后的资本主义世界将不再像战后初期那样，由一个超级大国包揽一切国际事务大权并指挥裕如。世界经济已经开始多极化了，而且还将进一步向多极化发展下去。美国、日本和西欧经济力量对比的变化只不过是这样一种世界经济格局的一种表现而已。

发展中国家的经济发展也是不平衡的。拉丁美洲国家的经济发展水平一直高于非洲和亚洲的发展中国家，但现在它们的经济困难很大，石油输出国组织成员国在70年代由于石油提价带来大量石油收入，经济曾迅速增长，现在也大大放慢了速度。只有亚洲太平洋地区的一些发展中国家，自60年代以来一直保持着较快的经济发展速度。除我国外，新加坡、泰国、马来西亚、印度尼西亚、文莱等国，以及我国的香港和台湾地区，即使在1979—1982年资本主义世界遭受严重经济危机袭击的情况下，也都维持了经济迅速发展的势头。这种情况已越来越引起世界各方面人士的注视。加上亚洲地区的日本一直是发达资本主义国家中经济实力不断上升的国家；社会主义的中国也开始稳步地发展国民经济，人们已在议论，亚洲太平洋地区会不会成为新的世界经济中心？这直接关系着我国周围地区的国际环境，因此，应引起我们足够的重视，并对之进行深入的研究。

目前，包括日本、中国在内的亚洲太平洋地区13个国家的国民生产总值只约占美国的2/3而略多于苏联，但它们在世界出口贸易中所占的比重却已远远超过美国。1982年美国在世界出口贸易中约占12%，亚洲太平洋地区的国家则超过了17%。此外，在美国的对外贸总额中，亚太地区的比重现在已经超过西欧。

根据国内外各种预测，在今后的一二十年里，亚洲太平洋地区的经济发展速度将继续高于世界其他地区。这是因为，中国经济今后如按每年平均增长7%的速度发展，将大大高于世界平均水平。除中国以外的亚洲地区的一些发展中国家，不但有丰富的能源和各种资源，而且已经有了较好的工业基础，今后仍然可能维持比较高的经济发展速度。据估计，亚洲的新兴工业化国家和地区在世界工业生产中所占的比重，将由1978年的7%上升到本世纪末的17%。因此，亚洲太平洋地区在世界经济中所占的地位将逐步提高，这显然已成为一种趋势。

但是，除日本以外，亚洲太平洋地区的其他国家大都是发展中国家。它们的经济发展只不过刚刚起步。无论就社会财富的积累、新技术开发和运用的能力，在国际贸易和金融领域里的作用和影响而言，它们一时还难以和发达资本主义国家相提并论。在这一地区起关键作用的日本，尽管经济发展较快，但由于存在资源缺乏，基础科学研究较弱等种种不足，也难以在经济上取得对其他发达资本主义国家的绝对优势。所以，亚太地区的经济实力将进一步增长，在世界经济中的地位会不断提高，但在本世纪内太平洋要取代大西洋而成为新的世界经济中心是不可能的。同时，由于本地区存在着各种复杂的因素，如亚太地区国家对日本的扩张存在着不小的戒心,苏联和美国的争夺也在加剧,日本和美国之间也没有西欧国家之间那样巨大的共同经济利益,等等,使得这一地区很难形成像西欧共同市场那样的地区性的经济实体。这就是我们的基本看法。

亚洲太平洋地区经济实力和地位的提高,将加速世界走向多极化的步伐。而且,中国周围地区经济的加速发展,对中国建设事业也是有利的。我们应该充分利用由此创造的良好环境和条件,使我们实现四个现代化的任务能够完成得更加顺利。

所以,总的来说,今后世界经济的发展将可能是低速的。世界经济格局的变化将促使经济集团化和多极化的发展。国际经济矛盾的增加,既会为我国实行对外开放、加速经济发展带来一定的困难,也会为我们创造一定的机会。但不管怎么说,我们现在所面对的国际经济环境,与过去美苏两霸对我们实行封锁禁运的时代已经完全不可同日而语。在市场问题日益严重的情况下,中国作为一个潜在的巨大商品市场和投资市场,对于各类国家都具有越来越大的吸引力。只要我们好自为之,我们是可以利用这种情况为我国的社会主义建设争取到一个比较良好的国际经济环境的。

二

到2000年,当我们实现了工农业总产值翻两番的奋斗目标时,我国在世界经济中的地位将有所提高。我国经济实力和经济地位的提高,也将反过来对我国的国际经济环境发生重要的影响。

根据世界银行的计算,1980年我国的国民生产总值是2832亿美元。在世界银行公布的159个国家的国民生产总值中,居第八位,列于美国、苏联、日本、联邦德国、法国、英国和意大利之后。在世界国民生产总值的总额中,我国仅约占2.5%。在今后的十几年里,中国的经济发展速度将快于世界的平均水平。如能达到工农业总产值翻两番的既定目标,中国在1980—2000年期间国民生产总值的平均年增长速度可达7%,而世界的平均速度很可能只有3.5%。这样,到2000年时,中国的国民生产总值有可能达到11000亿美元左右;在世界国民生产总值中所占的比重则有望提高到4.7%以上。届时,我国的国民生产总值将超过英国、意大利和法国,上升到世界第五位。这要由中国和这几个国家今后的实际发展情况来决定。由于我国的国民生产总值与联邦德国差距较大,即使联邦德国的经济增长速度大大慢于我国,到2000年我们也还难以超过它。如果在2000年以后,中国和联邦德国国民生产总值的年平均增长率继续维持我们对今后十几年所预测的速度,即中国为7%,联邦德国为2.5%或2.8%,则中国在2000年以后还需要5—8年,才能在国民生产总值上赶上联邦德国。按同样的办法推算,中国赶上日本、苏联和美国的时间从现在算起,需要50—60年,即到2030—2040年前后,才可以与这些国家并驾齐驱。当然,这仅仅是一种极其粗略的估计,没有把各种可能的因素都计算和考虑在内(也没法都加以计算)。所以,只能作为一种模糊的轮廓和趋势来看待。

中国在世界国民生产总值中所占比重的变化 *

(单位:亿美元,按1980年价格计算)

	1980年		2000年	
	国民生产总值	占世界的比重(%)	国民生产总值	占世界的比重(%)
中国	2830	2.44	11000	4.74
美国	25867	22.2	46720	20.1
苏联	15520	13.3	30880	13.3
日本	11550	9.9	25300	10.9

续表

	1980年		2000年	
	国民生产总值	占世界的比重（%）	国民生产总值	占世界的比重（%）
西欧	26780	23.0	43880	18.9
世界合计	116618	100.0	232046	100.0

* 根据世界银行公布的1980年的材料（苏联除外）和我们预测的经济发展速度所作的估计。

1980、2000年主要国家的国民生产总值及其在世界上的地位*

（1980年价格，单位：10亿美元）

	1980年		2000年	
	总额	位次	总额	位次
美国	2587	1	4672	1
苏联	1552	2	3088	2
日本	1155	3	2530	3
联邦德国	828	4	1356	4
法国	628	5	989	6
英国	443	6	658	7
意大利	369	7	497	8
中国	283	8	1095	5
加拿大	242	9	420	9
印度	162	约12	304	约11

* 1980年数字除苏联外，系根据世界银行1982年世界发展报告中的人均收入数概算，2000年的数字是我们所作的预测。

我国的国民生产总值上升到世界的前五六位，从经济的总量和实力来说，已可称得上是世界上的经济大国之一。但是，由于我国人口众多，即使大力实行计划生育来控制人口的增长，使出生率下降，人口的绝对数也仍将有不小的增加。在这种情况下，按人口平均的国民生产总值就不可能增长很多、很快。1980年，我国按人口平均的国民生产总值只有 290 美元，在世界银行统计的 159 个国家中居 133 位，属于低收入的国家之列。这是我国仍然贫穷落后的一个重要标志。如果到 2000 年时，我们实现了工农业总产值翻两番的任务，我国按人口平均的国民生产总值也只能提高到 900 美元左右。人均收入 900 美元左右，即使在现在，也只能属于中等收入偏下的国家。因为，1980 年国民生产总值按人口平均已达到 900 美元的国家就有 89 个，达到 1000 美元的国家也有 82 个，考虑到这些国家今后的经济发展，人均国民生产总值会有所下降的大概微乎其微。绝大多数国家都会进一步有所提高，整个世界的平均水平也会相应提高。因此，当 2000 年我们的国民生产总值按人口平均达到了 900 美元，我们也难以进入 80 名以前，仍然只能算是中等收入偏下的国家。我们到那时也并不富裕。与先进国家相比，差距还很大。我们还有很长一段艰苦创业的路要走。但是，我们也应看到，由于我国是社会主义国家，我们对国民收入的分配，要比资本主义国家公平合理得多。因此，我们按人口平均的国民生产总值所能达到的人民实际生活水平，和相应的其他国家比较起来，要高得多，日子要好过得多。这是社会主义制度的优越性所在。

主要国家 1980—2000 年人均国民生产总值及其在世界上的地位[*]

（单位：美元）

	1980—2000 年经济年平均增长 %	1980—2000 年人口年平均增长 %	1980 年人均值	位次	2000 年人均值	位次
美国	3.0	0.6	11360	13	18038	
苏联	3.5	0.8	5845	26	9897	
日本	4.0	0.6	9890	18	19312	
联邦德国	2.5	0.1	13590	5	21523	
法国	2.3	0.5	11730	11	16762	

续表

	1980—2000年 经济年平均增长%	1980—2000年 人口年平均增长%	1980年		2000年	
			人均值	位次	人均值	位次
英国	2.0	0.2	7920	22	11152	
意大利	1.5	0.4	6480	25	8283	
加拿大	2.8	0.8	10130	17	15000	
中国	7.0	1.0	290	133	914	
印度	3.2	2.0	240	138	304	约80—100

* 1980年数字，除苏联外，系根据世界银行《1982年世界发展报告》的材料；2000年数字，系根据我们的预测和世界银行《1983年世界发展报告》的人口预测材料计算。

当然，对于中国在世界经济发展中的作用，决不能单单从人均收入还比较低下这一点来衡量。中国在经济实力上作为一个大国，在世界事务中将会有更大的发言权。同时，中国在今后十几年里所能取得的经济建设成就，所能达到的经济发展速度，比之已经达到的绝对水平，甚至将更为重要。因为，正是从这里能显示出了我们社会主义制度的优越性和我们现行各种政策的正确性。中国对广大发展中国家的吸引力和榜样作用，正在于此。

在发展中国家中，印度与我国的许多情况比较类似。它1947年独立，比新中国成立还早两年。当时它经济落后、人口众多，与中国刚解放时的情况也差不多。但是经过三十多年的发展，中国与印度在经济发展上已经有了一定的差距。我国的经济发展速度几乎是印度的一倍。50年代初，印度按人口平均的国民生产总值为60美元左右，而中国只有50美元。印度比中国高20%。1980年，当中国提高到290美元时，印度却只有240美元，中国反而高出印度20%以上。从现在到2000年，我国的国民生产总值将以每年7%的速度增长，而印度据估计其可能达到的速度却仅为3.2%，也不到中国的一半。同时，印度今后人口的增长将比中国快，估计到 2000 年时有可能达到 10 亿。这样，中国和印度在按人口平均的国民生产总值方面的差距还会进一步扩大。在 50 年代初，印度在世界出口贸易中所占的比重曾高达 1.9％，而现在已下降到只有 0.4％。中国过去在世界出口中占的比重非常小，现在已提高到 1％以上，超过印度一倍以上。这种相背而行的趋势今后还会继续下去。这反映了中、印两国与世界各国经济联系的发展和变化。从这些简单的对比中，我们可以清楚地看出，中国共产党领导中国人民为建设我们国家而走过的道路虽然是曲折的，总起来说却是成功的。在我们有了经验之后，我们会取得更大的胜利。当然，我们也应注意到印度的一些长处和成功的经验。现在，它在科学技术发展（如原子能等方面）和人才的培养方面，在进出口商品的构成和保护国内工业方面都有值得我们学习的东西。

国际经济环境对中国经济发展有巨大的影响，同时，中国经济的迅速发展也反过来影响着国际经济环境的变化。广大发展中国家都正在努力走发展民族经济的道路。中国所走过的成功之路和即将取得的更大成就，势必对它们产生巨大的影响。而这种作用和影响是难以用统计数字来表明的。所以，我们说中国在今后世界经济发展中将会起更大作用，就包括着两个方面的含意，一是中国经济本身的增长和地位的提高，另一是中国成功的经验在广大发展中国家中所产生的影响。而且，这是更为重要影响。

三

为了实现我们经济发展的战略目标，充分利用当前比较有利的国际经济环境，我们必须坚定不移地实行对外开放政策。

实行对外开放包括着极其广泛的范围和内容。从经济上来说，就囊括着进出口贸易、科学技术交流、利用外资、发展旅游、交换劳务、引进人才、对外援助等等，可以说涉及国民经济的各个方面。但就目前的情况来看，我认为，我国现在实行对外开放的重点，应放在引进先进的科学技术和利用外资这两个方面。

科学技术是生产力，而且是越来越重要的生产力。我国经济上的落后，主要就在于科学技术的落后。因此，我们实现四化的关键，也就在于要使科学技术现代化。对于外国的先进科学技术，我们要实行"拿来主义"。

现在，先进的科学技术大多掌握在发达资本主义国家手中，它们实行着对科学技术的垄断。在资本主义国家里，一切都是商品。科学技术当然也不能例外。因此，要能取得国外先进的科学技术，就只能向外国企业特别是跨国公司购买。这常常有两个途径，一是通过对外贸易，通过科学技术的进出口来达到引进的目的；一是吸引外国直接投资，鼓励和支持兴办各种外资独营或合营的企业，用外国投资输入有关的科学技术。所以，引进科学技术和引进外资两者又往往是结合在一起，相辅相成的。

1. 为了更多地引进外国的先进科学技术，我们必须大力发展对外贸易。这不仅因为技术进出口是对外贸易越来越重要的组成部分。而且要进行大量的科学技术引进，还必须通过扩大出口，获取足够的外汇，以出养进，为科学技术的进口提供必要的资金保证。

过去，我国的对外贸易发展是比较缓慢的。今后，我们要加快对外贸易的发展，除了要以国内的经济发展作为基础之外，会遇到什么样的国际市场条件呢？

战后，国际贸易的增长速度很快。1980年前后，世界出口总额已达到19000亿美元上下。国际贸易的发展，总的说来，一直快于生产的发展。1950—1973年,世界生产总量的年平均增长率是5.4%,而世界商品出口量的年平均增长率是7.2%。1973—1979年,两者的发展速度都有所放慢,年平均增长率分别下降为3.5%和4.5%,但国际贸易的增长仍然快于生产的发展。只是在1979—1982年资本主义世界经济危机发生期间情况有所不同。由于经济危机,国际贸易在1981年没有增长,1982年下降了2%;而在这两年里,世界的生产量仍然有轻微的增长。

我们估计,国际贸易今后的增长速度仍将快于世界生产的增长,但两者之间的速度之差将缩小。1973—1982年,发达资本主义国家出口贸易与生产增长速度之比约为2.2:1。现据世界银行估计,在1985—1995年期间,这一比例将缩小为1.3:1。发达资本主义国家在国际贸易中占据着大约2/3(1983年为64%)。因此,它们这种速度的对比,在很大程度也就决定了世界贸易和世界生产今后速度对比的发展趋势。

在1979—1982年资本主义世界经济危机结束以后,随着西方国家的经济回升,国际贸易也将重新发展。但由于发达资本主义国家一时还难以摆脱经济停滞膨胀局面,经济多极化和集团化的趋势在发展,贸易保护主义将加剧,国际贸易的增长速度将难以重新达到五六十年代的水平。根据世界银行的估计,在1985—1995年期间,世界贸易的平均年增长率将为5.1%,大体和1973—1980年发达资本主义国家陷入经济停滞膨胀局面以后的速度相当。除了这种估计之外,还有两种估计。一种估计认为,如果今后科学技术进步比较迅速,各国经济发展加快,国际贸易也会提高发展速度,使之接近1950—1973年平均每年增长7%左右的水平;另一种估计则认为,如果资本主义世界经济长期处于不景气之中,则有可能使国际贸易长期停滞不前。我们认为世界银行的估计可能性比较大。按照这一估计,假若1981—

2000年世界出口贸易额的年平均增长率为5%,到本世纪末世界的出口贸易额将可增加到52910亿美元左右。从各类国家来看,发达资本主义国家的出口增长率将低于世界平均水平,可能为4.5%左右;发展中国家则可望高于世界平均水平,达到年平均增长6.5%。

面对国际贸易的较慢增长,我国的对外贸易要以很高的速度增长是不现实的。除了对外贸易的发展要与国内工农业生产的发展速度和水平相适应之外,国际市场的容量和竞争也使我们的对外贸易受到一定的限制。因此,在制定我们的对外贸易发展战略的时候必须充分考虑到这一方面的情况。

要较快地发展对外贸易,还应很好地考虑我国对外贸易的商品结构问题。今后,国际贸易的商品结构将出现如下的变化趋势:

(1) 制成品在国际贸易中所占的比重会以比过去更快的速度增长。因为,科学技术革命将使多种尖端技术产品更多地加入国际贸易。这些产品不但数量日益增多,而且价格很高。发展中国家为了发展民族经济也将从发达资本主义国家进口更多的机器设备。与此同时,由于石油和各种原料的价格不大可能像70年代那样大幅度上涨,它们所占的比重也就不会出现急剧上升的情况。

(2) 在制成品的国际贸易中,技术、信息、智能等技术贸易和各种"软件"贸易的比重将有较大幅度的提高。这是科学技术进一步发展的结果和表现。

(3) 传统的出口商品,随着科学技术的进步也将向高、精、尖的方向变化。多功能、微型化、轻型化将是今后国际贸易商品的共同发展方向。无论是新兴工业部门,还是传统工业部门,要争取多出口,都必须使产品具有规格多、式样多、功能多的特点，而产品的寿命却将随着科学技术进步、精神磨损加速趋于缩短。

我们面对这种国际贸易的发展潮流，要使进出口有较大的增长，就必须及早采取相应的对策，适应和跟上国际贸易商品结构的变化。

现在，我国对外贸易的商品结构还不尽合理。在我国的出口商品中，燃料、有色金属和稀有金属等初级产品占有重要位置。今后，我们应该提高这些商品的加工程度，以增加其出口的附加价值。同时，要努力提高工业制品的出口比重。因为只有这样，才能减少工业制品和初级产品在国际贸易中的价格剪刀差给我们带来的损失，改善我国的对外贸易条件。但这里有一个经济效益问题，不努力提高经济效益是难以做到这一点的。此外，在我国当前的出口中原油占着很大的比重，而在进口中，粮食的数量特别大。这实际上是在用原油换粮食。现在一般预测，石油供过于求、价格下跌的情况还会继续一段时间，而世界市场的粮食价格却可能出现逐渐上涨的趋势。如果，我们继续维持现在这种用石油换粮食的局面，我们就必须用更多的石油才能换回一定的粮食。因此，我们应在今后尽可能减少粮食的进口，也适当减少原油的出口。至于增加工业制成品的出口，我国有着很大的潜力。近年来，由于科学技术的发展，发达资本主义国家出口的机电产品已向着高、精、尖的产品方向发展，一些普通的机电产品已转向从发展中国家进口。这是我们出口这方面产品的一个有利时机，广大发展中国家对机电产品的需求也越来越大。而目前我们这方面产品的出口量很小，还远远落后于新加坡和南朝鲜，我们的机电产品出口1980年仅相当于这两国的16％和25％，也落后于我国的香港和台湾地区，约相当于它们的21％和17％。因此，在这方面，我们有着广阔的余地。只要我们朝这方面努力，是可以使我国的出口有较大幅度增长的。

在改善我国进出口商品结构的同时，我们还应努力用新的科学技术成果来改造传统的出口产品，使我国的出口产品向优质、高价的方向发展。这样做，不仅有利于提高出口产品的竞争能力，取得更多的外汇收入，而且有利于避免贸易保护主义所设置的某种障碍。例如，某些国家的进出口限额，对有些商品仅规定数量限额，而不规定价格限额。这样，如果我们提高了产品的质量和价格就可以在限额之内甚至争取到比过去更多的出口收益。

在国家垄断资本主义空前发展的今天，各国政府实行的政策对国际贸易有着日益增长的影响。自从70年代以来，世界经济和国际贸易发展速度的减慢，已使国际贸易领域的竞争更加剧烈。发达资本主义国家为了保护国内市场，都越来越多地采用各种手段以阻止外国商品的进口。国际贸易中的贸易保护主义正日益抬头。

从世界经济发展的历史来看，所谓的自由贸易往往是和大国的霸权联系在一起的。19世纪的自由贸易和第二次世界大战后一度的贸易自由化，就是和英国作为"世界工厂"和美国成为资本主义世界霸主相联系的。因为，这有利于拥有霸权的国家侵占更多的国外市场。而大凡群雄并立、竞争激烈的时候，则总是贸易保护主义盛行，最突出的例子就是30年代集团林立、关卡遍地的严重局面。现在，美国的经济霸权已经在相对衰落，世界经济正日益走向多极化和集团化。各国都力图占有更多的国外市场，而尽可能地不让外国商品挤占自己的领地。再加上谁也无力发号施令，贸易保护主义的加强看来已很难避免。保护主义的盛行不利于国际贸易的发展，必然也会给我国的对外贸易带来一定的困难。对此我们应有足够的估计。当然，这种状况对我们进出口的影响是双重的。一方面，国际市场竞争剧烈，对我们的科学技术进口是有利的，我们可以货比三家，择优进口，也可以利用各方的竞争争取比较合理的价格；但另一方面，发达资本主义国家的贸易保护主义往往使发展中国家受害更大。这必将使我们的出口困难增大。出口的增长如果因此跟不上进口的发展，就会出现进出口的不平衡。倘若这种情况长期存在，就会反过来影响到我们的科学技术进口，使不断大量地进口科学技术难以为继，从而不利于我国的四化建设。为了适应贸易保护主义日趋严重的局势，我们应尽可能地使对外贸易多元化，使我国的对外贸易形成一种多方面、多层次的结构，处理好和各种不同类型国家的贸易关系。所以，当前与日本和美国的贸易往来比重过大的状况，虽然是必要的，在对外开放之初难以避免，但从长期来看，应该逐步有所改变。

2. 为了解决经济发展与资金积累的矛盾，我们应更多地引进外资，以加快社会主义建设的进程。

利用外资加快本国的经济发展速度，是世界经济发展中的普遍现象，差不多各种类型的国家都这样做过，只不过利用外资的性质、方式和方法各有不同罢了。我国经济在近代发展缓慢和落后，一个重要的原因就在于我们需要进行资本原始积累的时候，不仅没有得到外部资金的帮助，还反而被帝国主义掠走了大量的社会财富。现在，我们有了自己的政权和经济建设的一定基础，如能再借助外国资金的一臂之力，我们的经济就一定会大大加快发展的速度。

过去我们对引进外资存在着一定的思想障碍，认为这样会重新使我们遭受帝国主义的剥削。现在，坚持这种看法的已经不多了。对于引进外资的形式，过去也常有不同的看法。较普遍的一种看法是，吸收外国贷款由我们自己兴建企业可以，要让外国资本家直接来我国开公司建工厂则不能，因为还会受到他们直接的剥削和控制。其实借用贷款和引进直接投资，从要付出一定的代价来说，是一样的，只不过一个是付利息，一个是拿利润。从外国资本对建设的干预而言，也只有程度的差异。许多外国贷款是要有具体项目和可行性研究的；而直接投资也不是可以由外国资本家为所欲为，它搞什么企业、搞多大规模等等，都要由我们根据自己的需要来审查和批准。从引进外资的经济效果来看，则各有利弊。借取贷款所付的利息一般要低于所付的利润。但在目前国际信贷市场利息率高昂的情况下，这种差别有时并不很大。引进直接投资我们要让出一定的经济管理权和国内市场，但却有利于引进一定的先进科学技术和管理经验。所以，我们不必把自己限得过死，拘泥于某一二种利用外资的形式。代价总是要付的。关键的问题在于付了代价之后能否获得较好的经济效益，有助于加快我们的四化建设。若从此出发，则我们所要作的选择不是在于外资的形式，而是在于外资的使用范围，即我们引进的外资应尽可能多地运用于生产领域，运用于能够带来先进科学技术和管理经验的项目，并尽可能地从我国现有的生产水平出发，有利于改造我们已有的企业，使之尽可能多、尽可能快地产生经济效益。只要我们能把握住这一点，我们就不会重蹈一些发展中国家引进外资过多，而又不能很快产生经济效益、增强偿付外债的能力，陷入国际债务危机之中的覆辙。

为了做好引进外资工作，我们有必要对国际资本市场的情况和发展趋有一定的了解。

国际资本市场在 70 年代曾经经历了一个迅速发展的时期。1980 年，国际金融市场的信贷总额达到了 1650 亿美元，相当于 1970 年的 30 倍。国际债券的发行额也较 60 年代的最高额多十几倍。最主要的国际金融市场——欧洲货币市场，1973—1981 年信贷总额的年平均增长率达 22.3%。这一时期国际信贷规模迅速扩大的主要原因在于：（1）在 70 年代，发达资本主义国家的通货膨胀日益严重，多数国家的物价上涨率曾达到双位数，而当时各国的利息率上升较慢，与通货膨胀比较，甚至出现了负利息，这刺激了许多国家进行大规模的借款。（2）由于石油斗争获得胜利，石油输出国的国际收支有了大量盈余。大量的石油资金流入西方货币市场，增加了金融市场的信贷能力。（3）一些发展中国家为了加速民族经济的发展，在这一时期借入了较多的货币资本。

经过 1979—1982 年的资本主义世界经济危机，国际信贷规模的扩大速度已经放慢。今后一段时期里，国际信贷市场的发展速度将难以重现 70 年代那样高的速度，而只能较为缓慢地发展。在本世纪内，国际信贷市场的增长速度估计将只能达到 70 年代的一半，即以 10% 左右的年平均增长率发展。我们作这样的估计，是考虑到这样一些因素：（1）国际信贷市场的利息率已经达到很高的水平，在短期内很难大幅度下降。与此同时，各国的通货膨胀已受到一定的抑制。因此，现在不仅名义利息率高昂，而且实际利息率也达到了战后的最高水平。这不能不使各国在借用国际信贷资本时望而生畏，却步不前。（2）发展中国家的债务负担已经非常沉重，许多国家还发生了偿还债务本息的困难。严重的债务危机使发展中国家今后再难以大规模地增加债务，也使发达资本主义国家的金融机构在相当一段时期内不会再大规模地扩大国际信贷。（3）促进 70 年代国际信贷市场迅速扩大的一个重要因素是石油资金。现在石油输出国的国际收支已由大量盈余变成了有一定逆差。这对国际信贷市场资金供应的增长也是一个不利的因素。

国际信贷增长速度的放慢，将使国际信贷与国际直接投资的对比关系发生一定的变化。从今后的趋势看，随着跨国公司的进一步发展，发达资本主义国家在国外的直接投资也会进一步增加，从而有可能使直接投资在国际资本流动中的比重有所增加。但直接投资的增加也会受到许多因素的制约，因此，其绝对数额的增长也不可能太快。

在国际信贷市场增长速度放慢的同时，信贷资金的来源和流向也会发生一定的变化。发达资本主义国家过去在国际信贷市场资金的供应和占用方面所占的比重最大，但其比重已呈现出下降的趋势。1973—1981年，发达资本主义国家在欧洲货币市场资金的供应额中所占比重，已从66.5%减少到60.5%。发展中国家的比重，则从18.6%增加到了23.5%。在资金的使用方面，发达资本主义国家的比重也已从68.1%下降为62.5%。发展中国家的这一比重则从10.8%上升到了17.9%。现在，由于发展中国家已发生了严重的债务危机。而发达资本主义国家的经济回升已增加了对资金的需求，今后发达资本主义国家在国际信贷资金使用额中占有的比重有可能稍有回升，而发展中国家的占有比重则可能略有下降。

国际信贷市场的实际利息率近几年来一直居高不下，从当前的情况看，在相当一段时期内，利息率大幅度下降的可能性不大。因为，发达资本主义国家都有庞大的财政赤字，而且财政赤字还有不断增加的趋势，无论各国政府的货币政策可能有怎样的变化，实际利息率都将难以持续地下降。这也是我们在使用国际信贷资金时，应该慎重考虑的一个因素。

国际信贷市场的迅速扩大和实际利息率的长期高昂，已引起了触发严重国际金融危机的可能性。现在，这一问题已经引起了各国政府和国际经济组织的关注，但这一方面的问题并未得到解决。矛盾仍在积累和发展。世界银行估计，发展中国家为归还旧债而不得不再借新债的情况，至少在10年内还难以避免。现在，许多人认为，国际金融危机的爆发，已不是可能不可能的问题，而是何时爆发的问题。如果一旦真的爆发了这样的危机，就会引起整个世界经济的巨大震荡。尽管近期内发生这样危机的可能性不大，我们也不能无视这种可能性。我们要密切注意国际金融局势的发展，要准备各种可能情况的出现，不致事到临头，措手不及。

与整个世界经济向多极化发展相适应，国际信贷市场也在向多中心发展。除了欧洲市场以外，又有了以新加坡为中心的亚洲美元市场。随着日元走向国际化，东京的国际信贷市场也在发展。在发展中国家中，则出现了中东金融中心和加勒比金融中心。各种金融中心的出现，使国际信贷业务逐渐走向分散。但目前欧洲货币市场仍占主要地位，国际信贷业务的70%还是在这里进行。今后其比重会进一步缩小，国际信贷多中心的发展趋势有利于我们对外经济关系的多元化。我们应注意研究各个信贷中心的情况和发展趋势，使我们在利用国际信贷资金时能有更多的选择，更加灵活和主动。

除了引进外资之外，在对外金融关系方面，还应很好地注意以下几个问题：

（1）到本世纪末，美元仍将是主要的国际储备货币。在今后一个时期，我国的外汇储备势必以美元为主。当前，美元的汇率很高，这对我们多储备美元是有利的。但美元的过高估价，同时也就埋伏了美元汇率下跌的危险。因此，我们除了要密切注意外汇市场的动向之外，也要注意使我国的外汇储备多元化，以尽可能地避免汇率的波动给我们带来不必要的损失。同时，要注意使外汇储备保持一个合理的额度，过多了会不必要地积压资金，过少了又难以应付日常支付和紧急的需要。我们应根据自己的实际情况和其他国家的经验，作好这方面的计算工作，确定一个正常而又合理的额度。

（2）黄金的世界货币地位在削弱，但仍然是国际储备的必要后备和国际支付的最后手段。我国作为一个社会主义大国，应当拥有适量的黄金储备。只有如此，在今后多变的国际政治和经济环境中，我们才能处于主动的地位。

（3）我们也可运用我们所拥有的外汇储备和信用手段，在国外开办一定的企业。这种企业，既是经济的信息站，也是运用资金发挥资金效益的活动点。它有利于我们掌握国外市场情况，获得先进的技术和管理经验，也有利于我们打开商品销路，为国内的建设积累一定的资金。在国外开办企业，也可利用外资，与外资合作经营，这往往能取得更好的效果。

总之，现在和今后世界政治和经济形势的发展和变化对我们实行对外开放和实现伟大的战略目标是比较有利的。我们应该充分利用这种有利的形势，把我们的社会主义建设事业搞得更好。

（原载《经济研究参考资料》1985年2月第26期）

美国在世界经济中的地位变化[*]

美国是世界上最大的资本主义国家。美国经济实力的消长，经济形势的好坏，对世界经济的发展都有重要的影响。因此，要研究世界经济发展趋势，了解我们对外开放的国际经济环境，就不能不对美国经济作系统、深入的考察。

第二次世界大战结束后，美国成了资本主义世界的霸主。当时美国不仅在经济上拥有对其他国家的绝对优势，而且还按照美国的意志建立了有利于其对外扩张的世界经济体系。

经过四十多年的发展变化，美国的经济实力虽又有较大的增长，但与其他一些国家比较，却大大地相对削弱了。以美国为中心的世界经济体系也因之受到了极大的冲击。

战后40年来，苏美两国经济力量的对比，已由美国的绝对优势，逐渐相对缩小了差距。1950年，苏联的国民收入只相当于美国的31%，到1975年，已增加到67%，即在25年中，由不到美国国民收入的1/3，缩小到了相当于美国的2/3左右。[①] 在

---

[*] 此文是作者于1986年10月27日在中央党校进修班讲课的讲稿。
[①] 《苏联国民经济统计年鉴》1975年和1976年。

1976年以后，苏联的经济增长速度明显地放慢了，而美国近几年来的经济增长却较快，因此，苏美两国经济力量的对比基本上仍然停留在70年代中期的水平上。苏联与美国经济差距的缩小，反映了美国经济地位的下降，也是苏美争夺加剧的一个原因。从今后的发展趋势看，在本世纪内，苏美经济力量对比的差距还会进一步缩小。但缩小的速度和幅度会慢于和小于过去的几十年。

美国经济地位的下降更突出表现在资本主义世界中。

50年代中，美国在资本主义世界的国民生产总值中接近占一半，而到1980年已下降到只占1/4多一点。

美国占世界国民生产总值的比重 （%）

	1955年	1960年	1970年	1975年	1980年	1984年
占世界比重	36.3	33.7	30.2	24.5	22.1	23.2
占资本主义世界比重	46.5[①]	45.0	39.5	…	26.8	…
占经合组织比重	…	…	…	40.5	40.8	41.8

① 1958年数字。

资料来源：《美国总统经济报告》1977年，1984年；联合国《国民经济核算年鉴》1965年，1979年；《世界银行年报》1984年；国际货币基金"调研"1985年1月21日。

当然，美国经济地位的下降也不是直线的。从70年代中到80年代中，美国的经济地位曾略有回升。这反映了美国经济仍在许多方面拥有优势和潜力。但从今后长期的发展趋势来看，美国经济地位仍将进一步下降，只是下降的速度有可能比过去慢一些。为了争夺世界霸权而维持巨额的军费开支，为了对外扩张而大量地输出资本，这是造成过去美国经济地位下降的一些主要因素，今后，这些因素也仍将起作用。美国经济地位的下降将促使资本主义世界经济进一步地走向多极化和集团化。

下面，我们就从一些大的方面对美国经济地位的变化作一些具体的考察。

一 美国在世界工业生产中的地位变化

在50年代，美国的工业生产曾独占资本主义世界的一半以上，在发达资本主义国家中更雄踞约2/3。现在，这一比重已只及1/3左右。

美国工业生产占资本主义世界比重 （%）

	1948年	1960年	1970年	1980年	1983年	1984年
占资本主义世界比重	54.6	45.7	40.8	…	…	…
占发达资本主义国家比重	61.3	51.9	47.4	32.8[1]	33.1[1]	34.6[1]

[1] 占西方18国的比重，包括法国、日本、联邦德国、英国、意大利、加拿大、澳大利亚、奥地利、比利时、丹麦、芬兰、爱尔兰、卢森堡、荷兰、挪威、西班牙、瑞典、瑞士。

资料来源：苏联《世界经济与国际关系》1972年8月，副刊第13页；国际货币基金《调研》1985年1月21日。

尽管最近两年美国工业生产所占的比重略有回升，但美国工业所处的不利地位并无多大改善。这表现在如下方面：

（1）在美国工业生产中，制造业是最重要的组成部分，是它的主体。但美国制造业的发展速度却一直慢于其他国家。即使在世界经济高速发展的1960—1973年，美国制造业的年平均增长率也只有5.4%，低于发展中国家的7.8%，也低于发达资本主义国家的6.2%。从1973年到1980年，美国制造业的发展速度更下降到只有1.8%，而同期发展中国家为5.9%，发达资本主义国家为2.0%。[①] 战后美国工业发展速度之所以相对较慢，并由高转低，一是由于投资不足。在美国国民生产总值中，用于消费的部分日益扩大，用于积累的部分则不断减少。例如，在1973—1980年期间，私人消费和政府消费分别以2.7%和2.2%的年率增长，而投资额却以每年0.4%的速度下降。二是自1973—1975年经济危机以后，美国的基础工业，特别是钢铁工业和汽车工业长期不振，影响了整个工业的增长。三是美国工业品竞争力减弱，外国工业品大量涌进，不能不影响美国国内工业生产的发展。

（2）从主要工业品来看，美国在世界生产总量中所占的比重都已大幅度下降。这突出地表现在钢铁、汽车美国经济的两大支柱上。

美国钢铁、汽车产量占世界的比重 （%）

	1950年	1960年	1970年	1980年	1982年
钢	46.6	27.4	20.9	14.4	9.4
小汽车	82.0	52.3	29.0	22.1	16.7
载重汽车	58.0	32.5	25.1	16.9	17.9

资料来源：根据联合国统计年鉴及月报和经合组织《主要经济指标》1985年7月的资料计算。

（3）美国不仅在世界工业生产中所占的比重不断下降，而且，它的国内工业品市场正被越来越多的外国商品所占领。据估计，1984年在全部国内商品销售中，进口商品占的比重已高达

[①] 美国罗伯特·劳伦斯：《美国能竞争吗》，1984年版，第24页。

14.6%（1982年为12.1%）其中固定资本设备占25.9%（1982年为19.5%）；耐用消费品占17.4%（1982年为14.5%）。① 只有小汽车，由于近年来美国政府采取了限制进口的措施，外国商品占领美国市场的比重从1982年的27.8%减少到23.6%。某些商品外国货占领美国市场的比重就更为惊人。例如在国内市场的销售量中，进口鞋已占72%；服装占40%；机床占一半左右。这显然是美国工业竞争力下降的一个重要表现。

(4) 在先进的技术部门中，尽管美国目前还处于领先的地位，但随着西欧国家，特别是日本，在这个领域的急起直追，美国在某些技术部门的地位也在相对下降，从1962年到1980年，美国占工业国家新技术出口的比重已从30.3%下降到23.9%；同期，日本却从4.1%增加到12.3%；联邦德国则一直保持着18%左右的水平。②

二　展望美国工业前景

展望美国工业的前景，我们认为，到20世纪末，美国工业在世界生产中的地位将不会有大的改变。这是因为，造成美国工业增长缓慢的许多不利因素在今后十几年里难望有大的改观，因而不可能重新恢复战后初期的绝对优势。

同时，西欧和日本的工业发展也将是低速的，因此，美国的地位也不会一落千丈。具体来看：

(1) 美国工业投资不振的局面很难从根本上扭转。近年来，在"重建美国经济"和"再工业化"的口号下，在新科技革命的

---

① 《美国商业》1985年3月4日。
② 《美国总统经济报告》1984年。

带动下，美国企业里要求增加固定资本投资的呼声很高。不少美国官方人士及经济学家都纷纷指出，美国地位之所以江河日下，在很大程度上是因为固定资产设备陈旧。80年代初，美国厂房和设备的平均使用年限高达16—17年，而联邦德国为12年，日本更只有10年。[①] 为了扭转投资不振的局面，近年来，美国政府的确采取了一些措施，如加速折旧，降低公司的抵免税率和减少公司所得税，等等。根据里根政府制定的"企业成本回收制"，对企业设备使用年限的规定，已从原来的8.6年缩短为5年；厂房从原来的23.8年缩短为15年。[②] 在里根政府采取种种刺激投资的措施以后，美国的固定资本投资确有较大幅度的增加，1983年比1982年增长9.7%，1984年比1983年更增加18.3%，[③] 这个速度是空前的。但是，这种投资高潮是不可能长期持续存在的，因为，目前美国企业已普遍感到资金不足，企业负债严重。据估计，美国公司清偿债务的能力已下降到三十年来的最低水平。1983年，在非金融公司中，债务占公司流动资金的比重已达50%（公司债务指公司发行的债券，银行贷款和商业票据应付的本息；流动资金指公司未分配利润及折旧费和库存的变动）；即公司每一美元流动资金中，要用50美分去偿还债务，而70年代仅为30美分。尤为严重的是，在公司债券中，短期债务占的比重在不断扩大。在1973—1975年经济危机后，短期债务就已占公司债务总额的40.5%，到1982年更扩大到了49.1%。[④] 企业这种债务沉重的局面，短期内很难改变。此外，由于巨额财政赤字的存在，美国的实际利息率将长期停留在高于五六十年代的水平上。今后即使会

---

① 美国《幸福》杂志1981年3月9日。
② 《美国总统经济报告》1982年。
③ 美国花旗银行：《美国经济预测1984—1989年》，1984年12月，第64页。
④ 《美国新闻与世界报导》1983年12月5日。

有所下降，也不会下降太多。这也将影响未来投资的增长。当然，高利率可吸引大量的外国投资。近两年来投资的大幅度增加就与外国资本的大量涌入有密切关系。但是，这种情况是难以持久的。一个资本主义大国决不可能长期依靠外国投资来加速自己的经济发展。事实已显露出这种迹象。进入1985年以来，美国的投资已出现较大幅度的下降。据估计，从1985年到1989年，美国固定资本的年增长率将不会超过2.4%。[①]

（2）美国工业今后调整和改造的步伐不可能太快，以致难以扭转目前的局面。因为，造成美国工业在国际竞争中相对落后的另一个重要原因，是美国政府的工业政策不利于工业的发展，它所推行的贸易保护主义，使工业不能很快地调整以适应国际市场上的竞争。美国政府的这种政策一时还不会有大的改变。

当然美国工业的落后是局部的、相对的。从总体上说，美国无论在生产能力或技术工艺方面都还具有明显的优势，特别在许多先进技术部门更是如此。在本国的各类工业中，新技术部门的发展速度仍然大大快于其它部门。这些部门所占比重正在迅速提高。

美国制造业各类型工业占的比重 （%）

	按增加值计算			按就业人数计算		
	1960年	1970年	1980年	1960年	1970年	1980年
高级技术工业	27	31	38	27	30	33
资本密集型工业	32	30	27	29	30	28
劳动密集型工业	13	13	12	21	20	19
资源密集型工业	28	25	23	23	21	20

资料来源：罗伯特·劳伦斯：《美国能竞争吗》，第64页。

---

① 美国花旗银行：《美国经济预测1984—1989年》，1984年12月，第64页。

美国工业当前面临的问题,不在于先进科学技术部门的不发展,而在于长期对传统工业的改造注意不够。虽然现在美国开始注意这方面的问题,但积重难返,一时还难以使面貌有所改观。例如钢铁工业,1980年以来,虽然大的钢铁厂每年用于固定资本投资的金额平均高达一亿美元,但炼钢设备依然陈旧落后。不能适应市场对高级钢材的需要,致使企业经常开工不足。即使在经济周期的繁荣阶段,企业的开工率也仍然不到60%。与此同时,却有大量的外国钢材涌入。这说明,美国钢铁工业在国际市场的地位已江河日下。要使钢铁厂现代化,估计至少还需要30亿美元的投资。这笔巨款在今后十几年里很难筹措。因此,钢铁工业落后的这种局面今后很难完全改变。

根据以上分析我们认为,美国工业在世界市场上的地位将继续下降,不利于美国的局面在20世纪内是很难扭转的。

三 美国在世界农业中的地位变化

农产品是美国经济,也是美国政治的一张王牌。多年来,美国政府依靠农产品的出口推行480号公法以及弥补巨额的国际收支逆差。从1960年到1980年,美国商业性的农产品出口达3700亿美元。22年中,在480号公法项下出口的农产品也达290亿美元。从1960年到1981年,农产品带来的国际收支顺差达1400亿美元。[1] 目前,在美国农作物的种植面积中,有2/5是为出口提供产品的。1982年,在世界农产品出口中,美国的农产品约占1/5。这一年,美国出口的农产品占该种作物产量的比重是:小麦、大豆、向日葵籽占一半;棉花,油脂占1/3以上;烟草和饲

---

[1] 美国农业部:《美国农业实况》,1984年,第40页。

料谷物占 1/4 以上。所以，美国农产品的生产和出口在世界上都占据着重要的地位。

美国农产品生产量和出口量占世界的比重 （％）

	生产量占世界比重	出口量占世界比重
小麦	16.9	48.1
玉米	47.5	70.4
大豆	63.0	86.6
大米	2.0	21.6
油脂	52.7	56.3
烟草	15.8	17.8
植物油	14.6	9.6
棉花	22.1	32.2

资料来源：《美国统计摘要》1984 年，第 675 页。

但是，若与战后初期相比，美国在几乎所有农产品方面所占据的优势地位都大大下降了。美国虽然仍是最大的农业生产国和出口国，但其在主要农产品中所占的比重都下降了，因而已不能再像过去那样独占鳌头。

美国主要农产品产量占世界比重 （％）

	1950 年	1960 年	1970 年	1983 年	1984 年
谷物	23.7	18.8	18.6	12.6	17.3
小麦	19.6	15.2	12.9	13.3	13.7
玉米	59.5	48.3	45.3	30.5	43.1
棉花	40.1	30.8	22.1	17.9	…

资料来源：联合国粮农组织有关《年鉴》及《月报》。

进入80年代以来，美国的农业危机日益深化。在国际市场上，它遇到了西欧和其他一些国家在这一领域的挑战。这使美国的农产品出口不断下降。美国农产品出口在1981年达到440亿美元的高峰后，1985年将下降到只有370亿美元左右。[1] 1984年美国出口的农产品已只有1.41亿吨，为1979年以来的最低水平。美国农业部估计，美国在世界谷物出口中所占的比重将从1980年的55%，下降到1985年的48%。[2]

从现在的发展趋势看，到2000年时，美国在世界农业中所占的比重还将进一步下降。从1960年到1980年的20年间，美国农业生产的年平均增长率仅为1.1%；谷物生产的年平均增长率也只有2%。严重的生产过剩危机将使今后20年的农业生产增长速度很难超过过去的20年。一般估计，今后20年，世界粮食的年平均增长率将为2.2%，比1960—1980年的2.5%的增长率低一些。但美国今后的发展速度难望达到2.0%。看来美国农业在世界农业中的地位还要进一步下降。

美国目前已经非常严重的农业危机还有进一步发展的趋势。据统计，1984年底与上年同期相比，美国谷物的库存量增加了79.9%；高粱增加了48.5%；大麦增加了45.5%；大米增加了9.8%。除谷物外，大豆的库存量更增加了163.2%。由于大量农产品过乘，美国农户的净收入已大幅度下降。1985年，农户的净收入（按不变价格计算）已只及1979年的一半。伴随着农户收入下降而来的是，农场债务扶摇直上。1985年估计将达2120亿美元，比1979年的1410亿美元增加50%以上。已有大批农户在此情况下破产。

---

[1] 《美国新闻与世界报导》1985年3月11日。
[2] 英国《经济学家》1985年3月2—6日。

农产品严重过剩，出口价格下降，销售日益困难，再加上高利率和高汇率带来的不利影响，都使美国的农业危机将是长期的和难以摆脱的。美国农业在世界农业中的地位将进一步下降也就是很自然的了。

四　美国在国际贸易中的地位变化

战后以来，美国在世界出口中所占的比重是不断下降的。在世界进口中美国占有的比重是波动的，但总的趋势也是日益下降。只是最近两年由于美国的经济回升较快，美国在进出口两个方面的比重才略有回升。这仅仅是暂时的，很难持久。

美国在世界进出口贸易中所占比重[①]的变化　　　　　（％）

	1950年	1960年	1970年	1980年	1983年	1984年
出口	17.5	17.4	15.1	11.8	12.0	12.3
进口	16.0	13.2	14.2	13.3	15.6	…

① 不包括苏联。

资料来源：根据国际货币基金《金融统计》1984年年报和有关资料计算。

美国在国际贸易中的地位下降，不仅表现在其比重的变化上，而且更突出地表现在其对外贸易收支状况的急剧恶化上。在1970年以前，美国的对外贸易保持了近180年的顺差，在五六十年代，美国的贸易顺差还很大，是美国平衡国际收支的一个最重要的项目。但是自从进入70年代以后，美国的对外贸易不仅由顺差变成了逆差，而且逆差迅速扩大。1984年，美国的对外贸易逆差更创下了1233亿美元的惊人记录。美国在发达资本主义国家对外贸易逆差中所占的比重因之急剧上升。1984年，美国的对外贸易逆差甚至超过了发达资本主义国家整个对外贸易赤字的总和。也就是说，如果没有美国的世额贸易逆差，整个发达资本主义国家合在一起的对外贸易收支将不是逆差，而是有相当数量的盈余。

发达资本主义国家的对外贸易逆差 （亿美元）

	1980年	1981年	1982年	1983年	1984年
发达资本主义国家总计	-1200	-801	-654	-607	-945
其中：美国	-362	-396	-426	-693	-1233

资料来源：国际货币基金：《调研》1985年4月1日。

上述统计表明，整个发达资本主义国家的对外贸易收支状况是趋向好转的，而美国的情况却恰恰相反，成了整个发达资本主义国家仍然出现对外贸易赤字的主要因素。美国对外贸易状况的恶化是它在世界经济中总的地位不断下降相适应的。美国在国际市场上遇到了日本和西欧日益增强的竞争，并且在竞争中处于相对不利的地位。近几年来美国对外贸易状况进一步加速恶化，也有一定的具体原因。首先是美元的过于坚挺，致使美国商品在国际市场上更加昂贵，从而进一步削弱了美国商品在国际市场上的竞争能力。而美元的坚挺又使外国的廉价商品大量涌入，使进口激增。其次，许多发展中国家，特别是拉丁美洲国家，由于债务负担沉重，被迫采取种种紧缩政策，致使从美国的进口大为减少。例如，美国和墨西哥的双边贸易，过去美国一直有顺差；但由于近年来墨西哥压缩进口，美国与墨西哥的双边贸易在1981—1983年期间反而出现了逆差，而且逆差总额高达120亿美元之巨。最后，美国经济几年来的较快回升使国内市场对各种原料和消费品的需要较其他国家增长为快，从而也促使了进口的增加快于出口的增加。

美国对外贸易的这种不利地位在2000年以前能否重新逆转？看来很难，很难。因为，造成美国对外贸易状况恶化的主要因素，都根源于美国经济本身的各种矛盾，都不是能够轻易得到解决的。

五　美国在国际金融领域里的地位变化

在国际金融领域里，美国经济地位的衰落主要表现在两上方面，一是布雷顿森林体系的瓦解；一是美国已由最大的债权国变为最大的债务国。

随着美国经济地位的相对衰落，特别是由于战后美国拼命对外扩张，进行大量国家和私人资本的输出，使美国的国际收支总差额（包括经常项目和资本项目）经常出现巨额逆差。这使美元危机在1960年开始爆发，经过10年左右的反复冲击，使标志美国金融霸权的布雷顿森林体系终于在70年代初瓦解了。从此，以美元为中心的固定汇率制为各种浮动汇率所代替。国际金融局势日益动荡，并不时陷入混乱之中。美国左右国际金融局势的能力与战后初期相比已不可同日而语了。

现在，美国的国际金融地位又在面临一个新的重要的转折，这就是美国已由债权国一变而为债务国。

早在战前，美国就已取代英国，成了世界上最大的资本输出国。战后，美国的资本输出更以极快的速度增长。从1950年到1960年，美国的资本输出额（包括证券投资，直接投资，对外"援款"、贷款等）从544亿美元增加到856亿美元，共增加57%。从1970年到1980年，又从1795亿美元猛增到6067亿美元，增加2.4倍。巨额的资本输出，使美国成了世界上最大的债权国,并维持这一地位达67年之久。

然而,自1983年开始,情况发生了很大的逆转。由于外国流入美国的资本大大超过了美国输出的资本,到1984年年中,美国资本输出的净额已从1982年年末的1495亿美元减少到812亿美元,几乎减少了一半。就美国与西欧之间的资本流动来看,美国对西欧的投资越来越少于西欧对美国的投资。1981年,美国对西欧全部资本输出累计为2116亿美元(扣除已偿还部分,下同)而西欧对美国的全部资本输出累计为2671亿美元。到1983年年底,美国对西欧的资本输出净额已为-1002亿美元。同期,美国对日本的资本输出净额也变成了-9亿美元。目前,在国际金融市场上,美国已从传统的资金净供应国变成资金净借入国。这使外国在美国的资产,在1984年年中开始超过美国在国外的资产,从而使美国这个世界上最大的债权国一变而为债务国。1985年6月24日出版的《幸福》杂志估计,到1985年年末,外国在美国的资本净额将达1000亿美元,超过当今世界上著名的债务国——巴西和墨西哥,而成为世界上的第一大债务国。而日本恰好相反,到1985年底,其资本流出的净额将达到1000亿美元。正好约与美国资本的流入净额相当。美国作为世界第一大债权国的地位就这样被日本取代了。

值得注意的是近年来,在美国的资本输出中,直接投资在1981年达到顶峰后,也已停滞不前,甚至出现了绝对值下降的情况。1981年,美国海外直接投资曾达2284亿美元,1982年下降到2215亿美元,以后略有回升,但到1984年年中,仍低于1981年的水平。这和70年代直接投资以平均11%的年率增长已迥然不同。直接投资占美国资本输出总额的比重已从1981年的31.7猛降到1984年年中的24.9%。而在70年代初,直接投资曾占到美国资本输出的一半以上。

特别引人注目的是，两年来，美国海外直接投资的地区结构也发生了较大的变化。对加拿大和对欧洲的直接投资增加极微（对这两个地区的投资约占美国对发达国家投资的90%）；对拉丁美洲的直接投资也在大幅度减少。1983年，美国对拉丁美洲的直接投资比1981年还少93亿美元，即减少了1/4。对日本的投资则急剧增长。两年来，美国对日本的直接投资增加了16%，增加金额达11亿美元，其中3/4是用投资收益进行再投资的。对其它亚太地区国家，美国的投资也有较大幅度的增长。对印尼、新加坡、菲律宾、南朝鲜以及我国台湾省的直接投资都增加很快。例如，对南朝鲜的投资仅在1984年上半年就比上年同期增加了3/4。美国对亚太地区投资的增加，反映了日美经济关系的新变化。它说明，日本开始放宽从60年代开始限制外国资本输入的对外经济政策，也反映了美国资本输出向亚太地区战略转移的新动向。

上述情况的产生，有多种原因：

（1）美国的高利率吸引了大量的外国资金。1981年以来，美国短期实际利率（指联邦基金率扣除消费物价年增长率后的数字）平均达6%以上，大大高于西欧和日本。由于美国利息率高昂，仅在1982年一年之内，流入美国的资金就高达1000亿美元以上，1983年也高达929亿美元，1984年仅上半年就达516亿美元。流入美国的外国资金中，仅外国私人持有的美国财政部的有价证券在两年内就翻了一番。巨额资金流入美国，已成为美国政府弥补财政赤字的重要资金来源。

（2）海外投资利润下降，使美国对外投资减少。1981年，美国海外直接投资收益为325亿美元，1982年猛降到223亿美元，1983年进一步减少到208亿美元，即1983年比1981年减少了1/3以上。两年来，美国海外直接投资的利润率从1982年的

9.9%下降到1983年的9.3%。就地区来看，对拉丁美洲的投资利润率从7.6%下降到2.2%；对欧洲的利润率从8.9%下降到7.9%；对亚太地区的投资利润率（不包括日本、澳大利亚和新西兰）虽也有所下降，但仍高达20%—30%。

(3) 由于美元坚挺，美元汇价不断提高，美国在国外的公司收益减少，再投资力不从心。1980年以来，美元汇价约提高了30%以上。这使美国海外子公司的收益转换成美元后，大大减少。此外，美元汇价的提高，抑制了出口而促进了进口，从而扩大了美国国际收支的逆差。为了弥补国际收支的巨额逆差，对国外的资本需求也不断增加，这就加速了外资的流入。

此外，还有很多因素，也影响了资本的输出和输入。诸如，美国在政治上被认为是安全可靠的从而使外资愿意流入；自1984年7月开始，美国对外国持有美国政府有价证券者，废除了对其利息收入征税的措施；而与此同时，加拿大对外国资本却采取了新的管理措施，限制了美国对加拿大投资的增加；拉丁美洲国家的债务危机使美国投资者增加了对投资风险的担忧，从而裹足不前；西欧国家经济复苏缓慢，投资收入减少，使美国对这个地区投资兴趣减弱，等等。

从发展的前景来看，由于美国财政赤字短期内很难大幅度削减，巨额的国际收支逆差很难消除，实际利率在一定时期内还会相对高于其他发达资本主义国家的水平，因此，尽管美元汇率会发生变化和波动，也还将使外国资本继续流入美国。因此，美国资本输入大于资本输出因而使美国进一步走向债务国的趋势还会发展。

外国资本大量涌入美国，对美国当前的经济发展是有利的。首先，它弥补了国内资金的不足，缓和了国家与企业争夺资金的矛盾，使美国经济在高利率的情况下仍能维持较高的投资率。据估计，1984年，美国国内储蓄为5500亿美元，而投资额达6400亿美元，不足的900亿美元，则依靠国外流入的资金。[①] 另据估计，目前联邦政府的财政赤字已有1/5由来自国外的资金进行弥补。[②] 其次，它有利于维持国内较低的通货膨胀率。因为大量的资本输入弥补了国内资金的不足，从而使政府可以在实行膨胀性的财政政策的同时，采取紧缩性的货币政策，控制了通货膨胀。再次，有利于某些部门的技术改造。据美国商务部估计，1984年流入的外国资本中，有1/3是用于企业的厂房和设计投资的。

但是，从债权国变为债务国，对美国经济将会有很大的不利影响。首先，资本输入过多，会使美国经济的某些领域逐渐不同程度地被他国资本所操纵，从而使美国经济对国外的依赖和受外来因素的干扰加重。美国联邦储备委员会主席沃尔克最近就曾忧心忡忡地说："我们的资本和货币市场的稳定，从来没有像现在这样取决于外国人继续向我国市场投资的意愿"。[③] 其次，使用外国资本总要付出代价，要以利息、利润等形式给予报偿。据估计，流入的外资每增加1000亿美元，若按10%的利率计算，每年就需增付利息100亿美元。这会增加美国的国际支出，扩大美国的国际收支逆差。再次，目前美国对外资的依赖程度已很深，一旦国际金融市场上出现重大变化，或外国抽回资金，美国经济将受到很大震动甚至出现混乱。

美国从债权国变为债务国，其在国际金融领域的地位所受到的影响显然不是在加强，而是在削弱。世界上决不会有依靠借债的金融霸主，这是不言而喻的。

---

① 《幸福》杂志，1985年8月19日。
② 同上杂志，1985年6月24日。
③ 同上杂志，1985年6月11日。

当然，对美国从债权国变为债务国对当前美国金融地位的影响也不能估计过分。因为，由于美元作为资本主义"世界货币"的特殊地位尚未丧失，美国所欠的国际债务基本上都是美元债务。用本国货币欠债与用外国货币欠债显然是不同的。它不一定需要通过出口赚取外汇来偿还，而用本国货币即可应付。同时，美国所欠的外债大多是短期债务，而美国在国外的债权却主要是私人直接投资。美国现在仍然是世界上拥有国外直接投资最多的国家，其他发达资本主义国家很难望其项背。即使已经变成最大债权国的日本，其在国外的私人直接投资仅约100亿美元，只及美国的几十分之一。美国私人直接投资的巨型跨国公司活跃在世界各地，其影响世界各国经济的能力并未由于美国变成了债务国而有所减弱。这里有一个反复争夺的过程。

所以，对美国在世界经济中的地位和作用，应该作恰如其分的估计。既要看到它近几年略有改善的一面，也要看到它在许多方面仍在继续恶化的一面。但美国作为最大的发达资本主义国家，其左右世界经济的能力不断削弱，却是难以逆转的趋势。这对美国今后与苏联争霸，与西欧和日本的竞争，与整个世界经济和政治格局的变化等等，都会产生很大的影响。它将使世界经济进一步走向多极化，从而极大地影响着我国今后的国际经济环境。

世界经济的低速增长与
我国的对外开放

在本世纪的最后十几年里,我们将面临世界经济低速增长的局面。我们实行对外开放,必须估计到国际经济环境由此而带来的影响和变化,从而采取相应的对策。

一

世界经济发展速度的明显放慢是从 70 年代初开始的。经过 1979—1982 年的资本主义世界经济危机以后,尽管个别国家(如美国和日本)一些年份的经济增长速度比 70 年代有所加快,但从整个世界经济的总体来看,经济的增长仍然是比较缓慢的。而且,我们认为,这种低速增长的趋势在今后十几年里将会继续下去,不大可能重新发生大的逆转。

我们之所以作出这样的估计,是因为造成 70 年代以来世界经济低速增长的许多因素都依旧存在着。这些因素,显然有的在加重,有的略有减轻,但这些变化综合起来,尚不足以使世界经济的发展获得新的巨大的推动力。

首先,由于发展不平衡,美国的经济地位与战后初期相比已大大衰落了。战后以美国霸权为基础建立起来的相对统一的国际货币制度和贸易体系，不是已经瓦解，就是受到了巨大的冲击。这使各国发展经济的国际条件发生了很大的变化。以美元为中心的国际货币体系瓦解以后，国际金融领域日趋动荡。由于国际竞争空前激烈，市场问题更加严重，国际贸易已越来越受到贸易保护主义的影响。而没有相对统一和相对稳定的国际金融体系和较快发展的国际市场，世界经济的顺利发展是很难想象的。从现在的情况看，世界经济正在加速朝着多极化和集团化的方向发展，各类国家之间的矛盾在扩大和增多。一时还很难重建相对统一和稳定的国际贸易和金融体系。在生产国际化高度发展、各国经济相互联系日益密切的今天，这在客观上是不利于各国经济高速增长的。

其次，在当今的世界经济中，发达资本主义国家占有着较大的比重，起着举足轻重的作用，发达资本主义国家各国政府过去对经济发展过程的干预，曾不同程度地加速了经济的增长。但它们长期采取的膨胀性财政、金融政策，已带来许多经济矛盾。长期的财政赤字，巨额的国债，过高的利息率等等，正越来越成为各国经济增长的严重障碍。以美国为例，自进入80年代以来，美国联邦政府财政赤字的增长是战后速度最快、数额最大的一个时期。1980财政年度，美国联邦政府的财政赤字是596亿美元，1985财政年度已增为2199亿美元，创历史之最高记录。财政赤字占国民收入的比重已达3%。为了弥补巨额的财政赤字，美国联邦政府积欠的国债已超过2万亿美元。每年的财政支出在国民生产总值中所占的比重接近25%。这种情况如果继续发展下去，势必会加重通货膨胀卷土重来的威胁，并使利息率长期居高难下，从而越来越不利于经济的增长。现在，美国国会虽然已经通过了"预算平衡法"，要求政府在今后几年里消灭财政赤字，看来要真正做到并不容易。因为，美国经济已如此严重地依赖政府财政的支撑，一旦减少财政支出，美国经济的运转就会发生问题。因此，政府在今后只能继续实行赤字财政政策。在这种情况下，美国为了抑制通货膨胀而实行的紧缩性货币政策将会遇到越来越多的困难。最近一年多来，美国联邦储备当局不得不一再降低再贴现率就充分说明了这一点。现在，联邦储备银行的再贴现率已降到6％的最低点。通膨性的财策政策和紧缩性的货币政策将产生越来越大的矛盾。因此，要使美国经济持续地较快增长是极其困难的。其他发达资本主义国家也大都存在着与美国类似的问题。发达资本主义国家的经济发展快不起来，国际贸易和国际金融的增长都会因之受到很大影响，并反过来进一步限制各国的经济增长。

再次，发展中国家目前正面临着巨大的经济困难。它们与发达资本主义国家的经济矛盾在扩大和发展。战后，发达资本主义国家的经济高速增长，曾在一定程度上受惠于廉价的石油和原料。发达资本主义国家在这方面进行的严重剥削引起了发展中国家强烈的反抗，它们在国际经济领域里展开了积极的斗争。在70年代初，石油输出国组织夺回了石油价格的自主权，使油价有了较大幅度的上涨。这对世界经济的发展曾形成两次巨大的冲击。进行80年代以来，由于石油供过于求，油价开始下跌，近两年更大幅度下跌。在油价大幅度下跌的同时，世界市场的原料价格也跌到了战后的最低水平。发展中国家与发达资本主义国家在经济领域里的斗争受到了一定的挫折。这对发展中国家的经济发展不能不是一个沉重的打击。今后，发展中国家与发达资本主义国家在石油和原料价格方面的斗争将是长期的，会有一定曲折和反复，但要使石油和原料的价格回到长期低廉而又稳定的时代显然已不可能了。我们可能面对一个石油和原料价格波动频繁的时期。这对发展国际贸易、稳定国际金融、促进世界经济的发展是不利的。发达资本主义国家日益抬头的贸易保护主义正越来越严重地影响着许多发展中国家的出口,这就更进一步加重了它们的经济困难。发展中国家的出口严重受阻,势必大大削弱它们从发达资本主义国家进口商品的能力。现在,发达资本主义国家有40%左右的出口商品是输往发展中国家的。因此,对发展中国家实行贸易保护主义,恰如飞去来器,反过来也使发达资本主义国家的对外贸易和经济发展受到危害。在这种情况下,再加上发展中国家背负着日益沉重的国际债务,发展中国家的经济前景就更为严峻。发展中国家积欠的国际债务现在已高达1万亿美元左右,而且还在进一步增加。债务庞大,利息率又十分高昂,使发展中国家还本付息的负担越来越重,以致一些国家已一再发生偿还债务的困难。这不仅孕育着严重的国际金融危机,也阻碍着发展中国家与发达资本主义国家之间的贸易发展。这些都必然会减缓整个世界经济的发展速度。

再次,苏联东欧国家自70年代以来,由于遇到各样的经济困难,它们的经济发展速度都大大放慢了。当前,苏联东欧国家都在进行经济体制的改革,而且这方面的步伐可能会比过去有所加快;但要想在短期内收到很大成效,使经济重新高速增长,还不大现实。

所以,从世界经济条件和各类国家的具体情况来看,今后的一二十年,世界经济的增长将是相对缓慢的。

当然,世界经济的发展也存在着一些有利的因素。科学技术的发展曾经是五六十年代发达资本主义国家经济高速增长的一个重要因素。现在,科学技术的发展也很迅速,并展现出广阔而良好的前景。它在今后一阶段时期内,将继续对世界经济的发展起推动作用,对此我们决不应低估。但是,科学技术的发展不仅有其自身的规律和过程,而且需要有适当的经济条件和环境,才能在生产上和经济生活中充分发挥作用。当前,许多国家已经存在的大量企业开工不足和较高的失业率,国际市场的相对萎缩和价格下跌,国际金融局势的动荡和贸易保护主义的加强,如此等等,都不利于科学技术的进步和其在经济发展中充分发挥作用。近年来,一些新兴工业部门,如微电脑工业,出现的困难就是明显的一例。目前存在的其他一些有利于发达资本主义国家经济发展的因素,如石油和原料价格的下跌、通货膨胀有所缓和、利息率有所下降等等,则都是一些暂时性的因素。这些因素是会不断发生变动,甚至在某种情况下还会发生较大逆转的。若从今后一二十年的较长时期来看,我们还不能把这些看成是会促使经济快速增长的重要因素。

今后一二十年,世界经济的发展将是相对低速的,但各类国家的发展速度仍会有差异。同时,差异不会像五六十年代那样大。具体点说,我们认为,在今后一二十年里,世界经济总的年平均增长率有可能为3%—3.5%,其中,发达资本主义国家约为2.5%—3%,发展中国家约为4%—5%;苏联东欧国家约为3.5%—4%。如果世界经济今后的发展确如我们所估计的那样,发展速度不仅与五六十年代相比要慢得多,即使与已大大降低了速度的70年代相比也更慢。

由于在今后一二十年里世界经济的发展将相对地比较慢,如果我国的经济按预期的目标发展,速度比较快,这有利于我们缩小与发达国家在经济上的差距。但这仅仅是问题的一个方面。各国经济发展速度慢也会有对我国经济增长不利的方面。例如,在对外贸易中就会遇到更大的困难,不仅市场难以迅速扩大,遇到贸易保护主义的障碍越来越多,而且还将因为出口商品价格下跌而使贸易条件恶化。近年来石油价格的猛跌就已对我国的出口收入产生了较大的不利影响。对于这种世界经济形势所可能带来的困难，我们应有足够的估计。

二

由于在今后十几年里我们将面对世界经济的低速增长和不稳定性进一步增强，我们在实行对外开放时，就应据此采取相应的对策和措施。

实行对外开放包括着极其广泛的范围和内容。从经济上来说，包括着进出口贸易、科学技术交流、利用外资、发展旅游、交换劳务、引进人才、对外援助等等，可以说涉及国民经济的各个方面。但就目前的情况来看，我国现在实行对外开放的重点，应放在引进先进的科学技术和利用外资这两个方面。而引进科学技术和引进外资又往往是结合在一起的，两者相辅相成。因为，在我国建设资金和外汇不足的情况下，往往需要借用一部分外资来引进科学技术，或者通过吸引外国直接投资以带进一部分科学技术。我们利用外资主要应为引进先进的科学技术服务。

（一）在世界经济低速增长的情况下，国际资本市场的发展速度也会相应减慢。这是我们在利用外资时必需考虑到的一个重要方面。

过去我们对引进外资存在着一定的思想障碍，认为这样会重新使我们遭受帝国主义的剥削。这种想法和采取的相应政策曾使我们失去了一些时机。现在，坚持这种看法的已经不多了。对于引进外资的形式，过去也常有不同的看法。较普遍的一种看法是，吸收外国贷款由我们自己兴建企业可以，要让外国资本家直接来我国开公司建工厂则不妥，因为还会受到他们直接的剥削和控制，其实借用贷款和引进直接投资，从要付出一定的代价来说，是一样的，只不过一个是付利息，一个是拿利润。从外国资本对建设的干预而言，也只有程度上的差异。许多外国贷款是要有具体项目和可行性研究的；而直接投资也不是可以由外国资本家为所欲为，它搞什么企业、搞多大规模等等，都要由我们根据自己的需要来审查和批准。从引进外资的经济效果来看，则各有利弊。借取贷款所付的利息一般要低于所付的利润。但在目前国际信贷市场利息率高昂的情况下，这种差别有时并不很大。引进直接投资我们要让出一定的经营管理权和国内市场，但却有利于引进一定的先进科学技术和管理经验。所以，我们不必把自己限制得过死，拘泥于某一二种利用外资的形式。代价总是要付的。关键的问题在于付了代价之后能否获得较好的经济效益，有助于加快我们的四化建设。若从此出发，则我们所要作的选择不在于外资的形式，而在于外资的使用范围，即我们引进的外资应尽可能多地运用于生产领域，运用于能够带来先进科学技术和管理经验的项目，并尽可能地从我国现有的生产水平出发，有利于改造我们已有的企业，使之尽可能多、尽可能快地产生经济效益。只要我们能把握住这一点，我们就不会重蹈一些发展中国家引进外资过多，而又不能很快产生经济效益、增强偿付外债的能力，陷入国际债务危机之中的覆辙。

国际资本市场在70年代曾经经历了一个迅速发展的时期。1980年，国际金融市场的信贷总额达到了1650亿美元，相当于1970年的30倍。国际债券的发行额也较60年代的最高额多十几倍。最主要的国际金融市场——欧洲货币市场，1973—1981年信贷总额的年平均增长率达22.3%。这一时期国际信贷规模迅速扩大的主要原因在于：（1）在70年代，发达资本主义国家的通货膨胀日益严重，多数国家的物价上涨率曾达到双位数，而当时各国的利息率上升较慢，与通货膨胀比较，甚至出现了负利息，这刺激了许多国家进行大规模的借款。(2) 由于石油斗争获得胜利，石油输出国的国际收支有了大量盈余，大量的石油资金流入西方货币市场，增加了金融市场的信贷能力。(3) 一些发展中国家为了加速民族经济的发展，在这一时期借入了较多的货币资本。

经过1979—1982年的资本主义世界经济危机，国际信贷规模的扩大速度已经放慢。今后一段时期里，国际信贷市场的发展速度将难以重现70年代那样高的速度，而只能较为缓慢地发展。据估计，在本世纪余下的十几年，国际信贷市场的增长速度很可能将只达到70年代的一半，即以10%左右的年平均增长率发展。之所以作这样的估计，是考虑到这样一些因素：(1) 国际信贷市场的利息率已经达到很高的水平，在短期内很难大幅度下降。与此同时，各国的通货膨胀已受到一定的抑制。因此，现在不仅名义利息率高昂，而且实际利息率也达到了战后的最高水平。这不能不使各国在借用国际信贷资本时望而生畏，却步不前。(2) 发展中国家的债务负担已经非常沉重，许多国家还发生了偿还债务本息的困难。严重的债务危机使发展中国家今后再难以大规模增加债务，也使发达资本主义国家的金融机构在相当一段时期内不会再大规模地扩大国际信贷。(3) 促进70年代国际信贷市场迅速扩大的一个重要因素是石油资金。现在石油输出国的国际收支已由大量盈余变成了有一定逆差。这对国际信贷市场资金供应的增长也是一个不利的因素。

国际信贷增长速度的放慢，将使国际信贷与国际直接投资的对比关系发生一定的变化。从今后的趋势看，随着跨国公司的进一步发展，发达资本主义国家在国外的直接投资也会进一步增加，从而有可能使直接投资在国际资本流动中的比重有所增加。但直接投资的增加也会受到许多因素的制约，因此，其绝对数额的增长也不可能太快。

在国际信贷市场增长速度放慢的同时,信贷资金的来源和流向也会发生一定的变化。发达资本主义国家过去在国际信贷市场资金的供应和占用方面所占的比重最大,但其比重已呈现出下降的趋势。1973—1981年,发达资本主义国家在欧洲货币市场资金的供应额中所占比重,已比66.5%减少到60.5%。发展中国家的比重,则从18.6%增加到了23.5%。在资金的使用方面,发达资本主义国家的比重也已从68.1%下降为62.5%。发展中国家的这一比重则从10.8%上升到了17.9%。现在,由于发展中国家已发生了严重的债务危机。而发达资本主义国家的经济回升已增加了对资金的需求,今后发达资本主义国家在国际信贷资金使用额中占有的比重有可能稍有回升,而发展中国家的占有比重则可能略有下降。

国际信贷市场的实际利息率近几年来一直居高不下,从当前的情况看,在相当一段时期内,利息率大幅度下降的可能性不大。因为发达资本主义国家都有庞大的财政赤字,且有不断增加的趋势。由于政府为了弥补庞大的财政赤字,需要在信贷市场上筹措大量资金,信贷市场的利息率便难以大幅度下降。同时,还应看到,近年来,各国的利息率虽有所下降,但由于物价上涨速度已大大放慢,实际利息率的变化并不大。因此,无论各国政府的货币政策可能有怎样的变化,实际利息率都将难以持续地下降。这是我们在使用国际信贷资金时,应该慎重考虑的一个因素。在使用国际信贷资金时,要特别注意发挥经济效益。

国际信贷市场的迅速扩大和实际利息率的长期高昂,已引起了触发严重国际金融危机的可能性。现在,这一问题已经引起各国政府和国际经济组织的关注,但这一方面的问题并未得到解决。矛盾仍在积累和发展。世界银行估计,发展中国家为归还旧债而不得不再借新债的情况，至少在10年内还难以避免。现在，许多人认为，国际金融危机的爆发已不是可能不可能的问题，而是何时爆发的问题。如果一旦真的爆发了这样的危机，就会引起整个世界经济的巨大震荡。尽管近期内发生这样危机的可能性不大，我们也不能无视这种可能性。我们要密切注意国际金融局势的发展，要准备各种可能情况的出现，不致事到临头，措手不及。

与整个世界经济向多极化发展相适应，国际信贷市场也在向多中心发展。除了欧洲市场以外，又有了以新加坡为中心的亚洲美元市场。随着日元走向国际化，东京的国际信贷市场也在发展。在发展中国家中，则出现了中东金融中心和加勒比金融中心。各种金融中心的出现，使国际信贷业务逐渐走向分散。但目前欧洲货币市场仍占主要地位，国际信贷业务的70%还是在这里进行。今后其比重会进一步缩小，国际信贷多中心的发展趋势有利于我们对外经济关系的多元化。我们应注意研究各个信贷中心的情况和发展趋势，使我们在利用国际信贷资金时有更多的选择，更加灵活和主动。

（二）为了更多地引进外国的科学技术，我们应大力发展对外贸易。这不仅因为技术进出口是对外贸易越来越重要的组成部分，而且通过扩大出口取得外汇，是我们引进科学技术的最基本的资金来源。要进行大量的科学技术引进，就必须通过扩大出口，获取足够的外汇，以出养进，为科学技术的进口提供必要的资金保证。

过去，我国的对外贸易发展是比较缓慢的。今后，我们要加快对外贸易的发展，除了要以国内的经济发展作为基础之外，还需要一定的国际市场条件。由于今后世界经济的缓慢增长会使国际贸易的发展随之减慢，我们扩大对外贸易的努力将会遇到不小的困难。

战后,国际贸易的增长速度很快。1980年前后,世界出口总额已达到19000亿美元上下。国际贸易的发展,总的说来,一直快于生产的发展。1950—1973年,世界生产总量的年平均增长率是5.4%,而世界商品出口量的年平均增长率是7.2%。1973—1979年,两者的发展速度都有所放慢,年平均增长率分别下降为3.5%和4.5%,但国际贸易的增长仍然快于生产的发展。只是在1979—1982年资本主义世界经济危机发生期间情况有所不同。由于经济危机,国际贸易在1981年没有增长,1982年下降了2%;而在这两年里,世界的生产量仍然有轻微的增长。国际贸易的增长比生产的增长慢。从1983年发达资本主义国家经济回升以来,国际贸易的发展速度又有所加快,已大约与生产的增长速度差不多。

我们估计,今后国际贸易增长速度仍将快于世界生产的增长,但两者间的速度差将缩小,国际贸易增长将只略快于生产增长。1973—1982年,发达资本主义国家出口贸易与生产增长速度之比约为2.2:1。现据世界银行估计,在1985—1995年期间,这一比例将缩小为1.3:1。发达资本主义国家在国际贸易中占据着大约2/3(1983年为64%)。因此,它们这种速度的对比,在很大程度上也就决定了世界贸易和世界生产今后速度对比的发展趋势。

在1979—1982年资本主义世界经济危机结束以后,随着西方国家的经济回升,国际贸易重新发展。但由于发达资本主义国家一时还难以摆脱经济停滞膨胀局面,经济多极化和集团化的趋势在发展,贸易保护主义将加剧,国际贸易的增长速度将难以重新达到五六十年代的水平。根据世界银行的估计,在1985—1995年期间,世界贸易的平均年增长率将为5.1%,大体和1973—

1980年发达资本主义国家陷入经济停滞膨胀局面以后的速度相当。

按照这一估计,假若1981—2000年世界出口贸易额的年平均增长率为5%,到本世纪末世界的出口贸易额将可增加到52910亿美元左右。其中,发达资本主义国家的出口增长率将低于世界平均水平,可能为4.5%左右;发展中国家则可望高于世界平均水平,达到年平均增长6.5%。如果,我们要使我国的出口到2000年比1980年翻两番,那么,每年平均的增长速度还将比发展中国家的平均增长速度高出许多,这显然是一个非常艰巨的任务。

面对国际贸易的较慢增长,我国对外贸易的发展速度决不能定得太高。除了对外贸易的发展要与国内工农业生产的发展速度和水平相适应之外,国际市场的容量和竞争也使我们的对外贸易受到一定的限制。因此,在制定我们的对外贸易发展战略的时候,必须充分考虑到这一方面的情况,确定一个恰当的增长速度。

要较快地发展对外贸易,应很好地考虑我国对外贸易的商品结构问题。今后,国际贸易的商品结构将出现如下的变化趋势:

(1)制成品在国际贸易中所占的比重会以比过去更快的速度增长。因为,科学技术革命将使多种尖端技术产品更多地加入国际贸易。这些产品不但数量日益增多,而且价格很高。发展中国家为了发展民族经济也将从发达资本主义国家进口更多的机器设备。与此同时,由于石油和各种原料的价格不大可能像70年代那样大幅度上涨,它们所占的比重也就不会出现急剧上升的情况。

(2)在制成品的国际贸易中,技术、信息、智能等技术贸易和各种"软件"贸易的比重将有较大幅度的提高。这是科学技术进一步发展的结果和表现。

（3）传统的出口商品，随着科学技术的进步也将向高、精、尖的方向变化。多功能、微型化、轻型化将是今后国际贸易商品的共同发展方向。无论是新兴工业部分，还是传统工业部门，要争取多出口，都必须使产品具有规格多、式样多、功能多的特点，而产品的寿命却将随着科学技术进步、精神磨损加速趋于缩短。

我们面对这种国际贸易的发展潮流，要使进出口有较大的增长，就必须及早采取相应的对策，适应和跟上国际贸易商品结构的变化。

现在，我国对外贸易的商品结构还不尽合理。在我国的出口商品中，燃料、有色金属和稀有金属等初级产品占有重要位置。今后，我们应该提高这些商品的加工程度，以增加其出口的附加价值。同时，要努力提高工业制品的出口比重。因为只有这样，才能减少工业制品和初级产品在国际贸易中的价格剪刀差给我们带来的损失，改善我国的对外贸易条件。但这里有一个经济效益问题，不努力提高经济效益是难以做到这一点的。此外，在我国当前的出口中原油占着很大的比重。近两年来，国际石油市场油价大跌，已给我们的出口收入带来巨大的损失。现在一般预测，石油供过于求的情况还会继续一段时间，油价在短期内很难重新恢复到一桶20美元以上。如果，我们今后继续维持现在这种大量出口石油的状况是不利的。我们应适当地减少原油的出口。至于增加工业制成品的出口，我国有着很大的潜力。近年来，由于科学技术的发展，发达资本主义国家出口的机电产品已向着高、精、尖的产品方向发展，一些普通的机电产品已转向从发展中国家进口。这是我们出口这方面产品的一个有利时机，广大发展中国家对机电产品的需求也越来越大。而目前我们这方面产品的出口量很小，还远远落后于新加坡和南朝鲜，我们的机电产品出口1980年仅相当于这两国的16%和25%，也落后于我国的香港和台湾地区，约相当于它们的21%和17%。因此，在这方面，我们有着广阔的余地。只要我们朝这方面努力，是可以使我国的出口有较大幅度增长的。

为了改善我国的出口商品结构，我们应努力用新的科学技术成果来改造传统的出口产品，使我国的出口产品向优质、高价的方向发展。这样做，不仅有利于提高出口产品的竞争能力，取得更多的外汇收入，而且有利于避免贸易保护主义所设置的某种障碍。例如，某些国家的进口限额，对有些商品仅规定数量限额，而不规定价格限额。这样，如果我们提高了产品的质量和价格就可以在限额之内甚至争取到比过去更多的出口收益。

我们也应改善我们进口商品的结构，要大大增加科学技术在进口中的比重，尽可能减少消费品的进口。在科学技术的进口中，要扩大软件的比重，减少大批成套设备的进口。凡是国内能够制造的生产设备就要避免进口，更应杜绝重复引进。只有这样才能把我们有限的外汇资金真正用在刀刃上，发挥其最大的经济效益。

在国家垄断资本主义空前发展的今天，各国政府实行的政策对国际贸易有着日益增长的影响。自从70年代以来，世界经济和国际贸易发展速度的减慢，已使国际贸易领域的竞争更加剧烈。发达资本主义国家为了保护国内市场，都越来越多地采用各种手段以阻止外国商品的进口。国际贸易中的贸易保护主义正日益抬头。

从世界经济发展的历史来看，所谓的自由贸易往往是和大国的霸权联系在一起的。19世纪的自由贸易和第二次世界大战后一度的贸易自由化，就是和英国作为"世界工厂"和美国成为资本主义世界霸主相联系的。因为，这有利于拥有霸权的国家侵占更多的国外市场。而大凡群雄并立、竞争激烈的时候，则总是贸易保护主义盛行，最突出的例子就是30年代集团林立、关卡遍地的严重局面。现在，美国的经济霸权已经在相对衰落，世界经济正日益走向多极化和集团化。各国都力图占有更多的国外市场，而尽可能地不让外国商品挤占自己的领地。再加上谁也无力发号施令，贸易保护主义的加强看来已很难避免。保护主义的盛行不利于国际贸易的发展，必然也会给我国的对外贸易带来一定的困难。对此我们应有足够的估计。当然，这种状况对我们进出口的影响是双重的。一方面，国际市场竞争剧烈，对我们的科学技术进口是有利的，我们可以货比三家，择优进口，也可以利用各方的竞争争取比较合理的价格；但另一方面，发达资本主义国家的贸易保护主义往往使发展中国家受害更大。这必将使我们的出口困难增大。出口的增长如果因此跟不上进口的发展，就会出现进出口的不平衡。倘若这种情况长期存在，就会反过来影响到我们的科学技术进口，使不断大量进口科学技术难以为继，从而不利于我国的四化建设。为了适应贸易保护主义日趋严重的局势，我们应尽可能地使对外贸易多元化，使我国的对外贸易形成一种多方面、多层次的结构，处理好和各种不同类型国家的贸易关系。所以，当前与日本和美国和贸易往来比重过大的状况，虽然是必要的，在对外开放之初难以避免，但从长期来看，应该逐步有所改变。

（三）世界经济发展速度减慢和不稳定性的增长，将使国际金融市场更加动荡。在这种情况下，我们应注意更多、更及时地掌握国际金融市场的信息，加强调查研究工作，进行贸易预测，提出对策。

（1）到本世纪末，美元仍将是主要的国际储备。在今后一个较长的时期里,我国的外汇储备势必仍将以美元为主。但是,美元的汇率是极不稳定的。自布雷顿森林体系瓦解以来,美元汇率已经几起几伏,发生了极大的波动。前几年,美元特别坚挺,汇率大大超过了应有的水平;最近一年多来,美元汇率又一再大幅度下降。这种情况今后仍然难以避免。美元升值固然会使我们的美元储备随之增值,但美元汇率下降,则会给我们带来不必要的损失。因此,我们除了要密切注意外汇市场的动向之外,也要注意使我国的外汇储备多元化,以尽可能地避免汇率的波动可能给我们带来的损失。同时,要注意使外汇储备保持一个合理的额度,过多了会不必要地积压资金,过少了又难以应付日常支付和紧急的需要。我们应根据自己的实际情况和其他国家的经验,作好这方面的计算工作,确定一个正常而又合理的额度。

(2)黄金的世界货币地位在削弱,但仍然是国际储备的必要后备和国际支付的最后手段。我国作为一个社会主义大国,应当拥有适量的黄金储备。只有如此,在今后多变的国际政治和经济环境中,我们才能处于主动的地位。

(3)我们也可运用所拥有的外汇储备和信用手段,在国外开办一定的企业,以利于我们掌握国外市场情况,获得先进的技术和管理经验,打开商品销路,为国内的建设积累一定的资金。在国外开办企业,也可利用外资,与外资合作经营以便取得更好的效果。

(4)更好地对我国的外汇收入和外汇储备进行管理。要把有限的外汇用在最需要的地方。应完善外汇管理制度。现在实行的企业外汇提成办法究竟如何,值得研究。因为它不利于加强外汇管理,并容易为外汇倒卖和投机提供可乘之机。对鼓励出口可考虑采取其他的办法。

上面我们对世界经济今后的缓慢增长及其对我国对外开放可

能带来的影响作了一些分析。这只是从一个方面来讲问题。若从整个世界政治和经济的发展总形势来看，则对我国社会主义建设是有利的。世界大战一时打不起来，世界政治格局本世纪内还不会有大的变化，世界政治局势的缓和也是有可能的。世界经济虽然发展速度将是缓慢的，但一时还不会发生类似 30 年代那样的大危机和大震荡。我们可以争取到一个有利于我国的国际和平环境和较好国际经济关系。如果我们能在这种情况下，对困难作较充分的估计，变不利为有利，我们就可以更好地进行经济改革和开放，把我国的社会主义建设更快地推向前进。

(原载《世界经济与政治内参》1986 年第 11 期)

试论当代帝国主义的特点与我们所处的时代

一

第二次世界大战后,世界的政治经济形势发生了很大的变化。不仅与第一次世界大战前统一的无所不包的帝国主义世界体系相比早已面目全非,就是与第二次世界大战以前的世界政治与经济格局相比,其变化之大也是惊人的。

第二次世界大战最直接的后果,是极大地改变了世界的政治格局。战争促进了欧亚一些国家的革命进程,使无产阶级革命在这些国家先后取得了胜利。社会主义从此越出了一国的范围。资本主义在这些国家不是死亡,就是夭折了。战争促进了殖民地附属国人民的觉醒,使民族解放运动掀起了难以阻截的浪潮。绝大多数殖民地在战后结束了帝国主义的殖民统治,获得了政治上的独立。帝国主义的殖民体系从此土崩瓦解。这迫使帝国主义剥削和奴役世界各国人民的手段和方法不得不发生一定的变化。战争也改变了帝国主义国家之间的政治格局。战前群雄并立、用武力争霸世界的形势为美国成为资本主义世界霸主的局面所代替。昔日的竞争对手,一时都成了美国的小伙伴,不得不仰仗美国的鼻息。

第二次世界大战对世界经济的影响也是巨大的。战争对各国经济造成了巨大的破坏。放眼当时之世界，可以说到处是满目疮痍，一片荒凉萧条景象。只有远离战场的美国是一个例外。它的经济不仅未受到战争的破坏，而且还乘战争之机大发了一笔横财。美国经济在战争期间有了长足的进展，成了世界上的头号富翁。

现在，又有几十年过去了。

在战后的几十年里，社会主义革命虽然没有扩大到更多的国家，但社会主义制度在已经取得胜利的国家中都已逐渐地巩固下来。在社会主义国家里还从未出现过资本主义重新复辟的现象。这本身就是一个极大的胜利。但是，在这一过程中，世界上的第一个社会主义国家苏联却走上了霸权主义的道路。这给社会主义的声誉和发展都带来了极不好的影响。

在这几十年里，一大批殖民地获得了民族独立。它们的政治、经济发展，已使广大发展中国家在世界上形成了一股巨大的独立的政治力量，日益活跃在国际舞台上。尽管在独立和发展的过程中，它们所遇到的困难和阻力是很大的，所走过的道路是艰巨而又曲折的，但第三世界的崛起已是当今世界发展不可抗拒的趋势和潮流。

在这几十年里，帝国主义国家也得到了进一步的发展，同时，帝国主义国家政治和经济的发展不平衡也加剧了。美国在资本主义世界的霸权逐渐衰弱。美国、日本和西欧三足鼎立的局面已经形成。由于帝国主义国家之间各种矛盾的增多，美国在与苏联进行军备竞赛和争夺世界霸权的斗争中已受到了越来越大的牵制。

这样，经过战后几十年的发展，两种社会制度的并存和对立，三个世界的形成与发展，美苏争霸和帝国主义国家各种矛盾的日益增长，便成了当前世界政治与经济最基本的状况与特点。

但是，在这一总的背景下，我们也应看到和承认这样的事实，即：经过战后几十年的发展，今日之世界，在经济上仍然是资本主义占据着优势。帝国主义国家继续在世界经济中占有着绝对的优势；它们失去了殖民地，却发展和扩大了对发展中国家按资本主义方式进行的剥削；在国际经济关系中，通行的依旧是资本主义的原则和方式。这些，决定了帝国主义国家在国际政治的许多方面，依然在很大程度上起着支配的作用。所以，虽然帝国主义统一的、无所不包的世界体系早已打破，但我们却仍然处在帝国主义占据着统治地位的时代。

二

列宁曾经对帝国主义的本质和主要经济特征作过明确的概括和阐述。经过半个多世纪的发展，帝国主义的本质并没有发生变化。它仍然是垄断的资本主义，或者说，是垄断程度更高的资本主义，因而也可说是更加成熟的垄断资本主义。只不过帝国主义的发展，已使其踏上了它生命路程的一个新阶段，即国家垄断资本主义高度发展的新阶段。

既然帝国主义已进入一个新阶段，它的主要经济特征必然会随之发生一定的变化。我们可以根据帝国主义的现实情况，对其主要的经济特征，试作如下的归纳：

（一）生产社会化已发展到国际化的新阶段。

战后，生产力的发展总起来说是非常迅速的。生产力的巨大发展，不仅在帝国主义国家内引起了产业结构的巨大变化，出现了许多新的生产行业和部门，使物质生产部门和非物质生产部门的比重朝着前者缩小后者扩大的趋势发展，而且，也推动了国际分工，使国际经济关系更为紧密，大大加深了世界各国的经济上的相互依赖。国际贸易因之有了迅速的发展，国际金融更已具有空前的规模。

当代的国际分工，不仅继续保持着过去形成的许多垂直分工，主要由发达国家生产制成品，由发展中国家提供各种原料和材料；也继续发展着国际间的水平分工，由各个国家根据自己的比较优势，为其他国家提供某些产品，并进口那些没有比较优势的产品，而且，这种水平分工，已不再停留在生产不同最终产品的分工上。它已深入到一些产品零部件生产的分工，甚至工艺过程的分工。越来越多的最终产品是由许多国家生产的零部件组装起来的。许多国家实际上正在参加组成各种产品的世界生产流水线。这与19世纪，甚至第二次世界大战前的情况已不可同日而语。生产高度国际化了，并且会越来越国际化。这与资本主义的私有制、与资产阶级民族国家的不同利益必然会产生各种矛盾和冲突。生产力和生产关系在国际范围的这种不适应，正是当代国际经济矛盾产生和发展的基本原因。

（二）跨部门的垄断取代单一部门的垄断已成为一种趋势。

过去的垄断，基本上是局限在单一经济部门之内的。汽车大王、钢铁大王、石油大王等，无一不是把一个生产部门作为自己的世袭领地。生产社会化和国际化的高度发展，使垄断也越来越打破经济部门的界限。当一个生产部门的垄断程度已经很高时，垄断资本若仍然只局限在这一部门内实行积累、扩大投资，其攫取高额垄断利润的贪欲就会受到越来越大的限制。在这种情况下，要扩大资本积累，就只有越出自己的领地，到其他部门去开拓新的势力范围。这样，垄断程度很高的部门，其垄断资本便逐渐向垄断程度仍然较低或那些刚刚兴起的部门扩展。即使在一些已经形成垄断的部门，如果有较好的发展前景，也会有其他部门的垄断资本设法打入。于是，垄断资本就成了跨行业、跨部门的垄断资本，并且垄断集团之间也在进行融合。现在，矗立在帝国主义国家的巨大垄断集团，大多是这种跨行业、跨部门、甚至跨国度的垄断寡头，它们是帝国主义国家政治和经济生活真正的主宰。

（三）随着生产的社会化，垄断资本本身也在日益社会化。

资本本身的社会化首先表现为垄断资本家族色彩的日趋淡薄。过去的垄断财团一般多以某一富有的家族为核心。巨大的垄断财团都有自己的家族名称。摩根财团、洛克菲勒财团、克虏伯财团、安田财团等等，各国皆莫不如是。现在的情况已有很大不同。跨部门垄断的发展，使原来独占各个部门的财团之间日益相互渗透和融合，致使一个家族绝对控制一个垄断财团的现象逐渐成为过去，巨大的财团日益成为许多家族共同控制的王国。即使一些财团目前仍然保持着过去的家族名称，但也往往仅是让人们回忆起过去的历史，成了名义上的象征。现在，摩根家族已很难说到美国的摩根财团还拥有什么决定性的支配权。联邦德国的克虏伯财团更早已是众多垄断资本的共有财产。还有一些财团则随着时过境迁，干脆改变了自己的名称。日本的安田财团，在更名富士财团后又改称芙蓉财团，这就连过去家族统治的历史也不易寻觅了。巨大的公司以至整个行业，由好几个垄断资本共同控制已成为普遍的现象。

国家垄断资本主义的发展，更是垄断资本社会化的突出表现。它表明，垄断资本的社会化在资本主义制度允许的范围内已达到了最高的程度。在一定的意义上，"人民资本主义"的发展，也可说是垄断资本社会化的一种表现。因为它表明，现在的垄断资本是更加要广泛利用和依靠他人的资本来维持其生存和发展了。垄断资本家自己所拥有的资本比重越来越小,他们已不仅只是一般私有资本的人格化,而且越来越是社会资本的人格化。资本本身的社会化,是生产社会化的必然要求和结果。跨部门、甚至跨国界的生产垄断,要求有更为巨额的货币资本。这不仅促使垄断财团之间的兼并,也推动它们更加不遗余力地、尽一切可能地去搜刮和利用社会上的闲散货币。这是一个不以人们意志为转移的客观过程。

垄断资本本身的社会化,是私人资本在资本主义生产方式允许的范围进行自我抛弃的一种形式和表现。它的发生和发展,进一步说明生产资料私有制已更加不适应生产力发展的水平和性质。私人占有和社会化是相对立的,现在,却融合在垄断财团之中,使垄断资本成了矛盾的统一体。但这种自我扬弃,今天和过去股份公司出现时一样,只不过是使矛盾暂时缓和,而实际上却在积累更尖锐的矛盾。它绝不是问题的最终解决。

(四)国家垄断资本主义迅速广泛发展,是当代帝国主义最重要和最突出的经济特征。

国家垄断资本主义可以说是和私人垄断同时产生的。只不过在过去,它的发展是不稳定的,力量不大,作用甚微。现在的国家垄断资本主义则已渡过了自己的幼年期,它有了充分而迅速的发展。它已成为帝国主义经济基础的一个重要组成部分,而且在相当程度上是带有决定意义的一部分。因此,它成了帝国主义发展到一个新阶段的主要标志。国家垄断资本主义的高度发展取决于下列主要因素:

1. 社会生产力的巨大发展,生产社会化和国际化程度的空前提高,进一步提出了对国民经济进行集中控制和管理的要求。从提出经济发展的战略目标,到预测未来的发展趋势;从实行各种政策影响再生产过程,到运用国家权力调整各种比例和关系,这些都是私人垄断财团无法做到的。同时，生产规模的扩大和技术要求的提高，往往需要巨额的货币资本，这使许多经济部门的建立和发展越来越需要依靠国家的财政支持和帮助。这样，资产阶级国家作为"总资本家"的角色便日益显现出其重要的作用。电力的发现和在生产上的广泛运用，推动了资本主义从自由竞争向垄断的过渡；那么，促进私人垄断向国家垄断发展的，则是第二次世界大战前后发生的科学技术革命。这是国家垄断资本主义在战后迅猛发展的重要物质基础。

2. 生产力的高速发展，使帝国主义国家的生产力和生产关系产生了更大尖锐的矛盾，这逼迫资产阶级不得不重新拣起幼年时期曾借助过的国家这根拐杖。它们现在已不能只靠资本主义经济的自发调节机制来维持经济的正常运行，还必须依靠国家机器的强制力来干预和调节社会再生产的过程和劳资关系才能保证垄断资本继续维持统治，并具有获得垄断利润的条件和环境。

3. 帝国主义国家的国际环境已发生了巨大的变化。一批社会主义国家的出现，旧殖民体系的瓦解，动摇着帝国主义统治的基础。垄断资本只有依靠国家的整个政治、经济与军事力量，才能抵御社会主义国家的影响，继续维持和发展对经济落后国家的剥削和统治。帝国主义国家之间的发展不平衡，进一步加剧了它们对世界市场和投资场所的争夺，这也要求各国垄断资本进一步动员国家政权的力量来为自己的利益服务。国家垄断资本主义正是由于维持和发展国际剥削的这种需要，作为垄断资本对外扩张的依靠力量和有力工具，而得到了更为有力的推动和空前的发展。国家垄断资本主义的作用和影响已渗透到帝国主义国家的一切经济领域和社会生活的各个方面。当代帝国主义国家和国际政治、经济生活中的各种现象和问题，如果不和国家垄断资本主义联系起来考察和分析，已不可能得出正确的结论。

（五）在资本的国际运动中，商品资本、货币资本和生产资本的形态都有了较为充分的发展。它表明，剩余价值的生产和实现已全面地国际化了。

列宁曾经指出："自由竞争占完全统治地位的旧资本主义的特征是商品输出。垄断占统治地位的最新资本主义的特征是资本输出。"[1] 毫无疑问，无论是商品输出或者是资本输出，战后的增长速度和达到的规模都是空前的。在这种空前的发展之中，我们可以看出有两个重要的新特点，一是在私人资本输出的同时，国家资本的输出已起着特别重要的作用，这是与国家垄断资本主义的空前发展紧密联系着的；一是在国际商品与货币关系迅速发展的同时，生产资本输出具有日益重要的意义。生产资本的输出往往同时带有商品资本输出和货币资本输出的性质。生产资本输出的发展，与国际分工的发展有着密切的关系。它或者是一些帝国主义国家准备淘汰的企业和行业被转移到生产仍然落后但某一方面条件却较好的国家，也可能是为了产品和工艺分工的需要而在其他发展水平相当的国家设置新的工厂。同时，生产资本输出的发展，还往往与国际竞争的加剧密切联系着的。它是帝国主义国家之间为了越过对方的贸易壁垒而采取的一种手段。生产资本输出的迅速增加，表明资本各种形态的国际运动都已得到更为充分的发展。如果说商品资本和货币资本的国际运动主要是使剩余价值在国外实现，那么，生产资本的输出，则使资本的剥削更加渗入国际生产过程。资本的剥削因之更全面地国际化了。资本主义关系已进一步超越民族国家的界限而更广泛和深入地发展起来。它已使世界经济按照资本主义的方式更紧密地联系在一起。资本关系的全面国际化，使帝国主义的国际剥削具有了新的特

---

[1] 《列宁选集》第2卷，第782页。

点,即越来越依赖于经济剥削,而不再主要是依靠抢占殖民地进行大量非经济的剥削。而进行经济剥削正是资本主义剥削方式区别于以前各种剥削制度的特点。当然,这一转变是在殖民地附属国人民强烈的斗争下被迫改变的。但这一改变无疑是局限在资本主义的剥削制度之内,合乎资本主义剥削本质的。

(六)跨国公司已成为国际垄断的主要组织形式。

在国际垄断形成和发展的过程中,国际卡特尔曾经起过重要的作用。现在,跨国公司已取代过去国际卡特尔的地位。国际卡特尔不但数量已大为减少,其作用也大不如前了。

国际垄断在形式上的这种变化是由多种因素造成的。首先,国际卡特尔是在各国垄断资本之间达成的以瓜分商品市场为主要内容的一种协议。这在生产力已高度国际化的今天,早就跟不上形势发展的需要。垄断在国际间的发展,不仅要求有更广阔的商品市场,也要求使生产力在世界范围内进行有利于己的新配置,要求从生产到销售,从国内到国外进行各种资源的统一计划、调配和指挥。而这些是国际卡特尔所无法做到的。其次,帝国主义国家在战后的发展不平衡比过去任何时候都更为突出。在这种情况下,国际卡特尔作为一种相对稳定的瓜分市场的协议,显然不可能持久和起应有的作用。再次,战后帝国主义国家之间主要争夺的已是对方的国内市场,而国际卡特尔却往往只是瓜分各自已经占有的市场之外的市场。这当然无法解决它们之间的矛盾和问题。所以,跨国公司便应运而起,在战后获得了巨大的发展。一个个巨大的跨国公司,就是一个个独立的资本王国。它超越资产阶级民族国家的疆界,吮吸着世界各地人民的血汗。它是生产国际化的产物,也使资本的私人占有在世界范围内发展到了极高的程度。从这一意义上进,它使资本无国界、工人无祖国的资本主义剥削本质暴露得比任何时候都更充分,因此,我们应把它看作是当代帝国主义的又一重要的特征。

（七）国家垄断资本主义的国际联盟开始出现。

国家垄断资本主义在战后的迅速发展，使其在国际垄断和帝国主义国家在经济上瓜分世界的斗争中起着越来越重要的作用。国家垄断资本主义除了运用国家的政策手段（如外交政策、军事政策、对外贸易政策、国内外的金融政策、财政政策等等）来支持本国垄断资本的对外扩张之外，往往还直接动用政府的财力和物力来资助本国的垄断资本，为其强有力的后盾。一些帝国主义国家的政府还亲自出面协调它们在国际经济中的矛盾，甚至组成国家垄断资本主义的国际垄断同盟。

帝国主义国家之间协调相互之间的经济矛盾，这在过去就已存在。但像现在这样进行全面、广泛而且定期的政府间的经济协调，都是战后才有的事。从形式来看，有各种部长级会议和首脑会议；从内容来看，不仅有它们之间的直接经济摩擦，也有战略目标和各种国内外政策的调整。帝国主义国家之间的这种国际经济协调，在一定程度上适应了生产国际化的要求，因此能够在一定时期、一定程度上促进各国的经济发展、稳定世界的经济形势。对它的作用，我们应有足够的估计。但是，对于帝国主义国家之间的经济协调，我们也不能估计过高。近十几年的历史已经证明，它们的协调是有一定限度的。从根本上来说，它仍然是帝国主义大国之间讨价还价的游戏。当前，在世界经济中面临的许多重大问题，都未能通过它们之间的协调而获得真正的解决。世界经济正面临着非常严峻的形势，就足以说明这一点。

西欧"共同市场"的产生和发展，是又一种国家垄断资本主义结成国际垄断同盟的形式。与帝国主义国家之间的经济协调不同，它有两个突出的特点，一是它的地区性；再一是它内容的广泛性，它所追求的目标不是在个别政策和个别领域的协调，而是所谓的"经济一体化。"作为帝国主义国家组成的经济集团,西欧"共同市场"与过去的经济集团有很大的不同。过去的经济集团,主要是由宗主国和殖民地、附属国形成的,具有很强烈的独占性和排他性,经济集团内部的不平等地位是一目了然的。因此,它只是一个帝国主义国家进行国际剥削的组织形式,而不是帝国主义国家之间的一种联盟。西欧"共同市场"则主要是由在经济发展水平上大体相当的国家组成,从而也就具有平等的、自由联合的性质。它所推行的政策措施能够加强国际水平分工,以适应生产国际化和国际竞争加剧的需要,从而对推动各国的经济发展起了一定的作用。但是,作为国家垄断资本主义的国际垄断同盟,它也有着本身无法逾越的缺陷。首先,它作为垄断资本在经济上瓜分世界的一种形式和工具,依旧具有一定的排他性。它使它不可避免地要加剧与集团外帝国主义国家之间的矛盾。其次,即使在集团内,由于它没有、也不可能突破生产资料的资本主义私有制,因而也就无法解决垄断集团之间和"共同市场"内各个国家之间的利害冲突。这决定了它的"经济一体化"不可能真正彻底的实现。还应该看到的是,现在除了西欧"共同市场"之外,还看不到有其他类似性质的帝国主义地区性经济集团出现的可能。从这里也可看出这种国际垄断同盟发展的有限性。

(八)产生了一批世界性的政治与经济组织。

这是世界各类国家政治、经济关系日益密切的表现和产物。这类组织,从统揽国际政治经济事务的联合国,到各个专门领域的国际货币基金、世界银行和关税及贸易总协定等等,对战后国际政治、经济的发展都有着不小的影响。这类世界性的政治与经济组织,与国家垄断资本主义的国际垄断同盟不同,它的参加者要广泛得多,往往包含了各类国家在内,而不仅仅是少数的帝国主义国家。但是,各类国家在世界性政治、经济组织中的地位和作用并不都是一样的。在各种专业性的世界经济组织中,帝国主义国家占据着主要的地位。有些国际经济组织还是战后美国经济霸权的产物。在这里,通行的仍然是资本主义的方式和原则。正因为如此,虽然它们对世界政治、经济形势的稳定,对发展中国家的经济发展,有着一定的积极作用(经过发展中国家的斗争),但它们的性质和原则都使之带有很大的局限性。从根本上来说,它们仍然是帝国主义世界体系集中的具体环节和组成部分,因此,我们也把它们的产生和发展看作是当代帝国主义的一个特征。

正是帝国主义在战后拥有了上述的这些特点。使它步入了有别于以前时期的新阶段,以国家垄断资本主义为主要特征的新阶段。而国家垄断资本主义,按照列宁的说法,"是社会主义的最完备的物质准备,是社会主义的入口",它"已为社会主义直接打开了大门"。因为,资本主义生产资料的私有制,发展到国家垄断资本主义,可以说已经达到了它的顶点。同时,它的产生和发展,已孕育了解决资本主义基本矛盾的手段和形式,即用生产资料的社会所有来代替私人所有。在这里,只要改变国家的阶级性质,就可以完成这一革命转变。尽管在当代帝国主义国家中一时还看不到这种转变的可能,但随着各种条件和矛盾的变化发展,这一革命转变是迟早要发生,而且一定要发生的。

三

帝国主义发展变化的过程,也就是人类社会从资本主义向社会主义过渡的过程。这两个过程几乎是同时开始的。在 20 世纪初,当资本主义刚刚发展到帝国主义阶段不久,社会主义革命便在俄国首先取得了胜利。从十月革命诞生第一个社会主义国家迄今,从资本主义社会向社会主义社会的过渡已经经历了 70 年。

但现在仍然只能说，这一过渡才刚刚开始。当前，帝国主义的剥削体系仍然在世界上占据着优势。过渡还需要经历漫长的道路和悠久的岁月。

为什么在社会主义革命已在一些国家取得胜利之后，帝国主义不仅没有很快死亡，而且还有了新的、较大的发展呢？这是我们应该认真研究，并作出正确回答的问题。马克思在谈到社会生产方式的变革时曾经指出："无论哪一个社会形态，在它们所能容纳的全部生产力发挥出来以前，是决不会灭亡的；而新的更高的生产关系，在它存在的物质条件在旧社会的胎胞里成熟以前，是决不会出现的。所以人类始终只提出自己能够解决的任务，因为只要仔细考察就可以发现，任务本身，只有在解决它的物质条件已经存在或者至少是在形成过程中的时候，才会产生。"① 正因为如此，尽管无产阶级早在 19 世纪就已开始了向资本主义制度的冲击，并曾获得像巴黎公社那样伟大的成功，但并未能终止资本主义的发展和开始向社会主义的过渡。因为，当时资本主义仍处在自由竞争的鼎盛时期，而社会主义的各种物质条件尚不存在或很不完备。人们还无法立即解决这一历史转变的巨大任务。在巴黎公社之后约半个世纪，俄国无产阶级革命的成功终于揭开了人类从资本主义向社会主义过渡的序幕。到现在，已有一批国家走上了社会主义道路，虽然占有的土地和人口不算少，却仍然不能在各个方面与帝国主义世界体系的实力和影响相比拟。过渡只能说是在相当缓慢地进行着。

从资本主义向社会主义过渡的缓慢性，决定下列因素：

（一）社会主义革命的第一个胜利可以说几乎是与资本主义过渡到帝国主义阶段同时到来的。这时的资本主义由于固有的基

---

① 《马克思恩格斯选集》第 2 卷，第 83 页。

本矛盾日益激化而不断受到冲击，不得不在资本主义生产方式所能容许的范围内进行生产关系的调整。垄断开始代替自由竞争，成了整个社会和经济生活的基础。但这种调整当时只不过刚刚完成，脚跟尚未完全站稳。它的效果还未能充分展现出来，而各种矛盾和冲突引起的动乱和战争，则使帝国主义的薄弱环节经不住无产阶级革命的冲击，很快就被突破了。可是，就世界范围来说，帝国主义所能容纳的生产力尚未全部发挥出来，社会主义存在和发展的物质条件仍然没有完全成熟。这使得社会主义革命一时还不能很快从一个国家扩展到另一个国家，迅速打开突破口，向纵深发展。这使帝国主义仍然能够保持一定的阵地，并继续一段时期的发展。

（二）无产阶级革命首先取得胜利的一批国家，都是帝国主义链条中的薄弱环节。在这些国家中，旧社会的各种矛盾虽然最为尖锐，但新社会发展的各种物质条件却并不是最成熟和最充分的。这使得它们在取得革命胜利后，不得不花大量的时间和精力去建立和补充新社会所必备的各种物质条件。它们需要从头开始建立大生产以作为社会主义的物质基础。这不是短期内所能完成的。在这一任务完成以前，它们不可能在生产力和社会发展的各个方面赶上帝国主义国家已经达到的水平。而不做到这一点，要使社会主义最终战胜资本主义是不可能的。这就决定了社会主义必然要与帝国主义有相当一段时期的同时并存和相互斗争。

（三）帝国主义是已经成熟，甚至成熟过度的经济制度，它有着既定的经营方式和管理方式；而社会主义却是一种新的生产方式和社会制度，它的成长和壮大需要经过探索和开拓。无产阶级在社会主义国家掌握了政权，但他们过去从未有过统治国家和管理经济的经验，而又不能沿袭过去统治阶级的那一套理论和制度。他们还需要努力清除旧社会遗留下来的各种思想束缚和精神枷锁。特别是，对于新的社会制度，决不可能有事先设计好的完美无缺的蓝图，这必须在社会主义建设的实践过程中去勾画和创制。因此，社会主义作为一个新生事物是在与一个有经验的老手进行较量，这也决定了道路必然是艰巨而漫长的。

历史的发展已经清楚地告诉我们，从无产阶级革命在个别国家首先取得胜利，到社会主义最终在全世界范围内取代资本主义，将是一个漫长的发展过程，需要经过几代人的努力，经历一整个历史时期。这一历史时期的主要特点是，资本主义已不再是一个统一的、无所不包的世界体系；世界上开始并存着两种对立的社会制度——社会主义制度和资本主义制度；在这两种社会制度之间进行着激烈的竞争和斗争；世界发展的总趋势，将最终是社会主义取代资本主义，完成向无阶级、无剥削和无压迫的更高级的社会形态的过渡。这一整个历史时期，也就是列宁曾经概括的帝国主义和无产阶级革命的时代。现在，我们仍然处于这样一个时代。只不过，我们是处在这一时代的一个新阶段。

我们这里所指的时代，是"历史上的大时代"。这样的时代，是根据"哪一个阶级是这个或那个时代的中心，决定着时代的主要内容、时代发展的主要方向、时代的历史背景的主要特点等等"来确定的。[①] 我们当前所处的历史阶段或时代，是由于具有如下的特点而与其他阶段相区分的：(1) 帝国主义在其自身的基础上已有了新的发展。它已从一般垄断过渡到了国家垄断。它所能容纳的生产力已得到了较为充分的发展。它已是更为成熟的帝国主义。(2) 在庞大的帝国主义世界体系旁边，已有了一批社会主义国家。作为一种新的社会政治、经济体系，社会主义在这些国家已基本上站稳了脚跟。它们的成长和发展，尽管是艰难和曲

---

① 《列宁全集》第21卷，第123页。

折的，但毕竟代表了世界未来发展的方向和趋势。(3) 形成了美国和苏联两个超级大国。它们对世界霸权的激烈争夺，成了影响当前世界经济、政治发展的最重要因素。(4) 帝国主义国家的发展不平衡和旧殖民体系的瓦解，使全球划分成了既相联系又相矛盾的三个世界。美国和苏联两个超级大国妄图主宰世界，它们形成单独的一极，是第一世界；摆脱了殖民剥削而获得民族独立的广大发展中国家，则处在另一极，是反对霸权主义的主要力量，它们是第三世界；在这两个世界之间的一些发达的资本主义国家便构成了第二世界。三个世界的形成和发展，既表明了帝国主义世界体系进一步分化、瓦解的发展趋势，也显示了社会主义与资本主义两个制度、两种体系斗争的复杂性和曲折性。三个世界之间的矛盾和斗争已成为决定当前世界政治、经济形势的重要因素和最重要的特点。(5) 第三世界的兴起是反对帝国主义压迫和剥削的结果，但并未因此结束帝国主义的压迫和剥削。生产和资本的国际化，只是加深了世界各国的经济联系和相互依赖，却并没有改变国际经济关系的资本主义本质。这决定了第三世界人民反帝、反霸的革命斗争将继续发展，正方兴未艾。

我们所处时代的上述特点，决定了和平与发展已成为当前世界各国人民所面临的两大主要问题。这是紧密关联着的两个问题。没有世界的和平，就不可能有世界各国社会与经济的发展；而没有世界各国特别是第三世界国家的社会经济发展，世界和平也就无法取得和维持。

和平之所以作为一个问题，就是因为有可能不和平。只要苏美两霸继续争夺，它们之间的军备竞赛不断升级，世界大战的危险就不可能完全排除。我们既要估计到本世纪内发生世界大战的可能性不大，也要保持对世界大战可能发生的警惕。我们要和世界各国人民一起反对两个超级大国的军备竞赛，制止它们发动世界战争，以尽可能地排除世界大战对各国人民所造成的威胁。同时，除了世界大战没有爆发之外，世界还没有一日获得过和平。局部战争从来就没有中断过。不是东方硝烟弥漫，就是西部枪声紧急。因此，和平始终只是世界各国人民为之争取的目标，而决不是当前世界已经获得的现实。

发展的问题，实际上主要是发展中国家的发展问题。它之所以成为问题，正是因为现在这些国家的发展遇到了严重障碍。要解决这个问题，关键在于要消除帝国主义国家对广大发展中国家的剥削，彻底改变国际经济关系中的旧秩序。而这在帝国主义制度存在的条件下是难以真正做到的。事实上，在广大殖民地获得独立后，经过了几十年的发展，发展中国家与帝国主义国家之间的经济差距在许多方面不是缩小了，而是在继续扩大。一边是车水马龙，纸醉金迷，不断发生商品生产过剩的危机；而另一边，却是饿殍遍野，债台高筑，时时为不得温饱而喘息。因此，与需要争取和平一样，世界各国人民也需要努力去争取发展的条件。目前，发展仍然只是广大发展中国家的需要和愿望，而绝不是已经和正在到来的现实。它需要广大发展中国家与帝国主义作坚决斗争去争取。

要争取和平与发展，决没有铺满玫瑰的路。我们所处的时代和当代帝国主义的特点，决定了我们必须准备作长期的斗争。除此之外，别无它路。

(原载《世界经济》1987年第7期)

美国和日本经济地位的变化及其对我国对外开放的影响

自进入 80 年代以来,世界经济的发展呈现出的一个明显特点是低速而不稳定。造成世界经济低速而不稳定的原因非常复杂,需要进行全面的调查与研究。在这里,我只想就其中的一个重要原因作一些分析,这就是美国和日本经济地位的变化及其带来的影响。我认为,这一因素对世界经济的影响是巨大的、全局性的、并且在今后对世界经济的影响还会更大。

一

美国是最大的资本主义国家,战后又是资本主义世界的霸主。美国经济状况的好坏和经济地位的高低对世界经济形势的影响是不言而喻的。

美国经济地位的下降早在 50 年代后半期就开始了。最初的挑战是来自西欧国家的联合,即西欧"共同市场"的成立,后来又遇到了日本来势凶猛的冲击。整个下降的过程虽有一定反复,但总的趋势是每况愈下。这从以下一些数字可以看得很清楚:美国的国民生产总值在战后初期曾占世界国民生产总值的 45% 以上，现在已下降到仅占22%左右，减少了一半多。① 美国的工业生产一度曾约占资本主义世界的55%，现在已下降到大约只占30%。在世界出口贸易中，美国的比重已从大约30%下降到了目前的11%，已在联邦德国之后屈居第二位，甚至低于美国在第二次世界大战以前所占的比重13%。更突出的是，美国战后拥有的最大债权国的地位已迅速转换成了世界上最大的债务国。美国所欠的国际净债务1987年年底已达3680亿美元，比发展中国家最大债务国巴西所欠债务多2倍半。与此相应的是，过去美国银行一直执世界银行业的牛耳，而现在美国最大的银行花旗银行已被排挤出世界十大商业银行之外，屈居世界第28位。

在美国经济地位下降的过程中，已发生过两次重要的转折，这也是美国经济地位下降最明显的标志。第一次重要的转折发生在70年代初期。当时，由于美国国际收支连年逆差，使美国的黄金储备急剧下降，美元危机频繁爆发，终于导致了以美元为中心的国际货币体系的瓦解。第二次重要的转折则是在1985年美国从债权国一下子变成了债务国。如果说第一次转折是美国利用霸权地位过分对外扩张所导致的结果，第二次转折则是美国政府为重整美国雄威而采取的一系列政策所带来的"收获"。

自里根执政以来，美国政府一方面加强军备竞赛，提出了"星球大战"计划，不断增加军费开支，另一方面又采取减税等措施以加快美国的经济增长。这促使美国的财政赤字急剧增加。财政赤字最多的1986年，创下了2207亿美元的记录。连年的巨额财政赤字使美国联邦政府积欠的国债已接近24000亿美元。美国国内的储蓄率一向很低。仅依靠在国内借债是难以弥补如此巨额的财政赤字的。于是便大量向外举债。所以造成美国迅速从债

---

① 《亚洲华尔街日报》1988年6月25日。

权国家变成债务国的一个重要原因，便是美国联邦政府的膨胀性财政政策以及由此带来的巨额财政赤字。

既然需要向国外大量举债，引入了大量外国资金，那么在对外贸易方面就必然要表现为进口商品的相应增加。这是外国资金流入的物质形态上的一种表现。这正是美国近年来对外贸易赤字惊人增加，即使在美元大幅度贬值的情况下，美国的对外贸易状况也迟迟不能好转的一个症结所在。因此美国要大幅度减少、甚至消灭对外贸易逆差，若不大幅度减少财政赤字及其对外国资金的依赖是很难做到的。现在，美国政府已开始采取种种减少美国财政赤字的措施，在财政政策方面可能会有一定的改变。但是，在短期内还看不到能真正解决财政赤字问题的前景，因此美国的对外净负责今后还将进一步增加。

美国经济地位的下降，在两个方面对世界经济起着不利的影响：

1. 美国作为当前世界上的最大商品市场和投资场所，其经济地位的下降不仅使美国经济的正常运转已越来越"依赖于外国投资者的意愿"，使美国经济的不稳定性增加了，而且也直接影响了与美国有密切经济关系的许多国家，使这些国家的经济也增加了不稳定性。

现在，无论是日本和西欧，还是亚洲的新兴工业经济，都要依赖对美国的出口。它们都对美国保持着巨额的贸易顺差。在相当的程度上是美国的市场在支持着许多国家的经济功能。美国经济的不稳定，如经济增长率的高低变化、美元汇率的升降沉浮等等，不能不使这些国家的出口，乃至整个国家经济都受到影响。1985年，由于美国经济增长速度骤然放慢，新加坡的经济就因之遭遇到了很大困难，其经济增长率一下子从1984年的8.2%变成了负增长（-1.6%），便是突出的一例。

美国在国际贸易中地位的下降和巨额贸易赤字的存在,使美国在推行贸易保护主义方面成了带头羊。贸易保护主义的加强,对国际贸易的增长和各国经济的发展都显然是不利的。

美国为吸引外资以弥补巨额的财政赤字,不得不维持高于其他国家的利息率。这不仅限制了美国利用利息率调节经济的余地,而且也使世界其他国家和国际金融市场的利息率被抬高了。这对各国的经济增长不仅是一个制约因素,而且还加重了发展中国家的债务负担。在美国与其他国家的矛盾中,利率问题已成为一个重要的内容。

2. 战后的国际经济秩序主要是美国凭藉其经济霸主地位建立起来的。以美元为中心的国际货币制度,在"关税与贸易总协定"推动下的贸易自由化趋向,以及世界银行的建立等等,虽然大多出自美国建立和维护其霸权和加强对外扩张的动机,但在客观上却对世界经济在一定时期的稳定发展起了积极的作用。五六十年代世界经济的高速增长就曾大大得益于此。现在,随着美国经济地位的下降,这些国际经济制度都受到了不同程度的冲击。浮动汇率制取代了以美元为中心与固定汇率制,为汇率的剧烈波动和国际金融局势的动荡创造了条件。贸易自由化的趋向已开始受到贸易保护主义的冲击。双边的、地区性的贸易协定日益增多,正在削弱多边贸易协定的作用和影响。美国与加拿大在贸易方面的协定和与墨西哥在这方面的谈判突出地表明了这种趋向。国际贸易中的价格体系因受到石油、原料价格升降和汇率等剧烈波动的影响也在发生很大的变化。这些促使世界经济不稳定性增长的种种因素,都无不与美国经济地位的下降紧密地联系在一起,是这种下降所带来的不可避免的一种后果。

从现在的发展趋势看,今后美国的经济地位还会进一步有所下降。当然,这也会和过去一样,仍有一定的反复。但美国经济地位进一步下降都是难以避免的。美国的经济实力与其仍拥有的霸主地位将更加不相称。在这种情况下，世界经济的不稳定势必将继续持续一个相当长的时期，并使世界经济一时很难重新出现一个较快增长的时期。

二

美国的霸权地位在衰落。在最近的将来有没有可能出现一个新的霸主来取代美国呢？有人已在谈论今后可能会出现一个日本的世纪。这真的可能吗？

近十几年来，特别是进入 80 年代以来，日本在世界经济中的地位上升是十分显著的。1960 年，日本在世界国民生产总值中所占的比重仅为 3%，还不到美国的 1/10，1980 年就已提高到 10%，约为美国的 45%。[1] 现在，日本的国民生产总值（按现行汇率计算）已超过美国的一半。日本在世界出口贸易中所占的比重，已超过 10% 而与美国接近，而且，每年有巨额的对外贸易顺差，有的年份顺差已接近 1000 亿美元，其中又主要是对美国的贸易顺差。连年的国际贸易顺差，使日本的国际收支不断有盈余，在国外的资产不断增加。在最近几年里，日本更取代美国成了世界上最大的债权国。现在，日本在国外拥有的净债权已约为 250 亿美元，而美国在 1981 年达到其作为债权国最高峰时，拥有的国外净债权也只不过 1407 亿美元。[2] 与日本最大债权国地位相适应的，是日本在国际银行业中的地位有了惊人的提高。现在日本已独占了世界最大 10 家商业银行，而五六十年代，日本银行

---

[1] 日本社会与经济研究所：《日本的国际比较》（1986 年），第 9 页。
[2] 美国《总统经济报告》1987 年，第 363 页。

还几乎榜上无名。日本经济确实呈现出急剧上升的势头，对美国的霸主地位进行着越来越咄咄逼人的挑战。

从现在的发展趋势看，日本的国际经济地位还会继续提高。但是，我认为，日本要在短期内超过美国而雄踞资本主义世界的第一把交椅，看来还不大可能。

日本的国民生产总值现在仍只及美国的一半多一点。据美国长期战略委员会的预测，到 2010 年，若按 1986 年美元的汇率计算，美国的国民生产总值将达到 79000 亿美元左右，而日本为 37000 亿美元，两国国民生产总值之比与现在相差不多。这一估计显然对美国估计得过高了，而对日本估计低了，但日本的国民生产总值大体上仍将与美国相差 40% 多，大概是可以预计的。所以，即使到那时日本也还不可能取代美国成为世界上的第一经济大国。届时日本的市场也不可能取代美国市场在现在国际经济中的地位和作用。

日本经济本身还有些弱点。它能源和资源贫乏，对进口能源和原料的依赖是严重的。对国外市场的依赖今后也不会减轻很多。这使它的经济发展不能不受到世界政治、经济形势更多的影响。尽管日本经济的适应能力非常强，这一不利的方面也是不容忽视的。

日本作为第二次世界大战的战败国，在国际政治和军事力量方面也处于不利的地位。现在，它的经济发展仍没有与之相称的国际政治和军事地位与之相适应。在联合国，它不是安理会常任理事国，在军事上要依靠美国的保护。这与美国、甚至过去的英国成为世界霸主时的情况是不能相比的。英国作为一个岛国，虽然也存在国内市场相对狭小和缺乏资源的问题，但它有作为"世界工厂"的垄断地位，有强大的"无敌舰队"和遍及全球的广大殖民地。美国则不仅本身有广阔的市场和丰富的资源，而且在战后还拥有军事上的垄断地位作为其对外扩张、建立国际经济秩序的后盾。现在，日本虽也想通过增加军费开支来不断增强自己的军事力量，提高自己的军事地位，但这绝不是一件易事，不待以时日，是难以达到目的的；而且，日本要这样做，在国内外所遇到的阻力都将是巨大的，这也使日本政府在这方面不能不有所顾忌，不可能一下子就放手去做。从当前情况看，日本今后将仍然主要在国际贸易和金融方面发挥日益重要的作用，而难以像过去的英国和战后的美国那样成为另一个垄断资本主义世界经济的霸主。

面对国际市场日益激烈的竞争。日本的出口商品结构以及与之相应的产业结构正在进行新的调整，更多更快地向高科技产业和产品转换。一些劳动力成本高和资本耗费大的产业将向国外转移。这对国际贸易的发展和有关国家的经济增长不能不起一定的影响。

由于连年国际收支有大量盈余，日本积累了巨额的"剩余"资金。为了缓和国际经济矛盾，日本将运用一部分资金扩大内需，用以扩大公共工程、增加设备投资、进行产业结构调整，加强开发研究和改善住房条件。内需的扩大，特别是产业结构的调整，可以为国外商品增加进口需求，使日本的贸易顺差有所减少，缓和国际贸易的严重不平衡。除了扩大内需以外，日本仍有大量的"剩余"资金需要回流。过去，日本的"剩余"资金主要流向发达资本主义国家，特别是美国。除了大量购买美国政府债券之外，也对美国进行大量的直接投资。截止到1987年3月，在日本的对外直接投资总额中，美国就占了33.5%，加上西欧共同市场国家的13.7%，美国和西欧共据有一半以上。[1] 今后，

---

[1] 日本社会与经济研究所：《日本的国际比较》（1988年），第56页。

日本的资金仍将主要流向美国和其他发达资本主义国家。因为，在日本资本家看来，在自己的主要竞争对手国家投资，既有良好的投资环境，又可进入内部去进行竞争，是既安全又最有利不过的事。值得注意的是，日本已开始将一部分"剩余"资金投向发展中国家，其中，重点又是亚太地区的发展中国家。这一方面是因为日本的一部分产业要向亚太地区、特别是韩国、台湾、香港和新加坡等新兴工业国家或地区以及泰国等东盟国家转移，同时，也由于亚太地区今后在经济发展上将是最有希望的一个地区，日本想通过对这些国家的资本输出来不断扩大其影响，提高它在这一地区的地位和作用。现在亚太地区在日本的对外直接投资总额中已占25.5%，这一比重今后肯定会进一步上升。日本"剩余"资金较多地输往这一地区，对这一地区今后的经济增长和本身经济结构的调整将是一个值得重视的重要因素。

日本"剩余"资金的回流，已是战后世界范围内的第三次大的"剩余"资金回流。第一次大的"剩余"资金的回流，是战后初期美国的资本大量涌入西欧和日本。这次资金大回流在客观上帮助了西欧和日本经济的恢复和发展，对整个世界经济的高速增长是有贡献的。但由于美国过分利用当时的霸主地位对外扩张，这一回流也成了美国经济地位相对衰落的一个重要原因，使以美国霸权为基础的国际经济秩序逐渐受到了巨大的冲击。第二次大的"剩余"资金回流是70年代的石油美元的回流。这次回流由于当时发达资本主义国家的政策和发展中国家发展民族经济的需要，使石油美元通过西方银行在当时低利率和美元低汇率的情况下大量地流入了一些发展中国家。进入80年代后，低利率变成了高利率，美元汇率也异乎寻常地坚挺起来，再加上一些国家对借入的外资使用不当，效益不高，致使这次资金回流成了近年来发展中国家债务危机不断发展的导因之一。现在，世界又由于日本经济地位的变化面临着一次新的"剩余"资金回流。这次"剩余"资金的回流也将像过去已发生过的大的"剩余"奖金回流一样,对整个世界经济发生很大的影响。至于影响的程度和性质,就要看日本政府的政策和世界政治、经济形势的发展变化了,现在还很难作出准确的判断。但有一点是可以肯定的,那就是随着这次日本"剩余"资金的回流,日本在世界经济中的地位和作用将进一步提高和扩大,而美国的地位和作用则将相应有所下降。

随着日本资本输出的增加,日本在世界各国国外直接投资总额中所占的比重正在迅速增加。直到1970年,日本的国外直接投资仅约占世界国外直接投资总额的2.8%,不及美国的1/10;1985年底日本的这一比重已提高到6.8%,接近美国的1/5。[1] 在70年代,日本每年在国外的直接投资平均约为20亿美元左右,而1986年已增至223亿美元以上提高了10倍,[2] 这种情况一方面说明日本的对外投资确实正在迅速增长,同时也说明,尽管日本已是世界上的最大债权国,但由于其主要债权都是短期的政府债券,国外直接投资刚开始有较快的增长,所占的比重还不大,其在国外直接投资方面的地位与美国尚不能相比。日本要在国外直接投资方面赶上美国,还有很长一段路要走。美国的跨国公司及其在世界经济中的地位和作用还是日本难以望其项背的。日美两国在这一领域的争夺今后将是激烈的。

三

日本和美国经济地位的变化使今后的世界经济将处于竞争激

---

[1] 日本《通商白皮书总论》1972年;日本社会与经济研究所:《日本的国际比较》(1988年),第58页。

[2] 《日本的国际比较》1988年,第56页。

烈、矛盾增多，从而继续呈现出低速而不稳定的特点。国际贸易的增长因之也将是缓慢的，并伴之以贸易保护主义的一定发展。这使我们实行对外开放、发展外向型经济所面临的总的世界经济形势并不十分有利。但就我们所处的亚太地区来说，却存在着比较良好的小气候。我们应估计到总的世界经济比较严峻的总形势，并尽可能地利用有利的周边环境，使我们的沿海经济发展战略能够较为顺利地实施。

1. 由于世界经济和国际贸易的增长都比较缓慢，国际市场的容量扩大因之是有限的。再加上贸易保护主义的抬头，而且贸易保护主义在诸如纺织品、农产品等部门又更为突出，这对我们较快地发展对外出口是不利的。我们应对国际市场的状况和发展趋势以及我们的出口能力都作深入、细致地调查研究，制定切实可行的计划。那种想当然，如一下子把我国的纺织品出口搞到600亿美元，占世界纺织品出口市场几乎1/2的设想，肯定是难以实现，并会带来严重后果的。应该看到，我国现在的出口在国民生产总值中的比重并不算低。如果不问主客观条件，一哄而起地搞低档商品的大量出口，其结果可能适得其反。今后我们应更多地在提高出口产品的质量水平上下工夫，提高出口商品的竞争能力，提高出口商品的价值和档次。以多取胜，以量为主的作法已到了应该逐步向以质取胜过渡的时候。以我们现有的技术力量和水平，再适当引进必要的较先进和实用的技术，我们是可以做到这一点的。当然，这里不仅仅是一个生产的技术问题，而且也关联着经济体制、外贸体制和管理水平方面的问题。这就需要我们针对现存体制的弊端，认真地进行改革。

2. 日本剩余资金的回流，并伴随着一定产业部门的向外转移，为亚太地区国家引进外资和产业结构的调整提供了一次机遇。我们应采取积极的措施，以便能利用这样一次机遇，使日本的资金和某些技术也能为我所用。但是，对此我们也不能期望过高。从日本的战略思想来看，它们很怕重蹈英国和美国走过的老路，用自己的资金和技术去扶植有可能成为自己强劲对手的国家，结果使自己受到冲击。在日本看来，在亚太地区真正能在将来强大起来成为日本强劲对手的当然只有中国。所以，日本对中国输出资金和转让技术并不十分积极。做买卖赚大钱可以，要通过较多地输出资金和技术来帮助你发展就不愿意了。为了不失去中国的市场，日本的资金和技术也会来些，但与日本在南朝鲜、台湾、香港和东盟国家的投资积极性相比就差得多了。这已被当前的现实所证明。在这种情况下，我们不能把注意力只集中在日本身上，而应更好地实行全面的对外开放，与美国、西欧和其他各类国家都加强经济交往。这样，为了竞争，日本的资金和技术倒可能来得更多一点。

当然，引进了外国资金和技术，关键在于要用得好，能消化、吸收、创新，真正提高经济和社会效益。一些发展中国家在大量引进外资后运用不当而背上沉重债务包袱的教训是我们应该认真研究并采取切实可行的措施来加以避免的。

3. 面对国际市场价格和货币汇率的极不稳定，我们要加强对行情的调查和研究，要进行科学的短期和中、长期预测，提出相应的政策措施，以趋利避害。到目前为止，我们对世界经济行情和发展趋势的研究和重视都还很不够。在这方面吃亏的事例是很多的。我们要逐步扩大经济研究和经济预测的机构和队伍，逐步建立自己的预测理论和方法，以使我们的对外经济发展计划和各种相应的政策措施真正建立在科学的基础上，而不是事到临头才仓促应付，靠少数人拍脑袋来解决问题。

4. 各类国家的经济发展不平衡今后仍将继续下去。各类国家力量对比的变化，特别是美国和苏联，美国、日本和西欧经济力量对比的变化，将影响世界政治和经济的全局。在这方面，我们要下真工夫进行研究和预测，并把中国摆在恰当的位置上，既要有紧迫感、危机感，也要增强信心，脚踏实地把我国的经济建设工作做好。在这方面，我们搞世界经济研究的人肩负着重要的责任，需要我们作出艰苦的努力。

(原载《世界经济与政治》1988 年第 11 期)

中国改革与开放的国际环境

我国的历史经验表明，正确地分析和估计我们所处的国际环境，并据以制定正确的政策与策略，争取更为有利的客观条件，对于顺利地实现经济增长和提高人民的生活水平具有非常重要的意义。

10年来，我们在总结过去经验教训的基础上，对所处的国际环境重新进行了分析和认识，基于这种新的认识，我们才有了今天的改革与开放，有了10年来所取得的巨大成就。

首先，对世界政治形势，特别是对世界大战，我们已有了新的看法。虽然我们仍然坚持认为世界战争的危险依然存在，但同时也认为世界战争已不再是不可避免的。这一看法在邓小平同志的谈话中阐述得非常清楚："世界战争的危险是存在的。由于两个超级大国正在进行军备竞赛，战争因素还会发展。但是，人民是要求和平、反对战争的，世界和平力量的增长将超过战争力量的增长。……全世界维护和平力量进一步发展，在较长时间内不发生大规模的世界战争是有可能的，维护世界和平是有希望的。"

既然世界大战有可能避免，中国致力于社会主义建设也就有了最基本的、必需的国际和平环境。虽然在中国的边境地区还存在着一些不安定的因素，但只要中国采取正确的态度和政策，处置得当，是完全有可能处于比较主动的地位的。

过去，中国曾经受了美国和苏联两个超级大国很大的压力。在相当长的一段时间里，来自美国的威胁未减，而来自苏联的威胁又继之而起，这使中国处于两面夹击以及局部战争之中或战争的威胁之下。现在的情况已经发生了很大的变化，中国与美国和苏联的关系已有所改善，今后还有可能进一步改善。

因此，国际政治环境对于我们来说，已比过去任何时候都有利，从而使中国有可能把自己的注意力更加集中于国内的经济建设事业，使中国有可能更多地致力于发展与世界各国的经济交往。

其次，我们对发展国际经济关系的看法也有了一定的变化。战后世界经济与中国本身经济发展的过程与经验，使我们更清楚地认识到，在生产力已有巨大增长和国际化程度日益提高的情况下，国际经济关系已比过去任何时候都更加密切。在这种情况下，任何国家，不管其社会制度如何，若想孤立地、单独依靠自己的力量来发展经济，只能给自己的经济发展带来危害，越来越落后于世界潮流。在这种情况下，中国不仅应积极参加国际分工，勇敢地进入国际市场，而且也应大胆地利用国际信用，使国际资金能为加快中国的经济发展服务。这是中国对国际经济关系在观念上带根本性的转变。正是由于这一观念上的转变，才有了中国对外开放各种政策的产生，也才有了中国沿海经济发展战略的出现。

现在，中国实行改革与开放的第一个10年已经过去了。今后，中国实行进一步改革与开放的国际环境又将如何呢？

从国际政治环境来看，在战后长期发展过程中逐渐形成的世界政治格局，至少在本世纪内还不大可能发生根本性的变化。

美、苏两国进行军备竞赛和争夺霸权的局面仍将继续下去，它们中的任何一方都不大可能取得绝对压倒对方的优势。而在可预见的将来，也不可能有任何其他国家会取代美苏两国当前的地位，力量对比的变化还不足以改变当前世界的基本政治格局。但是，美苏两国对国际事务的控制能力将进一步削弱，从而使国际局势在今后一段时期里进一步趋向缓和。美苏两国对中国进行武装侵略的危险也将比过去大大减轻，可能性也越来越小。随着中国社会主义建设取得的进展，中国在国际事务中的地位将有所提高，发言权也将相应增大。因此，从今后总的发展趋势来看，国际政治环境的发展变化是对中国有利的。中国完全有可能争取到一个为实现全方位的对外开放，实现既定的社会、经济发展目标所必需的相对稳定的国际和平环境。

从世界经济的发展趋势来看，对中国的改革与开放总的也是有利的，但也存在着不少不利的因素。因此，与国际政治环境相对而言，中国的国际经济环境可能不利的方面会更多一些。对此，应该有足够的思想准备，并及时研究相应的对策。

1. 世界经济的增长在今后相当长的时期内很可能将保持低速增长的局面。

这是因为近年来世界经济发展过程中产生了许多新的矛盾，而这些矛盾一时还难以解决。这突出地表现在三个严重的不平衡之中：第一个不平衡，是世界第一经济大国美国的经济发生了严重的失衡。美国自进入80年代以来，由于在加强军备竞赛、不断增加军费开支的同时，又采取减税等措施以加快美国经济的增长，致使美国的财政赤字急剧增加。连年的巨额财政赤字已使美国联邦政府所欠的国债高达24000亿美元。美国国内的储蓄率一贯很低，又依靠国内资金已难以弥补如此巨额的财政赤字，于是便大举向国外举债。这使美国很快便从债权国的顶峰跌落下来，从1985年起便成了债务国。1987年年底美国积欠的国际净债务已达3680亿美元，是世界上最大的债务国。美国大量向外国举债，使得进入美国的外国商品不断增加，这是外国资金流入在物质形态上的一种表现。美国的对外贸易赤字因之出现了惊人的增加。美国作为世界最大的商品和资本市场，这两大赤字带来的问题，不仅影响了美国自身的经济发展和稳定，也使整个世界经济的发展遇到了更大的矛盾。第二个不平衡是发达资本主义国家在贸易方面的极不平衡。美国的对外贸易有巨额的逆差，其逆差主要来自日本和西欧；日本和西欧有巨额的对外贸易顺差，就日本而言，顺差大部分是来自美国。它们之间的这种贸易不平衡，加剧了相互间的经济矛盾，并使贸易保护主义更加抬头。这对整个国际贸易的增长和世界经济的发展显然是一个不利的因素。第三个严重的不平衡是南北的经济发展越来越不平衡。发展中国家的经济发展遇到了战后以来最大的困难，它们不仅背负了多达12000亿美元的沉重债务，还出现了资金向发达资本主义国家倒流的现象，而且许多国家与发达资本主义国家的经济差距在日益扩大。广大发展中国家的经济相对萎缩，不能不使整个世界经济的发展遇到很大的困难，使之速度降低，而且更不稳定。除了上述三大不平衡之外，由于美国经济地位下降带来的对战后国际经济秩序的冲击，许多国家的失业率长期维持在较高的水平，国际经济协调未能发挥应有的作用等等，也使世界经济一时难以摆脱当前低速而不稳定的局面。

在这种情况下，在今后一段时期里，国际贸易和国际信贷的发展速度将不会太快。国际市场上的竞争将更加激烈，贸易保护主义也会随之增强。在国际信贷市场上较高的利息率一时也难以大幅度下降，甚至还会有所提高。这些都对中国发展对外贸易和利用国外资金不利。与此同时，在经济低速增长的情况下，能源和初级产品的价格往往下跌,而工业制成品,特别是高级技术产品的价格,由于垄断和通货膨胀,都有可能继续上涨。这既增加了中国扩大出口的困难,也会恶化中国对外贸易的条件。较为高昂的利息率和国际金融市场的动荡,将不利于中国扩大对外国资金的利用,从而也将在一定程度上影响对外国先进科学技术的引进。对于由于世界经济低速增长而带来的这种种不利影响,中国应有足够的思想准备和估计。

2. 世界经济将进一步走向多极化,并会出现一定程度集团化的倾向。

世界经济的多极化是各个国家之间经济发展不平衡的结果。战后初期美国独霸的局面早已为美国、日本和西欧三足鼎立的局面所代替。今后世界经济格局发展的趋势将是:在今后一二十年内,美国在世界经济中仍将维持第一大国的地位,但它拥有的优势将进一步缩小。日本的经济地位将进一步上升,但还不足以取代美国成为资本主义世界新的经济霸主。在这种情况下,当前的国际货币与贸易体系将进一步受到冲击,而一时又难以出现相对稳定和统一的新体系取而代之。苏联与美国的经济差距还将进一步缩小,但缩小的速度将比五六十年代慢。发展中国家的经济发展虽然面临着巨大的困难,但总的经济力量仍将有所加强,特别是亚太地区。它将成为世界经济发展中最有希望的地区。但发展中国家在世界经济中的地位由于种种原因,还不足以形成能和发达资本主义国家以及苏联相提并论的独立的一极。

世界经济的多级化,加剧了国际间的矛盾和竞争,从而促使了集团化一定程度的发展。最早组成经济集团的西欧共同市场,正在加速一体化的步伐,计划在1992年形成商品、资本和劳动力自由流动的大市场。原来一贯反对双边贸易谈判的美国,也已改弦更张,不仅早与以色列签订了自由贸易协定,而且又与加拿大和墨西哥两个邻国分别签订了自由贸易协定，正朝着围绕美国形成一个自由贸易区的方向前进。美国还向日本、澳大利亚和东盟国家提出了进行双边贸易协定谈判的建议。日本当然也不甘寂寞，它已正式提出了建立太平洋经济贸易区的设想。可见，在世界经济多极化的情况下，经济集团化已成为一个值得注意的新动向。

经济集团化是与世界经济发展的总趋势背道而驰的，它不利于经济生活的国际化。因为，经济集团无不带有一定的排他性。在经济集团内部，各国之间可以互享各种优惠政策，而未加入经济集团的国家则被排斥在这些优惠条件之外，这显然对未加入经济集团的国家不利。

当然，现在的经济集团化趋势，在本世纪内还不大可能发展成为第二次世界大战前那样壁垒森严和严重对立，将统一的世界经济人为分割的局面。对此，我们也应有实事求是的估计。

世界经济中这种多极化和集团化的发展趋势对中国的对外开放显然是一个不利的因素。

3. 科学技术进步将在更大程度上影响世界和各国经济的发展。

科学技术的迅速进步及其对经济发展所起的作用，对中国既提供了加速发展的机会，也提出了相当严峻的挑战。中国可以通过自己的努力和引进新兴的科学技术，来进行技术改造，以缩小在经济上与发达国家的差距，缩短其他国家在发展经济时所超额的路程。但是，也应清醒地看到，由于中国现在与发达国家在科学技术上的差距较大，要赶上先进国家的水平是很不容易的。由于发达国家拥有对先进科学技术的垄断权，又由于它们拥有更多的人才、资金和各种物质条件，中国在这些方面，是很难与之竞赛的。弄不好，可能会在科学技术以至经济上拉大同发达国家的差距。

当然,中国在发展科学技术方面也有自己的优势。在一些科学技术部门,中国现在已达到的水平并不低,中国已有了一支水平相当不错的科学技术队伍。只要采取正确的政策,充分发挥这支队伍的积极性,他们是可以有所作为的。同时,中国还可以通过加强组织领导,集中力量进行重要的科学技术的攻关,以发挥集体研究的优势。如果中国能把自己研究和自外引进两个方面结合得好,中国就能对付挑战,利用机会,使自己在科学技术进步和社会经济发展方面走上比较顺利的道路。

4. 当前的国际经济秩序是对发展中国家不利的,而且在可以预见的将来,也不可能从根本上得到改变。

应当看到,国际垄断资本现在仍然在很大程度上控制着国际贸易、国际金融和国际投资,并以此作为进行国际剥削的手段。跨国公司通过它们垄断的先进技术,摄取着高额的利润。现行的国际贸易和国际金融制度则起着维护这种垄断、控制和剥削的作用。国际贸易中存在的工业制成品与初级产品的价格剪刀差,国际汇率制度引起的汇率剧烈波动,以及国际信贷市场的利率决定和苛刻条件等等,都充分表现了发达国家与发展中国家之间的不平等。几十年来,发展中国家虽然日益联合起来,对旧的国际经济秩序进行了一定的斗争,也取得了一定的胜利,但情况并没有从根本上得到改变。斗争的过程表明,这将是一个艰巨、长期而复杂的任务。

中国作为一个发展中国家,当然也面临着现行国际经济秩序的不利条件。

当然,中国作为一个社会主义国家,又是一个大国,在旧国际经济秩序中所处地位显然要比其他发展中国家要好一些。问题在于,中国能否对此审时度势,采取正确的政策,以使自己处于较为主动的地位。

从上面的几点分析可以看出，在中国进行进一步改革与开放的过程中，在较为有利的国际环境之中，也确实存在着一些不利的因素。这需要进行认真的调查与研究，分析各种各样的利和弊，以尽可能地利用有利因素，争取避免和改善不利的条件，以使中国的改革与开放能够顺利地到达预期的目标。

（原载《改革》1989年第1期）

变化中的世界经济与中国

一

世界政治与经济形势正在发生巨大的变化，并且将以更快的速度发生新的变化。世界政治局势的缓和，已使各国在经济上的发展与竞争显得更加突出和重要。如何正确估计世界经济在未来的变化，各国能否很好地适应这种变化，已成为日益迫切的课题。

世界经济在战后已经历了高速增长和相对缓慢的两个发展阶段。发达资本主义国家在五六十年代，经济增长率曾达5%—6%，而自70年代下半期以来，经济增长率已降至3%以下。今后，世界经济的发展会是怎样的速度呢？这有各种不同的看法。

一种是悲观的看法，认为世界经济今后不但难以高速增长，而且还会发生类似30年代那样的世界经济大萧条，有的甚至明确指出，1990年就会发生世界经济的大危机和大萧条。他们认为，现在世界经济正处于长周期的下降阶段，并出现了世界经济的严重失衡（如美国的严重财政和外贸赤字、发展中国家的债务危机等等），美国经济地位的下降又使其左右和控制世界经济的能力下降，在世界经济的领导方面已出现了"交替空位"，这些都是促使世界经济将陷入大萧条的因素。

当然，也有对世界经济形势非常乐观的看法。这种看法认为，世界经济将很快会重新高速度增长，在世界经济前面的将是"一片蓝天"。他们认为，科学技术的迅速进步已为这种高速增长提供了客观基础，而各国政府对经济政策所作的调整和国际间的协调，也为之创造了有利的条件。

对于这两种看法，我都不大同意。他们所说的理由虽然都有一定道理，但都过于强调了某一个方面而忽视了另一个方面，因而结论并不能令人信服。我认为，世界经济中积累的矛盾尚未尖锐到很快就会发生严重经济危机的程度，但确已使世界经济一时还难以重新高速地增长。在今后一个时期里，或者说在本世纪内，世界经济将继续维持当前低速增长的局面，并将显示出很大的不稳定性。

科学技术进步在五六十年代的世界经济高速增长中确曾起过重要的作用。现在，科学技术的进步甚至还在加速，为什么却不能推动世界经济重新高速增长呢？这有下述几方面的理由：

首先，我们对本世纪内科学技术进步可能达到的水平应有恰当的估计。从现在掌握的材料来看，许多新的科学技术还正处在研究和发展的过程中，一时还难以成为带动整个国民经济高速增长的重要因素。在本世纪内，诸如生物工程、宇航工程、海洋工程、新能源工程等等，或者难以有重大的突破，或者还不可能大量运用于实际的生产之中，许多还只能说是 21 世纪的科学技术。正因为如此，尽管近年来许多国家的一些新兴工业部门（如电子工业）发展很快，但在国民经济中所占的比重并不大。据美国商务部估计，美国的"高技术工业"现在的产值也只占国民生产总值的 7% 左右。日本更只占 3% 左右，比重更小。这些部门显然还不足以推动整个国民经济高速度地增长。近年来，发达资本主义国家的新兴工业部门年增长率有的高达百分之十几、二十几，但国民经济仍一直未能摆脱低速增长的局面就是很好的说明。

其次，新的科学技术能否充分地得到利用在很大程度上要受社会、经济条件的制约。在经济增长率很低而失业率又很高的情况下，即使有了新科学技术发明，也很难在国民经济中充分地发挥其作用。新兴的电子计算机工业在近几年曾出现销售呆滞、产品积压、价格大幅度下跌的波折就是明显的例证。由于经济低速增长，新的科学技术没有相应地扩大再生产与之伴随，其所排斥的工人就很难为新创造的工作岗位所吸收。80年代以来，发达资本主义国家在经济回升时期失业率仍然很高，有的甚至还继续增长，其症结便在于此。这反过来又使科学技术的运用和推广受到阻碍。科学技术与经济增长之间的这种辩证关系我们必须看到。

再次，科学技术的进步有可能进一步扩大发展中国家与发达资本主义国家之间的经济差距。因为，先进的科学技术大都掌握在发达国家手里，而广大发展中国家既缺乏发展科学技术的资金和人才，也没有发展各种新兴科学技术的必要基础条件。

据此，我认为，至少在本世纪内，科学技术还很难使世界经济的发展发生转折性的变化，使之从低速增长重新变为高速增长。同样，对于世界各国，特别是发达资本主义国家进行的经济政策调整也应有实事求是地评价和估计。

近年来，西方国家确实在宏观经济政策方面进行了一些调整，改变了过去同时运用膨胀性财政政策和货币政策的做法，而在继续实行膨胀性的财政政策时，实行紧缩性的货币政策。这对抑制通货膨胀的恶性发展起了不小的作用。但是，从西方宏观经济政策的理论基础来看，仍然主要是凯恩斯主义。各国仍然实行着赤字财政政策。当前在西方经济政策上所作的调整,只不过是对凯恩斯主义带来的某些弊端作一些修补。至少在目前还看不到有能取代凯恩斯主义作为主导经济理论和政策的新的理论创新和突破。正因为如此,近几年的西方经济政策调整虽取得了一定的效果,但并未能从根本上解决长期实行凯恩斯主义带来的一些弊端,并未能摆脱各国经济低速增长并且很不稳定的局面。所以在今后一段时期里,在这方面我们对之还不能有过高的期望。

世界经济今后只能处于低速增长和不稳定的局面,目前世界经济中的一些严重失衡是一个很重要的因素:

一是世界上最大的经济大国美国发生了严重的经济失衡。这突出表现在财政和对外贸易两大赤字上。美国的财政赤字绝不是自今日始,但在五六十年代,美国联邦政府的财政赤字与盈余还是交替的,年份大约各占一半,而自进入70年代以来,美国的财政就再也没有盈余过,特别是80年代以来,赤字更是扶摇直上,并在1986年财政年度创下了2211亿美元的最高记录。[①] 最近两三年,美国的财政赤字虽然略有下降,但仍在1500亿美元以上,绝对数还是非常巨大的。连年巨额的财政赤字已使美国联邦政府积欠的国债超过了25000亿美元。由于美国国内的储蓄率一直是很低的,难以弥补如此巨额的财政赤字和联邦债务,于是只好大量引进外国资金。大量外国资金的引入,已使美国迅速从债权国变成了净债务国。估计美国积欠的国际净债务在1988年年底达4000亿—5000亿美元。

大量外国资金涌入美国,还使美国的对外贸易状况进一步恶化了。美国的对外贸易赤字急剧增加。1987年,美国的对外贸易赤字达到了1700亿美元的高峰,1988年虽有所下降,但仍达

---

① 〔美〕《总统经济报告》1988年。

1373亿美元。美国对外贸易赤字的增加是外国资金大量流入美国在物质形态上的一种表现。这正是近年来美元虽然大幅度贬值也仍然难以扭转巨额贸易逆差的一个重要原因。

因此，美国经济中的这两大赤字是密切相关的。要解决这方面的严重失衡，首先就要解决美国的财政赤字问题，同时要提高美国商品的竞争能力；而从美国政府现行的政策看，还看不到有真正解决这种严重失衡的前景。

二是发达资本主义国家在贸易上的严重失衡。在美国连年存在巨额贸易逆差的同时，日本和联邦德国却每年都有巨额的贸易顺差。日本的贸易顺差1987年曾接近1000亿美元，1988年虽由于扩大内需，增加了进口，但顺差仍在800亿美元以上。在日本的顺差中，对美国顺差多时占全部贸易顺差的90%以上（1984年），少时也约占2/3。联邦德国的对外贸易顺差近两年来已从过去每年100亿—200亿美元猛增至500亿—600亿美元。美国对欧洲共同市场国家的对外贸易在1982年以前一直是顺差，顺差多时曾达170亿美元以上（1980年），而从1983年以来，顺差已变为逆差，而且逆差金额不断增加，最近两年逆差已达200亿美元以上。[①]

发达资本主义国家之间的严重贸易不平衡，加剧了它们之间的贸易摩擦，从而推动了贸易保护主义的抬头与发展。由于美国在国际贸易的激烈竞争中处于相对的劣势，存在着巨额的贸易逆差，这使得过去力主贸易自由化的美国，反过来成了推行贸易保护主义的带头羊。这突出地表现在美国国会1988年8月通过的新贸易法案中。这一法案已经美国总统批准，付诸实施。法案的突出特点，是通过强调所谓的公平贸易来加强对外国商品进入美

---

① 〔日〕社会与经济研究所：《日本的国际比较》（1988年），第36—38页。

国的限制。过去美国是反对进行双边贸易谈判和签订双边贸易协定的，现在也积极搞起了双边贸易谈判，并与以色列、加拿大等签订了双边自由贸易协定。

国际贸易中的严重不平衡和由之引起的贸易保护主义的发展，对国际贸易正常而较快的发展是不利的，因而对各国的经济增长也是一个不利的因素。

三是发展中国家与发达资本主义国家发展严重不平衡，它们之间的经济差距正在进一步拉大。现在，发展中国家不仅背负着严重的债务，而且还出现了资金向发达资本主义国家倒流的现象。1978—1982年的5年里，流入发展中国家的资金净额为1470亿美元，而在1983—1987年的5年里，由于外国资金流入减少，而由于偿付外债本息等原因流出的资金大量增加，从发展中国家流出的资金净额已达850亿美元。[1] 这一进一出，使发展中国家减少资金竟达2000亿美元以上。这对严重缺乏资金的发展中国家不能不是沉重的打击。再加上贸易条件恶化，许多发展中国家的出口和整个国民经济都遇到了很大的困难。现在，低收入的发展中国家平均的人均国民生产总值仅为200美元，而发达资本主义国家平均的数额却已高达12960美元，两者相差竟为64.8倍。人均收入最少的发展中国家仅为120美元，而美国已达17480美元，两者相差更达145.7倍。[2] 与战后初期相比，它们之间的距离在扩大而不是在缩小。

发展中国家占世界人口和土地面积的大部分，它们的经济发展遇到巨大的困难，这不能不使整个世界经济的发展受到一定的阻碍。

---

[1] 世界银行《1988年世界发展报告》第29、222—223页。
[2] 同上。

这些就是我认为今后一段时期世界经济仍将处于低速增长的主要理由。

二

世界经济的格局在战后已发生了巨大的变化，现在正在继续发生着变化。在这一方面，最大的变化是美国经济地位的相对衰落，美国、日本和西欧三足鼎立局面的出现，以及因之在世界经济中越来越明显的多极化、地区化和集团化的发展。

世界经济中的多极化、地区化和集团化趋势与世界经济中的另一趋势——世界经济的一体化是同时存在的。这两种同时存在的趋势既有一致性，也有矛盾的一面，因之，其对世界经济的影响也存在着有利和不利的两个方面。

随着国际分工和生产国际化的发展，各国之间的经济关系越来越密切。它要求打破国家之间的界限，实行国际范围的经济协调，甚至实现经济的一体化。这是世界经济发展的客观要求与结果，是不可抗拒的历史趋势。

但是，与此同时，由于经济发展不平衡和各国之间经济矛盾的增长，也出现了另一种趋势，即多极化、地区化和集团化的趋势。多极化是各国经济发展不平衡，特别是美、苏两个超级大国经济地位相对衰落的结果，它是世界经济走向地区化和集团化的基础，而地区化与集团化则不仅是多极化的表现，而且还使多极化进一步得到了加强。多极化、地区化和集团化在今后一段时期里将越来越成为影响各国经济与世界经济的一个重要因素。

战后世界经济的发展历史表明，美国经济相对衰落的过程，也就是世界经济走向多极化、地区化与集团化的过程。只要美国经济相对衰落的过程不发生根本性逆转，这一多极化、地区化和集团化的趋势也就不会发生变化。随着世界各国在经济领域的发展进一步不平衡和竞争加剧，特别是发达资本主义国家之间的竞争更为剧烈，这一趋势在今后还会加强。

过去，只有西欧是地区性和集团性的。这一地区性和集团性的经济实体今后还将进一步加强。欧洲经济共同体不仅已从最初成立时的 6 国发展到现在的 12 国，而且计划在 1992 年形成统一的大市场，实现地区内商品、资本和劳动力的自由流动。随着美国与加拿大自由贸易协定的付诸实施，以及美国与墨西哥朝着这一方向发展关系，北美、以至中美地区也呈现出了实际向着集团化发展的趋势。面对这种形势，地处东方的日本当然不甘落后，正在为建立亚洲太平洋经济圈这样的设想而采取措施和行动。若加上早已存在的以苏联为中心的经互会，实际上，世界上主要的经济强国都有了围绕自己的经济集团和地区。地区性和集团性的发展与世界经济一体化有一致的一面，即在地区和集团范围内，各国经济之间的联合和协作是向着经济一体化的方向前进的一个重要步骤，这对世界经济的一体化当然是一种推动，在这一意义上，它有其积极的作用。但是，地区化和集团化的现实发展也起着使统一的世界经济趋于割裂的作用，使世界经济的正常发展遇到了更大的障碍。因为，地区性经济集团现在虽然没有明目张胆地宣布其排他性，它大多只是规定在集团内享有何种优惠，而这实际上就是对集团外国家的一种歧视。因此，它又是与世界经济一体化的要求背道而驰的。而且，从当前在世界经济中所起的实际作用来看，其对世界经济发展的不利影响，要大于它对世界经济发展所起的推动作用。它对于像中国这样没有参加经济集团的国家来说，更只有不利的一面。这种情况的出现，是生产国际化的要求与各国具体经济利益之间的矛盾造成的，是这一矛盾不断发展和激化所带来的必然结果。

世界经济的多极化、地区化和集团化，使世界经济在可预见的将来很难走上真正的一体化。而且，即使要建立像战后一度在美国的霸权之下所建立的那种相对统一和稳定的世界经济秩序也是非常困难的。

对于未来的世界经济格局，现在世界各国有许多不同的看法。例如，有人主张由美国和日本来共同领导世界经济；又例如，有人认为未来的世纪将是"日本的世纪"；还有一种说法认为太平洋的世纪即将到来，而大西洋则将衰落下去。我认为，世界经济的重心确实正在东移，这主要表现在日本经济的迅速崛起，以及亚洲新兴工业经济和东盟国家的经济发展速度已居于世界的前列等等。但是，现在就认为太平洋地区将在经济上超过大西洋地区，日本将成为新的世纪经济霸主，恐怕还为时过早。

只要我们对日本经济的现状和未来的发展作较为深入地分析，就可以很清楚地看到，日本是很难能取代美国过去的地位并主宰整个世界经济的。

日本的国民生产总值现在仍只及美国的一半多一点。据美国长期战略委员会的预测，到 2010 年，若按 1986 年美元的汇率计算，美国的国民生产总值将达到 79000 亿美元左右，而日本为 37000 亿美元，两国国民生产总值之比与现在相差不多。这一估计显然对美国估计得过高了，而对日本估计低了，但日本的国民生产总值大体上仍将与美国相差 30%—40%，大概是可以预计的。所以，即使到那时日本也还不可能取代美国成为世界上的第一经济大国。届时日本的市场也不可能取代美国市场在现在国际经济中的地位和作用。

日本经济本身还有些弱点。它能源和资源贫乏，对进口能源和原料的依赖是严重的。对国外市场的依赖今后也不会减轻很多。这使它的经济发展不能不受到世界政治、经济形势更多的影响。尽管日本经济的适应能力非常强,这一不利的方面也是不容忽视的。

日本作为第二次世界大战的战败国,在国际政治和军事力量方面也处于不利的地位。现在,它的经济发展仍没有相称的国际政治和军事地位与之相适应。在联合国,它不是安理会的常任理事国,在军事上要依靠美国的保护。这与美国,甚至过去的英国成为世界霸主时的情况是不能相比的。英国作为一个岛国,虽然也存在国内市场相对狭小和缺乏资源的问题,但它有作为"世界工厂"的垄断地位,有强大的"无敌舰队"和遍及全球的广大殖民地。美国则不仅本身有广阔的市场和丰富的资源,而且在战后还拥有军事上的垄断地位作为其对外扩张、建立国际经济秩序的后盾。现在,日本虽也想通过增加军费开支来不断增强自己的军事力量,提高自己的军事地位,但这绝不是一件易事,不待以时日是难以达到目的的;而且,日本要这样做,在国内外所遇到的阻力都将是巨大的,这也使日本政府在这方面不能不有所顾忌,不可能一下子就放手去做。从当前情况看,日本今后将仍然主要在国际贸易和金融方面发挥日益重要的作用,而难以像过去的英国和战后的美国那样成为另一个垄断资本主义世界经济的霸主。

世界四大经济区的经济实力对比
(在世界国民生产总值中所占的比重) (%)

年份	西欧	北美	苏东	亚太	其他地区
1960年	22.0	36.0	19.1	11.1	11.8
1980年	26.7	24.5	17.5	18.5	12.8
2000年	23.3	21.4	16.9	21.9	16.5

资料来源:〔日〕《图解2000年的日本》第49页。

在世界经济低速增长的形势之下，亚洲太平洋地区的经济发展一直处于世界各个地区的前茅。由于自60年代以来，亚洲太平洋地区一直是世界经济发展最快的地区，其在世界经济中的地位正日益提高，已成为世界最引人注目的地区。今后，亚太地区仍将是世界经济增长最快的一个地区。世界经济的重心因之正在东移。在这一背景下，人们认为很快将出现一个太平洋世纪并不奇怪。

但是，对亚太地区在世界经济中的地位也不应估计过高。因为，即使到2000年，亚太地区在世界国民生产总值中所占的比重比1960年提高1倍，也仍然只是和北美与西欧两大经济区旗鼓相当，平分秋色，并不占明显的优势。如果把美国与西欧按传统的联系看成欧洲大西洋地区，则它们仍将占有很大的优势。由于亚太地区起步晚、基点低，能迅速地赶上来与西欧北美平起平坐已属不易，要大大超过它们则尚有待长期的努力。同时，还应该看到，虽然亚太地区国家之间的经济联系在不断增多，相互之间的经济合作在加强，但由于这一地区存在着各种复杂的关系，经济发展水平差异很大，还没有形成紧密而适当的国际分工。因此，要走向区域的经济一体化还会有很多的障碍和困难，一时还看不到会形成类似欧洲经济共同体那样的经济实体的前景。这对亚太地区作为一个整体在世界经济中发挥作用显然也是一个限制。

根据以上的分析，我认为，当前这样的世界经济格局，特别是美国、日本与西欧三足鼎立的局面仍将继续维持相当一个时期，世界经济的多极化、地区化和集团化因之还会有所加强。因此，还看不到在不远的将来有实现世界经济一体化的前景。

三

世界经济在不断发展变化,中国在世界经济中的地位也会随之发生变化。对中国在未来世界经济中的地位,国内外同样存在许多不同的看法。

美国"综合长期战略委员会"1988年1月2日曾向美国总统提交了一份题为《有选择的威慑》的报告。在此报告中提出了这样的预测:到2010年,中国的国民生产总值将达到38000亿美元。届时,中国的国民生产总值将超过日本(37000亿美元),仅少于美国(74000亿美元)而居于世界第二位。

我认为,这样的预测是过于乐观了。造成这样过分乐观预测的原因,在于他们采用购买力平价法将中国的国民生产总值折算成美元时,把中国的国民生产总值高估了。由于采用购买力平价法,中国在1990年时能达到的国民生产总值被折算为15000亿美元;而按我们自己的预测,届时中国的国民生产总值将只有4千多亿美元,还不到美国估计的1/3。在此基础上去预测2010年的国民生产总值,当然也就会相差3倍以上。

美国"综合长期战略委员会"对各国GNP的预测*　　(单位:亿美元)

国别	1990年	2010年	年平均增长率
美国	45000	74000	2.5%
中国	15000	38000	4.6%
日本	23000	37000	2.7—3.0%
苏联	22000	29000	1.6%

*　这一预测的绝对数和增长速度不大相符,引用未作改动。

如果按照美国的这一预测，当然不会有什么"日本的世纪"，当前美苏两个超级大国对峙的格局也将有很大的改观，两国之间的差距将明显拉大，而中国在世界经济中的地位则将大幅度上升。这种局面会出现吗？我认为，不大可能。因为，它对日本和苏联的估计都偏低了，而对中国的估计又太乐观了。

当前，中国国民生产总值在世界上约居第七八位，尽管在今后中国有可能保持较快的经济增长速度，但要在20年左右跃居世界第二位是不可能的。因为，中国不但经济基础差、底子薄，与世界先进国家相差甚远，而且，中国目前正在进行经济改革，经济体制方面的积弊甚多，每前进一步都很困难，要能真正摸索出一条能顺利发展的道路，尚需通过不断的实践，这有待时日，而绝非短短几年就能解决问题的。根据中国目前的经济发展情况，如果今后能维持平均每年7%的经济增长率，到2000年，中国的国民生产总值将有可能达到11000亿美元左右，估计可居美国、日本、苏联和联邦德国之后列第5位。而要真正赶上发达国家，则还需要几十年时间，到下一世纪中叶才有可能。

当然，中国是一个人口众多的国家，中国在国民生产总值上的地位并不能说明中国的富裕程度，若按人均国民生产总值计算，则中国目前是一个穷国，即使到2000年前后，也仍然只能是一个收入中等偏下的国家。在经济发展上，摆在中国面前的道路是漫长而艰巨的。

所以，在估计中国在世界经济中的地位、作用和影响时，既要看到中国作为一个大国的作用，国民生产总值不算少，有着世界上人口最多的广大市场，经济发展正在起步，需要吸收大量的资金、技术和设备，并且会有越来越多的商品可以出口，这些对世界经济的影响都不会小。但另一方面，中国又是一个比较贫穷的发展中国家，它在世界经济中所能发挥的作用又是有限的，不可能与发达国家相比拟。

　　从当前的世界经济形势和发展趋势看，中国经济发展所面对的国际经济环境并不是十分有利的。世界经济的低速增长使世界市场的扩大不会很快，而且竞争将是激烈的。世界经济的多极化、地区化和集团化对中国这样的国家也有许多不利。现行的国际经济秩序对发展中的国家是不利的，而且由于世界经济格局的变化还受到了很大冲击，使国际经济关系正处于不断变化的过程中，显得很不稳定。在这种情况下，中国需要更好地加强与世界各国的经济协调与合作，进一步实行全面的对外开放，以争取客观的国际条件向有利的方面转化，使中国在变化的世界经济中能不断改善自己的地位，跟上世界经济发展的总潮流。在这方面，中国与英国加强经济交流和合作是有着广阔前景的。我们对此寄予很大的希望。

（原载《世界经济》1989 年第 7 期）

人类似将以相当沉重的步伐走向 21 世纪[*]

1989年作为80年代的最后一年过去了。这一年,世界经济的增长速度虽比1988年有所减慢,但并无大的波澜和起伏,情况比年初的一般预测要好一些。

1990年迎来了90年代。1990年的世界经济增长速度可能会进一步有所减慢。但整个90年代,世界经济的发展是否会比80年代好一些呢?这就需要看各种因素今后的发展变化了。

一

1988年,世界经济,特别是发达资本主义国家的经济,出现了一个加速增长的小高潮。发达资本主义国家不仅持续了第6年的经济回升,而且年平均增长速度达到了4.2%,仅次于这一回升阶段增长速度最快的1984年(4.7%)。[①]

---

[*] 本文是中国社会科学院世界经济与政治研究所世界经济研究小组1990年撰写的研究报告《世界经济形势的回顾与发展》的概述部分。作者是执笔人。

[①] 〔美〕《总统经济报告》1989年1月与经济合作发展组织《经济展望》1989年6月有关数字。

1989年，发达资本主义国家持续了第7年的经济回升。正如去年我们所作的预测那样，新的衰退并没有发生。但是，世界经济的增长速度已较1988年有较大幅度的下降，大约仅略高于3.0%。发达资本主义国家的经济增长率下降最为明显，从1988年的4.2%下降为大约3.0%，即下降了1/4。其中，除联邦德国、日本和法国的经济增长率比1988年略有提高或大体持平外，其他国家都将比1988年有较大的下降，美国将从3.8%降至3.0%以下，英国更将从4.5%降至只有2.5%。[①]

发展中国家的经济增长率1989年也将比1988年下降大约1个百分点，从4.5%左右降至3.5%左右。亚洲的形势仍然是最好的，1989年的经济增长率将大体与1988年相当，可望达到7%。虽然亚洲新兴工业化地区1989年的经济增长率有了较大幅度的下降，如南朝鲜从1988年的12.2%降至6.7%，香港更将从7.5%降至3.0%，但东盟国家的经济增长率有了较大的提高，1989年平均将达7.6%，第一次超过亚洲新兴工业化地区（1989年平均约为6.4%），从而就整个亚洲发展中国家和地区平均来说，经济增长率仍然是相当高的。[②] 在发展中国家中，最困难的还是拉丁美洲地区。拉丁美洲经济委员会估计，1989年拉丁美洲国民生产总值的年增长率将只有0.2%，有的国家还是负增长。非洲的情况比拉丁美洲要好一些，大体上维持着3.0%左右的增长率，困难仍然很大。

苏联东欧国家由于1989年在政治上发生了很大的变动，经济形势都不大好，估计平均年经济增长率将下降到3.0%以下。

---

① 国际货币基金1989年12月的经济报告及关税贸易总协定1989年12月的年度报告。

② 《日本经济新闻》1989年12月1日。

总之，1989年对于各类国家和地区来说，经济增长率都有不同程度的下降，整个世界经济的发展速度也就随之减慢了。

除了经济增长速度减慢外，1989年的世界经济、特别是发达资本主义国家的经济还是呈现出如下一些特点：

（一）国际贸易的增长速度已开始放慢。1988年，国际贸易量的增长速度创造了80年代的最高记录，达9%，这是促使1988年世界经济有较快增长的一个因素。1989年国际贸易的增长速度明显放慢，将降至7%以下。[①] 国际贸易的增长虽然仍快于世界经济的增长，但其对世界经济发展的推动作用已有所减慢。

（二）国际商品市场初级产品的价格又重新下跌。自进入80年代以来，国际商品市场初级产品的价格并没有随着世界经济的回升而上涨。相反，初级产品的价格不仅继续下跌，而且跌到了战后以来的最低水平。1988年，随着发达资本主义国家经济的一度繁荣，国际商品市场初级产品的价格才有了转机，开始回升。1988年，大约上涨了21%。可是好景不长。随着世界经济和国际贸易增长率在1989年的减慢，初级产品的价格又重新开始下降，估计全年平均将下降16%以上，降幅是相当可观的。[②] 初级产品是许多发展中国家最主要的出口商品，其价格的下跌对这些国家的经济不能不带来严重的影响，是使发展中国家久久不能摆脱经济困境和债务危机的一个重要因素。

（三）在国际货币市场上，各国货币的汇率继续很不稳定。与前一二年略有不同的是，美元在1989年稍有回升，马克显得更为坚挺，而日元则呈现了由强转弱的颓势。1989年，美元与

[①] 关税及贸易总协定1989年12月的年度报告。
[②] 同上。

日元的比价最高时曾达 1:152，与西德马克的比价则达 1:2.04，均大大突破了七国首脑会议所确定的汇率目标区的最高限 1:140 和 1:1.90。到 1989 年年底，由于西德马克坚挺，美元与西德马克的比价已降至 1:1.70 左右，而对日元的比价则仍在 1:140 的上限。汇率频繁而较大幅度的波动，不能不影响到世界经济的稳定。

（四）发达资本主义国家的利息率普遍有所调高，各国利息率之间的差距则有所缩小。1987 年 10 月黑色星期一的股票暴跌之后，发达资本主义国家为防止因此引起严重的经济震荡和衰退，普遍采取了降低利息率和放松银根的政策。此后，由于经济增长速度加快，通货膨胀又呈加剧之势，发达资本主义国家政府从 1988 年下半年开始又陆续重新调高银行的利息率。到 1989 年底，美国联邦银行的贴现率为 7.0%，联邦德国中央银行的贴现率为 6.0%，英国中央银行的利息率更高达 15%。在发达资本主义国家中，利息率一直最低的日本，中央银行的贴现率也从 2.50% 提高到了 4.25%，增幅达 70% 以上。由于美国联邦储备银行的贴现率虽也有提高，但增幅较小，而联邦德国和日本的贴现率增幅要大得多，因此，各国之间原来较大的利率差已有较大幅度的缩小。过去，美国的贴现率约为日本的 280%，而现在，已只略多于 160%。利息率提高和变化的不一致，不仅是经济增长的一个抑制因素，使一些国家的固定资本投资有所减少，而且也影响到股票行市和货币资本在国际间的流向，从而增加了世界经济的不稳定性。

（五）股票行市仍然过热，并不时出现大涨大落的情况。股票行市不断看涨，除了与一些国家经济增长速度有所加快有一定关系之外，主要是由于滞留在流通领域中的货币资本过多，再加上近一、二年掀起的企业兼并风，把股票价格哄抬到了过高的水平。股票行市一再突破历史的最高记录，但并不稳定。1989年10月13日，纽约股市又一次发生了猛烈的暴跌，一天下跌了190.58点，成为仅次于1987年黑色星期一的股市大震荡。[①] 这反映了股票市场的脆弱性，一有风吹草动，不是猛涨，就是狂跌。虽然现在股票行市对实际经济运行的影响已不那么直接，并有很大减弱，但对投资和消费仍然会有这样或那样的影响，这也是不容忽视的。它仍然从一个侧面反映了资本主义世界经济一定程度上的不稳定性。

（六）发达资本主义国家的贸易不平衡仍很严重，但较前几年已有所缓解。美国的对外贸易逆差在1989年将继续有所下降，估计全年的贸易逆差将在1100亿—1200亿美元之间。这与1987年高在1737亿美元的逆差纪录相比，已下降了1/3。日本由于扩大内需、增加进口，贸易顺差已有所减少，1989年的顺差将降至812亿美元，与过去每年约1000亿美元的顺差相比，已减少约20％。联邦德国前几年的对外贸易顺差已达500亿—600亿美元，1989年将继续有一定增加，估计将达700亿—800亿美元，与日本的对外贸易顺差更加接近。[②] 可见，西方国家的贸易发展不平衡仍然是一个严重问题，只是由于美国的对外贸易逆差有较大减少，才显现出一定的缓解，但问题远未得到解决。

（七）发达资本主义国家的通货膨胀率有所提高，但总的说来仍继续维持在相对较低的水平上。1988年，经济合作与发展组织成员国的平均通货膨胀率为3.9％，1989年将提高到4.5％左右，提高不到1个百分点。当然，各个国家的情况并不完全一样。英国1989年为7.0％左右，而日本仅为2.0％。联邦德国前

---

① 西方通讯社1989年10月14日报道。
② 《国际金融统计》1989年与有关新闻报道。

几年的通货膨胀率仅有0.5—2.0%，而1989年将提高到3%左右。美国在1986年降至1.9%的最低点后已逐年上升，1987年为3.4%，1988年为4.2%，1989年将达5.0%。① 各国通货膨胀率的提高是促使各国政府相继提高利息率的一个因素。一方面，由于通货膨胀率仍然相对较低，这对各国的经济增长是一个有利因素，另一方面，为了防止通货膨胀加剧而提高利率和收紧银根则又对经济增长有一定抑制作用。

（八）发达资本主义国家的失业率仍然相当高。前几年，西欧国家在经济回升时期失业率依然继续上升，一度高达12%左右，这是过去从未有过的现象。最近一二年，略有下降，但仍然维持在较高的水平上。1989年西欧国家的失业率仍接近10%；美国为5.5%；日本的失业率则接近3.0%，虽在发达资本主义国家中最低，却已是80年代以来该国最高的失业率。这样，经济合作与发展组织成员的平均失业率1989年仍约为7.0%，② 并不算低。较高的失业率影响着居民的收入水平和消费的增长，也影响着社会的安定。

（九）发展中国家的债务仍在增加，但债务危机有一定缓解。到1989年底，发展中国家积欠的国际债务已达13000亿美元。③ 为了支付外债本息，1989年，拉丁美洲国家用去了出口收入的40%；其余地区的相应数字是：中东和北非国家38.4%，南亚国家为27.5%，撒哈拉以南的非洲国家为27.6%，东亚和太平洋国家为16.7%。④ 沉重的债务负担不能不严重影响这些国家的经

---

① 经济合作与发展组织《主要经济指标》与美国《总统经济报告》有关年份数字。
② 经济合作与发展组织1989年7月发表的报告及有关报道。
③ 世界银行1989年12月发表的《关于中下经济发展水平国家的外债问题》。
④ 同上。

济增长。尽管发展中国家的积欠债务仍在增加,但由于发展中国家和国际社会为解决债务问题所作的种种努力,发展中国家在1989年尚未发生无力偿付债务本息的严重危机。

1989年世界经济中的上述情况对1990年的形势将会带来不等的影响。综合起来看,1990年的世界经济增长速度有可能比1989年进一步放慢,年增长率将在3.0%以下。经济增长放慢势必使各种矛盾增多和激化,并将给世界经济的发展带来新的不稳定性因素。

1.1990年,发达资本主义国家已进入经济回升的第8个年头。从现在的情况看,一次新的经济衰退尚不大可能很快来临。因为,发达资本主义国家的经济增长和固定资本投资在1989年都已有所放慢,发生严重生产过剩从而形成一次危机的条件并不成熟,但各国的经济增长率将比1989年进一步降低。估计发达资本主义国家的平均经济增长率将从1989年的3.0%左右下降到2.5%左右。美国将从3.0%下降到2.5%以下,西欧国家也将从3.0%下降到2.7%左右,相当于所有发达资本主义国家的平均水平,其中西德可能从4.0%下降为3.0%。日本则仍将在所有发达资本主义国家中居领先地位,经济增长率虽会比1989年的5.0%左右略有下降,但仍可望能保持4.5%以上的增长率。受发达资本主义国家经济增长速度放慢的影响,发展中国家的经济仍将存在困难,但经济增长率有可能略高于1989年,达到4.0%或以上。亚太地区的发展中国家仍将保持较好的增长势头,但比1989年速度还会有所减低,1990年可能在5.0%左右。苏联东欧国家1990年的经济情况现在还很难估计,因为苏联东欧国家政治动荡对经济前景的影响,现在还不十分明朗。在这一地区政治形势是否能很快地稳定下来将起关键的作用。

2.由于世界经济增长速度普遍放慢,1990年的石油和原料价格将与1989年基本持平或有所下降。石油每桶价格将继续在16—18美元之间波动,初级产品的价格在1989年有较大幅度下降的情况下,还将是疲软的,但也不会再大幅度滑坡。

3.由于经济增长减慢,石油和原料价格维持在较低水平上,各国的通货膨胀率虽会有一定提高,但也不会提高过大。经合组织成员国平均的通货膨胀率将不会超过5.0%,约比1989年提高不到1个百分点。

4.为了防止通货膨胀加剧,但又不能在经济增长速度已经减慢的情况下进一步实行货币紧缩政策,各国的利息率仍将保持在1989年的水平,即在相当高的水平上略有波动,但不会大幅度地上升或下降。

5.由于经济增长和国际贸易扩大的速度下降,市场问题将更加突出。发达资本主义国家间的贸易摩擦将因之有所加剧。它们之间的贸易不平衡将继续是一个严重的问题。美国的对外贸易赤字既不会重新大幅度上升,也不会降至1000亿美元以下。日本和联邦德国的贸易顺差仍将是巨额的,不会有较大幅度的增减。

因此,1990年世界经济的发展很可能是一个在较低增长速度之下的平平之年。

二

随着1989年的过去,80年代结束了。回顾整个80年代,世界经济从发生资本主义世界严重的经济危机开始,而以减慢的经济增长速度结束,从而使80年代成了战后世界经济增长速度最慢的10年。

在五六十年代,世界经济的年平均增长率在5%以上,70年代降到 4.0%左右，80 年代则在 3.0%以下了。具体的情况大体上显示在下页的统计表中。

可见，世界各类国家在 80 年代的经济增长速度都大大减慢了。世界各类国家经济发展速度减慢的原因并不相同，情况有很大差异。但就世界经济的整体来说，发达资本主义国家发生的严重经济失衡以及它们对经济政策的调整乃是最重要的因素。

各类国家国民生产总值的年平均增长率 （%）

年　代	发达资本主义国家	发展中国家	社会主义国家
60	4.95	5.55	4.70
70	3.15	5.35	3.50
80	2.90	3.00	3.00

注：80 年代数字为初步估计数。

资料来源：美国《总统经济报告》；世界银行《世界发展报告》有关统计资料。

发达资本主义国家严重的经济失衡主要表现在两个方面，一是作为世界第一经济大国的美国，长期存在着财政和对外贸易的巨额赤字。这不仅直接影响了美国的经济增长速度，而且由于美国因之而采取的高利率和贸易保护主义政策，还影响了整个世界经济的发展。再一是发达资本主义国家之间的经济发展不平衡，进一步加剧了美国、日本和西欧之间的经济摩擦。在日益加剧的经济矛盾面前，发达资本主义国家虽然通过加强国际间的经济协调，缓和了一些矛盾，但并不能从根本上解决问题。

在 80 年代，发达资本主义国家经济发展不平衡的突出事件是美国从世界上最大的债权国迅速转变成了最大的债务国，而日本则取而代之，成了当前世界上最大的债权国。

1981 年，美国达到了作为世界最大债权国的最高峰，拥有的国外净资产达到 1411 亿美元。但是，仅仅过了 3 年，美国便在 1985 年年中，开始变成了债务国。这是由于美国连年存在巨额双赤字需要利用大量外国货币资本而带来的后果。到 1988 年底，美国所负的国际净债务已达 5325 亿美元，[①] 估计 1989 年将突破 6000 亿美元的大关。与此同时，日本却一跃而成了世界上最大的债权国。1989 年日本所拥有的国际净债权已超过 3000 亿美元，比美国曾经拥有的国际净债权的最高记录还要高出 1 倍以上。不仅如此，现在世界上按营业额计算的最大 10 家商业银行已全部为日本所囊括，而过去的金融霸主美国，却无一家可问津其中。[②]

发达资本主义国家的发展不平衡使世界商品和资本的流向因之发生了很大变化。美国继续是世界上最大的商品市场，但它的出口地位却相对下降了，不仅每年有巨额贸易逆差，而且连世界第一出口大国的地位也已被联邦德国夺走。过去美国是最大的资本输出国，而现在，美国输入的资本已超过输出的资本，从而沦为债务国。在这种情况下，世界经济形势的好坏，已在更大程度上要受到作为世界最大商品市场和资本市场美国经济情况的影响。而美国经济本身存在的严重失衡和各种问题，则使美国经济很不稳定并难以出现真正的繁荣。这对 80 年代世界经济增长放慢起了不小的作用。

进入 80 年代后，发达资本主义国家的宏观经济政策发生了较大的变化。鉴于过去实行凯恩斯主义的膨胀性财政和金融政策来刺激经济增长，不仅使经济发展过程很不稳定，而且还引起了严重的通货膨胀，发达资本主义国家开始对这种政策进行了调

---

① 美国《总统经济报告》和美国商务部公布的数字。
② 美国《幸福》与英国《银行家》杂志有关统计资料。

整。它们把反对通货膨胀放在首位,追求适度和稳定的经济增长。虽然它们的宏观经济调节并不能完全左右经济的发展过程,但确实也收到了一定的效果。严重的通货膨胀已大为减缓,经济发展过程中的波动也不如过去那么剧烈。它们的这种经济政策调整,对80年代发达资本主义国家的经济增长是有不小影响的。

当然,就整个80年代来看,发达资本主义国家的经济增长速度还不能说是适度的,而是过低了一些,从而长期解决不了过高的失业率,并加剧了市场问题,促使贸易保护主义抬头,这些对各国经济和世界经济的发展是不利的。

世界经济的发展不平衡,使80年代成了多极化、地区化、集团化明显发展的10年。原有的西欧共同市场加快了一体化的步伐,美国则在北美和中美加速营造自己的势力范围,日本当然不甘落后,亚太经济圈等等主张和设想,正在变为具体的政策和实际步骤。在国际经济关系日益密切的今天,这种带有某种分割性质的趋势,不能不给世界经济带来一定的不利影响。

在跨入90年代的时候,展望90年代的世界经济,总的格局和形势,估计不会与80年代有太大的变化。世界经济总的发展趋势可能是,继续保持相当一个时期低速而不稳定的局面,各类国家的发展不平衡将进一步加剧,经济多极化、地区化和集团化将更为明显和突出。

1. 世界经济仍将继续维持一段时期低速而不稳定的局面。

现在,不少经济学家和国际经济组织已对90年代最初几年世界经济的发展作出了增长速度放慢的预测。例如,由美国经济学家克莱因领导的"世界模型联接计划"预测的1992年以前的世界经济年平均增长率将在3.0%以下。[①] 有的经济学家则把90

---

① 《经济日报》1989年11月20日。

年代看成是"毫无意义的10年"或"平凡的10年",认为世界经济在90年代只能保持低速的增长,增长速度可能比80年代还要低。[1]

当然,也有乐观的预测,美国"新浪潮"学派的经济学家就认为,美国在90年代将没有衰退,通货膨胀率很有可能下降到零,经济增长率将比80年代高而稳定。"90年代可能是一个真正繁荣与增长的伟大时期"。[2] 美国若能如此,将对世界经济带来好的影响。

从现在的情况看,认为90年代世界经济会迎来没有衰退的高速增长时期,可能是一种"乌托邦的预测",[3] 而大体维持与80年代类似的低速增长则有较大的可能性。因为,促成当前世界经济低速增长的一些重要因素,如世界经济的严重失衡,在90年代一时还难以解决,而有利于世界经济加速增长的有利条件,如科学技术的加速进步,各国产业结构和经济政策的调整、国际经济协调的加强等等,一时也难以使世界经济发生带根本性的转折。以发达资本主义国家经济政策的调整来说,目前还不能说已找到了能真正取代凯恩斯主义的理论基础和政策措施,因此也就很难摆脱原有理论和政策措施的窠臼和弊端,给政府的宏观经济调节带来新的面貌。在世界经济的各种严重失衡甚至有可能进一步加剧的情况下,对世界经济的顺利发展当然不可能有过高的奢望。

2. 世界经济发展不平衡将进一步加剧。

就发达资本主义国家而言,美国、日本和西欧的发展在90

---

[1] 美国《商业周刊》1989年9月25日。
[2] 美国《新闻周刊》1989年12月25日。
[3] 同上。

年代将更加不平衡,但三方中的任何一方要取得压倒的优势也不可能。美国将继续维持其世界第一经济大国的地位,但相对优势将进一步缩小。日本在国际贸易和国际金融领域里将发挥更为重要的作用,但无论在经济总量上,还是在吸纳国际商品方面,都不可能赶上美国的地位与作用。西欧国家则将通过加强联合和实现经济的一体化来与美国和日本相抗衡。它们在科学技术、国际贸易和国际金融等各个方面的竞争将比80年代更为剧烈。但是,目前美国、日本和西欧三足鼎立的格局在90年代还不会发生根本性的变化。

发展中国家与发达资本主义国家在经济上的差距很有可能将进一步拉大。80年代,发展中国家渡过了极为困难的十年,90年代的形势也非常严峻。在经济发展越来越依靠科学技术进步的今天和未来,发展中国家却最为缺乏发展科学技术的条件和手段。它们背负的沉重国际债务,则使它们更加缺乏经济发展所必需的资金。在资金已经发生向发达资本主义国家倒流的情况下,要使它们的经济有一个较快的发展来缩小与发达国家的差距是不可能的。再加上一些发展中国家的人口增长超过了经济增长的速度,它们的人均国民生产总值不是在提高,而是在下降。它们与发达资本主义国家在人均国民生产总值方面的差距在90年代还会进一步拉大。南北差距和矛盾的扩大,势必会反过来成为影响世界经济正常发展的一个因素。

发展中国家内部的发展也将是不平衡的。东亚和东南亚地区仍将走在最前列,少数国家甚至可能接近发达国家的经济发展水平。发展中国家的经济因之将更为明显地走向两极分化。

3. 世界经济将进一步呈现出多极化、地区化和集团化的趋势。

世界经济的低速增长和发展不平衡,使各国之间的竞争更为激烈。各个经济大国为在竞争中处于有利地位，都力争形成和巩固自己的势力范围。这样，与经济多极化相应的经济地区化和集团化趋势已在加强。90年代，将是经济多极化、地区化和集团化更为发展的10年。

最为突出的，是西欧共同市场已制定了要在1992年实现西欧统一大市场的日程表，届时在地区内使商品、资本和劳动力在各国之间自由流动。

美国也加入了实行经济地区化和集团化的行列。它已与加拿大签订了自由贸易协定，并于1989年1月开始实施。它与墨西哥也正朝着这个方向发展关系。北美，以至中美形成一个地区性经济集团的前景正逐渐明朗。

日本在这一方面将急起直追。它正加紧采取各种措施以实现其亚太经济圈的各种设想和方案，实际上已经把东亚、东南亚地区视为它的禁脔。

90年代，这些以资本主义大国为中心的地区性经济集团将进一步扩大集团内的经济合作与交往，使地区内的经济一体化有所发展与加强。但却对统一的、联系日益密切的世界经济起着一定的割裂作用。对于未参与地区性经济集团的国家显然会带来种种不利的影响。

90年代世界经济的上述主要趋势将使我们迎来一个与80年代大体相当的、相当困难的10年。人类似将以相当沉重的步伐走向21世纪。

全球贸易,看石油眼色行事

中东再一次成为世界瞩目的中心。伊拉克武装入侵并吞并科威特,使几乎所有西方大国都在海湾地区进行了大量军事集结,大规模的武装冲突已呈一触即发之势。这种情况说明,中东石油对西方国家乃至整个世界经济的重要性,它正给已经处于低速而不稳定状态的世界经济带来新的巨大的冲击。

先看海湾危机对国际贸易的影响:

海湾危机首先触动了西方经济中石油这根最为敏感和脆弱的神经。它已开始促使石油价格重新大幅度上涨。在海湾危机发生不到一个月的时间里,国际市场上的石油价格已经上涨一倍,达到30美元左右一桶。这一价格虽离70年代两次石油危机后的最高价格(36美元一桶)尚有一段距离,而且,在石油输出国组织决定增产后,油价可能会略有下降,但海湾危机还仅仅是开始。若这一危机使武装冲突进一步扩大,并长期拖延下去,则石油价格重攀70年代末的最高峰将只是时间问题。

石油价格大幅度上涨并较长时期地保持在较高的水平上,将促使国际市场的价格体系进行一次新的、不小的调整。由于石油既是最重要的能源,又是许多工业部门最重要的原料,油价的上涨必然会带动整个物价水平的相应提高。一轮新的通货膨胀已在所难免。与前两次石油危机时的情况一样，从这一国际价格体系调整中获益的将是石油输出国，而大量依靠进口石油和石化产品的国家将损失最大。

石油价格的大幅度上涨还将影响国际贸易的增长和结构。原来关于今后一段时期国际贸易将像前一二年那样维持较高增长速度的一些预测显然将难以实现。由于石油带动商品价格上涨，在国际贸易额提高的同时，国际贸易量却有可能会有所减少。这种情况在第二次石油危机后表现得最为明显，这一次很可能重蹈覆辙。受石油价格上涨影响经济最为严重的一些国家，它们的出口将发生一定的萎缩。这些国家大多是重债国，这势必会使它们面临更为严重的经济形势，甚至可能触发严重的债务危机。

海湾冲突已使前几年曾一度萎缩的国际军火交易又趋兴旺。这对美国、苏联、法国等最大的军火出口国是又一次大赚其钱的机会。而资本货物的国际交易将趋于减少。两伊战争结束后，希望从两伊恢复经济中出口大量资本货物的打算已成泡影；东欧经济改建也将因国际金融市场的变化而受到严重的影响。

国际贸易中原已存在的严重失衡将进一步加剧。贸易赤字最大的美国，有可能重新冲击1700亿美元最高贸易赤字的记录。因为，虽然海湾危机会给美国经济带来一定的战争景气，并使军火出口大幅度增加，但由于它的1/3以上的石油需要进口，油价的急剧上涨将使它需要支付得更多。美国对外贸易赤字的重新高攀，将使美国的贸易保护主义倾向进一步增强。这对已经开始的在"关税与贸易总协定"主持下进行的全球性贸易谈判（乌拉圭回合）将是一个新的不利因素。再加上发展中国家在国际贸易谈判中的地位会受到一定的削弱，处于更加不利的地位，乌拉圭回合可能将更为旷日持久。

再看海湾危机对国际金融的影响：

国际金融领域对海湾危机最初和最直接的反映是股票行市的普遍下跌。这是出于人们对海湾危机将使已经处于低速而不稳定状态的世界经济形势进一步恶化的担心。如果海湾冲突进一步升级，世界各地股票市场还会出现新的暴跌，这是完全可以预计的。

国际局势的紧张促使人们寻求资产的保值。金价上升，美元坚挺，就是由此促成的。但保值与逐利往往是矛盾的。因此，情况稍有变化，又会促使黄金和美元的抛出，使价格较大幅度下降。这使自70年代初布雷顿森林体系瓦解以来一直处于不稳定状态的国际黄金和外汇市场将更加不稳定。

海湾危机使科威特和伊拉克的几百亿美元的国际金融资产被冻结，这对国际信贷市场当然会有一定的影响。海湾和阿拉伯国家为加强军事力量也在动用大量的国际储备。再加上国际局势捉摸不定，新一轮的通货膨胀正在发生，如此等等，都在促使国际利息率的提高。在今后一段时期里，国际利息率势必将维持在较高的水平上。这对增长速度已经放慢的世界经济更增加了一个新的不利因素，使发生一次新的经济衰退的可能性增大了。

海湾危机对国际投资的流向也会发生影响。由于国际形势紧张，国际投资者将更侧重于选择较为安全可靠的投资场所。在这种情况下，国际货币资本将更为大量地流向美国。这里本来就是世界上最大的投资场所，被看作是最安全的地方，再加上海湾危机将使美国的财政与贸易赤字重新大幅度上升，美国也需要吸收更多的外国资金，外国资本更大量地涌入美国是很自然的。近年来，外国输入美国的货币资本已大大超过美国输出国外的货币资本，这一趋势由于海湾危机将得到进一步的加强。这样，美将不仅是世界上最大的净债务国，而且正在成为世界上外国直接投资最多的净资本输入国。美国的国际金融地位因之将进一步下降，使其实际经济地位与仍拥有的经济霸权产生更大的差距，当前的世界经济格局和世界经济秩序都将因之受到更大的冲击，而处于更不稳定的状态。

危机伊始，其对世界政治与经济的影响到底有多大目前尚很难预料。但无论战火是否会扩大，这一危机都将在短期内难以结束。

(原载《中华工商时报》1990年9月8日)

1991年世界经济的增长速度将更为缓慢[*]

1990年,作为90年代的第一年,世界经济在相当困难的情况下渡过了。在这一年开始的时候,我们对1990年的世界经济形势曾作过这样的预测:世界经济的增长速度将进一步减慢,这将给世界经济带来新的不稳定因素,总起来看,很可能是一个低速增长的平平之年。1990年世界经济实际的发展情况基本上与我们的估计是相符的。对90年代来说,这并不是一个好的开端。

1990年,不仅世界经济近年来形成的低速而不稳定的特点表现得更为突出和明显,而且,还由于发生了海湾危机,使本来已经相当困难的世界经济受到了新的冲击,并使世界经济的未来具有相当大的不确定性,给其前景蒙上了更大的阴影。

1990年,世界经济的低速与困难是在世界经济格局继续发生变化、地区集团化趋势有了进一步发展的情况下发生的。这些变化与发展对今后一段时期的世界经济将继续发挥并扩大其影响,矛盾增加,竞争加剧,甚至会带来更多的激烈冲突。

---

[*] 本文为中国社会科学院世经政所世界经济形势研究小组1991年撰写的研究报告《世界经济形势的回顾与展望》的概述部分。作者是执笔人。

在迎来1991年的时候，一些发达资本主义国家已经陷入了一次新的经济衰退。虽然对这次衰退波及的范围及严重程度人们的估计不一，但它将使1991年的世界经济比1990年更为困难却是可以肯定的。同时，海湾危机对世界经济的影响也将是不利的。在这种情况下，1991年的世界经济将进一步降低增长的速度，而且具有很大的不确定性。

一

在1979—1982年的世界经济危机之后，世界经济已经持续增长了8年，成为战后延续时间最长的一个经济周期。在这一经济周期过程中，除个别年份的世界经济增长速度较快以外，其余年份的速度都比较慢。整个80年代，世界经济的年平均增长率大致为3%，比70年代发达资本主义国家处于经济"滞胀"状态下的4%左右还要低。1990年，世界经济的平均增长率继续下降，根据初步的数字，大约只有2%，是最近8年来速度最慢的一年。

从1990年世界经济的低速增长中还可看出如下一些特点：

（1）世界各类国家的经济增长速度都已连续两年下降。1988年，发达资本主义国家、发展中国家和苏联东欧国家的平均经济增长率分别是4.2%、3.5%和4.0%；1989年分别下降为3.6%、3.3%和接近零增长；1990年更进一步降至2.5%、2.0%和负增长。

在各类国家的经济增长速度都明显放慢的情况下，过去长期经济增长速度最慢的发达资本主义国家，近几年却变得相对发展最快了；苏联东欧国家由于政局动荡、经济陷入混乱状态，经济发生了大滑坡，不仅没有增长，而且还在下降；发展中国家也普遍发生了经济困难,并先于发达资本主义国家的经济衰退,在一些国家已出现了经济的负增长。这显然不利于缩小南北在经济上的差距。

(2) 在经济增长速度普遍放慢的情况下,发达资本主义国家的经济增长率重新出现了拉大的趋势。在80年代后半期,发达资本主义国家的经济增长率曾逐渐有所拉平,美国和西欧的年经济增长率都在3.0%以上,大体相当;日本快一点,在5%—6%之间,比美国与西欧高出不足一倍。1990年,这种状况有所改变。日本仍然最快,经济增长率可接近6%,而美国已下降到0.9%,西欧则在3.0%以下。[1] 而且,在日本经济仍相当景气的情况下,美国、英国和加拿大等却已相继进入了经济衰退。它们在经济增长率方面的差距已扩大到好几倍。

发达资本主义国家在经济增长速度方面的差异表明,发达资本主义国家经济周期过程的同步性已经在一定程度上有所减弱。这有可能延缓一次新的世界经济危机的到来,并使新的世界经济危机到来时,减轻经济危机的冲击力和严重程度。

(3) 发展中国家和地区之间在经济增长率上的差异也变得更为明显。在发展中国家和地区中,发展速度最快的仍然是东亚和东南亚地区。虽然这一地区的经济增长率这两年也在连续下降,但1990年仍然可以维持6.0%上下的较高水平。在世界经济普遍不景气的情况下,有的东盟国家,如泰国和马来西亚,经济增长率仍高达9%—10%。"四小"中的新加坡和南朝鲜,年经济增长率也可维持在8%以上。在这一地区,只有菲律宾和香港的情况差一些,约为2.5%。

---

[1] 参见经济合作与发展组织《展望》1991年12月20日;美国《商务部公报》1991年1月25日。

与东亚、东南亚地区经济继续以较快的速度增长形成鲜明对照的是拉丁美洲。1990年，拉丁美洲的经济增长率可能是负数。这主要是在大多数国家经济情况都不太好的情况下，拉丁美洲最大的国家巴西经济增长率可能降到-4%——-5%。联合国拉丁美洲经济委员会认为，拉丁美洲实际上已陷入经济衰退之中，并且估计，1990年拉丁美洲的人均国民生产总值将下降3%。[①]

非洲国家的经济情况也相当困难。1990年非洲国家平均的经济增长率可维持在与1989年大体相当的水平上，为3.0%左右。这主要是因为1990年非洲大多数国家的农业收成较好，是一个丰收年。但非洲的经济增长仍继续慢于人口的增长，因此，在非洲，按人口平均的国民生产总值仍在继续下降。与发达资本主义国家相比，非洲将显得更加贫穷。

世界经济中各类国家之间以及各类国家内部在经济增长速度上的差异，必将加剧世界经济中的各种发展不平衡，从而成为世界经济发展的一个严重障碍。

二

1990年，在世界经济增长速度进一步减缓的情况下，世界经济的不稳定性已表现得更为突出，在各个重要领域里都有较大的起伏与动荡。

(1) 发达资本主义国家的股票市场，动荡最为厉害。不仅各国的股票市场价格波动频繁而剧烈，而且普遍呈现出了大幅度下跌的趋势。1990年世界股票市场价格波动的一个显著特点，是日本成了股市价格猛跌的带头者，几次较大的股市猛跌都起始于

[①] 联合国拉丁美洲经济委员会《1990年拉丁美洲经济概况》1990年9月。

日本。1990年上半年，日本的股票市场就已几度大幅度下跌；在海湾危机发生后，日本的股票市场再一次受到巨大的冲击。这样，日本的股票价格在1990年一年之内就已下跌了48％以上。一年之内股票价格下跌近一半，在过去是罕见的，确实相当可观。其他发达资本主义国家的股票价格下跌幅度虽然没有日本那么大，但波动也同样相当频繁，波动幅度在10％以上的情况时有发生。1990年美国纽约股票市场最高价与最低价之差，则达20％以上。

1990年股票市场的震源主要在日本，这不是因为日本的经济形势最不好；恰恰相反，日本的经济形势在发达资本主义国家中还是最好的。因此，主要不是经济发展周期性的因素在起作用，而是由许多非周期的因素所促成。日本的政局一度不稳，首相一再更迭便是一个很重要的原因。过去几年，日本地价的过度上涨，迫使地价不得不大幅度调整，这也是一个重要因素。但更重要的是，日本的股票价格最近几年来的急剧上升，完全脱离了日本的现实经济情况。1989年底，日本股票价格最高峰时，竟为80年代初期的6倍，而在此期间日本的国民生产总值只增长了一倍多。对此，不少西方经济专家早已预言，这迟早会发生一场灾难。再加上为抑制通货膨胀，日本政府一再提高利率，这进一步促使了股票价格的下降。

在股票价格波动剧烈并趋于下降的情况下，发达资本主义国家的股票交易额呈现出了萎缩的现象。1990年，股票价格下跌最多的日本，股票的交易额下降了42％。西欧国家一般下跌了20％左右。美国下降最少，也接近10％。

由于非周期性因素对发达资本主义国家股票行市的影响日益增大，股票价格的波动已不像以前那样能准确而敏感地反映实际的经济运行情况。这说明，在发达资本主义国家，虚拟资本的运动已越来越与实际资本的运动相脱节,从而大大增加了这一领域的不稳定性。

(2)世界外汇市场的汇率波动很大,主要特点是美元汇率的大幅度下跌。1989年,美元汇率在80年代后半期大幅度下跌之后的一度反弹,美元对日元的汇率最高时曾达1美元兑换152日元的水平,对西德马克则达1美元兑换2.05西德马克。进入1990年后,美元汇率便在频繁的波动中趋于下降。到1990年年底,1美元已只能兑换127日元和1.47德国马克,与去年的高点相比,分别下降了17%和30%左右,美元对西方主要货币的平均汇率则大约下降了25%。

美元汇率的大幅度下跌,一方面是由于美国的经济情况恶化,正在滑向一次新的经济危机,使人们对美国的经济前景持悲观的态度;另一方面,则是由于日本和西欧国家的利息率提高。在80年代,美国的利息率在西方国家中一直占据着最高的地位;现在,却已低于西欧的一些国家,仅比日本高出大约一个百分点。这种西方国家利息率有所拉平的趋势,对国际货币资本流向美国不利,扩大了美国的国际收支逆差,从而成为促使美元汇率下降的一个因素。

1990年国际外汇市场一个值得注意的现象是,在海湾危机发生后,美元汇率的下跌趋势不仅没有得到扭转,而且还有所加剧。这与过去国际局势紧张和恶化时的情况已大不相同。过去,每当国际局势紧张,人们便纷纷抢购美元,把它视为一种可以保值的手段,从而会促使美元汇率的大幅度上升。这次却没有发生这样的情况。美元汇率并没有止跌回升,而是在更为频繁的波动中继续趋于下跌。这是对美国大规模卷入海湾武装冲突所表示的担心所致,使人们对美国经济的前景已更加悲观。

从现在的趋势看,美元在今后一段时期仍将是疲软的,日元和德国马克的汇率还会有一定程度的上升。

(3) 发达资本主义国家的银行业发生了巨大的困难。经济形势的恶化,股票行市的下跌,使发达资本主义国家银行业受到了很大的冲击。不仅银行的利润在 1990 年大幅度下降,下降幅度一般在 20%—30%,多的甚至超过了 50%,而且还面临着可能大量破产的危机。在美国,最大的 400 家银行中,只有 35 家需要国家的支持才能避免倒闭。仅仅为避免美国储蓄银行发生破产危机,就需要动用 5000 亿美元的保险基金。由于银行业遇到严重的困难,日本在金融领域大举向外扩展的势头已大为减弱。在日本从事国际银行业务的城市银行中,自有资本达到国际清算银行规定的 8% 标准的,年初约占 80%,年末却已不足 10%。这不能不使日本银行的国际业务发展受到很大的限制与影响。

造成这种局面的原因主要有二:一是过去几年发达资本主义国家的银行业执行信贷扩张的政策,使房屋抵押贷款和消费信贷急剧增加,一遇经济发生不景气,债务人无力偿还债务,问题便发生了;再一是在股票价格飞涨的过程中,各国银行大都投入股市交易以牟取暴利,股市价格的猛跌,不能不使银行遭受巨大的损失而陷入困境。

海湾危机在发达资本主义国家的银行业已经非常困难的情况下又带来了一次不小的冲击。如果由此再引发一次新的国际债务危机,国际银行领域的震荡将更大。

(4) 国际贸易增长速度减慢,而国际贸易中的不平衡并未见改善。国际贸易的增长速度与世界经济的增长速度一样,也已连续两年下降。国际贸易量 1988 年增长 8.5%,1989 年降为 7.0%,1990 年将进一步降到 6%,甚至 5%。当然,国际贸易的增长速度仍然高于世界经济的增长速度,仍然是推动世界经济发展的一个有利因素;但与六七十年代相比,其在这方面的作用显然已大大减小了。

在世界经济与国际贸易增长速度都减慢的情况下，国际市场的商品价格趋于下降。1990年价格总指数下降了大约10%。从不同商品来看，工业制成品的价格略有上升，而初级产品的价格则大幅度下跌，跌幅有的达20%以上。这对发展中国家的对外贸易是很不利的。不仅它们的对外贸易条件因之在继续恶化，而且也使它们在国际贸易中的地位进一步下降。发展中国家在世界出口总额中所占的比重将由1989年的20.9%，降至1990年的20.5%。

发达资本主义国家之间的贸易不平衡依然非常严重。美国的对外贸易逆差并未由于美元的较大贬值而有所改观，1990年的对外贸易逆差虽比1989年略有减少，但仍达1010亿美元。日本的对外贸易顺差虽比前几年有所减少，但依然有600亿美元左右；德国的对外贸易顺差则仍在增加，1990年将超过日本而接近700亿美元。贸易不平衡继续发展，再加上乌拉圭回合的国际贸易谈判未能达成协议而中断，贸易保护主义的阴影将进一步笼罩国际贸易的上空。

（5）发达资本主义国家的通货膨胀率普遍提高，海湾危机进一步推动了这一趋势。80年代发达资本主义国家的通货膨胀率得到了较好的控制，被压到了较低的水平。近两年，虽然各国利息率呈提高的趋势，但通货膨胀也同时呈现出了提高的趋势。1988年，经济合作与发展组织成员国的通货膨胀率平均为3.9%，1989年提高到5.9%，1990年将达6.5%以上。增幅较大的有美国，1990年达7.0%，英国的通货膨胀率有的月份按年率计算更已达10%以上，全年平均则达9.5%。

在一些国家经济已经或正在进入衰退的情况下，通货膨胀率的重新提高，使发达资本主义国家利用膨胀性财政政策和金融政策来缓解经济衰退受到了很大的限制，西方经济专家有的已用"缓胀"一词来描述发达资本主义国家所面对的这一经济困境。

海湾危机促使石油价格的上涨正加剧了发达资本主义国家的通货膨胀。在这种情况下，一些发达资本主义国家的通货膨胀率很有可能重攀双位数的高峰。

(6) 发达资本主义国家的失业率又重呈上升的趋势。总起来说，在80年代发达资本主义国家的失业率是一直居高不下的，前几年虽有所下降也仍然停留在较高的水平上。1989年，经济合作与发展组织成员国平均的失业率约为7.0%，1990年，将提高到8.0%左右。从失业率较高的西欧来看，1990年意大利的失业率已超过11%，法国则接近9%，这样欧洲经济共同体平均的失业率仍将在9.0%以上。美国的失业率1990年年底已接近6.0%，比近两年最低时已提高了近1个百分点。

由于一些发达资本主义国家已相继发生经济衰退，这些国家的失业率还会进一步上升。较高的失业率会降低整个居民的实际收入水平，使消费受到限制，并进而影响到投资，这已成为发达资本主义国家经济形势一时难以看好的一个因素。

三

1990年8月2日，伊拉克武装侵略与占领科威特引发了海弯危机，这使本来已处于困难中的世界经济形势进一步恶化了。它使世界经济具有了更大的不稳定性和不确定性。海湾危机发展成一次战争危机的可能不断增加。在海湾战争爆发后，其对世界经济的影响，将视海湾战争会发展为什么样的规模和持续多长的时间。如果海湾战争演变为一次长期的大规模战争，其对世界经济的影响将是灾难性的。

海湾危机在1990年对世界经济的影响主要表现在：它使石油价格重新大幅度上涨，并使整个国际金融领域更加不稳定。

在海湾危机发生后，世界石油市场每桶原油的价格曾一度上升到30美元以上，与危机发生前的16—17美元一桶的价格相比，上涨接近1倍。而且，随着海湾形势的变化，石油价格的波动相当频繁，很不稳定。石油在世界能源消费中所占的比重虽已比70年代时略有下降，但下降的幅度并不大。现在，石油在发达资本主义国家的能源消费中平均所占的比重仍在50%以上，石油目前仍然是世界上最重要的能源和工业原料。石油价格的大幅度上涨，因之成了使世界经济形势更加恶化的一个重要因素。

当然，在1990年内，石油价格的上涨与70年代发生的两次石油危机时相比，涨幅相对来说还是比较小的。那两次石油危机发生时，石油价格分别上涨了2—3倍，六七年里石油价格合计上涨了10倍以上。这一次石油冲击的力量显然要比那两次小得多。这是因为，这次新的石油冲击是在近年来石油供过于求的背景下发生的，而且伊拉克和科威特石油供应的中断，还由其他石油输出国组织的成员国增加生产而得到了弥补，从而并没有形成供应不足的状况。同时，70年代的石油危机，是一次关于油价自主权的斗争促成的。在石油输出国夺回了油价自主权以后，用大幅度提价的办法来纠正长期被人为压低的石油价格。这一次石油价格上涨主要是由供求关系和对形势的估计造成的，与前两次有性质上的不同。只要世界范围的石油供应不发生大的问题，石油价格就不会像70年代那样以几倍的速度上涨。当然，如果海湾危机发展成大规模的战争，使中东石油供应中断，那就会出现非常严重的局面。

在1990年内，石油价格的上涨虽然没有形成特别严重的冲击，但也已进一步推动了世界范围的通货膨胀，特别是对需要大量进口石油的东欧国家和发展中国家影响就更大。拉丁美洲国家1990年的通货膨胀率平均仍将是3位数。

海湾危机对世界经济的另一重要影响，是使中东作为国际重要劳务市场的地位与作用遭到了破坏。发展中国家在这一地区从事劳动和承包工程的劳动力多达100万人。海湾危机使他们失去工作的机会。有关的发展中国家因之将减少上百亿美元的外汇收入，这不能不是一个沉重的打击。

海湾危机给世界外汇市场和股票市场带来了新的动荡，使本来由于世界经济形势恶化已经波动频繁的汇价和股价更加起伏不定。发达资本主义国家股票价格在海湾局势影响下数度大幅度下跌，已使面临衰退的经济形势更为困难。

海湾危机带给世界经济的影响，在1990年还仅仅是开始。在海湾危机已发展成大规模战争的情况下，它在1991年对世界经济的不利影响必将比1990年更大、更严重。

四

1990年，在世界政治经济格局发生重大变化的背景下，世界经济的地区集团化趋势有了进一步的发展。

1990年是在东欧发生了重大变化的情况下到来的。这使战后形成的"雅尔塔体系"最终地瓦解了。东西方关系因之发生了巨大变化。在这种形势下，发达资本主义国家之间的经济矛盾已显得更为突出，这促使它们之间加强了争夺势力范围的斗争，从而进一步推动了世界经济地区集团化的发展。

最突出的当然是欧洲经济共同体加快了一体化的进程。为实现1993年1月1日以前建立欧洲统一大市场的既定目标，欧洲经济共同体制定的近300项立法措施，已完成了约80%。1990

年6月，欧洲经济共同体举行的首脑会议宣布，欧洲经济货币联盟在1990年7月1日正式跨入第一阶段。随后，又决定从1994年1月1日开始向第二阶段过渡，以逐步制定统一的货币政策、建立独立的中央银行等等。原来人们担心德国的统一可能会影响欧洲经济共同体实现经济一体化的进程；而实际的发展证明，德国的统一反而对欧洲经济共同体的发展有一定的促进。因为，其他欧洲经济共同体的成员国想通过经济一体化的加速发展来抑制德国作用的增长，而德国则想通过热心于欧洲经济的一体化来消除其他国家怕德国把欧洲变成"德国的欧洲"的疑虑。

在英国首相更迭之后，英国也已表现出对欧洲经济一体化更积极的态度。1990年10月英国已参加欧洲货币体系的共同浮动汇率体制，这是在拖延了10年之后才迈出的重要一步。

欧洲经济共同体在一体化方面进一步取得进展的同时，还出现了在未来扩大成员国的趋势。继1987年和1989年土耳其和奥地利提出加入欧洲经济共同体的要求之后，1990年提出这一要求的还有塞浦路斯、马耳他。连一些东欧国家也在要求加入欧洲经济共同体，除匈牙利和南斯拉夫早已表示了这一意愿之外，波兰和罗马尼亚也在1990年提出了自己的希望。尤其值得注意的是，1990年6月，"欧洲经济共同体"还与"欧洲自由贸易联盟"正式进行谈判，讨论双方共同建立欧洲经济区的问题。当然，为了巩固现在的成就，并保证欧洲统一大市场的计划能较顺利的实现，欧洲经济共同体在1992年底以前还不会考虑增加新的成员国，但上述的情况已明显地表现出了欧洲经济共同体的吸引力和未来可能进一步扩大到覆盖大部分欧洲的趋势。

美国在营造经济势力范围方面也加快了步伐。为此，美国总统布什在1990年11月正式访问了墨西哥，并与墨西哥商定，从1991年年中开始双方正式就自由贸易协定进行谈判，预计可于

1992年年底以前达成协议。双方同意协定的主要内容是：消除两国间的关税和非关税壁垒，保护知识产权，改善和扩大两国的商品、劳务和资本流动。美墨自由贸易协定如果签订，再与美加自由贸易协定相连接，就实际上形成了以美国为中心的"北美共同市场。"美国还于1990年6月提出了一个美洲经济合作计划。根据这一计划，美国将要与拉丁美洲国家签订自由贸易协议，准备减免拉丁美洲国家所欠美国的部分债务，并增加美国在拉丁美洲国家的投资。美国要实现自己的计划并不容易，但美国把整个南北美洲视为自己的世袭领地，想通过与南北美洲国家签订自由贸易协定来建立以它为中心的经济区，防止日本和西欧的大举侵入，并在三角竞争中有自己巩固的势力范围，这一点已表现得非常清楚。

亚太地区的经济合作也有了一定的进展。1990年7月在新加坡举行的亚太地区12国经济合作的第二次部长级会议，距1989年11月的第一次会议仅半年的时间，充分说明了这一地区国家加强经济合作的积极性和迫切性。如果说，过去亚太地区的经济合作主要还是停留在民间协商的阶段，现在则已开始步入了官方参与的阶段。当然，说现在亚太地区已开始在经济上的地区集团化还为时过早，但不能不看到已出现的这种苗头。而且，从地区集团化来说，也并不只有某一种模式。各种不同形式和层次的地区经济合作，都应看成是地区集团化总趋势的一个组成部分和重要内容。

五

展望1991年的世界经济，将比1990年面临更为困难的局面。世界经济的增长速度将更为缓慢，很可能从1990年的2%下降到1%左右。海湾危机的发展不仅会进一步增加世界经济各个领域的不稳定，而且还使之具有很大的不确定性。

（1）一些发达国家已经陷入衰退，还有一些发达国家也将陷入衰退之中。即使从1991年下半年起这些国家能陆续走出衰退，它们的经济也不可能很快回升。预计，发达资本主义国家平均的年经济增长率很可能降至1.0%—1.5%左右。油价上涨使许多发展中国家的经济增长会遇到不小的挫折，从而使发展中国家的经济增长率也将比1990年下降大约1个百分点。苏联东欧国家的经济形势在新的一年里也不可能有根本性的好转。在各类国家经济增长进一步放慢的情况下，国际贸易的增长速度也将下降，很可能将比1990年的6%低一半。

（2）发达资本主义国家的经济形势发展很不平衡，经济周期的同步性减弱了。在美国、英国、加拿大等一些国家陷入经济衰退的情况下，日本、德国等虽也将减慢经济增长速度，却不一定会发生经济衰退。从而使这一次经济衰退不会成为一次世界性的严重经济衰退。衰退对世界经济的打击将比1973—1975年和1979—1982年两次世界经济危机时小得多。

（3）1991年世界经济中的震荡将继续主要在金融领域里。由于海湾危机的形势变化，外汇市场和股票市场将不可能是稳定的，不时掀起大跌的风潮是不可避免的。美元汇率总起来看仍然将趋于下降。国际紧张局势将使黄金价格趋涨，很可能会突破一盎司400美元的大关。各国银行业的危机更为严重，银行破产的情况将比1990年更加经常地发生。

（4）由于国际利息率居高不下，国际贸易增长速度减慢，油价上涨而初级产品价格却由于世界经济形势恶化而趋于下降，这些都将使发展中国家的债务国处于更为困难的境地。一些国家发生一次新的债务危机的可能性增大了。这种情况如果发生，势必会给国际金融领域带来新的震荡。

(5) 1991年的世界经济形势本来就不容乐观,而海湾危机引发的战争所带来的影响又具有很大的不确定性。在这种情况下,只有密切注意国际政治与经济形势的发展,提高经济的应变能力,才能使我国的经济不致受到更不利的影响。

(原载《世界经济》1991年第3期)

国际新格局与国际新秩序

近一二年，特别是在海湾战争之后，建立国际新秩序已成为世界各国都在议论的热门话题。人们从各自的利益和不同的角度，对国际新秩序提出了各种各样的意见和设想。一时间，众说纷纭，莫衷一是。今后，到底会建立起什么样的国际新秩序呢？这关系着世界未来的发展与各类国家的切身利益，对我们国家来说，当然也不例外。它密切关联着我国今后进行改革与开放的国际政治与经济环境，使我们不能不对之十分关切。

一

国际秩序，顾名思义，乃是处在同一世界上的各类国家在进行相互交往和联系时所应共同遵守的行为规范。因此，它也是一个历史的范畴。它的产生与变化是人类社会发展与进步的要求与反映。它不是在人类社会一开始就有的，而是在人类社会的生产力水平发展到一定阶段之后的产物，是在世界各国的政治与经济关系日益密切、逐渐形成世界市场和国际分工体系的过程中才出现的。国际秩序的性质与内容始终都取决于世界范围社会生产力的发展水平与国际分工的广度与深度,特别是各个时期、各个阶段世界主要国家政治与经济力量的对比与变化。也就是说,决定国际秩序的基础乃是各个时期、各个阶段世界的政治与经济格局。正是有基于此,世界上早期的国际秩序就是由当时的少数政治、经济大国,为了满足资本原始积累的需要,依靠其经济与军事的实力,用火与剑来强制加以推行和维护的。它实际上是少数大国、强国为了自己的利益对弱小国家进行剥削和欺凌的秩序。贩卖黑奴、抢占并奴役殖民地是早期国际秩序的突出特点和主要内容。在资产阶级革命胜利和产业革命完成以后,国际秩序也逐步走向条约化与法规化。通过国际会议和国际条件来建立国际秩序最早的和影响较大的,可能要算 1814—1815 年举行的维也纳会议及其决议。当时,法国在拿破仑战争中失败。在这一战争中获得胜利的欧洲四强英国、俄国、奥地利和普鲁士发起召开了维也纳会议,并吸收了战败国法国参加。虽然当时还有西班牙、葡萄牙、瑞典及一些欧洲小国也参加了会议,但实际上是英国、俄国、奥地利、普鲁士和法国五强主宰着会议。会议重新划分了欧洲一些国家的边界,并为一些国家的宪法确定了原则和基础。会议通过了《维也纳会议最后决议》,还确定了国际河流自由通航的条款,并表示了废除奴隶贸易的空泛愿望。维也纳会议规定的欧洲秩序维持了几十年之久。它实际上是大国、强国划分势力范围并保持相对均势的一种秩序。而且,在诸多的大国、强国之中,又是由英国起着主导的作用。正是由于在维也纳会议所建立的世界秩序中英国获得了巨大的利益,这成了促使英帝国在此之后发展到顶峰的一个重要因素。

19 世纪末 20 世纪初,世界的政治、经济格局又有了巨大的变化。过去由维也纳会议所建立的旧秩序已不能适应这一巨大的变化而显得过时了。这导致了第一次世界大战的爆发。战争的结果产生了通过巴黎和会建立的"凡尔赛体系"。"凡尔赛体系"实质上是战胜国瓜分胜利果实的一种表现。它们重新划分了战败国的边界,索取了巨额的战争赔款,并规定了种种限制条件,防止战败国的重新崛起。但是,苛刻的榨取与限制,不但未能阻挡住德国等国家的重新发展,而且反而刺激和促使它们更加迅速地走上了扩充军备的法西斯主义道路。群雄并立的局面很快就再一次出现了,"凡尔赛体系"受到了严重的挑战与冲击。世界政治与经济格局的变化动摇了"凡尔赛体系"的基础。第二次世界大战的爆发终于宣告了"凡尔赛体系"的终结。"凡尔赛体系"作为一种世界秩序,仅仅维持了大约 20 年的时间,可谓是短命的,这当然不是战胜国始料所及的。

第二次世界大战结束后的国际秩序,主要是建立在"雅尔塔体系"之上的。这一体系的产生,虽然与过去完全由帝国主义列强主宰一切有所不同,它在一定程度上乃是世界人民反法西斯战争胜利的产物,但是,它并未能真正摆脱大国主宰的窠臼,仍然具有明显的强权政治的特点。在这一体系之下,形成了美苏两个超级大国在世界范围内对峙与争夺的局面,它们都极力推行霸权主义。两大军事集团的尖锐对立,冷战的时紧时松,剧烈的军备竞赛,经济领域的限制与竞争,构成了这种两极体制的内容与特点。在这种两极体制下,由于双方在军事与政治领域的大体势均力敌,也由于世界各国人民为维护世界和平所进行的斗争,致使冷战并未演变为热战,世界因之得以维持了 40 多年的相对和平。这为世界各类国家在战后的社会、经济发展创造了必要的和平环境与条件。与"凡尔赛体系"相比,"雅尔塔体系"不仅命运要好一些,而且其所起的积极作用也要多一些。但是,在这种两极体制下,剧烈的军备竞赛,不仅始终使世界处于世界大战的严重威胁之下,并且也在很大程度上影响了世界各国的正常社会经济发展。两霸的争夺还使世界各地的局部战争此起彼伏，从未间断。在世界经济领域里，由于以美国为代表的资本主义世界拥有极大的优势，致使在世界经济秩序中通行的仍然是有利于它们剥削广大发展中国家的各种原则。国际贸易中的不平等贸易条件，国际金融中的严重债务剥削，就是最突出的例证。这是发展中国家实现社会经济发展的巨大障碍，并使世界范围贫富的两极分化进一步加剧。世界各类国家的均衡发展由之受到了严重的破坏。这对世界未来的发展是很不利的。这种状况已越来越不适应世界社会经济发展和人类文明进步的要求。早在六七十年代，广大发展中国家就已发出了改变国际旧秩序、建立国际新秩序的呼声。现在，国际政治、经济形势的发展，则使建立国际新秩序成了更为迫切的任务。这是世界历史发展的客观要求和必然趋势。当然，同过去一样，建立起什么样的国际新秩序，仍然不能不取决于世界政治与经济格局的现实状况。人们所能做的，只是在这种格局之下，争取尽可能好的结果，使国际新秩序能向更加有利于世界和平、更加有利于各类国家，特别是发展中国家社会经济发展的方向变化。这是一个需要进行大量协调工作的过程，也是广大发展中国家为改善国际政治、经济秩序而进行必要斗争的过程。因此，绝不是短期内很快就可以做到的。想一蹴而就，是不切合实际的。

二

当前，建立国际新秩序之所以成为一个相当紧迫的任务，主要是因为战后的世界政治与经济格局已发生了很大的变化。变化突出地表现在如下几个方面：

（1）发展中国家的民族解放运动宣告了殖民制度的终结。绝大部分旧殖民地已获得了政治独立,并在发展民族经济中获得了一定的成就。发展中国家已成为独立的政治经济力量活跃在国际舞台上。但是,现行的国际秩序却很少反映这种变化,未能很好地反映广大发展中国家的利益和要求,使发展中国家越来越缺乏发展所必需的各种条件,在各种国际事务中也没有相应的发言权。总起来看,南北的经济差距在扩大,而不是在缩小,许多发达资本主义国家的人均国民生产总值已在 2 万美元左右,而许多发展中国家的人均国民生产总值却只有二三百美元,甚至更少,处于赤贫的状态,仍在饥饿线上挣扎。有的发展中国家由于人口增长超过了经济增长,它们的人均国民生产总值甚至还在下降。现在,最穷的国家与最富的国家在人均国民财富上的差距,已以百倍计,这在历史上是空前的。这不能不使南北的经济与政治矛盾不断增加。这种状况已到了需要尽快改变之时。

(2) 战后几十年来,特别是近十几年来,苏联在与美国的经济与军备竞赛中已越来越处于不利的地位,使美国与苏联这两个超级大国的力量对比发生了很大的倾斜。现在苏联的国民生产总值尚不足美国的一半,其世界第二经济大国的地位也早已被日本所抢占。东欧在政治上与经济上发生的巨大变化,更已导致了华沙条约组织与经互会的解体。在这种情况下,战后长期实行的两极体制正在被冲破。"雅尔塔体系"以德国的统一为标志已经瓦解。这说明,过去的旧秩序已到了需要被一种新秩序取代的时候。对于广大发展中国家来说,如何利用当前新旧秩序转换的时机,争取建立较为有利于自己社会经济发展的新秩序,已成为非常紧迫而关键的一个任务。

(3) 美苏两个超级大国对立与相对均衡的局面被打破,并没有也不可能形成美国一国独霸世界政治与经济事务的局面。因为,虽然美国在与苏联的争夺中占了优势,但在同日本与西欧的经济竞争中却越来越处于不利的地位。因此，它在世界政治与经济格局的变化中，既有胜利，也有失败，并不全是得分。而且，总起来看，美国在世界范围的经济力量确实是大大地相对削弱了，它在资本主义世界经济中起决定性作用的支配地位已成为过去。由某一个超级大国主宰一切国际事务的时代已是昨日黄花。一个多极化的世界正在来临。在这种局面和形势下，任何大国，哪怕是美国，要想建立以自己为领导和核心的国际秩序，都是不可能做到的，而只能是一厢情愿的幻想。

世界政治与经济格局的变化使建立国际新秩序的问题提到了世界各国人民的议事日程之上，但又没有任何一二个大国有足够的力量和地位使之能按自己的愿望和意志来为建立国际新秩序勾画出可行的蓝图。这使国际新秩序的建立必将经历各类国家、各种力量的较量。在过去，世界政治与经济格局的较大变动而引起国际秩序的重新建立，总是通过战争，甚至是通过世界大战来完成的。"维也纳体系"也好，"凡尔赛体系"和"雅尔塔体系"也好，皆莫不如是。而这一次，世界新旧秩序的转换，很有可能将在世界相对和平的情况下进行。真若排除了世界战争的强迫性和强制力，而通过和平协商的方法来解决新旧秩序的更替，显然将不会像过去那样，战争一结束，一种新秩序很快就可建立起来。协调各类国家的利益和矛盾，考虑各种各样的意见和设想，需要一定的时间，很难一步到位。这将是当前国际新秩序建立过程与方式的一个显著特点。

三

从世界当前的现实状况与发展趋势来看，需要建立的国际新秩序应是有利于世界和平与发展的新秩序。因为，在过去的两极体制之下,剧烈的军备竞赛和各种武器的不断扩散,不仅使局部战争不时爆发,而且还使世界始终处于世界战争的严重威胁之下。而在各种先进武器层出不穷的状况下,一旦发生世界战争,人类将不只是再一次面临巨大的灾难,甚至还会导致人类的毁灭。因此,人类必须建立起一个能够防止世界战争的新秩序,这是当务之急。与此同时,在经过了战后民族解放运动的高潮之后,帝国主义的旧殖民体系已经彻底崩溃了。广大的发展中国家已经获得了民族的解放和国家的独立。广大发展中国家已从争取独立进入到争取发展的新阶段。二三十来年,发展中国家在社会、经济发展方面确实已取得了一定的成就,但也面临着巨大的困难。最大的困难就是不利于它们的国际旧秩序。在世界各国政治、经济关系越来越密切的今天,发展中国家的经济困难势必会反过来影响到发达国家的国际环境和经济状况,就像飞去来器一样,对发达国家更好地进一步发展同样也是一种限制。因此,维护世界和平与争取各类国家的社会、经济发展,已成为现阶段世界各国人民面临的共同任务,是世界未来发展的一种潮流。我们现在为之努力和奋斗的国际新秩序,自然应以和平与发展为其主要内容和追求的目标。

为了建立有利于世界和平与发展的国际新秩序,就应找出大家都能接受和执行的基本原则。国际关系的基本原则,经过长期发展变化的过程,战后在联合国宪章中已有比较集中的概括。联合国宪章所规定的宗旨是:维持国际和平及安全;发展各国以平等权利和自决权为原则的友好关系;促成国际合作,以解决国际间经济、社会、文化和人道主义的各种问题。为了实现这一宗旨,宪章还提出了一些应该遵守的原则:各会员国的主权平等;应以和平方法解决国际争端;在国际关系中不得使用武力或进行威胁;不得侵害任何国家的领土完整和政治独立;不得干涉任何国家应由国内管辖之事件。应该说，联合国宪章所规定的宗旨和各种原则是不错的，可惜在过去的两极体制和霸权主义之下并未能得到认真的贯彻与执行。正由于此，这才有此后和平共处五项原则（互相尊重主权和领土完整、互不侵犯、互不干涉内政、平等互利、和平共处）和万隆会议十项原则（①尊重基本人权、尊重《联合国宪章》的宗旨和原则；②尊重一切国家的主权和领土完整；③承认一切种族的平等、承认一切大小国家的平等；④不干预或干涉他国内政；⑤尊重每一国家按照《联合国宪章》单独地或集体地进行自卫的权利；⑥不使用集体防御的安排来为任何一个大国特殊的利益服务，不对其他国家施加压力；⑦不以侵略行为、侵略威胁或使用武力来侵犯任何国家的领土完整或政治独立；⑧按照《联合国宪章》通过谈判、调停、仲裁或司法解决等和平方法或其他和平方法来解决一切国际争端；⑨促进相互的利益和合作；⑩尊重正义和国际义务。非常明显，这些原则的提出，并不是对联合国宪章的否定，而只是表现了对少数大国无视联合国宪章的不满，是对一些重要国际关系原则的重申与强调，在有些方面表述得更明确，在有些方面则有一定的发展。因此，我们在建立国际新秩序的时候，不应该割断历史，也不应该抛弃过去已经提出的一些好的原则。应该有一定的历史延续性和继承性。要在继承好的原则的基础上，根据已经发生了变化的情况，作新的发展，充实新的内容，并设计出一套能保证其付诸实施的措施和机制。完全另搞一套是历史虚无主义的一种表现，是不可取的。

从当前的情况看，在建立国际新秩序的过程中，似乎强调如下一些原则，来协调不同国家的利益和观点，处理好各类国家之间的关系：

（1）主权平等的原则：要承认国家无论大小都是独立的主权

国家，其他任何国家都无权干涉其内部事务。不仅应承认各国的领土完整，而且应承认各国人民均有权选择自己的社会、经济和政治制度，选择自己的发展道路、发展模式与发展战略。不应因采取不同的制度和发展道路而对一些国家实行歧视、限制的政策，甚至进行粗暴的干预。

(2) 和平协商的原则：不同国家之间总会有这样那样的矛盾和利害冲突，这不足为怪。问题在于应如何对待这些矛盾和冲突。首先应强调用和平的手段和方法来解决国际分歧和争端，严禁用武力粗暴地把某一方的意见强加另一方，更要反对用武力侵略、抢占领土、劫夺财富。要进行认真、诚恳的谈判与协商，达成有关方面都能接受的协议。对重要的国际问题，所有有关的国家都有权以平等的身份参加协商，决不能由少数大国、强国包揽国际事务而无视广大中小国家的意愿和利益。要坚决反对各种形式的霸权主义。

(3) 合作互利的原则：世界各国之间的社会经济关系已越来越密切，不仅使任何国家都离不开世界体系而单独地发展，而且使它们的各种利益也更加息息相关。在这种情况下，世界的新秩序应有利于世界各国之间更好地进行合作，更好地发挥各自的优势与长处，以促进世界范围全面而均衡的发展。只有世界各类国家之间能进行有效的合作，世界的繁荣和进步才有希望和保证。在世界各国之间建立关系时，过去往往只考虑大国、强国和富国的利益，这是旧秩序的实质与特点，对此应加以改变和摒弃。要兼顾各类国家的利益。在这里，尤应注意在国际合作中为特别需要发展的发展中国家创造加速发展的必要条件，而且这样做反过来对发达国家也是有利的。

(4) 求同存异的原则：由于世界各国存在不同的经济利益、价值观念和政治制度，它们在国际秩序的诸多问题上必然会存在各种各样的意见分歧。例如，对人权问题，就有很不相同的看法，对国家主权的概念，也有各种各样的解释；对现有各种政治、经济制度的优劣好坏判断就更是大相径庭。不同的理想和追求，不同的利益和目标，不可能强求一致。但毕竟大家都生存在一个地球上、一个世界里，有着许多休戚相关的共同利益，这集中表现在大家都面临着和平与发展这两大艰巨的任务。世界各国完全有可能在和平与发展这一总的目标和任务上进行充分的合作，而不去纠缠在无法强求一致的意见纷争之中。若如是，则世界的各种冲突将减少，一种有益于世界各类国家的国际新秩序才能真正地建立起来。

从国际新秩序的内容来看，应包括政治（含军事在内）和经济两个大的方面。在政治方面，最重要的是要反对霸权主义。霸权主义是国际旧秩序的主要特点，不反对霸权主义也就不可能有任何国际新秩序，建立国际新秩序的主要障碍也在于此。因为，推行霸权主义的超级大国是国际旧秩序的主要受益者，也是主要的维护者。巨利不舍，旧序难忘，使它们很难真正接受在国际关系中建立公平合理的原则。这就需要经过必要的斗争。在建立国际新秩序的过程中，铺满玫瑰的路是没有的。对此，我们应有足够的思想准备。

战争和武力是霸权主义的重要手段。要反对霸权主义，就必须反对军备竞赛和各种大规模杀伤性武器的扩散。现在，美苏两个超级大国之间的军备竞赛虽已有所缓和，但离从根本上解决问题还很远。在海湾危机之后，又出现了一些新的因素，从而有可能使军备竞赛采取新的形式，得到新的推动。对此，我们决不能忽视。不进一步限制军备竞赛，也就不可能有真正意义上的国际新秩序。

在经济方面，发展中国家已为建立国际经济新秩序进行了长期的斗争。但几十年来成效甚微。这一方面是发达国家在极力维护有利于它们的国际旧秩序，另一方面，也反映了发展中国家的经济力量尚未壮大到足以迫使发达国家作出让步的程度。当然，国际经济新秩序没有国际政治秩序的改变与之同步也是一个重要原因。很难设想，在"雅尔塔体系"的两极体制下，在霸权主义盛极一时的时候，会有什么公平合理的国际经济新秩序。现在，国际政治形势和格局的变化，已为推动国际经济新秩序的建立创造了有利的条件。我们应抓住这一时机，使国际政治新秩序与国际经济新秩序的建立相辅相成，相互推进。

要建立国际经济新秩序，至少应着重解决好如下一些问题：

(1) 各国对其拥有的自然资源应享有永久的主权，其他国家无权侵犯这一主权。

(2) 改变国际贸易中发展中国家所处的不利地位，并改善它们的贸易条件。

(3) 增加向发展中国家的资金转移，放宽国际信贷的条件，并改革现存的国际货币金融制度，增加发展中国家在有关国际金融机构中的发言权。

(4) 改善向发展中国家进行技术转让的条件，减少对技术的转让的各种不合理限制，加快技术转让的速度，以有利于缩小发展中国家与发达国家在技术和经济方面的差距。

(5) 推动世界经济结构的改革，加速发展中国家实现工业化的进程，增强发展中国家自力更生的能力。

(6) 发展中国家有权根据自己的国情选择自己的发展道路、发展模式和发展战略，其他任何国家和国际组织均无权进行限制和干涉。

综合起来看，建立国际政治与经济新秩序的内容都是相当广泛而丰富的，不可能一下子都获得解决，要有步骤地加以推进。

因此，应根据不同时期、不同场合，把必要性与现实的同能性结合起来，分别轻重缓急，着重提出其中的某些内容，逐步地、分别地加以解决或实施。应吸收发展中国家过去为建立国际经济新秩序进行斗争时的教训，在一般情况下，不要轻易地提出全球性谈判和一揽子的解决方案，以避免陷入持久的谈判与争论之中，使本来可以解决的一些问题也迟迟得不到解决。

好的国际关系原则需要有一定的机制来保证其实施。从目前的状况出发，更好地发挥联合国的作用，是比较切实可行的一个办法。世界绝大多数国家已是联合国的成员国。在过去的国际事务中，联合国已起过一定的作用，有过不少的经验，也有不小的教训。要强调任何国家都应遵守和维护联合国宪章，使之真正成为进行国际活动和国际交往的行为规范。联合国实行一国一票的原则，这是大小国家一律平等的很好体现。任何国家都应尊重联合国中多数成员国的意愿，反对少数大国颐指气使、一意孤行的态度与做法。要维护联合国的权威性，要改变过去联合国的决议常常流于一纸空文的现象。通过联合国这一重要机制来加强世界范围的协商与协调，国际关系和国际事务中的一些必要的好的原则就有可能较广泛地得到运用和实施。

四

当前，世界正处于政治与经济格局发生巨大变化的过程中。旧的格局已被打破，多极化的格局正初见端倪。与此相适应，旧的国际秩序正遭受巨大的冲击，建立国际新秩序已成为当务之急。正因为这是新旧更替之际，所以，在人类走向 21 世纪的时候，世界必将要经历一段动荡而不稳定的时期。一个新秩序的诞生，决不会是一个自然而然的发展过程。它要取决于世界政治与经济格局的变化，也要取决于各类国家进行的一定斗争。它既需要人们作大量的思考和工作，也需要各类国家在相互的斗争中作出一定的妥协。它决不能是少数人或某些国家所能决定和左右的。但是，我们不能据此而忽视大国与强国的责任与作用。大国与强国在世界政治与经济中占据着举足轻重的地位，这是由各种因素经过长期历史发展过程所决定的，因此绝不是一朝一夕所能改变的。在这种情况下，没有大国与强国的积极参与，没有它们所作出的努力与贡献，任何国际新秩序都是无法建立起来的。既要反对霸权主义，也要强调大国与强国的地位与作用，而不能从一个极端走向另一个极端。只有这样，才真正符合历史唯物主义和辩证法。从这一点出发，一些大国与强国的政府和领导人，能否对建立国际新秩序的历史必然性有清醒的认识，能否对此作出正确的决策和采取必要的行动，就事关重大。要吸取过去在历史的转折关头，某些大国、强国的领导人作出的错误抉择曾导致世界战争的爆发把人类引向灾难的深渊的惨痛教训。殷鉴不远，决不能再重蹈覆辙。

一个比较公平合理的国际新秩序正处在产前的阵痛之中。我们应做好各个方面的工作来促使这一有利于世界和平与发展的国际新秩序尽可能较为顺利地诞生于世。若如是，则世界幸甚，人类幸甚。这也是我们这一代人对历史应负的责任。

(原载《经济评论》1992年第1期)

世界经济尚难摆脱不景气[*]

1993年，世界经济仍然处于相当不景气的状态之中。虽然1993年世界经济的年增长率较1992年略有提高，但远低于许多国际经济组织和各国政府原来预期的水平。1993年的平均增长率将在2.0%以下。在世界经济继续低速增长的情况下，1993年出现的一个突出特点是，在各类国家中经济发展的不平衡都加剧了。国际贸易和国际金融也很动荡。在这种情况下，人们对1994年的世界经济前景也并不十分乐观。世界经济仍将继续处于相当困难的低速而不稳定的状态之中。

一

当前，世界经济不景气的主要因素是发达资本主义国家经济遇到了严重的困难。在发达资本主义国家中，虽然第一经济大国——美国的经济情况相对最好，经济增长率在进一步回升，1993年的经济增长率约在2.5%左右，但与人们预期3.0%一

---

[*] 本文原题为《世界经济形势的回顾与展望》。

3.5%的经济增长率仍有不小的距离，比1992年的2.1%仅提高不到半个百分点，基本上继续处于回升乏力和不稳定的状态之中。1993年第一和第二两个季度的经济增长率仅为0.8%和1.9%，比1992年下半年4.5%的经济增长速度大大放慢了，明显地表现出回升的不稳定性。只是从1993年下半年开始，经济回升的速度才重新有所加快，致使全年的经济增长率可略快于1992年。在美国经济经过衰退开始回升一年多之后，日本和一些西欧国家才进入衰退。日本、德国和法国1993年都将出现经济的负增长，从而使发达资本主义国家这一次的经济衰退显现出明显的不同步，并构成了这一经济周期的重要特点。初步的统计数字表明，日本经济1993年将出现1.0%左右的负增长，而德国则可能出现2.0%左右的负增长，因此是一次不小的经济衰退。法国在经历了几年1.0%左右的低速增长之后，1993年经济形势进一步恶化，也将陷入负增长之中。尽管英国的经济形势已开始好转，止降转升，但经济回升的速度并不快，1993年仅约增长1.0%左右。因此，在一些主要国家发生经济衰退的情况下，估计整个欧洲共同体国家平均的经济增长率将会是负数，大约将出现0.5%的下降。这在欧洲共同体的历史上是少见的。总起来看，1993年发达资本主义国家的平均经济增长率将仅略高于1.0%。发达资本主义国家的经济增长虽然出现了不平衡，但却没有任何一个国家有强劲的增长势头，从而足以带动其他国家的经济回升。

东欧和独联体国家的经济发展也出现了明显的不平衡。经济转轨较为顺利的几个国家波兰、匈牙利、捷克以及斯洛伐克，经济已停止下降或下降幅度明显缩小，有的已开始回升。尽管经济回升的步子不大，速度不快，但毕竟已开始摆脱最困难的境遇。1993年，波兰和捷克的经济增长率约在1.0%—3.0%之间。其他东欧国家由于经济转轨并不十分顺利,经济仍在继续滑坡,但经济下滑的幅度已经减小。至于发生战火的一些国家,经济遭到严重破坏,当然更谈不上经济的回升与增长了。独联体国家的经济情况并不尽相同。影响最大的俄罗斯经济仍然相当困难,但下降幅度有所缩减,在1992年国民生产总值下降19%之后,1993年将继续下降15%左右。通货膨胀虽比1992年略有好转(1992年的通货膨胀率为2500%),但1993年的通货膨胀率仍将在1000%以上。俄罗斯的经济困难一时难以好转,原因是多方面的。除了政治局势不稳定带来的不利影响之外,原有经济关系遭到了严重破坏是又一个重要因素,不仅独联体国家之间以及原经互会国家之间的经济联系被割裂了,就是俄罗斯内部各个地区、各个部门之间经济关系也受到了不小的破坏,使整个国民经济无法正常地运转。再加上经济转轨的困难,经济结构改造任务的沉重,俄罗斯经济在短期内要明显好转是困难的。

在世界各类国家中,就总体来说,发展中国家的经济形势是相对较好的。1993年,发展中国家平均的经济增长率可达5.0%左右,这在世界经济普遍不景气的形势下是相当可观的成绩。但与其他各类国家的情况一样,发展中国家的经济形势也相当不平衡。最困难的是非洲国家,其平均的经济增长率还不及发展中国家总平均数的一半,仅约2.0%。拉丁美洲国家的经济在经过几年的停滞以后正在恢复增长的势头。在1992年平均经济增长2.2%的基础上,1993年的经济增长率可望超过3.0%。情况最好的仍数东亚和东南亚地区。这一区域的发展中国家和地区(包括中国在内),在1992年平均经济增长7.1%之后,1993年将进一步提高到8.0%左右,约为世界平均增长率的4倍以上,确实可观。若不把中国计算在内,这一地区其他国家的经济增长率亦可达6.0%左右。尤其值得注意的是,东盟国家中的泰国、马来西亚和印度尼西亚经济增长速度更快,将超过"四小龙"的增长速度。它们的高速经济增长主要得益于外国投资的大量进入和出口的迅速增加。它们的经济增长势头今后一段时期还会继续下去。

二

发达资本主义国家当前的经济困难主要是由下列因素促成的:

1. 世界政治与经济格局变化所带来的影响。80年代末90年代初东欧剧变,苏联解体使世界政治与经济格局发生了战后以来最大的变化。美苏两霸主宰世界局势的格局逐渐为多极化的格局所代替。这一变化在经济上的后果不但使东欧和独联体国家的经济陷入了严重的困境,而且也给发达资本主义国家的经济带来了许多不利的影响。一个重要的影响是,它促使一些国家不得不进行必要的经济结构调整。由于冷战结束,美苏两霸进行激烈军备竞赛的形势发生了很大的逆转。这对美国冲击最大,对一些西欧国家也有一定影响。由于军费开支缩减,军备采购骤减,许多军工企业因之大受影响。美国大约有1/3的企业与军火生产有关,这一缩减造成的后果是可想而知的。军事工业较为集中的加利福尼亚地区目前已成为美国失业率最高的地区,失业率已达9.0%以上,就很说明问题。缩减军费,使军备竞赛降温,从长远来看对美国经济是有利的,但在近期内其带来的负面影响却更大一些,这已是明显的事实。再一个重要的影响是,它使一些国家背上了沉重的包袱。这突出地表现在德国的统一上。两德统一,使德国为吸纳东部地区而花费了巨额的资金。每年德国政府花在东部地区的开支已在1500亿马克以上,致使财政赤字猛增,资金严重短缺。在这种情况下,德国政府不得不实行高利率政策以抑制通货膨胀和吸引国内外资金。德国中央银行的贴现率最高时曾达8.75%，1993年以来迫于各方压力和经济形势的恶化，虽一降再降，共7次降低利息率，但目前贴现率仍维持在5.75%的较高水平上。德国的高利率不仅使马克过于坚挺，从而导致了欧洲货币体系的一再危机，而且对需要降低利息率以刺激增长的西方经济来说无疑是雪上加霜，背道而驰，因之加重了西方经济的困难。

2. 经济周期所起的作用。在经过80年代长达8年之久的经济增长之后，进入90年代发达资本主义国家便先后发生了经济危机。但这一次的经济危机在各个发达资本主义国家发生的时间却很不一致，出现了明显的不同步。而且，由于在这一次经济危机发生之前各国都没有出现明显的经济高涨，因此，经济危机也来得不那么猛烈，经济下降的幅度不大，美国在1991年国民生产总值仅下降0.7%，日本和德国1993年才出现经济下降，但下降幅度也不算大。经济下降不大，致使回升也因之乏力，形成了这一次经济危机的又一特点。经济不景气的时间拖长了。自进入90年代以来已连续4年经济不振。这种状况还会持续一段时间。

3. 结构性的问题对经济不景气的作用增大。这是战后，特别是80年代以来经济增长过程积累起来的矛盾所使然。这集中表现在债务经济的增长上。债务膨胀在美国突出反映在联邦财政赤字和对外贸易赤字的居高不下上。美国政府因之积欠了4万亿美元的国债，美国也因之积欠了5000亿美元以上的国际净债务。美国政府、企业和私人累计的债务总额已达15万亿美元以上，相当于一年国民生产总值的近3倍。美国私人积欠的债务总额已占个人可支配收入的94%，所付利息则约占18%。正由于积累的债务已过于庞大，以致在经济衰退之后美国联邦储备银行一再降低利息率，把利息率降到了战后以来的最低水平，也仍然难以刺激投资和消费的增长，使经济回升摆脱不了低速而不稳定的状态。在日本金融领域的问题集中反映在"泡沫经济"上。股票和房地产价格在80年代后半期狂升猛涨，远远脱离了实际经济的增长水平。一旦形势变化，世界经济不景气来临，"泡沫经济"遂瓦解于顷刻之间。在短短两三年的时间内，日本的股票和房地产价格一降再降，竟跌落了60％以上，因之损失的金融资产已不能以亿计，而是以多少兆日元计。这不能不给日本经济以沉重的打击，使日本经济陷入了战后以来最严重的一次衰退之中。在西欧，结构性的经济问题则是以居高不下的失业率表现出来的。现在，西欧国家平均的失业率已达11％，失业人数已近2000万人。表现为高失业，但根子也仍然是一个债务膨胀问题。西欧国家的社会福利开支庞大，在经济长期低速增长的情况下已难以为继。各国政府都已积累了庞大的国债，国债占国民生产总值的比重比美国和日本都要高得多。在西欧经济中起重要作用的德国近年来由于要消化东部地区更是不堪重负，财政赤字增加近2倍，积欠的国债已达1万4千亿马克。德国政府因之不得不实行高利率政策，这对德国乃至整个西欧的经济都不是福音，并由之陷入了经济萧条的困境。这些经济中的结构性问题经过经济衰退虽然已在进行调整，但调整尚有待时日，从而使各国经济都很难较快地走向回升。

正是上述诸因素综合起作用的结果，导致了发达资本主义国家近年来陷入了严重的经济困难之中，并使整个世界经济一时尚难摆脱经济不景气的阴影。

三

在世界经济不景气的情况下，经济地区集团化的趋势有所加强，但与此同时，全球性多边贸易谈判也取得了很大的进展。

1993年，走在地区集团化前列的欧洲共同体，在实行经济一体化方面又取得了新的进展。1993年1月，欧洲共同体如期实现了建立欧洲统一大市场的计划，正式宣布欧洲统一大市场的成立。欧洲统一大市场的成立，使欧洲共同体成员国相互间实现了商品、人员、劳务和资本的自由流动。接着，在1993年5月，丹麦在重新进行的公民投票中，通过了马斯特里赫特条约，从而为"马约"最后得到欧洲共同体全体成员国的批准铺平了道路。1993年11月1日，欧洲共同体成员共同宣布马斯特里赫特条约正式生效，从而使欧洲共同体在本世纪末以前实行统一欧洲货币、建立共同的中央银行和实行进一步的政治联盟迈开了新的步伐。当然，要真正实现西欧的政治与经济一体化面对的困难非常之多，前景很难预测，但马斯特里赫特条约的正式生效，毕竟是朝这个方向努力所取得的一个成就，它已成为今后影响欧洲政治和经济发展的一个新的因素。

在推动经济地区集团化方面另一个引人瞩目的事件是建立北美自由贸易区所获得的进展。在长期争议之后，美国国会终于在1993年11月通过了建立北美自由贸易区的协议，这就为这一协议最后的成立铺平了道路。尽管加拿大的新政府对这一协议有一些不同的意见，要求对协议作某些修改，以更多满足加拿大的需要，但参加北美自由贸易区毕竟对加拿大还是有利的，至少是弊少利多。因此，在墨西哥议会也通过了该协议之后，加拿大政府已宣布要使该协议按期在1994年1月1日开始实施。北美自由贸易区的建立已成定局。一旦北美自由贸易区正式成立，北美和西欧两大经济贸易集团的对立与竞争便将成为影响整个世界经济发展的一个重要因素。现在，北美自由贸易区虽尚未正式建立，拉丁美洲的一些国家已开始要求参加这一地区性集团，甚至连新加坡的领导人也提出北美自由贸易区应把一些亚洲国家包括在内。由此可见北美自由贸易区的影响之大。

1993年，在经济地区集团化发展过程中的又一重大事件，是11月在美国西雅图召开的亚太经济合作组织外长和经济部长会议。这次会议由美国担任主席，美国总统遂乘机邀请成员国的领导人赴会举行非正式会晤，从而大大增加了这次会议的重要性。这次会议通过了《贸易和投资框架宣言》，决定成立贸易投资委员会来协调成员国的贸易和投资活动，推动区域贸易自由化，减免关税，并促进全球多边贸易谈判。这次亚太经济合作组织部长级会议的召开，不仅表明美国更加重视与亚太地区的经济关系，而且也表明了亚太地区在世界经济中重要性的迅速上升。亚太地区经济合作的发展不仅将进一步提高亚太地区在国际经济事务中的发言权，而且将大大加强这一地区经济集团化趋势的发展，使这一地区的地区集团化进入一个新的发展阶段。

在世界经济地区集团化加强的同时，全球贸易谈判也经历了艰难的历程。乌拉圭回合在经历了七年的漫长过程之后，终于在1993年12月15日达成了最后协议。这一协议将国际经贸规则从有形贸易扩大到了知识产权、服务业和投资等更为广泛的领域，从而对今后的国际经济秩序和国际经贸关系将产生深远的影响。

上述情况说明，在世界经济领域里，地区集团化和经济生活国际化这两种趋势都在进一步加强，并将在不同方面产生各自不同的影响。

四

由于造成当前世界经济不景气的主要因素是长期经济发展积累起来的结构性问题，在近期内世界经济尚难摆脱低速而不稳定的形势。1994年，世界经济的平均增长率有可能会比1993年稍有提高，达到2.0%以上，但不大可能达到3.0%，或者更多。促使世界经济缓慢回升的原因在于，世界经济虽存在着许多结构性问题，但也有一些有利的因素：首先，发达资本主义国家周期性的衰退已相继持续了约3年时间，今后正经历衰退的国家将陆续越过低谷走向经济回升。占世界经济总量70%以上的发达资本主义国家经济情况好转，将对整个世界经济的增长起举足轻重的作用。东欧与独联体国家将有更多的国家减低经济下降的速度，甚至会止跌回升。

其次，为了刺激经济增长，不仅大多数发达资本主义国家的利息率都保持在较低的水平上，而且，通货膨胀率也都比较低。日本的通货膨胀率还不到1.0%，美国也不足3.0%。这有利于刺激消费和投资，使经济回升。

再次，当前初级产品和石油价格已被压在很低的水平上，石油供过于求的局面仍将继续下去。这对出口这些产品的国家不利，但却有利于整个世界经济的增长。

最后，为了刺激经济增长、摆脱经济衰退，各国政府都采取了许多加大财政支出、扩大公共工程、进行产业结构调整等政策措施，这些措施正逐渐产生一定的效果。

由于乌拉圭回合的全球贸易谈判已经达成协议，这也将对世界经济的增长起积极的作用。虽然这一作用将是长期和缓慢的，但在近期内也会产生一定的有利影响。对于乌拉圭回合结束后全球贸易秩序和规则的改变，应作专门的研究，以使我国的对外经贸关系能适应新的形势和新的变化。

世纪之交的世界政治与经济格局的巨大变化*

在世界正走向 21 世纪的时候,世界的政治与经济格局已经发生并继续发生着巨大的变化。其变化之大、之快,是人们所始料不及的。

在 20 世纪和 21 世纪之交,也正是我国进行改革开放,加速经济发展,实现经济腾飞的关键时期。世界政治与经济格局的变化,将直接影响到我国的国际环境,使我们面对许多新的有利和不利条件。

进行缜密的调查与研究,科学地分析世界政治与经济格局变化的趋势,清晰地了解我们所处的具体国际环境和条件,以制定适当的社会经济发展战略,已成为我们面对的迫切课题。

我们所研究的世界政治与经济格局,是指包括在世界统一体中的各个组成部分(如国家、集团或不同的社会经济制度)之间的综合实力对比、它们所处的地位和相互之间的关系。决定世界政治与经济格局的主要基础,是各个国家综合国力的对比,而这又主要决定于经济的发展水平和达到的规模。各个国家的军事与

---

* 本文是《世纪之交的世界经济与政治格局》一书的绪论。

政治实力，都是以经济的实力为其依托的。由一个国家经济、政治、军事等各个方面的实力构成的综合国力，决定着其在世界全局中的战略地位以及与其他国家各种关系的性质和状况。

决定世界政治与经济格局的主要因素既然是社会生产力所决定的经济发展水平，而社会生产力和经济发展水平又是不断变动的，这就决定了世界政治与经济格局也必然处于不断变动的状态之中，是一个发展变化的过程。

世界政治与经济格局的发展变化也与任何事物的发展变化一样，是一个从量变到质变的过程。在一个时期内，在它处于量变的过程之中时，其呈现出的面貌具有一定的相对稳定性，从而表现出与其他发展阶段明显的区别，例如战后美国和苏联两霸对峙与争夺的阶段，与当前处于多极化的阶段就有很大的不同。从前一个阶段演变为后一个阶段，是前一阶段内各个国家力量对比逐渐发展变化的结果。但在各种力量对比的变化没有积累到一定的程度之前，它就仍然处在这一阶段之内，继续呈现出这一阶段的特点，而不会发生根本性的变化。只有在发展不平衡使各个组成部分的力量对比发生了巨大的反差时，才会发生突然的质变，从一个阶段步入另一个阶段。80年代末、90年代初，世界政治与经济格局的巨大变化就是这样发生的。发生这样的变化，是战后各国政治与经济长期发展不平衡带来的必然结果，而不是某些偶然因素和突发事件引起的。各种偶然因素和突发事件只是起着使变化加速或者滞后的影响，但不可能改变世界政治与经济格局变化的进程与方向。即使是偶然因素和突发事件，从本质上看，也决不是偶然的和无缘无故发生的。它们之所以存在和发生，在整个世界发展变化的历史过程中也具有一定的必然性。规律性正是通过各种偶然性来表现和实现的。东欧剧变、苏联解体，确实都有一些突发性的偶然事件在起作用，但这正是东欧剧变和苏联解体的必然性的具体表现。所以，绝不是各种偶然的突发事件改变了历史发展变化的进程，而是历史的演变在各种偶然事件中表现了自己的规律性。我们进行世界政治与经济格局发展变化的研究，绝不可能准确地预见各种突发性的偶然事件发生，而只是去把握其发展变化的总趋势，了解它的必然性和规律性。这应该是可以做到的。

世界政治与经济格局是一个庞大而复杂的整体和系统，包含着丰繁的内容和因素，并拥有许许多多的子系统。我们对世界政治与经济格局的研究，不可能面面俱到，把所有的内容和因素都加以分析和研究，而只能抓住一些最主要的东西作较深入的考察，然后据此作出我们的判断，但我们是否抓住了应该抓住的最主要的东西，并作出了科学的分析和判断，则要由世界历史的发展来检验。在这里，除了把握大量的事实和资料之外，关键在于是否有正确的理论作指导，并运用科学的分析方法，否则很难得出正确的结论。

我们认为，在分析和研究世界政治与经济格局变化的时候，仍应坚持以马克思主义的辩证唯物主义与历史唯物主义作为理论指导和研究方法。在运用这一理论和方法时，至少应明确如下几点：

1. 人类社会的发展是从低级到高级的不断变化的过程。决定这一过程的决定性因素是社会生产力的发展状况和水平。

2. 作为人类社会发展决定性因素的社会生产力是最活跃、最革命的力量。它的发展呈现出不断加速的趋势，并越来越以科学技术的进步作为其主要的内容和手段。同时，社会生产力的发展也有其历史的延续性，要以以前的发展作为基础，并受到各种要素及其配置的约束。这些都是形成各个国家生产力发展状况和水平差异性的重要因素。

3. 各个国家的生产方式决定于社会生产力的发展水平,而不是人们所能任意确定的,这是最起码的唯物主义观点。只有当一个国家的生产方式适合生产力发展的要求时,一个国家的经济才能以较快的速度增长。当然人们的社会活动也不是完全被动的,而是具有一定的主观能动性的。发挥主观能动性能促进或阻滞社会发展的进程,但不可能改变社会发展的基本方向和基本规律。设置障碍或揠苗助长都往往只能起适得其反的作用。

所以,在我们分析和研究世界各种社会力量的发展变化时,首先就要坚持生产力是第一性的观点,着重去考察各个国家社会生产力发展的水平和状况;而不是抽象地、脱离实际地离开生产力发展水平的要求去评论各个国家社会政治经济制度的优劣利弊,去预言其发展趋势。既然是辩证唯物主义者,那就应该从社会生产力的实际发展状况出发,决不能用理想和愿望去代替实事求是的科学分析。不如此,也就无法正确地解释世界力量对比已经发生的变化,也无法预见未来发展的主要趋势。"文化大革命"期间,一些自命的"左"派们曾极力批判所谓的"唯生产力论",似乎社会的发展与进步主要并不决定于社会生产力的发展,而决定于人们的主观意志。结果是,现实世界的发展彻底批判了这种"左"的观点,而不是生产力论者受到了最后的批判。其实,脱离对各个国家社会生产力发展的具体分析去判断世界发展趋势,得出结论,这本身就违背了马克思主义的基本理论和方法,从而决不是什么真正的左派。虽然这种马克思主义的极"左"的观点曾长期统治着学术界和理论界,但我们必须坚决地予以摒弃。

我们正是本着这些基本的理论观点和方法来看待战后世界政治与经济格局的发展和变化的。发达资本主义国家在战后一直在世界政治与经济格局中占据着极大的优势,并且经过约半个世纪的发展,它们的优势不仅没有缩小,甚至还有某种程度的扩展,这首先就因为，资本主义的生产方式及其政治、经济制度，虽然存在着许多弊端，也存在着它自身无法克服和解决的许多矛盾，但在现阶段仍然基本上是适合人类社会生产力发展已达到的水平，是当代社会生产力所要求的。尽管社会主义的生产方式已经诞生，但还没有自己赖以存在和发展的比资本主义更高的社会生产力作为基础，因此，它还没有稳固地站住脚跟。这也是一些国家社会主义制度相继夭折的根本原因所在。要在世界范围内发生社会主义代替资本主义的历史性的大转变，还需要社会主义生产力有进一步的更高度的发展，从而还需要有一个相当长的历史发展过程。在我们所要分析的今后几年、十几年的短短的时期里，显然还不会发生这样的历史大转折。在可以预见的将来，在世界范围内，将仍然是资本主义占优势的时期，社会主义的发展高潮一时还不会到来。如果我们真正坚持历史唯物主义的理论和观点，我们就应承认这一严酷的现实，并在对待资本主义世界社会生产力的发展问题上，采取欢迎的态度。因为，正是资本主义国家社会生产力的进一步的高度发展，才是为社会主义代替资本主义真正在创造条件。那种把社会主义的胜利寄托于资本主义经济的停滞和危机的看法，只不过是幼稚和无知。因为若没有社会生产力的极其高度的发展，也就不会有变更现有社会经济制度的要求，就不会有新的社会制度的产生。这正如历次农民革命，其结果只能是以新王朝代替旧王朝一样，依然逃离不了封建主义的窠臼。因为当时的社会生产力还没有发展到使封建主义变得过时。只有当发生了产业革命，出现了机器大工业，人类社会这才最终摆脱了封建制度的桎梏，进入了资本主义的时代。要从资本主义走向社会主义，同样也是如此，不创造出比资本主义更高的社会生产力，要在人类社会的发展过程中为资本主义画一个句号，使之戛然而止，是根本不可能的。要热爱社会主义，忠诚于社会主义事业，就必须欢迎世界上每一个国家社会生产力的发展，并首先把自己的经济搞上去，以为社会主义创造出最必要的基本条件。否则，只能重蹈乌托邦主义者的覆辙，不仅不能促进世界历史的发展进程，反而可能会给社会主义的产生和发展带来更多的困难，甚至给人民带来巨大的苦难。这绝不是一个马克思主义者所屑以为之的。

所以，我们在分析世纪之交的世界政治经济格局的时候，并没有奢言社会主义会取得如何如何的胜利，而是老老实实地承认资本主义仍然将占巨大的优势。决定世界局势的主要力量仍然是发达资本主义国家，尤其是发达的资本主义大国。但是，经过战后几十年的发展，这里也有了非常显著变化，从而已使世界政治经济格局出现了新的面貌：

1. 美国和苏联两霸争夺的两极格局已经由于苏联的解体而终结；

2. 美国并没有因为苏联的解体而形成一霸主宰世界的局面，而是在日本、德国成为它的主要竞争对手之后，在资本主义世界形成了三足鼎立的新格局；

3. 过去的东西方两大军事集团的严重对峙，已让位于以资本主义大国为中心的地区性经济集团的激烈竞争；

4. 发展中国家的经济发展不平衡已促使发展中国家发生了一定的分化，出现了一批新兴工业国，它们在世界政治与经济中的地位正日益提高；

5. 苏联解体后，俄罗斯虽处于严重政治、经济困难之中，但仍然是一个经济和军事大国，并继续在世界事务中拥有一定的影响；

6. 社会主义国家虽已剩下不多，但中国由于从自己的国情出发，建设有自己特色的社会主义市场经济，使国民经济有了较快的增长，其在世界上的地位与影响正在扩大。

这些主要变化带来的世界政治与经济新格局，是明显区别于两极世界的一种多极化的格局。这样的格局正在进一步发展之中。看来，世纪之交的世界政治与经济格局也将大体如此。由一二个超级大国主宰世界命运的时代已经成为过去。

我们不大同意世界旧的政治、经济格局现在已经结束，但新的世界政治、经济格局尚未形成，因此目前正处于过渡时期的说法。世界的政治与经济格局决不会有真空的时期；不是这样的格局，就是那样的格局，而不会没有格局。从当前的具体事实出发，应该说，在两极格局结束之后，世界就已经进入了多极化的格局之中。

当然，说现在已进入多极化的格局，并不是说今后不会发生变化。恰恰相反，变化是肯定的，必然的，有时还会是相当大的。但无论如何变化，只要不超越多极的这个大的框架，也就仍然处于多极化的格局之中。正如在两极格局的阶段，变化也是很多很大的，但变来变去，也仍然是在两极格局的框架之内，只是到了苏联解体，才最终打破了这一框架，使格局发生了根本性的变化。所以，不能以还会发生变化为理由来否定现在已进入了新的格局，也不能一说进入了新的格局，就以为再也不会有新的变化。量变是绝对的，质变则要具备一定的、必要的条件。这同样是我们应该予以坚持的辩证唯物主义的一个重要观点。

世事沧桑，格局变化，我国面对的国际环境也随之有了巨大的改变。这需要我们更新观念，从新的角度，用新的眼光来看待我国的各种对外关系，采取新的战略和对策。

在过去两极格局的条件下，我国曾长期处于与两霸发生军事冲突和受到军事包围的环境之中。当时，我们考虑国家的安全问题，主要是，也只能是从政治和军事的角度来决定我们的战略和策略。这使我们在经济上也相应地过于强调了自力更生,基本上处于闭关锁国的状态之下。现在的形势已有了巨大的变化,现在再像过去那样来考虑问题,将无疑是扼杀自己。与此同时,苏联的解体也给了我们极大的教训。苏联的解体固然有许许多多复杂的原因,但决不能简单地归因于西方国家对之搞和平演变的结果。不能陷入错误的外因决定论。事实上,两霸争夺,双方都在搞和平演变,为什么只有苏联被和平演变垮了呢?显然真正的原因并不在此。也有人把苏联的解体归因于是它与美国搞大规模军备竞赛的结果。这确实是一个重要的因素,但大规模的军备竞赛仅仅削弱了美国,却拖垮了苏联,所以,这也不是问题的症结所在。我们认为,苏联瓦解的主要原因是在于它在与资本主义国家的经济竞赛中遭到了严重的失败。经济上搞不过资本主义,却要去建立发达的社会主义甚至共产主义,怎能不碰得头破血流!苏联在经济上的失败,至少是由于犯了两个极大错误。其一,搞自我封闭,要脱离统一的世界经济体系,去搞所谓的两个平行的世界市场。不去利用国际分工,不去利用资本主义的一切成就,完全自搞一套,搞大范围的自给自足,其结果只能是越来越不能自给自足。其二,搞产品经济而不搞商品经济,更不准提市场经济。它建立了高度集中的计划经济,却没有高度发展的经济水平和科学技术手段作为基础,结果只能是抑制了经济发展的动力和速度,形成了不合理的经济结构,在经济上越来越拉大了与发达资本主义国家的差距。苏联成了军事上和政治上的强国和霸国,却越来越没有坚实的经济基础。它获得了军事上的安全,却忽视了经济上的安全,结果是祸起萧墙之内,自己整垮了自己,而不是被外来的力量所击败。作为超级大国的苏联由于忽视经济上的安全尚且如此,遭到了灭顶之灾,又何况在经济上更加相对落后的我们呢!所以,在新的世界政治经济格局之下,在经济竞争已更加突出的今天，我们更应把经济的安全放在最重要的位置上来加以考虑。要能切实保证经济上的安全，就必须要尽快地把经济搞上去，实现经济的腾飞。为达此目的，只有进行改革，实行开放，这才是惟一可行之道。这不是你愿意不愿意的问题，而是形势所逼，大势所趋，不得不走的一条路。在这样一条路上，既不能犹豫，更不允许倒退，只能作过河之卒，一往直前。

在多极化的世界政治与经济格局之下，竞争加剧了，这是不言而喻的。竞争加剧，打破了过去一二个超级大国垄断的局面，这对推动世界经济较快的发展有有利的一面。但竞争的加剧也对原有国际政治与经济秩序带来了更大的冲击，使整个国际局势出现了比过去更加动荡的局面，这又不利于各个国家经济的顺利发展。民族矛盾上升，地区冲突增加，地区集团化的趋势加强，如此等等，这些都是新的不利因素。面对这样的国际环境和世界形势，我们既应有灵活多变的战略和策略，也应有自己的明确目标，坚定地走自己应走的路。以不变应万变。这条不变之路就是建设有中国特色的社会主义，为此，应进行大胆的改革，坚定地走市场经济之路，打开国门，面向世界，冲入世界经济发展的大潮，经风雨，见世面，以更快地把经济搞上去，实现经济腾飞的愿望与理想，跻身于经济发达国家之行列。若如是，我们才算真正获得了国家从经济而荫及政治和军事的全面的国家安全，使国家逐步走向我们先辈们就久已向往的理想的境界。

我们正在奋勇的拼搏中迈向新世纪。只要旧世纪的挫折和创伤使我们变得更加聪明，再加上过去的革命和建设所留下的各种宝贵财富，我们是一定会达到自己的目的的。皇天不负苦心人，我们所作的一切努力，必然会得到应有的回报和收获。未来是属于勇于献身和创新的中国人民的！我们对此坚信不移！

世纪之交我国的国际环境[*]

在世纪之交,由于世界政治与经济格局的变化,我国面对的国际环境是一个多极的世界。世界大战在可预见的时期内已没有爆发的可能;经济竞争则上升到了更加突出的地位。作为一个发展中国家,在激烈的世界经济的竞争中,既处于非常不利的地位,也拥有相当可观的潜力,具有一定的后发性的优势,可谓困难与希望并存。关键在于我们的战略决策是否对路,各种政策措施是否恰当、有力。而这一切的基础,则是我们对国际环境和自己的国情能否有科学、准确的判断与分析。国际环境和自己的国情是会不断变化的。为此,我们必须进行经常的和滚动式的研究,以适应形势的发展。

一 国际环境与战略决策

世纪之交的世界政治与经济格局,决定着我们面对的国际环境的总的面貌和发展趋势。我们研究世界政治与经济格局的发展

---

[*] 本文是《世纪之交的世界经济与政治格局》一书中的第十二章。

变化，其目的是为了使我国的战略决策能建立在科学的基础之上，而不致犯大的决策性错误。

对于世界政治、经济格局与形势的判断，我们曾经有过不少的失误。由于这些失误带来的政治、经济决策的错误，曾给我国的政治经济发展带来了许多不应有的挫折和损失，教训是沉痛的，我们不应再重蹈这种覆辙。

回顾建国以来的政治、经济发展过程，可以明显的看出，我们所犯的一些重大的战略决策错误，除了认识上和国内的政治与经济因素之外，大都与对世界政治经济形势的判断有误有一定的关系。

在50年代中期，鉴于社会主义阵营的形成、社会主义国家经济建设初期所取得的成就以及苏联在军事科学技术方面的发展，我们对当时的世界政治与经济形势的估计是过于乐观了。认为在当时，在世界范围的力量对比上，已经是社会主义超过了资本主义，是"东风压倒西风"了。正是基于对国际形势这样的估计，从而作出了要实现"大跃进"的战略决策，不仅要在城乡实现全面的社会主义，而且要加快进入共产主义，并且把实际所谓"八包"、"十包"等，看成就是实现了共产主义，搞了一次"穷"过渡。其结果，不仅违反了经济规律，也违背了社会发展的基本规律，给我国的国民经济带来了一场严重的灾难。

进入60年代，中苏关系公开破裂，殖民地的民族解放运动正处于高潮之中，许多殖民地获得了政治上的独立。这时，我们又对世界的政治、经济形势作了不大符合实际的判断。一是认为当时的世界，已面临着大动荡、大分化、大改组的局面，正在形成世界的农村包围世界的城市的形势；再一是世界大战马上就要打起来，已经是"山雨欲来风满楼"，我们的战略决策应立足于世界大战早打、大打。其结果是，搞了一次"文化大革命"，要扫除修正主义的一切影响，为"打倒一切帝、修、反"，作好准备。为了"备战、备荒"，搞了大小三线建设，把工厂搬到、建在山沟里去，实行"深挖洞、广积粮"。如此等等，把好端端的国民经济搞到了濒临破产的边缘。其给国民经济和社会主义建设带来的损失较之"大跃进"又不知大了多少倍。

可见，对客观的国际政治与经济形势作科学的、准确的判断，对于一个国家的战略决策和顺利发展是何等重要。我们在这方面所犯的错误、所吃的苦头可谓够大、够多的了。我们应该认真总结这方面的教训，使我们对国际政治经济形势的判断建立在科学的、客观的基础上。一定要摒弃主观的臆断。要有实事求是之心，而无哗众取宠之意。若如是，则国家幸甚、民族幸甚，社会主义幸甚！

从现实的情况和发展趋势看，世界的政治与经济格局将是多极化的。这已成为国内外大多数人的共识。在这样一种世界政治与经济格局下，是"春秋五霸"，还是"战国七雄"，到底有多少"极"在起作用，这些"极"之间的力量对比和作用大小，则要看各个国家今后的发展变化了。要作出非常准确的判断是很不容易的。因为这要取决于许许多多的因素，变量既多且大，我们不可能像算命先生那样随便给出一个似乎非常明确的回答。但对于大体的发展趋势，我们还是能够作出判断的。这就是世界将是多极的，在可预见的将来，将不会越出多极的基本框架。在多极的形势下，至少在世纪之交前后，美国在多极之中仍然将占一定的优势，因而对国际事务势必还会拥有相对较大的发言权。发号施令不行，但仍有举足轻重的影响。由于其他各极的力量将相对增强，美国的影响将趋于减弱，而其他各极，特别是日本和德国的发言权将增大。

这样的世界政治与经济格局，会对今后我国面对的国际环境带来哪些大的影响呢？根据前面各章所作的分析，大致可概括为如下几点。

（一）世界大战在可预见的将来打不起来，世界将进入一个较长的、相对和平的时期。

第二次世界大战之后，虽然没有发生世界大战已有半个世纪了，但在过去，美苏两霸争夺的两极体制之下，人类始终蒙受在世界大战可能爆发的阴影之下。两大军事集团的对峙，剧烈的军备竞赛和严重的意识形态的对立，使世界大战随时有爆发的危险。由于各种因素的制约，世界大战并没有打起来。现在，世界的政治与经济格局已发生了根本性的变化。如果说，过去，世界上有两个国家有打世界大战能力，它们的军事实力相当，有各自的盟国和军事集团，它们的政治与经济利益有激烈的冲突，因此，不能排除世界大战的威胁；那么，现在，由于对峙的一方已自行瓦解，世界上有能力打世界大战的国家已只剩下一个。在可预见的将来，已无可以与之较量的对手。打仗也和打架一样，如果没有与之争斗的对手，仗也就打不起来。从现在的发展趋势看，短期内是不可能再出现一个能与美国进行世界战争的对手的。日本、德国当然不可能。俄罗斯又如何？前苏联过去作为一霸尚且不敢贸然与美国在战争中决一雌雄，现在的俄罗斯，既已削弱了自己的力量，也已失去了自己的盟国，当然更不会再去冒一场毁灭性战争的风险。至少在相当长的一段时期内，它还不会有这样的能力和胆量。

当然，世界大战打不起来，不等于世界有绝对的和平。绝对的和平从来就没有过，今后也不会有，除非整个世界都实现了共产主义，只有那时才能真正进入世界大同的时代。由于民族国家的存在，民族的利益，国家的矛盾就不可避免地会导致这样或那样的冲突。在冲突严重的时候就可能发生战争。世界政治与经济格局的变化，没有也不可能消除发生国家内和国家间的这种战争。甚至，这种战争的可能性还加大了。因为，世界政治与经济格局的变化，削弱了小规模超级大国垄断和左右国际局势的能力；过去在两霸争夺形势下存在的意识形态的压力已大大减轻了；世界政治与经济格局的变化还使得一些国家和民族的利益不得不进行一定的调整，调整过程中处理矛盾不当，就会引发战争；政治、经济的发展不平衡也使一些民族之间和国家之间的矛盾进一步发展了；如此等等，都增加了民族和国家之间进行战争的可能性。现实的情况已说明了这一点。

但是，这类民族之间的和国家之间的战争，都是在较小的国家之间进行的，或者是在一个国家之内进行的，都是局部性的战争。这些战争都没有可能扩展成为世界性的大规模的战争，因而不足以影响世界和平的大局。因为，引起这些战争的原因仅存在于有关的民族和国家之间，与其他国家的利害关系不大，因而往往没有可能使更多的国家直接介入战争之中，更不会因为这些个别民族和国家的利益去进行一场大量国家参加的世界战争。

世界大战在可以预见的将来打不起来，世界将处于一个较长的和平时期，这对世界经济的发展是有利的。一是可以避免战争的破坏，再是可以不必花费大量的人力、物力和财力去进行军备竞赛、准备世界大战。这给每个国家都提供了充分发展自己的机会。但机会并不是所有国家都能把握住并充分加以利用的。这就要看各国领导人能否审时度势，作出正确的战略决策并采取有力措施更好地利用这一和平时期来发展自己了。我们国家也面对着这样的机会，所以应特别珍惜它。

（二）世界范围的经济竞争将更加激烈，世界经济秩序将发生相应的变化。

虽然经济实力是一个国家其他一切实力的基础，但经济的国际竞争在战后、特别是在两极体制解体之后才真正明白无误地在世界人民面前显现出极端的重要性。在过去，军事力量往往在国际竞争中作为决定性的、最后的手段被人们特别看重。现在，随着世界的进步和时代的变迁，军事手段和战争在大国的国际竞争中已逐步地降低了作用和地位。人们从美苏两霸进行激烈军备竞赛所带来的后果中也看到了过于看重军事力量的优势所带来的危害。苏联的解体，美国的削弱，一个重要的因素就是它们为进行军备竞赛、争夺军事上的优势而耗费了过多的国力，以致影响了自己在经济上的发展和优势。人们已把注意力更多地集中在综合国力的国际竞赛上。而综合国力最核心的内容就是经济的发展水平和实力。这里面既包含了科学技术进步的现状与潜力，也包含了劳动生产率的提高和经济总量的增长。正因为如此，许多国家正在致力于抢占科学技术的制高点；为了提高全体居民的科学文化素质，有的国家领导人甚至提出要做"教育总统"。为了迎接更加激烈的国际经济竞争，一些国家正在进行产业结构的调整，并对国家的经济理论和政策进行新的探索与创新。环顾世界，在经济领域里确实是一番紧锣密鼓的繁忙景象，充满了紧张激烈的竞争气氛。在这样的国际环境中，作为经济上本来就比较落后的国家，我们在发展自己的经济上就更不能有丝毫的怠慢。我们必须真正把一切工作的重点转移到经济建设这一中心上来，而不能让一切"左"的右的错误思想和做法干扰我们经济建设工作的进程。

在国际经济竞争空前激烈的情况下，世界范围的经济秩序也在发生着重要的变化。

国际经济秩序是进行国际经济竞争的客观条件和行为规范。在民族国家存在的情况下，国际经济秩序总是依照经济大国和强国的经济利益来确定的。远的不说，就拿第二次世界大战以后的国际经济秩序而论，它主要就是按照美国的利益和意图来确定的。具体说来，战后的国际货币制度，就是根据美国的方案而建立起来的以美元为中心的固定汇率制。尽管后来这一制度由于美国经济地位的相对下降而瓦解了，有管理的浮动汇率制已取代了固定汇率制，但美元作为世界货币的特权，却依然固我，迄今没有发生什么大的变化。战后确定的国际贸易体制和关税与贸易总协定所起的作用，也是美国为了对外扩张的利益，推行贸易自由化的一个结果。虽然由于美国竞争地位的恶化，美国也带头实行起了贸易保护主义，但贸易自由化的基本框架和发展趋势，也尚未发生根本性的逆转。

既然战后的国际经济秩序主要是根据当时资本主义世界的霸主美国的利益和意图确定的，那么，在世界政治与经济格局发生重大变化的情况下，它也将受到一定的冲击和影响，并发生一定的、相应的变化。国际货币制度的变化已经说明了这一问题，乌拉圭回合达成的全球贸易协议则将为未来的国际贸易制定一系列新的规则，并用世界贸易组织来取代关税及贸易总协定而发挥其作用。对于国际经济秩序已经发生和即将发生的各种变化，我们应作深入、透彻的调查研究，并就其对我国改革开放可能带来的影响作出基本的判断，以为我们制定各种经济政策提供必要的依据。

对于国际经济秩序的变化，我们应采取科学的、现实的态度。在当今世界的力量对比中，发达资本主义国家占据着绝对的优势。在这种情况下确定的国际经济秩序也只能主要是发达资本主义国家经济利益的体现。它无疑对广大发展中国家，包括我们中国在内是不利的。但在相当长的一段时期里，世界范围的力量对比，还不可能改变发达资本主义国家占有优势的状况；因此，也无法从根本上改变国际经济秩序的这种性质。在这种基本形势下，要想完全根据广大发展中国家的利益来重建国际经济秩序是不可能的。广大发展中国家争取建立国际经济新秩序的斗争虽然是合理的、必要的，但在短期内是很难实现的。因此，我们应把斗争的重点放在现有的国际经济秩序的框架内，尽可能地争取更多地照顾到发展中国家的利益上。过高的要求是不切实际的，往往会在遭受失败的情况下，挫伤发展中国家的信心和积极性，于事无益。

（三）地区性经济集团将得到进一步的发展，并对世界经济的发展产生多层次的影响。

两极格局的终结，使美苏两个超级大国对国际政治经济事务的垄断权被打破了。垄断被打破，加剧了国际经济领域的竞争，这对推动各国经济的发展是有利的，因为这增加了促使各国经济发展的外在压力。垄断被打破，引起国际经济秩序不得不作一定的调整，其可能引起的暂时混乱状态，又会对世界经济的增长带来一定程度上的不利影响。这些，都会使世界经济中的发展不平衡进一步加剧，带来国际经济中许多新的矛盾。

面对世界经济中更加剧烈的竞争，各主要经济大国都力图营造自己的势力范围，致使世界经济中的地区集团化趋势得到了新的有力的推动。

欧洲共同体统一大市场的建立，欧洲共同体和欧洲自由贸易联盟的联合，北美自由贸易区的形成，以及亚太经济合作的新发展等等，都充分说明地区经济集团化已成为一个强劲的发展趋势。

世界经济地区集团化的发展，加强了各个地区国家之间的经济合作，是促进这些国家经济发展的一个重要因素；但同时，它也给完整的世界经济体系带来了一定程度的割裂，从而会对世界经济的发展产生一些不利的影响。虽然现在的各个地区性经济集团并不是完全封闭的，具有相当大的开放性，但它毕竟使集团内外的国家在各种政策措施上所得到的好处具有差别。集团外的国家不能享受到集团内国家所能得到优惠待遇和各种权利。因此在形成地区性经济集团的范围之内，集团外国家在竞争中就必然会处于相对不利的地位。

综观今日之世界，无论是远在西半球的北美自由贸易区，还是在欧亚大陆西部的欧洲统一大市场，甚至在中国近邻正在形成的东盟自由贸易区，一些主要经济大国和发展较快的国家，都圈定了自己的经济活动范围，有了对自己较为优惠的发展空间。这对我们这样未参加任何经济集团的国家来说无疑是一个不利的国际环境，需要人们认真思考应采取的对应措施。

（四）世界范围的政治与经济发展不平衡将进一步加剧，南北经济差距会趋于扩大。

政治与经济发展不平衡是世界社会经济发展的绝对规律。在世界政治与经济格局多元化的趋势下，国际间的竞争将主要集中在经济领域里，而在发展各国经济的条件方面，优劣利弊又有着明显的差异。在大多数经济发展的因素方面，发达资本主义国家占有明显的优势。在这种情况下，就总的发展趋势而言，发展中国家在经济方面与发达资本主义国家的差距势必会进一步扩大。

竞争主要将在发达资本主义国家之间展开。从当前的情况和发展态势看，作为世界第一经济大国的美国，其第一把交椅的地位在世纪之交尚不致丧失，但其拥有的优势，确将进一步缩小。日本现在的国民生产总值大约相当于美国的 2/3，德国又大约相当于日本的 2/3。到本世纪末，日本在经济总量上与美国的差距有可能缩小到 20% 以下，而德国与日本的差距也会缩小到与此相当的水平。至于在各个经济领域里，如国际贸易、国际投资等等，这几个国家更将进行势均力敌的竞争，而且美国在许多方面仍将继续处于不利的地位。

虽然在本世纪的最后几年里发达资本主义国家的经济发展仍将继续处于低速而不稳定的形势之下，但发展中国家面对的经济困难也很多。资金的短缺、技术的落后将是制约它们经济发展的主要瓶颈所在。因此，就发展中国家的总体而言，它们在今后若干年里与发达资本主义国家在经济上的差距要想有较大幅度的缩小是困难的，而且很可能会进一步扩大。这势必使南北矛盾加剧，并成为国际经济斗争中的一个重要方面。

就发展中国家来说，情况也有很大的不同。处于有利地位的国家主要在东亚和东南亚地区。这一地区有的国家可能会逐步达到发达国家的基本水平。而一些比较落后的发展中国家（主要集中在非洲地区），即使到本世纪末，下一世纪初，也仍然难以解决温饱问题。严重的经济困难，甚至会导致社会和政治的严重不稳定。战争和动乱将进一步破坏原已十分落后的经济，以致陷入恶性循环之中。发展中国家因之将在经济上出现明显的两极分化。

发展中国家在经济上的分化，使它们在国际经济斗争中将越来越有不同的利益和立场。这势必会削弱发展中国家与发达资本主义国家进行的联合斗争，使不利于发展中国家的经济秩序一时更难向有利于发展中国家的方向转变。就这一点而言，我国在今后一段时期里所面对的国际经济斗争环境也不是十分有利的。

面对着多极化的世界政治与经济格局及其在上述各方面的特点和影响，我们今后战略决策的基本点，就应争取在世界较长的相对和平的时期里，真正把一切工作的重点放在经济发展上来；争取既有较快的经济增长速度，也有较高的经济效益和质量。要能做到这一点，就应坚持走改革开放的道路。不仅经济改革要使市场经济真正形成和发展起来，而且也要使政治改革和经济改革相适应地逐步进行。只有这样，我们的社会经济发展才能有良好的环境和和谐的条件。国内的改革还要有不断扩大的开放与之相适应。多极化的世界，要求我们实行多方位的开放，真正勇于参加国际分工的世界体系。应该在面向世界的竞争中来确定我国的产业结构，发挥自己的相对优势，走出相对狭小的天地。

世界政治与经济格局的变化，既给我们带来了新的挑战，也给我们以从未有过的良好机遇。只要我们能审时度势，制定出符合实际的发展战略，我们是能够在这种世界政治与经济格局之下，有所作为，重振中华民族的雄风于寰宇之下的。

二 国际环境与应对措施

世界政治与经济格局的变化以及由之决定的国际经济秩序，使世纪之交我国面对的国际环境在总体上并不是十分有利的。但是，这决不意味着我们在加快经济增长和社会主义建设方面不可能有所作为。正确的战略决策，恰当的经济政策和对路的有效措施，可以使我们充分发挥自己的优势，趋利避害，从而取得比别的许多国家更大的成就。

针对世界政治与经济格局的变化以及我国现有的国情，我们应着重考虑哪些重要的政策措施呢？根据我们的研究与思考，下列一些问题似应着重地加以探索和解决。

（一）要把促进经济发展的政策重点尽快地从地区政策转移到产业政策上来。

自从改革开放以来，我国成功地运用了地区政策，促进了全国的经济发展和对外开放。特区政策，沿海经济发展战略的实施，使各个经济特区和沿海省市得到了国家给予的许多优惠政策和待遇，这些城市和地区因之能够比其他大多数城市和地区吸引更多的外资和内资，以非常快的速度成长和发展起来。它们的高速发展还发生了不小的辐射作用，在相当大的程度上带动了全国的经济发展和对外开放。这在我国经济起步阶段是必要的，也是有效的，达到了我们采取这些政策措施的目的和要求。

但是，一个国家若能真正长期、稳定而高速地实现经济增长，显然不可能只是依靠地区政策，而且主要不能依靠地区政策。因为，这种地区政策只能使局部地区得到较为迅速的经济增长，而这种增长还往往会在一定程度上对其他地区产生一定的不利影响。虽然个别地区的较快增长会对其他地区产生一定的辐射作用，但它却会吸引走这些地区更多的资金和人才，产生许多更不利的负面影响。这种对个别地区实行的特殊优惠政策时间越长，其负面的影响就越大，从而会超过它带来的正面影响。十几年来，我国东西部经济发展的不平衡已明显地显现出来。东西部地区的经济差距已越来越大，它们之间的矛盾也越来越多。如果让这种情况继续发展下去，显然将严重影响整个国家经济的稳定增长，甚至会带来政治与社会的不稳定、不安定。而且，长期地实行地区性优惠政策，还会助长地方主义的发展。它们会越来越从自己的地区利益出发，竞相采取各种优惠的政策，甚至实行比国家给予经济特区的政策更为优惠的政策，使特区不特，国家的地区性优惠政策也就失去其应有的作用。所以，在我国已经实行地区性优惠政策十多年之后，在这一政策已较充分地发挥了它应有的作用之后，已到了我们适时地将地区性优惠政策加以改变的时候了。

远的不说，从第二次世界大战后世界一些国家经济发展的经验来看，产业政策确实是一个非常重要的因素。日本在战后经济的飞跃发展，除了其他原因之外，也得益于其实行了正确的产业政策。日本政府对重点产业的选择和扶持是非常明确和有力的。

战后恢复时期的轻纺工业、50年代中期以后的重化工业、60—70年代的汽车和造船工业、80年代以来的电子和高科技工业，如此等等，一步步的发展、变化、升级，不仅促进了日本经济的腾飞，而且使日本经济在剧烈的国际竞争中后来居上，占据了主动的、优势的地位。亚洲"四小龙"的经济发展，一些东盟国家近年来的较快增长，都非常明显地得益于它们所实行的产业政策。即使是老大的美国，除了其三大支柱产业（钢铁、汽车、建筑业）仍然在国民经济中起举足轻重的作用之外，80年代以来它花在高新技术产业部门的力量也是很大的。正因为如此，美国自80年代以来其国际经济地位相对下降的速度已明显地有所减慢。对于一个先进的经济大国尚且如此倚重产业政策，对于我们这样一个发展中的国家，产业政策的作用就更重要得多和大得多。

关于制定我国的明确的产业政策，经济专家们已呼吁了很多年，但迄今应该说还没有真正引起重视和落在实处。虽然最近几年国家已公布了重点产业的名单，但仔细想来，《人民日报》列了两大版，又何来真正重点的产业。实际上仍然是各个产业部门都在名单之中占有一席之地。照顾了各个部门各个行业的利益，也就没有真正的重点产业。更何况，仅仅公布一份重点产业的名单，接下来并没有具体落实的相应政策和措施，公布了也就公布了，决不可能产生应有的效果。在这方面，我们是有沉痛的教训的。早在50年代，我们就把电力和交通封为国民经济的先行官，不谓不重视了吧！但结果又如何呢？这两个先行官不仅没有先行，做到逢山开路，遇水搭桥，为整个国民经济的发展创造良好的、必要的条件，反而成了整个国民经济中最为落后的部门，成为国民经济发展中长期难以克服的瓶颈，拖了整个国民经济的后腿。所以，提出正确的口号和要求固然重要，但更重要的是要使这些口号和要求通过各种具体的政策和措施能真正地落在实处。

现在，已到了我们把经济政策的重点从地区政策转移到产业政策的时候了。我们应尽快地完成这一转移。否则就会贻误时机，在地区政策带来的负面影响过大时再被迫地转移，不仅被动，损害也会更大。一个国家，如果没有重点产业，也就没有能够带动整个国民经济增长的火车头，也就无法提高整个国民经济的素质，也就不可能生产出具有国际竞争力的拳头产品。对此，我们应有足够的认识。

（二）要勇于参加国际分工体系，加快、加大对外开放的速度和力度。

要扩大对外开放，首先就要对参加国际分工有新的、明确的认识。因为这是问题的关键所在。

社会分工是社会发展和进步的重要标志和内容。在世界经济发展到今天，社会分工已进入了国际分工的新阶段，一个国家要想分享世界经济发展的成就和好处，加快自己经济发展的步伐，就必须勇敢地参加到国际分工的世界体系中去，占有自己的一席之地。过去那种认为国际分工是帝国主义的国际剥削理论的观点和看法是错误的，应该坚决摒弃。

要参加国际分工，涌入国际竞争的洪流，就应在一些观念上站在新的高度、有新的认识。例如，对于建立完整的、独立的国民经济体系就应该有一些新的看法。

建立独立完整的国民经济体系，对中国这样一个社会主义的大国来说，无疑是完全必要的。但是，这决不意味着什么都要自己制造，搞完全的自给自足。更不能把各个地区，甚至各个企业也都搞成大而全、小而全的自给自足的经济实体。这在社会经济发展水平已达到如此高度的情况下既是不可能的，也是不必要的。硬要搞封建庄园式的经营体制和方式，其结果只能是浪费资源，降低效益，使整个国民经济处于落后的、被动挨打的局面。

如果在各个部门和各个企业之间都没有适当的分工，又如何去奢谈参加国际分工呢？在一个国家内，各个地区、各个部门、各个企业进行必要的、有效的分工，乃是参加国际分工的基础。没有这个基础，也就没有参加国际分工的最起码的条件。在一个国家内，应该是，既有独立、完整的国民经济体系，也有国民经济的重点部门和支柱产业，并从参加国际分工的角度来择优发展自己的产业部门。即使是在一个产业部门内部也是如此。既有分工，也有协作，而不是所有企业都生产同样的产品，都要生产本行业的最终产品。正确的做法应是在本行业的各个企业之间，实行适当的分工，发挥各个企业不同的优势，生产自己最拿手的、最优异的零部件，然后再由具有总装水平和优势的企业去生产最终产品。这样生产出来的最终产品，才能保证组成产品的各个零部件的最优化，也才能保证最终产品本身的最优化。这样做，既可降低成本，又可提高质量，并能获得规模效益。我们为什么不能这样做呢？应该看到，我们即使这样做了，在经济生活已越来越国际化的今天，也还是不够的。因为，这还仅仅是在国内进行的分工，而不是参加了国际分工。而要制造出能在世界市场上有竞争力的质高价低的拳头产品，还应积极地参加到国际分工之中去。试看今日发达资本主义国家的许多重要的出口产品，不是能在这方面给我们以许多有益的启示吗？占据了国际民航飞机市场绝大部分份额的美国波音飞机就是一个很突出的例子。波音飞机是美国最重要的出口产品之一，但它的许多重要零部件并不是波音飞机公司自己生产的，甚至也不是美国公司生产的，而是来自其他国家的工厂。飞机最重要的部件发动机，是由英国罗尔斯—罗伊斯公司提供的；飞机一些重要仪器仪表是由德国公司和日本公司生产的；飞机的一些部件，如舱门、尾翼等等，甚至还是由一些发展中国家组装的；如此等等可以说，波音飞机的国产率并不很高。但谁也不能说波音飞机不是由美国生产的飞机。它是由美国公司设计并组织生产的,从而也是以美国的商标在世界市场上销售。但它不拘泥于所谓的国产化水平,而是哪个国家生产的零部件最好,它就采购谁的,用谁的。用别国制造的,但是是世界上最好的零部件来生产自己的飞机,这才使波音飞机成了世界上最好的民航飞机。所以,各国皆争而采购之。若不是这样,什么零部件都要自己公司生产或都要由美国的公司来生产,那就不会有今天世界上最好的、别国无法与之竞争的波音飞机。既然世界上科学技术、生产水平最高的国家那么重要的产品都要充分利用国际分工的好处以增加自己产品的优势,我们这样一个各方面都较为落后的国家又为什么不能走这样一条路呢?而要走这样一条路,首先就要打破思想观念上的障碍。参加国际分工,利用国际分工是好事而不是坏事,更不是把自己变成别国的装配厂、附属国。若能用世界各国最好的零部件装配出世界上最好的产品来,人人都争而购买之,这绝不是丢人的有失民族尊严的事,而是一种进步的表现,从参加国际分工的程度这个侧面反映了国民经济发展进步的水平。在这方面,我们也有自己痛苦的教训。建国以来。全国人民为努力提高自己的经济发展水平,节衣缩食,拿着世界上最低水平之一的工资,有着世界上最高的国民经济积累率,但却并没有取得相应的效果。其中重要的原因之一,就是基本上采取了闭关锁国的态度,用小农经济的眼光来看待一国经济的自给自足,甚至连各个地区、各个企业也搞大而全、小而全,最好万事不求人。而对参加国际分工更是采取了完全否定的态度,不屑一顾。结果是,吃苦头的是自己。不仅自己的比较优势发挥不出来,整个国民经济显现不出蓬勃发展的生机,而且与先进国家在经济上的差距不但没有明显的缩小,在某些方面,与许多国家的差距甚至更拉大了。辛苦、劳累虽不是完全付诸东流,也至少未取得本应取得的更大的回报。

面对着世界政治与经济格局变化带来的更加激烈的世界范围的经济竞争，我们应该及时、果断地转变束缚我们自己的陈腐观念，积极地参加到国际分工的世界体系中去，充分地发挥我国所具有的比较优势，以扬长避短，依靠我们的支柱产业，形成我们的拳头产品，既引进来，也打出去，我们就会有更大的活动余地和施展才华的空间。只有这样，我们才能真正做到扩大对外开放，并有希望在不太长的时间内跻身于发达国家的行列之中，真正为建设有中国特色的社会主义作出应有的贡献。

（三）要加快促进市场经济的发育与发展，并使之更快更好地与国际市场接轨。

我们党和国家已决定实行社会主义市场经济，从根本上改变过去的计划经济体制，这是一个根本性的转变。能走出这一决定性的一步是一个很大的进步。这既需要勇气，也需要打破各种各样的阻力和障碍。坚冰虽已被打破，但航道尚有待开通。在这方面还任重而道远。

如何在我国实行社会主义市场经济，这是一个崭新的课题，也是一项非常繁重的系统工程，显然不可能一蹴而就。这需要我们的政治家和经济学家们作长期坚持不懈的努力来作出解答的方案。这不是我们这一课题需要解决的任务，也是我们无法加以解决的任务。

我们在这里想说的就只有一点，那就是既然要实行市场经济，就要真正把立足点转移到市场经济上来，坚持摒弃过去实行计划经济体制时的各种手段和做法，决不能对过去的那一套恋恋不舍，藕断丝连。

实行市场经济绝不是不要政府对国民经济进行宏观调控。因为，市场经济并不是万能的、没有缺陷的。它只不过是最适合于当前社会生产力发展水平的一种经济制度。它没有可能解决市场运行中的许多矛盾,特别是宏观经济领域的一些重要问题。因此,实行市场经济,政府对国民经济进行宏观调控也仍然是必要的和不可缺少的。在发达资本主义国家也是如此。问题在于,在市场经济下对国民经济进行宏观调控应不同于在计划经济下所实行的宏观调控。最明显的差别便在于你是用经济手段还是用行政手段来进行这种调控。无论是对商品市场,还是对资本市场和资金市场,甚至劳动力市场,都应用经济的手段而不是行政的手段来进行调控和干预。

现在,我国的国民经济运行已开始向市场经济转变,但国家对国民经济进行的宏观调控却往往不能完全脱出计划经济时惯用的行政干预的窠臼。当所谓的国民经济过热时,就又来一道命令和措施,实行一刀切的紧缩的措施,而不是运用各种经济杠杆,诸如利息率、汇率等等来进行必要的调节。这在市场经济的运行中,既不能收到过去所能收到的效果,而且还会给整个国民经济带来不必要的混乱。这样做,不仅对近期内国民经济的发展没有好处,而且也会对整个市场经济的形成和发展带来长期的不利影响。

对所谓的国民经济过热,我们也应有较为科学而正确的看法。何谓过热,无非是指经济增长速度过快。但对于一个经济比较落后的发展中国家,国民经济又怎能不以较快的速度增长?否则,如何能缩小与发达国家在经济上的差距,当然更谈不上超过发达国家已达到的经济发展水平了。这样,又怎能创造出比发达资本主义国家更高的社会生产力水平,去建设比资本主义更高的社会主义制度呢?而且,什么样的速度算是过速了,有什么科学的根据和论证?所以,不应轻易地对国民经济是否过热作出判断和结论。我们认为,较快的经济增长速度是必要的。问题不在于速度是否过快,而在于国民经济的结构是否合理。如果经济结构合理,国民经济的增长速度快一些也不会发生问题。日本在战后曾较长时期地维持了较快的经济增长,才使它一跃成了世界第二经济大国。亚洲"四小龙",自70年代以来经济增长的速度也一直不慢。为什么这些国家能保持较高的经济增长速度而不出问题,我们就不行呢?所以,不要在速度问题上去做文章,而应在经济结构上下工夫。只要我们花力气解决了国民经济中的瓶颈问题,使投入能获得更多的产出,不断提高企业的经济效益,较快的经济增长速度就不会构成问题。所以,我们认为,小平同志提出的要加快国民经济的增长速度是正确的。要使我们的国民经济摆脱一快就缩、一缩就乱的怪圈,使其进入较快的、正常的发展轨道。国家领导国民经济,依靠行政命令是最省心省力省事的。但我国几十年的经验已经证明这样做不行,所以才要改。既然决定要改,就真正去改,而不要动不动又回到原来的老路上去。这样,付出的代价将更大、更多,于国无益,于事无补。

实行市场经济,就应按市场经济的规律办事,用经济的手段和办法去对国民经济进行宏观调控。要使市场经济尽快地发育起来,使之规范化、法制化。在使市场经济规范化、法制化时,要充分考虑世界市场的运行机制和规则,尽可能地使我们的市场运行机制能和国际市场顺利地接轨,一步到位。在这方面,我们面对的问题还很多,对此,我们应有清醒的认识。决不能认为,既已做出实行市场经济的决定就万事大吉了。

(四)要真正重视科学技术和教育的发展,为我国的经济腾飞创造必要的条件。

在现代的经济中,科学技术是最重要的生产力,或者说是第一生产力。科学技术的发展水平已成为一个国家经济水平高低的主要标志。发展中国家与发达资本主义国家在经济上的差距,实际上也就是在科学技术发展水平上的差距。因此,在国际经济竞争中,科学技术的发展状况与未来的潜力已成了决定胜负的关键性因素。

环视我国的各个经济领域,便可以看到这样极不平衡的现象:一方面,在一些尖端科学技术的领域里,如卫星、火箭、巨型电子计算机等等,我们已拥有了世界一流的科学技术水平;但在另一方面,既在国民经济的大多数领域里,却存在着生产技术落后、劳动生产率低下的状况。这是由于我国整体的劳动力科学技术水平低下所决定的。而在国际经济竞争中,只有少数科学技术先进的部门和产品,是不可能获得优势地位的。决定胜负的是一国经济的整体实力和综合的科学技术水平,因为这才是决定一国劳动生产率水平的主要因素。

我国整体的劳动力科学技术水平低下,固然有长期经济发展较为落后的历史原因,但与建国以来我们太不重视科学技术的发展和教育的普及与提高也有很大的关系。长期在科学技术和教育方面的投入不足,又没认真制定和落实合理的科学技术和知识分子政策,无疑是一个很大的失误。特别是对教育的重视不够,已使我们现在吃到了劳动力素质不高的苦头,而且今后还要继续吃这方面的苦头。与世界其他国家相比,我国的教育经费,无论占国民生产总值的比重,还是占财政支出的比重,都在世界最低的国家之列。且不说给教育以特殊的地位,现在连普及初等教育都遇到很大的困难,许多地方连教师的工资都发不出。干其他什么事情都有钱,惟独到了教育部门,连教师起码的温饱都保证不了,这难道能说是对教育已经非常重视?现在需要的不是什么宣传和口号,而是真正把对教育的重视落到实处。现在,提倡群众资助教育,搞"希望工程",虽然可解决那么一点点问题,但这决不可能从根本上解决教育的落后状况。关键还是要国家有足够的投入。这就需要领导人有长远的眼光，有敢于解决问题的气魄。现在已到了从根本上改变只口头上重视而实际上忽视这种严重状况的时候了。要把"科技立国"、"教育立国"这些观念真正落在实处。认真做一件实事，要比说多少空话强不知多少倍！

在经济竞争已紧锣密鼓展开的今天，谁能拥有人才，谁能培养人才，谁就能拥有未来。经济竞争实际上是劳动生产率水平的竞争，也就是科学技术的竞争，归根到底是人才的竞争。形势迫使我们必须更好地改进我国的科学技术、教育和人才政策，使之与经济发展的需要相适应。只有这样，我们才不会在激烈的世界经济竞争中成为失败者，也才能真正建设好我们有中国特色的社会主义。

我们上面提到的几个方面，当然不可能囊括所有重要的问题，但只要我们认真考虑了并着力去加以解决，我们就会在激烈的国际经济竞争中处于比较主动的地位，使我们的综合国力逐步提高，并不断缩小我们在经济上与发达国家的差距。

世界政治与经济格局的变化，把开拓社会主义和共产主义事业的伟大重任赋予了中国人民。我们正在通过改革与开放建设着有中国特色的社会主义。原来的基础不是太好，面对的国际环境又不是十分有利，但只要我们认清潮流，因势利导，采取正确的战略与对策，我们是可以胜利地达到目的的。改革开放以来所取得的成就已经证明了这一点。我们相信，今后我们还会取得更大的成就，以胜利的姿态迎来新的世纪。未来是属于勇于开拓和进取的中国人民的！

世界经济形势出现好转[*]

一

1994年世界经济形势好转，逐渐摆脱历时4年的不景气状况，开始步入新一轮的经济回升阶段。1994年世界平均的经济增长率约为3.0%，其中西方发国家约为2.7%，发展中国家约为6.0%。世界经济形势出现好转，西方发达国家普遍摆脱经济衰退进入新一轮的经济回升阶段是一个重要因素。最先发生经济衰退也最早开始经济回升的美国，在1994年加强了经济回升的势头。1993年美国经济的年增长率是3.1%，1994年将提高到3.8%左右。欧洲发达国家中虽然有的国家1993年才发生经济衰退，但1994年均已开始经济回升，全年平均的经济增长率可达2.6%上下，只有日本的经济回升形势要差一些，全年的经济增长率可能只有1.0%。

1994年，发展中国家的经济形势是各类国家中相对最好的。大多数发展中国家都出现了较好的经济增长势头。不仅东亚、东

---

[*] 本文原题为《世界经济形势的回顾与展望》。

南亚继续保持着高速的经济增长,这一地区平均的经济增长率将达8.0%左右,远远高于世界的平均水平;而且过去经济形势较差的非洲也出现了一定转机,估计1994年可以有2.5%—3.3%的经济增长率,虽仍低于世界的平均水平,但从非洲过去的情况来看,这样的经济增长率也属差强人意了。拉丁美洲自进入90年代以来,已连续保持了4年的经济增长,1994年平均的经济增长率约为3.5%,略高于世界平均水平。但有些拉丁美洲国家的经济增长率已大大高于平均的水平,如阿根廷,可达6.0%—7.0%,秘鲁更可达8.0%,已不亚于东亚、东南亚的一些国家。发展中国家经济形势的普遍好转是多年来少有的现象,今后一段时间可能还会有进一步的新的发展。

1994年世界经济中一个引人注目的新现象,是中东欧经济转轨的国家经济普遍渡过了经济滑坡的谷底,陆续开始了经济回升。它们经济回升的速度大多不太快,但却显示了经济形势的变化,已出现了向好的方向发展的转折。这一地区经济增长速度最快的仍然是波兰,1994年经济增长率有可能接近5.0%。除个别国家(如斯洛伐克)外,其他中东欧国家1994年都将出现2.0%—3.0%的经济正增长。

在世界各类国家中,经济形势最差的仍数俄罗斯和其他独联体国家。俄罗斯经济自1990年出现负增长以来,已连续5年下滑。1994年俄罗斯经济在原有大幅度萎缩的基础上再下降15%左右。俄罗斯经济迟迟不能走出下滑的谷底,一方面说明其经济转轨的难度之大,另一方面也说明它的现行经济政策是不成功的。

二

1994年世界经济形势好转使国际贸易恢复了发展的势头。

在1990—1993年世界经济不景气的影响下,国际贸易的实际年增长率连续下降,1993年仅为2.5%。1994年,国际贸易的实际增长率已恢复到5.0%,比1993年高出约1倍。国际贸易的增长加快,除了各类国家经济形势好转的因素之外,还得力于下列因素的推动:

1. 关税与贸易总协定乌拉圭回合的全球贸易谈判在1993年底终于达成协议。根据协议,世界贸易组织将于1995年1月正式成立,以取代目前的关税与贸易总协定。过去的关税与贸易总协定只是各国政府间的一种多边贸易协定,而不是常设的国际机构。世界贸易组织的建立,必将加强国际贸易的协调和宏观管理,从而对贸易自由化将起一定的推动作用。1994年,虽然乌拉圭的协议正在完成各国政府批准的手续,但其影响已开始产生。

2. 地区性集团的发展大大推动了地区集团内部各国之间贸易的扩大。欧洲统一大市场不但已经成立,而且在建立"欧洲联盟"方面也跨出了重要的一步;欧洲联盟与欧洲自由贸易联盟签订的"欧洲经济区条约"也已生效,从而使欧洲统一大市场的范围扩大到了17个国家。北美自由贸易区的正式成立,则明显地增加了美国、加拿大和墨西哥三个国家之间的贸易。

3. 服务贸易发展的大大加快以及国际直接投资的较快增加,也是促进国际贸易加速发展的重要因素。由于国际竞争加剧,特别是地区经济集团化的发展,使西方发达国家加速了国外的直接投资,现在,每年的世界国际直接投资总额已超过2000亿美元,其中约有2/3是在发达国家相互之间进行的。国际直接投资不仅增加了技术、设备的国际贸易,也大大增加了成品、半成品的国际贸易,从而日益成为促进国际贸易发展的一个重要因素。

从现在的形势看,随着世界经济形势的进一步好转和贸易自由化的推进，国际贸易的增长速度还会有所加速。1995年若能达到7.0%—8.0%的实际增长率也是不足为怪的。

与国际贸易相对平稳的发展不同，国际金融领域在1994年出现了较大的动荡。这突出地反映在美元汇率的大幅度下跌上。美元汇率在1994年内一再大幅度下跌，这是过去少有的现象。美元对日元的汇率，从年初的1美元兑换108日元左右，在6月份便跌破了100日元的大关，到11月份最低时，1美元已只能兑换96日元，一年内跌幅达12%以上。美元对德国马克汇价的跌幅也大体相当，最低时，1美元仅能兑换1.4915马克。1994年美国的经济形势明显地好于日本和西欧，而美元的汇率却一再大幅度下跌，究其原因，主要是由于美国的国际贸易逆差进一步扩大，致使经常项目的国际收支也随之增大的结果。1994年，美国的对外贸易逆差将达1400亿美元左右，经常项目逆差则已接近1500亿美元；再加上人们对美国的经济较快回升将带动通货膨胀的恐惧心理，大量抛售美元引起美元汇率下跌也就在情理之中了。

值得注意的是，在这一次的美元汇率持续下跌中，美国政府并未采取积极干预的态度。一则美元汇率下跌有利于促进美国的出口，改善对外贸易状况；再则日元的大幅度升值也有利于美日贸易谈判中对日本保持一定的压力。当然，由于国际货币市场的交易量已达到非常巨大的规模（有人估计日元交易已达到1万亿美元的水平），即使美国政府积极进行干预，也不可能改变美元疲软的基本趋势。

一般估计，美元汇率在近期内不大可能有很大的反弹。在今后一段时期里美元汇率将继续在100日元以下的小范围内浮动，超过100日元的可能性不是太大。

三

　　1995年，世界经济形势将继续好转，平均的经济增长率将从1994年的大约3.0%提高到3.5%左右。这主要是西方发达资本主义国家将保持经济回升的势头，除了美国经济增长速度可能大体保持与1994年相当的水平之外，西欧和日本的经济回升速度都会略有加快，从而缩小与美国在经济增长速度上的差距。西方发达国家在世界经济中占70%以上的比重，它们的经济回升遂成了世界经济形势好转的决定性因素。

　　西方发达国家平均的经济增长率将有所加快，是因为它们已开始进入经济周期的回升阶段。当前，促进西方国家回升的因素主要有：

　　1. 低通货膨胀率。由于前几年经济衰退，再加上西方发达国家一直较为注意控制通货膨胀率，它们的通货膨胀率已被压在较低的水平上。1994年，西方发达国家平均的通货膨胀率已压至3.0%以下。当1994年美国经济回升速度有所加快时，为了怕引发新的通货膨胀，美国联邦储备银行竟在一年内6次提高利息率，这是过去所没有过的。在这种情况下，美国1994年的通货膨胀率仅略高于2.0%。较低的通货膨胀率既有利于经济增长，也为政府进行宏观经济调控提供了较大的余地。

　　2. 低利息率。在前几年经济衰退中，各国政府为了刺激经济回升，都一再降低利息率，一般均已降至战后的最低水平。尽管在1994年一年内，美国联邦储备银行6次提高利息率，其中贴现率从3.0%提高到了4.75%，但也还没有赶上西欧一些国家的水平。所以，一些西方人士认为，在美国经济回升速度较快的情况下，仍应进一步提高利息率。当前西方国家利息率的总体水平应该说并不太高。这当然有利于投资和消费，有利于经济的增长。

3．低油价。石油是世界上最重要的能源和工业原料。近年来，由于经济衰退和能源结构的变化，世界石油市场供过于求的状况一直存在，石油价格遂被压在较低的水平上。现在石油价格一直徘徊在15—16美元一桶上下。有人计算，若排除通货膨胀和汇率变化的因素，现在的油价比70年代初高不了多少。这对需要大量进口石油的西方发达国家和一些发展中国家的经济显然是一个有利的因素。

除了上述因素外，再加上国际贸易的增长速度加快，贸易自由化的发展使国际环境有一定的改善等等，1995年西方国家的经济回升速度有所加快是可以预计的。

但是，也有一些不利的因素将制约西方发达国家的经济使之不可能进入快速增长的轨道。这些不利因素包括：

1．在长期经济发展过程中积累起来的一些结构性问题一时还难以得到真正的缓解。例如，美国的双赤字，除前面提到的对外贸易赤字又重攀高峰之外，美国联邦政府的财政赤字数额依然很大，虽然近2年其赤字已有较大的下降，从1992年财政年度的2904亿美元，降至1993财政年度的2549亿美元，再降至1994财政年度的2030亿美元，降幅不谓不大，但其绝对额仍然不小，与70年代、甚至80年代相比，仍处于很高的水平。由于各国连年财政赤字，现在西方发达国家积欠的国债在国民生产总值中所占的比重已达60%以上，比过去又有所提高。再如，日本的"泡沫经济"虽已破灭几年了，但其遗留下来的金融业危机仍未完全过去，还需要一段时间的调整。这些都不利于经济的快速增长。

2．严重的失业率一时很难大幅度下降。现在西方发达国家的失业人数已高达3500万人。失业问题最突出的是西欧，其平均的失业率已达11%左右。即使失业率近两年有所下降的美国，其失业率也仍徘徊在 6.0% 上下。而 6.0% 的失业率，若在 50、60 年代，有那个州达到这样的水平就会被政府视作是萧条地区，而现在已司空见惯了。居高不下的失业率自然会对经济增长起一定抑制作用，并影响社会的稳定。这正是西方一些国家虽然经济回升了，政府所得到的选票却反而减少了的一个原因所在。

3. 世界政治经济格局变化引起的产业结构调整和国际政治经济关系的调整还在进行之中。在调整中必然会引起一定的经济动荡和国际关系的摩擦，这也多少会对各国近期的经济增长起一定的不利影响。

由于上述有利和不利因素综合作用的结果，1995 年西方发达国家的经济增长率与 1994 年相比不会提高很多。尽管发展中国家的经济情况会更好一些，但毕竟比重不是太大，对世界经济的全局还不能起太大的影响。那种认为东亚和东南亚国家现在已成为世界经济火车头的说法未免有些言过其实了。前几年，这一地区的经济增长率很高，但世界经济依旧不景气了好几年就是最好的说明。

世界经济形势的逐步好转使我国面对的国际经济环境更加有利。我们应利用这一有利时机，加快改革开放的步伐，以使我们在本世纪末达到小康的目标能更顺利地实现。

（原载《世界经济调研》1995 年第 1 期）

世界经济缓慢而相对平稳地发展
——世界经济形势 1996 年的回顾与
1997 年的展望

1996年是一个重要的选举年。这一年,美国、俄罗斯和日本这样一些重要的国家都进行了大选。选举的结果,是这些国家原来的执政党都获得了胜利,从而避免了政府的更迭。为了取得选举的胜利,这些国家的政府都采取了一系列有利于经济增长或恢复的政策、措施。选举的结果,则使这些国家的政府原有的经济政策能得以延续,不致发生大的变化。波黑实现了和平,并已进行了大选。车臣问题也开始走向政治解决。世界上的热点地区、局势大都趋于缓和。只有阿以冲突出现了一定的反复,但从目前的情况看,一时还不至于危及大局。这些都是使1994年的世界经济能够较为顺利增长的重要因素。

但是,从1996年世界经济的实际发展来看,平均的经济增长率与1995年相比却并没有加快,估计全年世界经济平均的增长率大约在3.5%上下,与1995年的大体相当,弄不好还有可能会比1995年的增长率略慢一些,究其原因,主要是一些国家在经济结构上存在的不少问题仍未能很好地加以解决。

在世界经济中占据比重最大的发达资本主义国家,1996年继续维持着经济的低速增长。与前几年略有不同的是,它们在经济增长速度上的差异已有所缩小，有逐渐拉平的趋势。日本将摆脱连续几年的经济零增长；美国和西欧则将保持与1995年大体相当的经济增长水平。这样，1996年它们的经济增长率有可能都在2.0%—2.5%之间，相互之间的差距可能不到半个百分点。

当前，发达资本主义国家正处在经济周期的回升阶段，但经济增长的速度却都不快。分析其原因，不外是：

1. 发达资本主义国家为实现经济稳定而持续的增长，都在采取降低财政赤字的政策与措施。根据世界银行的统计，1992—1995年，发达资本主义国家的财政赤字已从占国内生产总值的3.5%下降到2.5%，其中美国的下降最大，1996年很可能会降至1.3%。欧洲联盟国家，为了实现欧洲单一货币的计划，更面临着大大压缩财政赤字的巨大压力。本来，在发达资本主义国家中，欧洲联盟国家的财政赤字负担就最重，而为了达到实行欧洲统一货币所规定的各项经济指标，就必须在1997年把各国的财政赤字占国内生产总值的比重压低到3.0%以内，并使各国国债占国内生产总值的比重小于60%。这对绝大多数欧洲联盟成员国来说都是非常艰巨的任务。现在，能够达到这一指标的，只有丹麦、卢森堡和爱尔兰三个国家。实行欧洲统一货币最积极和最关键的德国和法国，在达到这一要求方面都存在着巨大的困难。但它们面对既定的目标和方案并无退路，只有硬着头皮往前走。这就要求它们必须在最近二三年内进一步大力压缩财政支出。在这种情况下，欧洲联盟国家的政府都很难用财政手段来支持经济的较快增长。在发达资本主义国家中，惟一能用财政手段支持经济增长的只有日本；但由于"泡沫经济"破灭造成的金融危机过于严重，日本政府的有限财力也未能使经济较快地走向复苏。

2. 发达资本主义国家，特别是欧洲联盟国家的高失业率是造成这些国家经济低速增长的又一重要因素。1996年，美国的失业状况已进一步有所好转，目前失业率已徘徊在略高于5.0%的相对较低的水平上。但欧洲联盟国家的失业率则仍在继续攀升，目前已达11.4%以上，而且还有继续增高的势头。经济长期低速增长引起了居高不下的失业率；居高不下的失业率又反过来使经济难以较快地增长。欧洲联盟国家大都陷入了这种恶性循环之中，一时还看不到有尽快走出这一怪圈的前景。因为，除了经济低速增长之外，长期实行的社会福利制度则是形成大量结构性失业的根本症结所在；而要对现行的社会福利制度进行必要的改革绝非易事，弄不好还会引起社会的剧烈震荡。日本失业率虽然仍是发达资本主义国家中最低的，但就日本来说，接近3.0%的失业率也已是历年来最高的了，同样对日本的经济复苏是一个不太有利的因素。

3. 发达资本主义国家依然把抑制通货膨胀作为其经济政策的首要目标，近年来，发达资本主义国家每年平均的通货膨胀率已被控制在3.0%以下。在西方经济学家看来，较快的经济增长率往往会伴随着较高的通货膨胀率，因此他们主张适度控制经济增长的速度来达到避免发生严重通货膨胀的目的。近几年来，发达资本主义国家的较低通货膨胀率，可以说在一定程度上乃是以较低的经济增长率为其代价的。这种情况在今后也仍将是影响发达资本主义国家经济运行状况的一个重要因素。

与发达资本主义国家经济的低速增长不同，发展中国家的经济在1996年继续以较快的速度增长着。1996年，发展中国家平均的经济增长率可达6.0%左右，高出发达资本主义国家的平均经济增长率约2倍。不仅东亚、东南亚地区继续是世界经济中增长速度最快的地方（1996年这一地区的经济增长率可达8.0%左右）。而且非洲和拉丁美洲地区的经济增长速度也在加快，可分别达到5.0%和3.0%上下，都大大高于1995年。在发达资本主义国家经济低速增长的情况下，发展中国家经济的持续较快增长，反映了发展中国家的经济形势已不再完全受发达资本主义国家经济形势的影响，其独立性正在加强。

从1996年来看，促使发展中国家经济增长速度加快的主要因素是：

1. 由于墨西哥金融危机的影响，1995年流入发展中国家，特别是拉丁美洲国家的外国资本大幅度减少。1996年，这一情况已经有所改变，外国资本重新开始大量流入发展中国家。据估计，1996年流入亚洲和拉丁美洲发展中国家的外国资本将比1995年分别增加1倍和50%以上。这已成为发展中国家经济增长加快的一个重要因素。

2. 解决发展中国家中重债务国的债务问题获得了一定的进展。国际货币基金和世界银行已开始启动一项减免重债务国77亿美元债务的计划。这项计划的实施对发展中国家中经济最为困难的一些国家，特别是一些最贫困的非洲国家，无疑是一个福音，对这些国家的经济恢复和发展显然是一个非常有利的因素。

3. 发展中国家在国际贸易中的比重正在稳步增长。自从进入90年代以来，发展中国家平均的对外贸易增长率已高于世界贸易总额的增长率。这是一个很大的变化。因此，发展中国家在国际贸易中的地位正在提高。东亚、东南亚国家在国际贸易中的地位上升就更为显著。目前，这一地区的进出口额已占世界贸易总额的1/4以上。到2000年，它们的这一比重很可能会提高到1/3左右。对外贸易的扩大和发展对许多发展中国家的经济增长正越来越成为一个有力的促进因素。

1996年，对于中东欧国家和独联体国家来说，则是经济发生更加明显分化的一年。最早开始经济变革和转轨的一些国家，如波兰、捷克、匈牙利、斯洛伐克等，经济复苏已经有二三年的时间,它们平均的经济增长率也在逐步提高,1996年一般可达3.0%—5.0%,有的甚至还更高。与之形成鲜明对照的,则是包括俄罗斯在内的一些独联体国家,它们的经济却依然在继续滑坡。俄罗斯经济在1995年下跌了4.0%以后,1996年并未能扭转继续下跌的形势,很可能还将进一步下跌3.0%。一些独联体国家,如中亚的一些国家,其经济甚至比俄罗斯还要困难。无论是经济开始回升早一些或是晚一些的国家,所有中东欧国家和独联体国家,现在的国民经济都还未能恢复到经济滑坡以前的水平。这些国家要真正步入经济复兴的轨道,还将有很长的一段路要走。

对于俄罗斯何时能使经济止跌回升,现在有许多不同的看法,还很难作出准确的判断。因为,这要取决于许多因素。首先,政局是否保持相对的稳定。若政局重新动荡、不稳,则经济的转轨和恢复都难以达到既定的目的。其次,由于经济转轨和实行价格开放引起的严重通货膨胀能否进一步得到抑制。由于得到国际货币基金贷款的支持,俄罗斯的月通货膨胀率已从1995年1月的17.8%降低到了1996年6月的1.2%,估计1996年俄罗斯的年通货膨胀率可能会下降到25%以下。如果俄罗斯的通货膨胀率能继续控制在较低的水平上,就可以为经济的转轨和复苏创造较为有利的宏观环境。再次,作为经济转轨的核心问题,俄罗斯实行经济私有化的进程是否顺利,这是俄罗斯经济能否走向正常发展的关键所在。从现在的情况看,俄罗斯在这一方面遇到的问题和困难还不少,特别是在国民经济中起决定性作用的大中型企业,在私有化方面尚无显著的进展。从俄罗斯实行经济私有化的方式来看,主要是采取由企业原来的经营者和企业的职工来购买股票并进行控股的办法;这种私有化很难提高企业的效益,也很难对企业形成有效的监督机制,因此很难获得真正的成功,因此，即使实现了所谓的经济私有化，也很难使国民经济走向正常发展的轨道。从上述这些因素看，俄罗斯经济的止跌回升可能还有待时日。

与世界经济以较低的速度增长不同的是，国际贸易却保持了良好的增长势头。尽管1996年国际贸易量的增长速度比1995年略有放慢，但增长率仍可达6.5%左右，比世界经济的增长率高出约1倍。因此，国际贸易的较快增长仍然是推动世界经济增长的一个重要力量。

应该予以注意的是，自1994年以来，国际贸易已持续3年以较高的速度增长，3年平均的年增长率达8.5%。这是自70年代中期发生石油危机以来所少有的现象。国际贸易的这种迅速增长是与经济全球化的步伐加快相适应的。一方面，发达资本主义国家之间的国际水平分工在进一步深化，这大大增加了它们相互之间的贸易量；另一方面，由于新一轮的科学技术革命正在兴起，发达资本主义国家又有一批产业在向发展中国家转移，这不仅提高了发展中国家的出口能力，也增加了它们对进口商品的需求。科学技术革命还促进了国际贸易领域的扩大，服务贸易更以大大快于商品贸易的速度增长。即使是在商品贸易中，信息革命也在引起重要的变化。信息产品和现代办公设备的进出口已在国际贸易中占据了越来越重要的位置。当然，仅办公室设备的国际贸易额就已超过了农产品的国际贸易额。此外，世界贸易组织的建立和开始运作，使国际贸易秩序有了一定的改善，这也是促使国际贸易扩大的一个不可忽视的因素。这些因素在过去几年里推动了国际贸易的加速发展，今后也还会继续在这方面发挥作用。因此可以估计，国际贸易在本世纪余下的时间里还会继续以较快的速度增长。

当然，在国际贸易领域里也不是没有问题和矛盾。在发达资本主义国家经济低速增长的情况下，它们之间争夺市场的矛盾已经比过去更加尖锐。英国的"疯牛病"问题、美国提出的赫尔姆斯—伯顿法与达马托法以及美国和日本在贸易上不断发生的矛盾和摩擦等等，都反映了这方面的问题。在这里，最主要的矛盾在于，美国在冷战结束后已成为世界上惟一的超级大国，它力图成为世界新秩序（包括国际贸易秩序）的领导者，但美国总体经济实力地位的不断相对下降，却又使其无力真正成为多极世界的主宰。当美国无法对国际经济秩序颐指气使时，便想把它的国内法驾临于国际法之上，让其他国家服从于它的国内法。这种作法既行不通，也必然会遭到其他国家的极力反对，只会落得适得其反的效果，并进一步降低美国在世界范围的领导地位和威信。

在国际金融领域里，除了国际资本又重新加速向发展中国家流动之外，1996年还有两个比较突出的现象：一是主要国家货币的汇率基本稳定，美元略显坚挺，日元和德国马克则相对较为疲软，但全年并未发生太大的波动与震荡；再一是全球股市，特别是美国的股市，在经济增长并不太快的情况下却非常火爆，股票价格出现了有史以来少有的持续上涨。

主要国家货币的汇率在1995年曾经历了剧烈的震荡。美元对日元的汇率在上半年从1美元兑换100多日元猛跌至不到80日元，下半年又大幅度回升，重新反弹到100日元以上的价位上，升降幅度达60%，这是过去从未有过的。美元对德国马克也经历类似的历程。1996年，主要国家货币汇率的变动则要平稳得多。美元对日元的比价长期徘徊在100—110日元兑换1美元的水平上。只是在接近年底时，由于日本的经济形势仍不如人意，不良债务依然居高不下，1美元兑换日元的比价才突破了110日元的大关，但涨幅仍然不是很大。1996年11月，已脱离欧洲货币汇率体系数年的意大利里拉又宣布重返这一体系，以期能为达到加入欧洲统一货币创造条件。这也是国际外汇市场汇率稳定的一个好消息，主要国家货币汇率的相对稳定，使汇率失调扰乱经济运行的现象大大减轻了。

1996年，美国的股市一直牛劲十足，并带动了全球股市的上扬。1995年初，美国的道·琼斯股票价格指数还不到4000点，但到年底，已突破5000点大关。1996年，不但涨势未减，而且进入下半年后还十几次地突破了历史最高记录。到11月底，道·琼斯股票价格指数更曾一度超越6500点，其上涨幅度之大、之快，都是过去所没有过的。

对于美国股市今后的走势，各国的经济学家众说纷纭，莫衷一是。有人认为，美国的股市今后仍会上涨一段时间，短期内不大可能出现猛烈的下跌；但也有人认为，美国的股市已与实际经济的运行脱离太远，在不久的将来出现巨幅的下跌将不会使人感到意外，我们估计，美国的股票价格指数很可能会在6500点上下徘徊一段时间。大涨大落的情况一时不大可能发生。因为，对美国的股市今后的走势如何判断，这要看最近几年推动美国股市上扬的一些因素是否会发生大的变化。首先，美国公司利润的增长是股票价格上涨最重要的基础。1992—1995年，美国公司利润的平均增长率为15%—18%，大大高于同期经济增长率的水平，从而有力地支撑了股票价格的上涨。1996年，从美国公司总的经营情况看，仍然是不错的。1996年第3季度美国公司的利润又比1995年同期提高了27%。而在1996年，美国的各种利息率却没有发生太大的变化，有的还略有下降。就这两个因素的对比来看，美国股市在短期内从牛市转为熊市似乎不太可能。其次，美国政府的宏观经济政策，在克林顿政府继续执政期间美国经济仍在适度增长而通货膨胀率依然不高（1996年仍然高于2.0%）的情况下，一时也不会发生大的变化，不会为了防止经济过热、抑制通货膨胀而采取提高利息率和其他的紧缩措施以致对股市带来较大的冲击。最后，美元的汇率一年多来已相对较为平稳，这对美国的外资流入是有利的，虽然对美国的出口和国际收支会有某种不利影响，但不致对股市造成大的危害。若从上述这些因素分析，美国股市猛跌的局面一时还不大可能出现。当然，当前国际资本的投资活动正日益加剧，再加上美国股市已持续上升了好几年，股票价格也确实上涨过高、过快、出现类似"黑色星期一"股票大跌的情况也不能完全排除。但从目前的情况看，即使美国股市出现某种程度的下跌，也将如1987年"黑色星期一"一样，不会对美国乃至世界经济的实际运行造成太大的危害。

对1997年世界经济的主要走势，大体可作如下的预测：

1. 1997年世界经济将继续增长，其增长率可能会略高于1996年，达到4.0%左右。这主要是因为发展中国家经济将继续以较高的速度增长；中东欧和独联体国家，除个别国家经济仍将继续下跌外，将进入全面回升的阶段；发展中国家的总体经济形势也将略好于1996年。

2. 国际贸易作为推动世界经济的一个重要因素，仍将保持较好的势头，1997年国际贸易的增长率可能改变1996年略有下降的情况，重新达到8.0%以上。

3. 世界上大多数国家的通货膨胀率继续保持在较低的水平上。1996年通货膨胀率仍处在较高水平上的一些中东欧和独联体国家，1997年也将使通货膨胀率进一步有所下降。

4. 国际金融市场仍将保持相对的稳定。主要国家货币的汇率不会发生太猛烈的波动。欧洲联盟国家为了实现统一欧洲货币的计划将进一步加强欧洲货币汇率机制的作用。美元现在相对坚挺的地位将由于美国经济的适度增长和财政赤字的削减而继续受到支持。国际金融市场的利息率，在发达资本主义国家经济增长速度不是太快而通货膨胀率又不是很高的情况下，将继续保持在与目前水平大体相当的较低水平上，短期内不大可能有太大幅度的调整。

5. 世界能源市场的价格将在目前的水平上波动，一般不会发生太大的起伏。伊拉克以石油换粮食的计划将会付诸实施，这也有助于石油价格保持相对的稳定。

总之，1997年世界经济仍将在相对平稳的状态下向前发展。这样的预测是否合乎实际，有待世界经济发展的具体进程来加以验证。

（原载《国际技术经济研究学报》1991年第1期）

试论世界经济发展的主要趋势
——兼及"知识经济"与其他

人类社会即将跨入 21 世纪。在这世纪之交，世界经济正经历着巨大的转折，经历着不可避免的动荡和震动。人类社会正在从工业社会向信息社会过渡，而人们的思想观念、生活方式和制度安排尚需要一定的时间来适应这一巨大的变化。发展必然要引起相应的变革，变革需要一定的过程，并付出必要的代价。这正是当前世界经济既显现了新时代的曙光，又陷入各种各样矛盾和困境之中的根本原因所在。在研究和分析世界经济的发展趋势时，可以列出许多这样那样的趋势，但我认为，世界经济最主要的发展趋势只有两个，即经济信息化和全球化，其他种种趋势都与这两大趋势有密切的关系，都是在两大趋势基础上发生和发展起来的。

一

在即将进入 21 世纪的时候，世界经济发展最主要的趋势是经济信息化，它正促使各国的产业结构发生重要的变化，从而使人类社会加速向信息社会过渡。经济信息化是科学技术加速进步的结果。在科学技术加快发展的推动下，信息技术及其相关的产业得到了空前发展。在一些发达资本主义国家，信息产业已取代传统产业，甚至战后新兴的产业部门，成了国民经济中最大的产业部门，成了名副其实的支柱产业。在美国，信息产业及其相关部门在经济增长中的贡献率已超过1/3，[1]比过去美国经济的三大支柱（钢铁、汽车和建筑业）加在一起的贡献率还要大，并在过去5年里为美国创造了1500万个新的就业机会，[2]为失业率的下降做出了贡献。在日本，信息产业已成为最大的产业部门。1996年，日本信息产业的产值已超过100万亿日元，[3]一个产业部门的产值超过100万亿日元这在日本历史上还是第一次。欧洲的发达资本主义国家在发展信息产业方面也在步美国和日本的后尘。有人估计，到2000年时，世界信息产业的产值将接近1万亿美元。[4]信息产业今后在这些国家国民经济中的地位和作用还会进一步提高，这已是十分明显的趋势。美国现在每年投入信息产业的资本已占投资总量的40%以上，远远超过了任何其他产业部门的资本投入。这就意味着信息产业在美国未来的国民经济中将会占更大的比重。根据美国《福布斯》杂志公布的材料，在美国高技术行业100位最富有的企业家中，仅从事英特网的企业家就占据了大约1/3。美国微软公司的比尔·盖茨更已雄踞美国富豪榜首达数年之久，他拥有的资产总值高达587亿美元以上。这也从一个方面说明了信息产业在美国经济中拥有的实力和影响。

信息产业不仅正在许多国家成为最大、最主要的产业部门，

---

[1] 〔美〕《商业周刊》1997年2月18日。
[2] 《瞭望》1998年第37期。
[3] 〔日〕《读卖新闻》1998年5月26日晚刊。
[4] 《经济与信息》1998年第6期。

而且还在改变着人们的生产方式和生活方式。许多传统的经济部门由于信息技术的发展和运用已经旧貌换新颜，重新焕发出继续发展的活力；商业、金融业的经营方式也在发生着根本性的变化。网上购物、电子货币正越来越普及，人们的工作和学习也可通过英特网来进行，突破了时间和空间带来的各种限制。凡此种种，越来越明显地表明，一个人类社会崭新的发展阶段正在来临。

现在，人们都在谈论人类社会即将进入一个新的发展阶段，但对未来人类社会的概括和描述却有很大的差异。在国内，比较流行并被炒得最热的要数"知识经济时代"的概念了。《世界经济》1998年第8期就曾专门发表文章，论证"世界经济已迈入知识经济时代"。但是，我认为，用"知识经济"来描述人类社会发展的新阶段并不合适，是不可取的。因为，"知识经济"并不是一个经济范畴，只是一个一般性的概念。什么是知识？知识是人类对于客观世界的本质和规律性的认识，并运用其来改造客观世界的能力。因此，人类社会任何发展阶段都离不开知识和知识的积累，都是知识创新、积累和运用的结果。没有对植物生长规律的认识，没有对天气变化的了解，就不可能有农业和农业社会。没有对各种金属性能的认识，没有物理、化学等等的基本知识，没有对动力机、传动机和工作机运动规律的各种了解和运用，也就不会有工业和工业社会。工业社会的伟大成就，诸如电力的发明和利用，电话、电报、电影、电视的普及，乃至原子能发电、人造卫星上天，哪一样不是知识创新和发展的结果。因此，人类社会的发展和进步，从来都是建立在知识的基础之上的，还从来没有过没有知识的经济，或者反过来说，从来就都是知识经济，只不过由于人们的知识在不断地创新，不断地积累，并被运用于生产和生活中，使社会经济生活中的知识含量不断提高，从而创造出不同的产业结构和生活方式，才划分出了人类社会发展的不同阶段。现在，有人把知识作为最重要的生产要素来证明"知识经济时代"的到来，其实，知识在人类社会发展过程中的任何阶段，从来就是最重要的生产要素，怎么到了今天知只才成了最重要的生产要素以致产生了一个知识经济的时代呢？

我不主张用"知识经济时代"来概括人类社会发展的新阶段，并不是反对强调知识在经济发展中的重要性，而是要更好地强调和恰当地认识知识在经济中的重要地位和作用。没有知识，也就没有任何经济，也就没有人类的过去、今天和未来。也正因为如此，若把知识和经济联系在一起，构成一个概念，那它就成了一个一般性的概念，适合于任何一种经济形态和人类社会的任何发展阶段。"知识经济"，正如"知识就是力量"和"科学技术是第一生产力"一样，是一个一般性的命题和范畴，它强调和突出了知识在经济和人类生活中的作用，但不适宜用来作为划分人类发展新阶段的手段和标准。强调知识在社会经济发展中的地位越来越重要，所起的作用越来越大，无疑是正确的，但这与如何划分人类发展的不同阶段并不是一回事，因此不能混为一谈。

用"知识经济时代"来概括人类社会发展新阶段的一个不妥之处在于，人类运用自己的知识来进行经济活动，创造和改善自己的生存条件，首先要表现在物质生产上，这是人类一切活动的基础，是唯物主义最基本的观点。人类物质生产的发展和进步是通过产业结构的变化呈现其阶段性的。农业社会是由农业占主导地位决定的。工业社会是由工业占主导地位决定的。在人类社会不同的发展阶段，主导的产业部门不仅在国民经济中占有较大的比重，而且还改造和影响其他的产业部门，决定着其他产业部门生产的水平和性质，并决定着人们的生活方式，是田园牧歌式的，还是集中的城市化的，如此等等。过去，我们对人类社会发展的不同阶段，都是以此为依据进行划分的，而不是用经济活动中知识含量的多少衡量的。现在用"知识经济"或"知识社会"来概括人类社会发展的新阶段,这在方法论上就与过去的划分方法不相一致,以致无法与过去的各个发展阶段相衔接。这显然是不妥当的。

用"知识经济时代"来概括人类社会发展的新阶段的另一个不妥之处在于,今后又该如何划分人类社会发展的不同阶段呢?因为,不管今后科学技术如何进步,社会生产力如何提高,都只不过是知识创新越来越多,越来越丰富,经济活动中的知识含量越来越高;现在已经是知识经济或知识社会,今后当然就更加是知识经济和知识社会了。若如是,人类社会至此已发展到了最高或最后的阶段,从此再也不会有更新、更高的发展阶段了。这显然是不合适的。这样,从今以后,人类社会就将永远知识经济或知识社会下去,再也不可能划分出不同的阶段。很显然这并不正确。因为,人类社会的发展,随着科学技术的进步,社会生产力的性质和高低总是在不断发生变化的,总是要呈现一定的阶段性的。过去如此,才会有农业社会、工业社会之别;今后也仍将如此,至于会是什么性质的阶段,则要看科学技术的进步及其对社会经济生活带来的影响而定了。这不是以人们的意志为转移的。在六七十年代,虽然不少经济学家已看到工业社会已发展到顶点,将要向一个新的社会经济发展阶段过渡,但当时科学技术发展的水平还不足以使人们看清新的社会经济发展阶段会是一个什么性质的社会,只好以"后工业社会"含糊而又笼统地命名它。进入90年代,科学技术使信息产业突飞猛进地发展,人们这才清楚地认识到,一个新的信息社会正在来临。现在,人类社会只是刚刚向信息社会过渡,要想预测信息社会之后会是一个什么样的社会当然为时过早,是无法做到的。信息社会之后会有一个新的社会发展阶段则是可以肯定的。至于是生物工程,抑或是海洋工程、宇宙工程，乃至其他什么工程，会成为新的主导产业部门，并改造社会经济的其他部门，带来人类新的生活方式，则要视科学技术今后的具体发展而定了。但无论如何，这些都是更多更高的知识，我们不能因为有了更多、更高的知识而从此抹杀人类社会发展的阶段性。

用"知识经济时代"来概括人类社会发展的新阶段，还有一个现实的不妥之处，那就是使国家在制定经济发展战略时，不应该把重点的产业部门放在何处，从而会使整个国家的经济发展受到非常不利的影响。因为，"知识经济"乃是一个过于一般化的概念，适用于任何经济部门和产业。各行各业都需要进行知识的创新，都需要加大知识的投入。但每个国家在每个经济发展时期却不能平均使用自己的人力、物力和财力，需要有自己的重点产业和支柱产业，以带动和支持整个国民经济的持续发展，并为进入新的经济发展阶段创造必要的条件。否则，只能是事倍功半，无法跟上世界经济的发展趋势，无法适应新的经济潮流。这里可以举一个比较突出的例子，那就是日本。日本在战后的经济高速发展曾创造了"日本奇迹"，并在70年代末、80年代初提出了"科技立国"的口号，以取代过去的"贸易立国"，改变经济发展的战略。正是在80年代，当日本的经济发展水平大体上赶上美国的时候，按照日本经济学家香西泰的说法，日本却迷失了前进的方向，不知道日本经济今后的发展重点应放在什么地方。90年代以来日本经济陷入严重的困境，与此不能说没有很大关系。日本不是很早就提出要"科技立国"吗，怎么又会迷失前进的方向呢？这就是因为，"科技立国"的口号虽然强调了科技的重要性，但它乃是一个过于一般化的口号，适用于一切经济部门，真正实施的时候却不知道重点所在，终于导致迷失方向。现在，日本的经济学家认为，日本在经济发展水平上又落后美国10—20

年，根本原因就在于未能看清信息产业的重要性，从而在向信息社会过渡的过程中重新又被美国抛在了后面。日本这样的经济大国都吃了一般性口号的亏，更何况其他经济更加落后的国家。强调知识、科技的重要性无疑是对的，但若认不清当前社会经济发展所处的具体阶段，不知道主要的精力应放在什么产业上，则对社会经济的发展必然会带来十分不利的影响和后果。

根据世界经济现实发展的情况，我认为，把人类社会现在发展的新阶段概括为信息经济或信息社会较为恰当。因为，划分人类社会不同发展阶段的只能是由知识发展水平所决定的产业结构。虽然知识发展与产业结构有着密切的联系，但又不完全是一回事。知识的发展也是有阶段性的，这种阶段性只能通过物质生产部门的变化，即不同的产业结构表现出来，除此之外，别无他法。现在，信息产业已经随着科学技术的进步和知识的不断创新，在一些经济先进的国家中成了最主要的产业部门，而且正在影响和改造着其他的经济部门，使人类的社会经济生活正在发生根本性的变化，它清晰地表明了今后一个时期人类社会发展的方向。所以，说人类社会正在进入信息经济的新时代是比较合乎客观实际的。

信息产业是一个新的产业部门，同时也是一个综合性的产业部门。它需要依托工业的发展为其提供所需的设备和基础，也需要依赖知识，特别是科学技术的发展和创新丰富它的内容、开拓崭新的领域；它既包含了信息的收集和分析，也包括了信息的处理和运用，需要在越来越大的程度上依赖于人们的脑力劳动；它有许多门类的生产部门，也有诸如通讯等等众多的服务行业囊括在内；它既离不开过去工业社会的一切成就，又在改变着所有经济部门乃至人们生活方式的性质和面貌。所以，信息作为一产业部门，确实是一个崭新的、有别于过去一切产业的部门。用信息经济或信息社会来概括人类社会发展的新阶段，既沿袭了过去用产业部门的地位和作用划分不同时代的方法，保持了方法论上的统一性，也恰当地抓住了人类社会正在前进的方向，因而是符合客观实际的、是科学的。在许多主张"知识经济时代"的论著中，在运用具体事实材料时，往往也不是用一般的知识所起的作用来说明，而是用信息产业发展的种种资料，这就不仅偷换了概念和命题，而且也从一个侧面反映了信息产业在现实生活中所起的作用和占据的地位。

我们应用实事求是的态度和热诚欢迎的姿态去迎接信息经济作为一个新时代的到来，并为其做好一切必要的准备。

二

在人类社会向信息社会过渡的同时，世界经济发展的另一个重要趋势是经济的全球化。

和人类社会正在进入信息社会的主要推动因素是科学技术的巨大进步一样，经济全球化也是科学技术进步的要求与结果。一方面，科学技术的进步使社会生产力的发展水平不断提高。迅速发展的社会生产力与自然资源的有限性产生着越来越大的矛盾，民族国家的存在，民族利益的差异更加剧着这方面的矛盾。日益增强和扩大的社会生产力越来越要求摆脱国家疆域和主权的束缚，以在世界范围内更有效、更合理地配置和利用各种资源，共享全球更加广阔的市场。这是一种巨大的、不可抗拒的力量，推动着各个地区、各个国家之间密切经济联系，加强经济交往。另一方面，科学技术的进步还推动着国际分工不断地发展和变化。马克思在《资本论》中就曾指出，分工和协作是创造和提高劳动生产率的一个重要途径和方法。社会生产力的提高不断地把一国内的分工和协作向国际范围扩大与深化，把世界上所有地区和国家越来越吸纳到全球范围的分工与协作体系之内，形成一个镶嵌精细、紧密结合在一起的世界经济的统一体。科学技术进步不仅提出了经济全球化的要求，也为经济全球化提供着各种必要的手段和物质保证。经济信息化的迅速发展更已成了当前经济全球化的一大动力。

战后，在科学技术的推动下，国际分工和国际经济关系已经发生了很大变化，而且还在继续发生变化。战前主要以自然资源禀赋不同为基础的国际分工，已让位于主要建立在不同科学技术水平和各自产业相对优势之上的国际分工。在这样的分工体系中，一些科学技术水平落后的国家生产着许多科学技术发达国家已不再生产却又十分需要的产品，劣势就可能如马克思曾说过的那样变成了一种相对的优势。国际分工也较以前建立在殖民体系基础之上的情况有了很大的变化，它已越来越成为独立国家之间进行经济合作和互补的一种形式。这调动了各类国家加强国际经济合作的积极性。再加上科学技术的进步，特别是当前信息产业的迅速崛起，更为国家间的经济关系创造了新的手段和条件，进一步打破了时间和空间对全球经济活动的限制。正是在这种种条件下，国际贸易、国际金融、国际投资等等联系各个国家（地区）之间经济关系的各种纽带都得到了史无前例的快速发展。只要举出几个简单的数字就可看出国际经济关系的发展是何等的迅速，并达到了何种规模。战后初期，国际贸易额仅为500多亿美元，而现在，包括服务贸易在内，已高达70000亿美元左右。随着生产国际化的发展，国际直接投资每年已达到约3500亿美元的规模，积存的国际直接投资总额已在24000亿美元以上，而在战后初期这一数字仅为500亿美元上下。国际金融市场的发展更是惊人。现在，全世界的外汇市场，每天的交易额就已超过

15000亿美元，每年的外汇交易额更已在5000000亿美元以上。① 外汇交易额已是国际商品交易额的大约100倍。现在，在国际金融市场上每年的融资总额已超过15000亿美元。② 正是在国际经济关系高度发展的基础上，世界上的每个国家、每个角落都被各种经济纽带更紧密联系在一起，既相互依赖，又相互补充。世界上各个地区、各个国家的经济已越来越构成一个统一的整体。

经济全球化在形成世界经济统一体的过程中必然要求各个国家实行相对统一的运行机制，即实行开放的市场经济。东欧剧变、苏联解体之后，中东欧和独联体国家重新走上市场经济的道路正是这一规律起作用的结果。中国也是在这一时代大背景下走上社会主义市场经济道路的。有人据此把经济市场化作为世界经济发展的一个新趋势，因之是有一定道理的。但经济市场化并不是一个新的现象和趋势，而是自资本主义确立以来就是如此。只不过过去的苏联和一些社会主义国家在本世纪相当长的一段时间里，走过了一段实行计划经济的弯路，现在只是重新回到市场经济的道路上来。历史发展的事实表明，计划经济的失败，主要是因为计划经济的运行机制尚不适合现在世界经济的发展水平。世界经济是会由市场经济向计划经济发展的，但只有当科学技术进步和社会劳动生产率发展到了比现在高得多的水平，以致整个世界的物质生产能达到极其丰富的程度，并使人们的思想和意识也随之发生巨大的变化，达到了超凡脱俗的境界，只有到那时，市场经济才有可能向计划经济过渡。现在，离那个时候还遥远得很，在现在的条件下，硬要实行计划经济，只能是重蹈苏联的覆

---

① 《经济与信息》1998年第6期。
② 同上。

辙，到头来，还得重新补上市场经济的一课。所以，从世界经济发展的历史过程来看，经济市场化并不是一种新的趋势，而只是市场经济的延续和深化。这一过程已持续了几百年，今后还会进一步发展下去。

经济全球化必然要求各个国家实行开放经济，只有这样，才能使世界的各个地区和各个国家的经济真正联结成一个统一的整体。就一个国家来说，经济不开放，它就无法真正融入世界的分工体系，无法很好地利用世界市场发挥自己在经济上的相对优势，以加速自己的社会经济发展，各个国家只有适应经济全球化的趋势，根据自己面对的客观环境和具体条件，采取适当的对策和步骤，逐渐开放自己的市场，才能使自己在世界经济加速发展和激烈竞争的形势下处于主动的、有利的地位。

从1997年7月开始发生的东亚金融危机，使人们对经济全球化的发展有了更深刻的认识。它告诉人们，在经济全球化的今天，各个国家必须对经济全球化有正确认识，并使自己的国民经济从各个方面去适应它，否则就会使自己在受到国际经济不景气和国际资本冲击的影响时遭受严重的损失，并带来许多严重的后果。在东南亚金融危机后，有一种观点认为，造成这种状况的主要原因是这些国家经济开放的速度过快，程度过大了。这是一种似是而非的看法。因为，世界上经济开放早，开放程度大的国家还有很多，它们并没有因此而发生严重的金融危机。也不是因为东亚国家实行经济开放，而其经济规模又小，所以经不起国际资本剧烈流动的冲击。因为世界上的小国还有很多，并没有都发生金融危机，倒是作为世界第二经济大国的日本，其金融危机却持续多年并十分严重。所以，不能把实行开放经济和东亚国家发生的金融危机必然地联系在一起，而应从这些国家近年来的经济运行中去挖掘更深层次的原因，诸如经济结构的不合理，泡沫经济的急剧膨胀，政府宏观经济政策的失误，等等。应该看到，在经济全球化高度发展的今天，国际货币资本流动的规模和速度都是空前的，任何国家都无法逃避其影响和作用。国际货币资本的流动，包括正常的信用和投机行为在内，都有其两重性，既有满足世界各国对货币资本需求的一面，又有冲击经济正常运行的一面。如果一个国家经济本身是在健康、正常地运行，不发生严重的问题，国际货币资本的流动，包括其中的各种投机行为，就不会对国民经济造成十分严重的不利影响，更不会导致金融危机的发生。只有当一个国家经济本身发生了严重问题时，这种流动和投机才会带来严重的危害，起到雪上加霜的作用。这正是国际货币资本在世界范围内不断扩大和加速流动，却并没有不断地在世界各地引发金融危机，而只是在最近几年才发生墨西哥和东亚严重金融危机的原因所在。因此，在实行经济开放问题上决不能因噎废食，应正确地吸取经验教训，以使在适应经济全球化、实行开放经济方面做得更好。

三

为了适应经济信息化和全球化这两大世界经济发展趋势的要求，世界的经济运行机制和规则制度必须进行一定的变革。这种变革不仅要依托于对世界经济发展规律的深刻认识，而且也涉及各个国家、各个民族的各种各样的经济利益，因而往往会遇到许许多多的困难和阻碍。认识上的落后和利益上的冲突，使得必须进行的改革总是滞后于世界经济实际发展的需要。这就是每当世界经济有了迅速和大的发展之后，总会产生一定危机和震荡。

经济的信息化和全球化要求有世界经济的一体化与之相适应。现在有不少论著把经济全球化和经济一体化加以混用，认为

"经济全球化也就是全球经济一体化"。[①]，其实，经济全球化和经济一本化乃是不同的概念和范畴。经济全球化是指各个地区、各个国家通过参与国际分工体系，发展与其他国家越来越密切的经济关系，使各种资源在世界范围内得到更为合理的配置，大大提高经济活动的效益，从而使各个地区、各个国家的经济越来越结合成一个统一的整体。这是一个随着科学技术进步和社会生产力不断提高而自然发展的过程。经济一体化，则是为了适应经济全球化的要求而做出的制度安排，是为了世界经济能够正常地运行而规定的一系列规则、制度和秩序；它是在各个国家的政府参与下才得以制定并加以付诸实施的。因此，经济全球化和经济一体化决不是一回事，一个属于经济基础的范畴，一个属于上层建筑的范畴；前者是第一性的，后者是第二性的，是前者决定了后者，后者则是为适应前者的要求才出现和发生的，两者既有密切联系，也有很大区别。正是有基于此，在经济全球化加速发展的情况下，由于经济关系密切的程度不同以及不同的国家利益，才会出现各种程度不同的经济一体化，而不仅仅只有一种经济一体化。

就世界经济的整体来说，经济的一体化早在战后就已开始了。当时出现的各种世界经济组织，最主要的有国际货币基金组织，世界银行和关税与贸易总协定，它们被称作是世界经济的三个支柱。它们制定的各种经济运行规则和制度，如果说还比较适应于当时经济全球化的发展水平，对世界经济的发展起了积极作用的话，那么，经过战后半个多世纪的经济较快发展，经济全球化的程度已大大提高了一步，这三大世界经济组织过去制定的规则和秩序已经不能完全适应新的形势和要求了，因此，必须进行

[①] 参见《世界经济》1998年第8期何方同志的文章。

一定变革。关税与贸易总协定正是在这一背景下改组成了世界贸易组织，从而较好地适应了新的形势和要求，对推动近几年来国际贸易较为正常的运行和发展起了一定的作用。而在国际金融领域里，情况就不一样了。国际货币基金组织和世界银行在战后制定的规则和秩序至今仍未发生太大的变化。而国际金融领域发生的变化却要比国际贸易领域还要大得多、快得多。在原来的规则和秩序早就过时的情况下，国际经济组织已无法对现行的各种国际金融活动进行必要的规范和更为严格的监管。于是，各种各样的问题发生了。近年来，国际金融领域已成为世界经济各种危机和震荡的主要渊薮，其原因正在于此。这乃是世界经济一体化大大落后于世界经济全球化带来的一个重要恶果。因此，就世界经济整体来说，不能说没有一定程度的经济一体化，但经济一体化的水平已远远不能适应经济全球化的高度发展，这已成为当前世界经济面临的必须加以解决的重要课题。在世界经济一体化严重滞后于经济全球化的同时，一些地区性的经济一体化却得到不同程度的发展。其某种意义上，这可以说是对世界经济一体化的一个补充。欧洲联盟、北美自由贸易区，乃至亚太经济合作组织等等，都在推行不同程度的经济一体化。这些地区性的经济一体化，虽然会对世界经济统一体造成一定的分割，但对世界范围的经济一体化也会起一定的补充和一定的推动作用。因此，在当前，地区性的经济一体化还是有其一定的积极作用的。

经济信息化和全球化还要求各个国家对自己的产业结构、经济运行机制、经济管理体制进行必要的调整。当前经济形势比较好的国家，如美国，就是在这些方面的调整走在了前面，并取得了较好的效果。一些国家的经济陷入困境甚至发生危机，则或多或少与这些方面的调整不力、过于滞后有一定的关系。最突出的要数日本，日本在战后形成的产业结构和经济管理体制在新的世界经济形势面前已显得过于老化和僵化了，不得不进行调整和改革。日本当前进行的"经济结构改革"，核心就是要使经济进一步自由化和国际化，以适应世界经济和发展趋势。但这一调整和改革不仅来得过晚，而且遇到传统势力和既得利益集团极大的阻力，以致迄今成效不大。这乃是日本经济进入 90 年代以来陷入严重困境的症结所在。因此，能否认清世界经济信息化和全球化的两大发展趋势，制定自己国家正确的发展战略，并采取确实有效的措施促其实现，调整经济运行机制和管理体制以适应客观形势的发展，已成为各个国家在新的世纪里成败的关键。

(原载《世界经济》1999 年第 2 期)

进入 21 世纪的世界经济格局

　　世纪之交，往往是世界经济格局发生巨大变化之时。18 世纪末、19 世纪初，英国通过蒸汽机的发明和广泛应用，率先进行了产业革命，成为"世界工厂"，并促使世界经济形成了一个统一的体系，从而把 19 世纪变成了英国的世纪。19 世纪末、20 世纪初，人类社会进入电气化时代。这时，美国走到了世界各国的最前列，它的电气、钢铁和汽车等当时最主要的一些产业部门都跃居到了世界的首位，其工业产值占据了世界工业总产值的 1/3 以上，比英国、德国、法国和日本 4 个主要国家工业产值加起来的总和还要大。就这样，美国把 20 世纪变成了美国的世纪。现在，世界很快就要迈入一个新的世纪。在 21 世纪里，世界经济的格局又会是怎样的呢？又该是哪一个国家在 21 世纪能够在世界经济中独领风骚呢？对于未来世纪的世界经济格局早已有各种各样的预测，莫衷一是。对于这样一个重大的问题要做出准确无误的判断是非常困难的，因为事情正在发展变化之中。但是，对世界经济格局进行大体的判断却又是非常必要的，因为它将涉及我国未来面对的国际经济环境，关系着在改革和开放的过程中应采取的正确战略和对策。这就是为什么明知很难做到的事，我们却仍然要坚持着去试一试的原因所在。

一

在研究和分析世界经济格局的变化时要坚持马克思主义辩证唯物主义和历史唯物主义的基本理论观点，具体地说，至少应明确如下几点：

1. 人类社会的发展是从低级到高级的不断发展变化的过程。决定这一过程的根本性因素是社会生产力的发展水平和状况。

2. 社会生产力作为人类社会发展的决定性因素是最活跃、最革命的力量。它处于不断发展和变化的状态之中，并会为自己的前进和发展扫除一切阻挠和障碍。

3. 社会生产力的发展呈现出不断加速的趋势。所以，人类社会的经济发展一个世纪比一个世纪更快。在社会生产力的加速发展中，科学技术的进步起着越来越重要的作用。现在，在一些国家科学技术已真正成了第一生产力。

4. 社会生产力的发展有其历史的延续性。任何国家的经济发展都要以社会生产力以前的发展水平和状况作为基础，并受到各种要素及其配置的约束。加速社会生产力的发展，甚至实现跳跃式的发展，都不可能脱离这个基础，否则，只能受到客观经济规律的惩罚。

5. 社会生产力的发展水平决定各个国家的生产方式和社会经济政治制度，而不是反过来。这是最基本的辩证唯物主义和历史唯物主义的观点。只有当一个国家的生产方式和社会经济政治制度适合社会生产力发展的要求时，一个国家的经济才能顺利地、较快地增长。

基于以上的看法，在我们研究和分析世界经济格局的变化时，就要坚持社会生产力是第一性的观点，着重去考察各个国家社会生产力发展的水平和状况，分析在世界社会生产力发展的主要趋势中，各个国家所处的地位、潜力、优势和不足，决不能用自己的理想和主观愿望去代替实事求是的科学分析。

我们研究的世界经济格局，是指包括在世界经济统一体中的各个国家、集团之间的经济实力对比、它们所处的地位和相互之间的关系。一个国家在世界经济中占有的地位和作用，主要取决于各个国家在经济发展上所达到的水平和拥有的经济规模。一个国家的经济发展水平很高，但经济规模很小，在世界经济中所处的地位就不会很高，影响也不会很大（如瑞士，若以人均国民生产总值来衡量一个国家所达到的劳动生产率水平，它是最高的，但由于其经济规模并不大，因此，在世界经济中的影响力就远不如其他一些经济发达的国家）；同样，一个国家的经济规模尽管很大，但经济发展水平并不高，也不会在世界经济中占据重要的地位（许多发展中的大国就属于这种情况）。

各个国家的社会生产力和经济发展水平总是在不断发展变化的，因此，世界经济的格局也总是在不断地变化，是一个动态的过程，而不是一种静止的局面。世界经济格局的发展变化，也与其他任何事物一样，是一个从量变到质变的过程。在一个时期内，在它处于量变的过程之中时，其呈现的面貌和性质具有一定的相对稳定性，从而表现出与其他发展阶段明显的区别。例如，战后长时期存在的两极格局和现在的多极化格局就有很大的不同。从两极格局演变为多极化的格局，是两极格局内各个国家经济力量对比不断发生变化的结果，是长期的量变积累到一定程度时才发生了从两极格局到多极化格局的质变。在量变没有达到一定程度时，尽管各个国家的经济力量对比已经不同于战后初期，但仍然是处在两极格局之中。只是到了80年代末、90年代初，量变已经积累到相当大的程度和水平时，才发生了两极格局终结、多极化格局开始的质变。在多极化的格局下，情况依然如此。它同样是处在一个不断发生量变的过程里，而不会处于某种固定的状态之中。那种以多种力量对比仍在不断发生变化为理由，认为两极格局已经终结，而多极化格局尚未最终形成、目前仍处在向多极化过渡的过程之中的看法是不正确的。不是这种格局，就是那种格局，多个国家的力量对比总是在不断变化的，但在一个时期内力量对比的性质都是相对稳定的。这就是为什么在苏联解体以前，尽管各国的经济力量对比已经发生了很大变化的情况下，也仍然是两极格局的原因所在。同样，尽管现在各个国家的经济力量对比仍在不断变化，美国经济持续走强，但多极化的局面已经形成，而且将持续相当长的一段时期。对此，我们应有明确的认识。

二

80年代末、90年代初，东欧剧变、苏联解体，使第二次世界大战形成的两极格局在战后维持了40多年之后终于终结了，从此，世界经济开始处于多极化的格局之下。这种多极化的格局必将延伸到下一世纪，其持续的时间可能不亚于两极格局存在的时间。

两极格局的终结是以苏联的自行解体完成的，虽然兵不血刃，但这终究是争霸另一方美国的胜利。尽管在处理国际关系问题上美国的霸权地位有所增强，但是，美国却并未能依仗这一胜利而迎来在世界经济中独霸天下的局面。这是因为，在决定世界经济格局的各个经济领域的竞争中，美国在战后初期拥有的全面优势在许多领域里已逐渐丧失。虽然美国仍然是世界第一经济大国，在社会生产力发展水平上依然居于领先地位，但在国际贸易和国际金融这样一些重要领域里已经没有优势，甚至处于相当被动的地位。

美国自进入70年代以来对外贸易一直是连年逆差，而且对外贸易逆差还有不断扩大之势。1998年，美国的对外贸易逆差已超过了1600亿美元。巨额的对外贸易逆差与长期的巨额财政赤字结合在一起，成了长期困扰美国经济的两大难题。现在，美国的财政赤字问题已得到了缓解，甚至已开始由赤字转向有一定的盈余，但对外贸易赤字却依然有增无减。与日俱增的巨额对外贸易赤字表明，美国商品的国际竞争力在下降，不仅国内市场被越来越多的外国商品所占领，而且商品的出口也受到了严重的阻碍。在这种情况下，美国出现了贸易保护主义的倾向，甚至想用国内法（如301条款）来摆脱自己的困境。这在经济全球化要求贸易进一步自由化的今天，显然是不符合世界经济发展潮流的。要想独霸世界，统帅世界经济，却又不能走在世界经济发展趋势的前列，当然不可能达到目的。

连年巨额的贸易逆差，还使美国的国际收支状况不断恶化，使美国的国际金融地位一落千丈。长期的对外贸易赤字，再加上大量外国资金的流入，使美国从世界上最大的债权国变成了最大的债务国。在战后初期，几乎世界上所有的国家，包括当时的苏联，都欠美国的债，美国把当时世界上仍然作为世界货币的黄金的75%都集中到了自己的手中，成了名副其实的"金元帝国"。但是，曾几何时，美国不仅"金元帝国"的威风不再，而且成了依靠大量借债度日的最大的债务国。从1985年美国从债权国变为债务国到现在，短短十几年的时间，美国所积欠的国际净债务已经超过10000亿美元，比发展中国家欠债最多的国家高出近十倍。现在，美国经济的正常运转已不得不在一定程度上要依靠外国资本的大量流入来加以支撑。美国因之成了世界上既是最富、也是最穷的国家。美国在国际金融领域的地位已不能与战后初期同日而语。虽然从市场行为角度看国际资本大量流入美国意味着投资者看好美国经济的未来,但是作为世界上最大的债务国,美国还想独霸世界、主宰世界经济事务,在一定程度上就会有所顾忌而显得力不从心了。

在美国的国际经济地位相对下降的同时,其他一些发达国家的经济实力却大大增强了。特别是日本和德国,在许多领域里已足以和美国相抗衡。德国还有经济一体化程度很高的欧洲联盟作为后盾,更使美国不敢轻视。

日本经过战后几十年的发展,已一跃而成为世界第二经济大国,并且取代美国成了世界上最大的债权国。虽然日本的出口总额还居于美国和德国之后,但已相差不多。而且多年来日本一直是世界上对外贸易顺差最大的国家,在国际贸易领域里拥有明显的优势。日本的对外贸易顺差每年都在1000亿美元以上,即使进入90年代以来,日本经济陷入严重的困境之中,对外贸易顺差仍然居高不下。特别是在日本的对外贸易顺差中,有一半左右是来自对美国的贸易。美国对此虽极不满意,但却奈何不得。日本在美国沦为最大债务国之时,已成为美国最大的债主,美国在达到"金元帝国"最高峰时,拥有的国际净债权是1100亿美元,而现在,日本拥有的国际净债权已达4000亿美元以上。在这种情况下,日本当然不会甘心仍然充当美国的小伙伴,完全听从美国的摆布。在经济领域的许多问题上,日本为了自己的利益,已经常要对美国说一个"不"字,这已是非常明显的事实。

德国在战后的迅速崛起,与日本一样,在一定程度上要归功于美国的帮助与扶持。在经济上强大起来的德国,现在也不再完全听命于美国。德国领土不是很大,人口也远不及美国和日本,但却已是世界第三经济大国。在国际贸易领域里，它可与美国一争高下，不仅曾有个别年份的出口总额超过了美国，而且，在制成品的出口中早已长期占据第一把交椅的位置，把美国排挤到了后面。德国马克不但长期是硬通货，而且在国际储备和国际交易中已占有相当重要的位置，现在又有了欧洲的统一货币—欧元，就更对美元的国际地位提出了严重的挑战。德国还是世界上经济产力最强、一体化程度最高的地区性经济集团—欧洲联盟的实际盟主，这使它在世界经济事务中具有了更大的发言权。

可见，日本和德国的崛起和发展，已使美国不得不面对发达国家在世界经济领域中的三足鼎立的局面。美国过去对这些国家颐指气使的气势早已今非昔比，作为昔日的经济霸主已经风光不再。

世界上还有一个庞然大物俄罗斯。苏联解体后，俄罗斯继承了苏联的大部分遗产。虽然它的经济和军事实力都已大大不如过去的苏联，在经济上现在也有很大的困难，甚至还被不少人看成是发展中国家，但毕竟瘦死的骆驼比马大。俄罗斯在经济规模和发展水平上都不容任何国家加以忽视。在军事上，做为世界上最强国家之一的俄罗斯仍然积极参与各种国际事务，力图保持它的势力范围，维护自己的利益和主张。它虽然在经济上有求于发达国家，特别是美国，但也不会听命于这些国家。因此，俄罗斯虽已从两霸之一的顶峰跌落下来，但作为一支独特的力量，在多极化的世界中占有一席之地则是不容置疑的。

在世界经济中，广大的发展中国家占有的比重仍然远远不及发达国家。它们在经济上仍然比较落后，力量单薄，而且发展很不平衡，但作为一类国家，它们有着许多经济和政治上的共同利益。作为一个群体，它们在世界经济中的比重和地位在逐步地提高。现在，已与过去的殖民时代有很大的不同，它们已决不会再完全听命于大国的支配和指挥。特别是发展中国家中的一些大国，如中国、印度、巴西等等，当然就更有一定的力量来维护自己的利益和尊严。它们在经济发展中具有极大的潜力，将会在未来的世界经济中占据更加重要的位置。任何国家要想忽视、甚至轻视它们，都只能给自己带来不利和麻烦。

因此，一个多极化的世界已经不以人们的意志为转移地形成了。一二个超级大国独揽世界经济事务，按照自己的利益和意图来确定世界经济规则和秩序已经不再可能。人们正是在这种多极化的世界经济格局下将迎来 21 世纪的。

三

世界经济在迈入 21 世纪时的格局是多极化。但是，多极化并不意味着各个极的地位和力量是大体相当的。它们的经济力量不仅有着差别，而且有的差别还很大，因此，是很不平衡的。既然各个极的力量大小不一样，因此，它们在世界经济中所起的作用也不同。当然，各个国家的经济发展水平和规模总是在不断变化的。但在一定时期内，这种力量的对比又具有一定的相对稳定性，而不会在短期内很快就发生很大的变化。在多极化的格局下，各主要国家经济力量变化形成的不同的对比关系，会呈现出一定的阶段性特点。在现阶段，在人类社会进入 21 世纪及其以后的一段时期，世界经济多极化的主要特点可以概括为一超多强，即仍然有一个超级大国，那就是美国，其经济实力要高出其他各极相当多；与此同时，已经有了许多经济上的大国与强国与之并存。这些经济上的大国与强国在一些经济领域里已具有了各自不同的优势和强项，足以和美国相抗衡。因此，美国虽然在世界经济中仍具有最大的影响力，但却又无法像过去那样统帅整个世界经济。从现在的发展趋势看,这种多极化格局下一超多强的局面在今后相当长的时期内还不会发生根本性的变化。90年代以来美国经济的超常增长就说明了这一点。

在过去一些年里,曾有过这样一种说法:21世纪将迎来日本的世纪。现在,日本已陷入10年左右的严重经济困境之中,再提日本世纪的人已经不多了,因为现实的经济发展正在说明这一说法不大符合实际。

在20世纪六七十年代,日本在所有发达国家中是经济增长最快的国家。到80年代,日本开始超越所有欧洲国家成了世界第二经济大国,并大有直逼美国之势,因之被称为"日本的奇迹"。日本的主要经济优势突出地表现在国际贸易和国际金融领域里,但在经济总量和经济发展水平上却仍然难以与美国匹敌。日本的国民生产总值现在大约只有美国的60%左右,从而在世界经济中的影响力要比美国小得多。从现在日美两国经济发展的势头来看,日本要想在经济总量上代替美国世界第一经济大国的地位,显然不是短期内所能做到的。即使是在国际贸易和国际金融领域里,日本的影响力也是有限度的。日本在国际贸易中虽然长期居于第一顺差大国的地位,但其在世界经济中的影响力却比美国要小得多。美国是世界第一经济大国,也是世界第一进口大国。美国的市场对许多国家经济的重要性是任何其他国家所无法代替的。战后经济发展最快的一些国家(包括日本)几乎都是依靠了美国的市场才发家致富的。而日本的市场不仅比美国要小得多,而且还有相当程度的封闭性,使各国商品进入日本市场要比进入美国市场困难得多。这使得美国经济形势的好坏与日本经济形势的好坏对国际贸易的影响是很不一样的,即美国市场的作用要大得多。在这方面,还看不到日本能取代美国的前景。在国际金融领域里,日本虽然已成为第一金融大国和最大的债主,但日元的国际化还有很长的路要走，更不用说日元取代美元成为世界货币了。日本各种金融市场的影响力同样远远赶不上美国。纽约股票市场一有风吹草动，马上就会波及世界所有的证券市场；而日本在泡沫经济破灭后，股票价格一落千丈，跌掉了 2/3，而对世界的股市却几乎看不出有什么大的影响，就足以证明这一点。

更为重要的一点是，日本在社会生产力发展水平上要赶上美国也不是很快就能做到的。战后，日本的经济高速发展主要是学习美国的科学技术、走美国过去所走过的路，按照一些日本经济专家的说法，日本充其量可称为一个优秀学生。但在 80 年代末、90 年代初，当日本的经济发展水平已基本上赶上美国的时候，却迷失了继续前进的方向，没有看清经济信息化的发展趋势，在发展信息产业方面又被美国远远地甩在了后头。一些日本经济专家认为，日本要在经济信息化方面赶上美国，至少需要 10 年，甚至更多的时间。而日本要想取代美国的世界经济霸主地位，没有高于美国的社会生产力发展水平是不可能达到目的的。只有在社会生产力发展水平上居于世界最前列的国家才有可能使自己成为世界经济的主宰。世界经济过去发展的历史已充分证明了这一点。日本现在显然还不具备这样的霸主之势。更何况，日本经济现在仍陷在相当困难的境地之中，连走上正常的经济增长都还有待时日，要奋起直追美国当然就更不是短期内所能做到的了。现在，日本既需要适应经济信息化的发展趋势对产业结构进行较大的调整，也需要对已经老化和僵化的经济管理体制进行必要的改革，再加上经济全球化的发展趋势还逼使日本不得不调整其对外经济政策，加大对外开放的力度和速度。这些都是非常困难而艰巨的任务，都不是短期内可以完成并发挥其效益的。所以，至少在目前，还看不到日本能很快在各个经济领域，特别是在社会生产力的发展水平上能全面地超过美国这样的前景。在这种情况下，即使将来有可能会迎来一个日本的世纪，那也是非常遥远的事了。日本作为世界经济多极化中的一极，其力量和比重今后仍会有所增强，但不可能很快就改变现在一超多强的局面。

与此有关的是，还一度流行过即将迎来"亚太世纪"的说法。这一说法，主要是看到了日本和东亚一些新兴工业国经济的较快增长。现在，由于日本和东亚国家都发生了较为严重的金融和经济危机，这种说法已不多见。其实，即使不发生亚洲金融危机和经济危机，这种看法也是不大切合实际的。因为，决定一个国家和地区在世界经济中的地位和作用的，主要不是它们一个时期里所取得的经济发展速度，而是它们所达到的经济发展水平。除了日本以外，东亚国家，包括中国在内，虽然一度经济发展速度很快，但它们仍然处在实现工业化的发展阶段，而许多发达国家已经走上了经济信息化的道路，两者在经济发展水平上整整差了一个档次。在经济发展水平仍然处于相当落后状况的情况下，要想成为世界经济的主导力量，也远非一日之功。更何况，东亚国家主要是一群发展中的小国，而不是一个统一的国家，要想集合起来主宰世界经济事务就更是难上加难了。东亚国家可能很快又会走上经济较快发展的道路，但要在世界经济中成为最重要的主导力量，至少从目前的情况看是不大可能的。

在多极化的世界中，欧洲是一支非常重要的力量。欧洲联盟作为一个国家集团，确实拥有巨大的经济实力。作为一个整体，在一些经济领域甚至已有了超过美国的实力，而且，它还是经济一体化程度最高的一个地区性经济集团，不仅已经实现了商品、劳动力、资本和劳务可以自由流动的统一大市场，而且已开始实行欧洲统一货币——欧元，建立了欧洲统一的中央银行。正是凭借于此，欧洲发达国家才能成为与美国和日本并肩而立的一股力量，三分天下有其一。否则，作为单独的国家，它们的经济规模都过小了。但这一优势也同时是它的劣势。作为由许多国家组成的一个经济集团,民族国家不同的经济利益使成员国之间不可能不存在各种各样的矛盾。为了一定海域的捕鱼权两个国家之间甚至可以动用武力;有的国家为了本国利益可以用各种理由来拒绝参加欧洲统一货币,如此等等,不胜枚举。连欧洲联盟的经济事务都很难完全统一,又如何能真正用一个声音说话去主宰世界经济事务呢?

即使作为一个整体来发挥作用,欧洲联盟国家在经济发展的总体水平上还赶不上美国,在科学技术方面也难以和美国平起平坐。而在国际贸易和国际金融领域的许多方面,也不如日本拥有的地位。所以,欧洲联盟国家要想重新回到过去的欧洲大西洋世纪,现在还只能是一种怀旧情绪。时光不会倒流,历史不会第二次重复。欧洲要想旧梦重温,至少在可预见的将来是不现实的。

从上面的分析可以看出,美国作为世界霸主的地位虽然已经在一定程度上有所下降,但作为世界第一经济大国、对世界经济具有最大影响力的国家,其所处的惟一超级大国的地位,还没有哪个国家能在近期内对它提出真正的挑战。

现在,世界经济发展的主要趋势是信息化和全球化,而在这两个方面,美国都走在了世界各国的前面。美国在经济信息化方面进展的速度及拥有的优势,人们有目共睹。它的信息技术水平,它占有的信息市场份额,它发展的信息网络之广,都是其他任何国家望尘莫及的。人类社会正在向信息社会过渡,而走在这一过渡最前列的是美国。这表明,美国现在拥有着世界社会生产力的最高水平。这使美国又重新占据了经济竞争力第一的地位,提高了整个国民经济的劳动生产率水平,并使许多传统的生产部门改变了面貌。这是90年代以来美国经济能够持续增长的根本原因所在,也加强了美国在世界经济中作为惟一超级大国的地位，从而也增加了其他国家要赶超美国的难度。美国在经济全球化方面也很突出。它是世界上进出口总额最大的国家。它不仅进口着世界各国的最多的商品，利用着国际金融市场最多的资金，而且其跨国公司的触角已伸向世界各个角落。它们的产值已超过美国出口总值的好几倍。与在经济信息化方面一样，在经济全球化方面，它也是走在最前面的一个国家。

所以，我们既应看到美国经济与战后初期相比，其世界经济霸主的绝对优势地位正在逐步丧失，现不少经济领域还处于相当被动的境地，但也不应忽视，它不仅仍然拥有着其他任何国家无法企及的巨大经济规模和最高的社会生产力水平，而且在顺应世界经济发展的主要趋势上也走在了世界各国的前面。在这种情况下，尽管其他一些经济强国的经济实力在今后还会相对有所增强，在某些经济领域里也会占有一定的优势，但美国在世界经济中占据的一超地位一时还很难撼动。世界经济多极化的格局因之在进入 21 世纪之后仍然将在相当长的时间内呈现出一超多强的特点。

在世界经济多极化的格局下，过去由美苏两个超级大国主宰国际事务的垄断局面被打破了。国际经济领域的竞争随之加强。这对推动各个国家的经济发展和产业结构的升级换代是有利的，国际经济关系也会比过去有更大的发展。但由于世界经济格局发生了带有根本性的变化，过去在两极格局下形成的国际经济秩序许多已不再适应新的形势，需要做必要的调整和改革。再加上世界经济全球化的趋势不断地加强，也需要制定一系列新的规则和制度以代替已经过时了的东西。这些都有待于国际经济制度的创新。由于这些调整、改革和创新涉及世界所有国家不同的经济利益，因此会遇到各种各样的困难和阻碍，使之总是滞后于客观形势发展的需要。国际货币制度自 70 年代开始改革以来，迄今尚未有突破性的进展,便是一个突出的例子。这正是近年来国际金融领域剧烈动荡、危机不断的一个根本原因所在。我们对世界经济格局的变化应有足够的认识,顺应世界经济发展的潮流和趋势,搞好自己的经济建设,争取在多极化的世界经济格局中占据更为有利的地位。

(原载《世界经济》1999年第7期)

纵观世纪，回眸沧桑
——20世纪世界经济发展的历程

20世纪是人类社会有史以来获得最大发展的一个世纪。科学技术的进步推动了社会生产力的发展，人们的生产方式和生活面貌随之发生了巨大的变化。成就是巨大的，但道路却不是平坦的。为了取得今日的成就与进步，人类为之付出了巨大的代价。无论是成功，或者是失败，都是人类在寻求社会发展过程中获得的经验与教训，是积累起来的宝贵财富。

一

20世纪是人类社会有史以来经济发展最为迅速的一个世纪。世界经济取得成就巨大：二次大战后的50年里，世界经济的年平均增长率接近4.0%。进入20世纪时，世界的国民生产总值仅约为五六百亿美元，而在世纪末，这一数字已高达30万亿美元之巨。由于科学技术的进步，社会劳动生产率的提高也是相当快的。世纪之初，世界上经济最发达的国家美国，人均国民生产总值也只不过在300美元以下；而现在，美国的人均国民生产总值已超过3万美元，还有一些国家甚至已超过4万美元。国际贸易作为联系世界各国经济的重要纽带,在20世纪的发展非常迅速。世纪之初,国际商品贸易总额约为200亿美元左右,现已高达近6万亿美元。跨国公司的大量涌现成了资本全面国际化的主要载体。与此相适应,金融全球化正在加速发展。国际直接投资因之迅速增加。20世纪初,全世界国际直接投资累计总额约为200亿美元,现在已达到3万亿美元以上。1998年,国际直接投资一年的总额就达到了6440亿美元之多。国际直接投资的不断增加,从生产上把世界各国的经济越来越紧密地联结在一起,大大推动了经济全球化的进程,并带动了世界经济的全面增长。在此基础上,国际资本市场则以更快的速度扩大着。现在,世界外汇市场每天的交易额已超过1.5万亿美元,一年的交易额更已在500万亿美元左右。外汇交易额已是国际商品贸易额的大约100倍。国际资本市场每年的融资总额已在1.5万亿美元以上,各种金融衍生工具更是层出不穷,使货币资本运动的规模大大超过了实际经济已经达到的水平。金融全球化的迅速发展,把世界上所有的国家在经济上更加紧密地联系在一起,形成了难以分割的统一的整体(宋则行、樊亢,1994)。

  20世纪世界经济的巨大发展,使人类社会的生产方式发生了很大的变化,也使人们的生活面貌有了很大的改观。这具体表现在:

  1. 在进入20世纪之初,世界上只有少数先进的国家完成了产业革命。那时还是蒸汽机的时代;电力的发展和利用还不是很广泛、很普遍。虽然有关电力的知识及其利用在19世纪下半叶就已经获得了不小的进展,但电力引起真正的能源和动力革命却是在进入20世纪之后的事。电力的迅速发展和远距离传输问题的解决,使生产打破了资源和地域的限制,从而使工业生产得到了前所未有的巨大发展。电力的发展和利用还为生产的自动化创造了条件，从而极大地提高了劳动生产率。由于生产的自动化流水线得到了广泛的使用，各种各样的机器人不仅代替了人们繁重或危险的体力劳动，而且还大大提高了产品的精密程度和质量。生产自动化的高度发展，不仅使各种产品的产量能够迅速地大幅度提高，从而可以由之获得规模效益，而且也使整个社会的劳动生产率随之不断地提高。电力的发明和使用还极大地推动了交通和通讯业的发展，从而为国际贸易和国际金融业的扩大，提供了重要的物质基础和条件，从而加速了经济全球化的发展进程。因此，可以说人类社会在20世纪所取得的巨大成就都是与电力的发明和利用分不开的。即使是现在正在进行的信息革命也离不开电力这一基础。所以把20世纪看做是电气化的世纪是一点都不为过的。

2. 在20世纪，特别是第二次世界大战后，科学技术获得了巨大的发展。世界经济所取得的一切成就都与科学技术的进步密不可分，都是知识创新的结果。知识在人类社会经济发展中从来都是最主要的因素，而决不只是从今日始。只不过知识的积累越来越多，其在社会经济发展中的作用越来越大，从而才被更多的人认识罢了。若就知识在社会经济中的重要作用而言，没有知识就不可能有任何社会经济的存在和发展。在这个意义上，任何经济形态都是知识经济的一种表现，都是社会生产力发展水平与当时人类所积累的知识相适应的反映。从来还没有过没有知识的经济。当然，科学技术对社会经济的推动作用从来没有像现在这样巨大，这也是不争的事实。

在20世纪前二三十年科学技术在基础理论方面已经获得巨大进步的基础上，经过第二次世界大战大力发展军事科学技术的推动，战后的科学技术得到了更加迅速的发展，不仅大量的军事科学技术成果不断地被运用到民用生产领域中来，而且还有大量的新的科学技术成就不断地涌现出来，从而使社会生产力的提高非常迅速。石油成为最主要的能源，石油化工技术的不断进步，原子能发电的广泛利用，各种合成原料的不断开发，电子技术的空前发展，乃至信息技术带来的巨大变革等等，不胜枚举的各种伟大成就，都是在科学技术不断创新的情况下取得的，并使第二次世界大战后的世界经济获得了有史以来最快的增长。据统计，在发达国家，战后的经济增长有70%—80%是由于科学技术的进步而取得的（爱德华·F.丹尼森，1985）。科学技术在这些国家确实已经成为真正的第一生产力。现在，一次以信息技术为主要内容的新的科学技术革命正在迅速兴起，这必将对世界经济产生新的推动，从而为21世纪世界经济的更快增长创造条件，打下基础。

3.20世纪社会生产力的巨大发展，使各类国家的产业结构都发生了不小的变化。在发达国家，虽然工业生产得到了前所未有的发展，但其在整个国民经济中所占的比重却大幅度地下降了。现在，作为第一产业和第二产业的物质生产部门，其在国民经济中所占的比重，合在一起已经只占1/3左右，而以金融业、通讯业等为主要内容的服务业，即第三产业，在国民经济中已有2/3的份额。产业结构的变化也反映在劳动力结构的变化中。在发达国家中从事农业的劳动力一般已只占5%—6%，在美国更已占3%以下。在工业部门进行劳动的人员比重也比过去大大下降了，多数发达国家都已在30%以下（世界银行，1998）。

4.20世纪社会生产力的发展，已使人类的生产与生活在一定程度上突破了自然资源有限性的限制。原子能、太阳能、海洋能的开发和利用，已大大减少了人类社会对自然矿物能源的依赖，各种化学和合成材料的出现，不仅减少了人类对各种自然的、不能再生的资源的依赖，而且还为人类提供了许许多多性能优于自然资源或自然资源中根本没有的新材料。正是在此基础上，才有了电子计算机的微型化。现在的电子计算机体积已比三四十年前缩小了几万倍，而计算机的计算速度却提高了几十万倍。正是由于有了各种各样的新材料，激光技术和光纤通讯才得以开发和利用，人造卫星才能上天等等，类似的例子可以说不胜枚举。

5. 由于社会生产力的发展，越来越多的人口集中生活在城市之中。这是与集中的大规模的工业化生产不断扩大相适应的。在发达国家，现在生活在城市中的人口已占人口总数的80%以上。在发展中国家，城市人口也在不断地增加，一般已达到50%左右（世界银行，1998），并呈现继续增长的趋势。过去田园牧歌式的生活方式已一去不复返，取而代之的是集中的、城市化的生活方式。这是20世纪人们生活方式最显著的一个变化。

6. 科学技术的进步和社会生产力的发展，使人们的生活条件和质量有了很大的改善和提高。人们的衣食住行都有了很大的改观。在衣着方面，不仅各种天然的服装原料，如棉、麻、丝、毛、皮等等，其生产和加工的水平都大大地提高了，而且出现了越来越多的各种化学和合成的新的服装材料，使人们的衣着更加舒适轻便，丰富华丽。在食物方面，不仅食品的种类增加了，而且质量也提高了。各种无污染的绿色食品正越来越多地摆上人们的餐桌。人们利用的烹调工具和手段也更加多样和方便。在行的方面，现代化的交通工具更早已取代了以畜力或人力为动力的车和船。密如蛛网的高速公路，急驶如飞的高速火车，再加上先进的喷气式客机，已使世界上的大多数地方可以朝发夕至。地球因之相对地缩小了，以致有人说现在全人类就好像生活在一个地球村里。在住的方面，在20世纪所获得的改善也是有目共睹的。一座座新兴城市的崛起，城市生活环境的不断改善，都在有力地说明这一点。在发达国家，由于农村和城市郊区生活条件的改善，城乡差别比之过去已经有了很大的缩小，这使人们看到了在未来真正消灭城乡差别的希望。

20世纪所取得的经济成就，使人类社会在其漫长的发展过程中又迈上了一个新的更高的发展阶段。发达国家已经走过了工业化的历程，正开始向经济信息化的方向发展，广大的发展中国家则在加速完成工业化的任务。世界经济正越来越结合为一个更加紧密的整体。

二

20世纪世界经济取得的成就是巨大的，但人类为此付出了巨大的代价。20世纪世界经济经历了两个不同的发展阶段：上半叶，世界经济的发展不仅被两次世界大战所中断，而且在两次世界大战中间还发生了有史以来最严重的一次世界经济危机。只是在第二次世界大战结束后，世界经济才由于各种条件的变化而获得了快速的发展，从而有了今天这样的局面。

在20世纪之初，发达国家大多已完成了产业革命，特别是长距离输送电力问题的解决，使社会生产力有了较快和较大的提高。人类开始进入电气化的发展阶段。社会生产力的发展引起了社会生产关系的变化。垄断发生了，自由竞争的资本主义开始为垄断资本主义所代替；与此同时，社会生产力的巨大发展也使市场的缺陷暴露得越来越明显，生产与消费的矛盾不断地加深与激化。为了满足社会生产力的发展对资源和市场不断扩大的要求，发达国家加强了对外的侵略扩张，这突出地表现在对殖民地的争夺上。这种争夺终于在1914年导致了第一次世界大战的爆发，使世界经济遭受了巨大的破坏。第一次世界大战结束之后，世界经济仅仅经历了 10 年左右的增长，就陷入一场空前严重的世界经济危机。在这次严重的世界经济危机中，经济遭到巨大的破坏，许多国家的经济竟倒退到了 20 世纪初期的水平上。国际贸易因此缩减了 2/3，一些国家的失业人数已占劳动力人口的一半左右，工人的工资水平则下降到了只及经济危机发生前的 1/3（樊亢，1991）。严重的金融危机和经济危机还导致金本位制的崩溃，使人类社会从此进入了纸币流通的时代，从而为以后严重的通货膨胀开辟了道路。严重的经济危机，再加上发达国家利用殖民体系，形成了一个个排他性极强的经济集团，使统一的世界经济体系遭到了严重的割裂，世界经济的运转再也无法正常进行。世界经济陷入特种萧条之中。在这种情况下，一些国家便走上了法西斯主义和军国主义的道路，妄图从发动侵略战争和对外侵略中寻找出路，从而导致了第二次世界大战的爆发。第二次世界大战被卷入的国家多达 50 多个，战火直接波及了除南北美洲之外的世界各地，受影响的人口达十几亿之多，伤亡人数几近 7000 万人。战争造成的经济损失高达 4 万亿美元（樊亢，1991）。

第二次世界大战后，情况有了很大的变化。一方面，由于世界大战的推动，军事科学技术有了长足的进步与发展；战争结束后，大量的军事科学技术被运用于民用生产，从而大大推动了经济的增长。此后，科学技术的发展更加迅速。在科学技术加速发展的推动下，航空运输业迅速发展、家用电器业异军突出、信息产业后来居上，生物工程、海洋工程、宇航工程等等方兴未艾。科学技术的发展引起了产业结构的重大变化，不断开发出巨大的新市场，给国民经济的发展以非常有力的推动，使社会生产力得到了迅速而巨大的提高。另一方面，战争与危机也推动了社会生产关系的变化。社会生产关系的变化在一定程度上适应了社会生产力发展的要求，缓和了生产关系和社会生产力的矛盾，从而使各国经济乃至世界经济能够较为顺利地向前发展。战后社会生产关系的变化主要表现在以下几个方面：

1. 为了避免发生严重的经济危机，发达国家的政府普遍加强了社会经济管理职能，使国家垄断资本主义得到了迅速而巨大的发展。国家利用各种财政和金融手段调节国民经济的运行，甚至利用反复推动国有化和非国有化，保证国民经济较为正常而平稳的发展。为了缓和社会和阶级矛盾，发达国家政府实行了有利于限制贫富差距扩大的税收政策，还采取了各种社会福利措施，诸如失业救济、养老保险、医疗保险等等，这些措施确实缓和了诸多社会矛盾，使国民经济得到了较快并较为平稳的发展。

2. 广大的发展中国家经过长期艰苦卓绝的斗争，在战后相继获得了民族的解放和国家的独立。帝国主义的殖民体系瓦解了。发展中国家的解放和独立，摆脱了宗主国的军事、政治统治和超经济剥削，为它们发展民族经济创造了必要的条件。广大发展中国家陆续走上了发展民族经济和实现工业化的道路，并不断扩大与其他国家的经济联系。有的发展中国家还利用后发性优势，国民经济获得了比发达国家更快的增长速度，缩小了与发达国家在经济上的差距。一批新兴的工业化经济涌现出来。在这种情况下，不仅广大发展中国家自身的经济得到了较快的发展，而且也为整个世界经济的发展做出了不小的贡献。

3. 美国一跃而成了资本主义世界的霸主，利用其霸主地位，制定了有利于它进行对外扩张的一系列国际经济制度的秩序。其中最主要的是国际货币基金组织、世界银行和关税与贸易总协定的形成和建立。这些国际经济关系规则的制定和国际经济组织的建立，结束了战前国际经济关系受到严重割裂和破坏的局面，客观上为各国的经济发展提供了较为有利的国际环境和条件。相对统一的国际经济规则、制度和秩序的形成以及众多国际经济组织的建立，适应了生产和资本国际化的要求，为世界经济较快并较为稳定的发展创造了比较有利的客观条件。例如，根据布雷顿森林协定建立的国际货币制度，实行以美元为中心的固定汇率制，曾使国际货币领域保持了相当长一段时间的相对稳定；在关税与贸易总协定组织之下进行的 8 次多边贸易谈判，为大幅度降低工业品关税、限制各种非关税壁垒做出了贡献，从而大大推动了国际贸易的发展，使迅速发展的国际贸易成了战后世界经济空前增长的一个不可或缺的重要因素。当然，由于社会生产力的发展，战后建立的国际经济制度和秩序，经过几十年的运作，现在已越来越不适应新的形势和要求，需要进行改进和变革。世界经济领域规则与制度的改革滞后于客观形势发展的需要，这正是当前世界经济陷入困境的一个重要原因。

从 50 年代开始出现的地区性经济集团，现已成为世界经济中一个重要发展趋势。这也是国际经济关系的一种调整和变革。最早建立的欧洲共同市场，现已变为欧洲联盟，不仅成员国由原来的 6 个国家发展到今天的 15 国，并拥有大量的联系国，而且还由最初的关税联盟变成了一个统一大市场，实现了商品、劳动力、资本和劳务的自由流动。不仅如此，欧洲联盟开始推行欧洲统一货币计划。欧元正式发行，欧盟国家统一的中央银行也已建立。这使欧洲联盟成了世界上经济一体化程度最高的一个地区性经济集团。现在世界上的地区性经济集团已达四五十个之多。它们对推动成员国的经济发展和加强相互之间的经济关系起了大小不等的积极作用。

此外，各种形式的国际经济协调，如各种双边或多边的国际会议、每年举行一次的发达国家七国首脑会议等等，也对解决国际经济矛盾，促进世界经济发展起了一定的作用。

当然，战后世界经济的发展也不是直线式的上升，同样经历了困难和曲折，呈现一定的阶段性。这可以从世界经济增长速度的变化中看得非常清楚。在五六十年代，世界经济经历了约20年的高速增长。当时世界经济的平均年增长率约为5.5%。进入70年代后，由于发展中国家的产油国展开了石油斗争，使作为世界主要能源的石油价格成十倍地增长，引起了国际市场的价格革命；再加上发达国家在战后长期推行凯恩斯主义的膨胀性财政与金融政策，导致了严重的通货膨胀，许多国家的通货膨胀率达到了双位数，国民经济陷入滞胀。在这种情况下，世界经济的平均年增长率下降到了3.5%。80年代，由于许多发展中国家发生了严重的债务危机，美苏两个超级大国进行剧烈的军备竞赛，发达国家经济政策的重点从促进经济的增长转向了抑制通货膨胀，世界经济的平均年增长率进一步下降到了大约3.0%。进入90年代后，由于世界政治和经济格局发生了重大的变化，战后长期存在的美苏两个超级大国争夺世界霸权的两极格局结束了。许多国家由于经济体制发生变化造成了经济的严重滑坡。在科学技术加速发展的推动下，世界经济的信息化和全球化已成为主要的发展趋势，而却没有世界经济的一体化，即必要的国际经济规则、制度和秩序的变革与之相适应。世界经济的发展受到严重的阻碍。世界经济的信息化和全球化，要求各个国家对产业结构和经济政策进行较大的调整，而许多国家的这种调整却大大地滞后了。这正是东亚和东南亚国家所以发生严重的金融危机和经济危机的背景和原因所在。日本在90年代经历了10年的经济困难，也是由于同样的原因。日本和东亚、东南亚地区在过去都是世界经济中增长最快的国家和地区，它们的经济陷入严重的困境，不能不对整个世界经济带来极为不利的影响。在这种种因素的作用下，90年代世界经济的平均年增长率又进一步有所下降，仅略高于2.0%，成了第二次世界大战后世界经济增长速度最慢的十年。

三

在20世纪相当长的一段时期里，在世界经济的发展过程中，曾经历了两种社会经济制度的竞争和较量。这就是资本主义和社会主义、市场经济和计划经济的同时并存和斗争。

自从人类社会进入资本主义发展阶段以来，市场经济就得到了普遍的发展。发达资本主义国家早已建立起了成熟的市场经济制度。它们的经济之所以能够较快地发展，与市场经济制度比较适合现阶段社会生产力的发展水平和性质是有很大关系的。

1917年，俄国在进行十月革命后建立了社会主义的国家苏联。苏联摒弃了市场经济制度，实行中央集权的计划经济。第二次世界大战后，东欧和亚洲的一批社会主义国家，包括中国在内，也效法苏联，实行了计划经济制度。还有一些发展中国家，受到苏联的影响，也不致力于发展市场经济，而是实行类似计划经济的制度。这样，社会主义便与计划经济联系到了一起，似乎只有实行计划经济才符合社会主义制度的性质。实际上这是一种非常错误的观点和实践。苏联与东欧社会主义国家在经济上的失败，并由此导致苏联的解体和这些国家社会政治经济制度的巨大变化，就充分证明了这一点。

计划经济的始作俑者是第一个社会主义国家苏联。自苏联建立之日起，就逐步建立起了一整套中央高度集权的计划经济制度。这种计划经济制度在苏联实行了70多年，不仅使苏联的经济深受其害，而且还危及追随其后的其他许多国家，使这些国家的经济越来越落后于世界的发展潮流和趋势。苏联和其他实行计划经济的国家最终都不可避免地受到了客观经济规律的惩罚，并相继在遭受严重的经济失败之后，不得不重新回到市场经济的轨道上来。但从计划经济转向市场经济并不是轻而易举就能做到的。这不仅需要经历痛苦的转变过程，而且要真正建立起完善的市场经济体系还需要走漫长的道路。在这一段时期里，它们又会进一步拉大与先进国家在经济上的差距。

当时的苏联实行中央高度集权的计划经济是有一定的客观因素在起作用的。那时的苏联是世界上惟一的一个社会主义国家，处在资本主义世界的包围之中。资本主义列强对苏联实行武装干涉和经济封锁，使苏联在世界上成了资本主义汪洋大海中的一个孤岛。为了对付外来的侵略和干涉，苏联政府必须集中掌握和使用国家的财力和物力，使之用于最迫切需要的地方。同时，当时的苏联继承的是沙皇俄国落后的经济遗产，还是一个较为落后的农业工业国。苏联要能在经济上站住脚，就必须加快国民经济工业化的进程。这也促使苏联实行中央集权的计划经济体制，以调动一切可以动用的资源来加快实现国民经济的工业化。也正是因为如此，苏联在实行计划经济最初的一段时期里确实取得了一定的成就。当时的苏联取得了较快的经济增长，并与30年代资本主义世界发生的严重经济危机形成了鲜明的对比。这更使得苏联领导人过高地估计了计划经济的地位和作用，从而未能及时改变这些不符合社会生产力发展水平的社会经济制度。

但是，除了上述的客观原因之外，苏联实行计划经济体制，主要还是因为苏联领导人在理论和实践上所犯的错误。特别是苏联在几十年里长期实行计划经济不改，就更不能用客观原因来为之开脱了。他们在理论和实践上的错误主要是：

1. 他们违背了社会生产关系和社会经济制度一定要适合社会生产力的性质和发展水平这一马克思主义最基本的原理。这一原理是马克思主义辩证唯物主义和历史唯物主义的理论核心。恰恰就是在这一最基本的原理上，苏联领导人反其道而行之。在苏联这样一个经济还相当落后的国家，却要去实行只有在高度工业化、社会生产力达到比资本主义制度所能达到的水平还要高的时候才能实行的社会经济制度，又怎能不遭到客观经济规律的严重惩罚呢？连工业化尚未真正实现、市场经济尚未充分发展，既缺乏必要的物质技术基础，也没有各种基本的计划手段，要实行计划经济又怎能不遭受严重的失败。计划经济当然是一种理想的社会经济制度，但若不具备必要的物质技术基础，再理想的社会经济制度也是无法实现的。

2. 苏联领导人把商品和市场与资本主义完全等同起来，从根本上否定了现有社会主义国家商品和市场关系的存在。他们认为，在社会主义国家，已不需要商品和市场，价值规律也不再起作用。但是，在苏联的社会生产力仍然相当低下的情况下，商品和市场是无法加以消灭的，更不用说社会生产力发展水平还不如苏联的其他社会主义国家了。即使是在当年，在国家领导人把商品和市场视为异端邪说的情况下，苏联和其他社会主义国家也仍然存在着商品和市场。商品和市场不仅顽强地继续存在着，而且还有不断增长扩大的趋势。在严酷的现实面前，斯大林不得不在理论上做了一定的后退。1952年，斯大林在其发表的《苏联社会主义经济问题》一书中，被迫承认在苏联仍然存在着商品和商品生产，但却依然坚持认为生产资料不是商品，只有生活资料才是商品。结果，即使是在同一个生产部门生产出来的产品，由于使用的目的不同，便分成了商品和产品两种不同的东西，而所有企业都要进行必要的经济核算，必须承认价值规律的存在，发挥价值规律的作用。这不仅在理论上陷入了混乱，而且也给实际的经济活动带来了危害，使价值规律无法真正发挥作用，并最终受到客观规律的惩罚。不仅如此，在部分承认社会主义国家存在商品的情况下，他们还把商品和市场完全对立起来，认为社会主义国家可以有一定数量的商品，却决不允许市场的存在和发展。这种理论上的错误和混乱，应该说是导致苏联和其他社会主义国家在经济上遭受严重失败的一个重要原因。

3．苏联和其他社会主义国家的领导人还在社会生产关系的变革上犯了严重的错误。这种错误来自两个不同的方面。一方面，他们认为，社会主义国家的社会生产关系已经"完全适合"社会生产力的发展水平，因此不再需要调整和改革。苏联的计划经济体制几十年坚持不变就是最好的说明。这显然是一种形而上学的错误观点。即使是计划经济在开始实行时有一定的道理，在经过一段时期之后，由于社会生产力的发展和变化，也需要进行必要的调整和变革，更何况计划经济从一开始就已经脱离了社会生产力的发展水平呢？另一方面，他们又陷入了唯意志论的泥坑，认为可以完全不顾社会生产力的发展水平随意确定和改变社会经济制度，在社会生产力的水平还很低下的情况下，就要取消商品和市场，宣布已经建成了社会主义，甚至还要"跑步进入共产主义"，使社会生产关系处于脱离社会生产力发展水平而又不断变来变去的极其不稳定的状态之中，这当然只能使社会经济发展受到严重的阻碍和破坏。客观的社会发展规律是无情的。这些国家在受到客观规律的严厉惩罚之后，最终仍然只能退回到由社会生产力发展水平所要求的社会经济制度之中去。

可见，计划经济在苏联和其他社会主义国家的实行，主要是由于这些国家的领导人在理论和实践上的错误造成的。这也就决定了计划经济在苏联和其他社会主义国家的失败是必然的，它是由客观经济规律所决定的，迟早一定会发生的事情，而不是由于某些偶然事件的爆发才导致的。

苏联长期实行中央集权的计划经济给国民经济带来了十分严重的后果。不仅经济结构严重失衡，而且经济效益也十分低下。

在苏联解体前的 80 年代末，苏联的工业劳动生产率已仅及美国的 50%，农业的劳动生产率更为低下，只相当于美国的 20% 左右。当时苏联每创造一单位的国民收入所消耗的能源和金属、水泥等原材料，要比发达资本主义国家高出 50% 甚至一倍（李广和、白庆泰，1995）。在这种情况下，在苏美两个超级大国争夺世界霸权的斗争中，苏联便只能以失败而告终。

从苏联和其他实行计划经济的国家所遭受的失败中，可以明显地看出：

1. 现在，即使是在社会生产力最先进的国家，都不可能做到使物质财富能充分满足人们的各种需要，也不可能提供必要的技术手段，计算出人们千差万别的各种需求，因此，仍不具备实行计划经济的条件。更何况，在社会生产力还相当低下的苏联和其他国家里，硬要去实行计划经济，国民经济的发展必然因此受到严重的危害。

2. 实行计划经济的另一个弊端在于它扼杀了人们的劳动积极性和主观能动性。计划经济把各类人等都变成了实行政府经济计划的工具，只能按照已经制定的计划办事，一切功过是非均以是否实行和完成既定的计划为标准。而没有人民群众聪明才智的发挥，没有各种各样的发明和创造，一个国家的经济是不可能有发展的动力和活力的。这最终只能导致在国际经济竞争中的失败。

现在，世界上几乎所有的国家都已走上了市场经济之路。在 20 世纪，市场经济与计划经济长期较量的结果表明，在当代世界的社会生产力发展水平之下，只有市场经济是最为适合的一种资源分配方式和经济运行机制。任何违反客观经济规律的制度和行为，可能得逞于一时，但决不会逃脱最终的失败。这是人类社会在 20 世纪发展经济的实践中应该吸取的一个重要教训。

在当前经济全球化的发展趋势中，经济市场化已成为其中的一个重要内容和动力。没有经济的市场化也就不会有真正意义上的经济全球化。当然，世界经济的市场化并不等于市场经济所包含的各种内在缺陷已经不再存在了，恰恰相反，由于市场的规模空前扩大，市场经济的缺陷也将表现得更加明显和充分。这不仅需要各国政府继续加强对国民经济的宏观调控，而且需要进一步加强国际经济协调。当前世界经济中出现的各种危机和震荡，大多数与这一方面所做的努力不够或失误有很大的关系。

四

在 20 世纪世界经济发展的过程中，世界经济格局曾经历了数次巨大的变化。在人类社会刚刚进入 20 世纪的时候，作为 19 世纪世界霸主的英国，虽然已经失去了世界第一经济大国的地位，但其世界霸主的余威仍在。它不仅依然是世界第一贸易大国，继续把持着国际金融中心的地位，而且拥有最多的殖民地。它在各种国际政治、经济事务中仍然要颐指气使。后起的美国，已经超过英国和其他欧洲国家，成了世界第一经济大国，但依然羽翼未丰，在国际经济事务中并不拥有决定性的发言权。其他一些欧洲大陆的经济强国，如德国、法国、俄国等等，也在不断地增强自己的经济和军事实力，力图在国际事务中发挥更大的作用。亚洲正在崛起的日本，则想突破岛国在资源和市场上的局限，不断扩大自己的势力范围，以跻身于列强之列。在这种情况下，在当时的世界经济和政治格局中便形成了群雄并立、争夺世界霸权的局面。为了重新划分势力范围和瓜分世界领土，遂引发了两次世界大战。两次世界大战使世界的经济和政治格局发生了很大的变化。群雄并立的局面在第二次世界大战后开始让位于美、苏两个超级大国争夺世界霸权的两极格局。这一格局从第二次世界大战结束一直延续到80年代末、90年代初，由于苏联的最终解体而结束。

这一次世界经济和政治格局的变化与过去世界经济格局所发生的变化不同，它不是通过战争来实现的，而是由于争霸的一方苏联自行解体，从而使另一方美国得以不战而胜。苏联的失败就是美国的胜利，但苏联的失败却没有顺理成章地形成美国在世界经济和政治格局中一国独霸的局面，迎来的却是一个多极化的世界。这与苏联的失败一样，也主要是由于经济上的原因造成的。美国在与苏联的竞争中虽然取得了胜利，但它在与盟国的经济竞争中，在许多领域处于相当被动的地位，从而使它在战后初期拥有的在世界经济中的优势地位大大地下降了。

现在，美国的国民生产总值每年已达80000亿美元以上，仍然是任何其他国家望尘莫及的世界第一经济大国。但是，它在许多重要的经济领域里不仅已没有优势可言，而且还陷入了相当大的困境之中。在对外贸易领域，它在世界出口总额中所占的比重，已从战后初期的1/3左右，下降到了现在的大约12%。而且，自进入70年代以来，美国的对外贸易一直就是进口超过出口，每年都有巨额的贸易逆差，对外贸易逆差还呈现不断增长的趋势。现在，美国每年的对外贸易逆差已达1.6万亿美元以上，是世界上最大的贸易逆差国。与日俱增的对外贸易逆差表明，不仅美国的国内市场已越来越多地被外国商品所占领，而且美国的出口也由于商品竞争力的下降而受到了阻碍。在这种情况下，近年来美国已经出现了一定的贸易保护主义倾向，甚至想用国内法（如301条款）凌驾于国际法之上，来摆脱自己在对外贸易上的不利地位。这在经济全球化要求贸易进一步自由化的今天，显然是与世界经济的发展趋势背道而驰的。连年巨额的贸易逆差使美国的国际收支状况不断恶化，再加上美国长期、巨额的财政赤字需要外国资金来弥补，大量的外国资本拥入美国，致使美国在80年代中期就由世界上的最大债权国一变而成了债务国。现在，美国积欠的国际净外债已超过1万亿美元，成了世界上最大的债务国。

现在，在世界经济中能与美国抗衡的主要是日本和欧洲联盟国家。日本经过战后几十年的发展，现在已经成为世界第二经济大国，并且还早已取代美国成了世界上最大的债权国。虽然日本在世界出口总额中所占的比重还赶不上美国和德国，但已相差无几，特别是日本已经成了世界上最大的贸易顺差国，每年的贸易顺差都在1000亿美元以上。不仅如此，在日本的对外贸易顺差中，对美国的贸易顺差大约占据着一半左右，这不能不增加日本在国际贸易领域里的发言权。再加上美国现在所利用的外国资金有相当大的部分来自日本，这就更加加强了日本在与美国打交道时的地位。日本人敢于提出要对美国说一个"不"字，正是在这一经济背景下发生的。与日本比起来，欧洲联盟作为一个地区性的经济集团，其在世界经济许多领域里的实力更已超过了美国，成了美国又一个强大的竞争对手。虽然欧洲联盟成员国单个的经济规模都比较小，但他们联合在一起，就形成了不可小视的力量。为了加强经济联合的力量，欧洲联盟的一体化程度在不断地提高。现在，不仅已经建立了欧洲统一大市场，实现了商品、资本、劳动力和劳务在成员国之间的自由流动，而且已经开始了实现欧洲统一货币的进程，欧洲联盟统一的中央银行也已经建立并开始运作。这些对美国在国际贸易和国际金融领域的地位都形成了越来越大的挑战。在这种情况下，在世界经济格局中便形成了美国、日本和欧洲联盟三足鼎立的局面。

除了在发达资本主义国家已经形成的犄角之势之外，继承了苏联大部分遗产的俄罗斯也依然是世界上的一个军事强国，虽然它的经济与军事实力已不能与过去同日而语，现在的政治形势仍很不稳定，在经济上也有很大的困难，但俄罗斯在经济规模和发展水平上都不容任何其他国家加以忽视。它为了保护其既得的利益和势力范围，仍然在积极地参与各种国际事务。因此，俄罗斯作为一支独特的力量，它在多极化的世界中将继续是重要的一极应该是毋庸置疑的。

在世界上，发展中国家占据着多数。现在，它们在世界经济中所占的比重还远远赶不上发达国家。它们在经济上比较落后，而且发展也很不平衡。但是，作为人类国家，它们有着许多经济上和政治上的共同利益。作为一个群体，它们在世界经济中的比重和地位正在提高。现在已与过去的殖民时代有很大的不同，它们已不会完全听命于少数经济大国的支配与指挥。特别是发展中国家中的一些大国，如中国、印度、巴西等等，当然就更有一定的力量来维护自己的利益和尊严。它们在经济发展中拥有很大的潜力，将会在未来的世界中发挥越来越大的作用。

因此，一个多极化的世界已经在20世纪最后的十几年里不以人们的意志为转移地形成了。这一多极化的世界经济格局将延续相当长的时期，在进入21世纪之后的几十年里大概都不会发生根本性的变化。

当然，多极化的世界经济格局将长期延续，并不意味着各个国家的经济力量对比不会发生变化，甚至很大的变化。变化是必然的。正是这种变化，使多极化在不同的时期表现出不同的特点，从而呈现一定的阶段性。在当前世纪之交的这一阶段里，世界经济多极化的主要特点，由于存在着一个超级大国美国，又有许多竞争对手与之并存，因此可以将其概括为一超多强。从现在的发展趋势看，美国作为惟一一个超级大国的地位一时还不会受到其他各极强而有力的挑战。这不仅是因为其他国家的经济实力都与美国相差甚远，短期内都很难取代美国现有的地位，而且还因为在适应世界经济主要发展趋势方面，美国又已走在了其他国家的前面。这就更加增加了其他国家在经济上赶超美国的难度。

现在，世界经济发展的主要趋势是信息化和全球化。在这两个方面，美国都走在了其他国家的前面。美国在经济信息化方面的进展速度和拥有的优势，早已为人们所公认。它的信息技术水平，它在信息市场上占有的份额，它发展的信息网络之广，都是其他国家望尘莫及了。人类社会正在向信息社会过渡，在这一过渡中，美国已经占了先机。这表明，美国现在拥有着世界社会生产力的最高水平。其他国家要在社会生产力上领导世界发展的潮流，是更加困难了。而不做到这一点，也就无法取代美国现在在世界经济中的地位。美国在经济全球化方面的成就也很突出。它是世界上进出口总额最大的国家，也是世界上输出和输入资本最多的国家，而且，美国的跨国公司更已遍布于世界各地，把触角伸向了世界的各个角落。美国跨国公司在国外的产值早已大大超过了美国的出口总额。与在经济信息化方面的情况一样，美国在经济全球化方面的发展也是其他任何国家难以望其项背的。在这种情况下，尽管其他一些经济强国的经济实力在今后有可能会相对有所增强，在某些经济领域里还占有一定的优势，但在可以预见的将来，它们都将难以动摇美国作为惟一超级大国的地位。所以，在人类社会进入 21 世纪之后相当长的一段时间里，世界经济多极化的格局仍将继续保持一超多强的特点。

（原载《世界经济》2000 年第 1 期）

迈入经济信息化和全球化的新时代
——21世纪世界经济的发展趋势

人类社会在充满希望并面临巨大的挑战中送走了20世纪，迎来了一个新的世纪和新的千年。在刚刚过去的一千年里，人类从愚昧的中世纪跨入了现代的文明社会，从农业社会跨入了工业社会。特别是在这一千年的最后一百年，在20世纪，人类社会在社会经济发展方面所取得的巨大成就更是前所未有的。社会生产力几乎是成百倍地增长，其创造的物质财富则超过了过去一切世代创造的总和。人类的生活条件和质量因之有了极大的改善和提高。在科学技术加速进步的作用下，社会生产力的发展正在推动人类社会从工业社会向信息社会过渡，并使经济全球化成了不可抗拒的趋势。人类社会在未来的发展，因之有了更加丰厚的物质基础，有了更加美好的希望和前景。

但是，在人类社会大步向前发展的同时，也存在着不少的矛盾、问题和挑战。生态环境的严重破坏，富国和穷国在经济上的差距不断扩大，经济全球化与民族国家之间发生的种种矛盾和冲突，人们的观念以及现有的各种规则、制度和秩序已经远远不能适应世界经济发展变化的现实和需要，如此等等，都在或大或小、或多或少地成为人类社会进一步顺利发展的障碍。这些矛盾和问题的存在，从不同的侧面反映了人们面对自己呼唤出来的社会生产力，还不知道如何更好地去驾驭它和利用它。这种情况与19世纪和20世纪之交的情况有些类似。把这些问题和矛盾处理好了，可以促进世界经济更快、更顺利地发展，否则，就很有可能会像进入20世纪之后那样，在一段时间里带来巨大的动荡、危机和灾难。当然，现在世界经济政治的结构和格局与上一世纪之交已有很大的不同，再加上过去的经验与教训人们仍记忆犹新，我们应该有能力处理好这些矛盾和问题，避免发生激烈的震荡和冲突，而不至重蹈覆辙。毕竟，和平与发展已成为时代的主题和主流，它会为自己开辟前进的道路。在科学技术加速发展的推动下，世界经济和人类的未来是大有希望的，对此，我们应有足够的信心。

现在，人类社会已开始一个新的千年和一个新的世纪，正处在向新的发展阶段过渡的转折关头。应该说，前面的道路虽然不可能是非常平坦的，但曙光就在前面。在进入新世纪和新千年的时候，一个人类社会更新更高的发展阶段正在向我们走来。人类社会将更加坚定地逐步走向多少世代以来梦寐以求的理想境界。我们已经能够依稀看到这一美好的前景。

一

人类社会的发展和进步首先取决于社会生产力的发展和变化。人类社会在20世纪所以能取得空前的成就和进步，归根结底是社会生产力发展和提高的结果。关于20世纪所取得的经济成就，我们在去年的世界经济黄皮书中已经作了比较详细的描述，这里就不再赘述了。这里只需简单地指出两点，20世纪世界经济能够获得巨大的发展，一方面主要归功于科学技术的进步使产业结构发生了巨大的变化，从而大大提高了社会生产力，并促使人类社会从蒸汽机时代进入了电气化时代；另一方面则归功于适应社会生产力的发展在社会生产关系方面进行的一系列变革和调整。国家社会经济职能的加强、市场经济在世界范围的普及与发展、国际经济秩序的变革与调整、各种国际经济组织的建立与发展……这些都起了积极的作用。这两个方面的作用缺一不可，但社会生产力的发展无疑是一切进步的基础，若没有社会生产力的发展，一切都无从谈起，这是唯物主义最基本的观点。而如果没有社会生产关系相应的变革和调整，社会生产力和国民经济的发展就不可能顺利地进行，甚至会像20世纪发生的两次世界大战和30年代的经济危机那样，导致整个世界经济的严重破坏和倒退。

我们在分析21世纪世界经济的发展趋势和预测未来的前景时，首先应该关注的当然仍应是社会生产力的发展。

在世界经济已经高度发展的今天，科学技术在经济中已经起着决定性的作用，已经成了名副其实的第一生产力，这已是不争的事实。科学技术的进步与发展决定着人类社会未来发展的方向，也决定着现实经济形势的好与坏。正因为如此，世界各国都越来越重视科学技术的发展与创新，纷纷加大对科学技术和教育的投入，这势必会促使科学技术在新的世纪能够获得更快、更好的发展，使其对人类社会的未来做出更大的贡献。

现在，在许多科学和技术领域呈现欣欣向荣的形势和发展前景。信息和网络技术、生物工程、海洋工程、宇航工程、新材料、新能源……都在迅速地进步和发展。这些高新科学技术的每一个进步都会对经济的发展做出一定的贡献。它们作用的大小，不仅取决于这一科学技术本身的性质和发展前景，更重要的是还要看它能否促成新的产业部门形成和发展，从而在国民经济中起实际的作用。所以，不是一有科学技术的发明创造就会自然而然地推动经济的增长，而要取决于它能否与实际运作中的资本相结合，或者形成新的产业部门，或者改造已有的产业部门，把国民经济推向一个更高、更新的发展阶段。

从现有的情况看，在各种高新科学技术领域中，信息技术正在起着最为重要的作用。信息技术的发展及其对经济的巨大影响，正在推动人类社会从工业社会向信息社会过渡。一个不同于工业社会的信息时代正在来临。其他科学技术，如生物工程、宇航工程等等虽也在不断取得新的成就，也有美好的前景和发展潜力，但就其对当前世界经济的影响而言，都还与信息技术不可相提并论，一时还很难望其项背。

现在，在经济信息化的道路上走在世界最前面的是美国。在最近的10—20年，信息产业在美国获得了极其迅速的发展。在美国的国民经济总量中，信息产业所占比重已达10%左右，而在国民经济增长中的贡献率则已在1/3以上，比过去美国经济三大支柱（钢铁、汽车和建筑业）加在一起的总和还要大。信息产业因之成为经济中新的龙头和支柱。不仅如此，信息产业还改造了众多的传统产业部门，使它们从生产流程到经营管理都发生了很大的变化，从而重新焕发了活力，并大大提高了劳动生产率。美国的劳动生产率在过去的10年中平均以每年大约2.7%的速度增长，比70—80年代高出近一倍，与此就有很大的关系。因此，若没有信息产业迅速而高度的发展，也就不会有美国近10年来破纪录的经济增长，也就不会有美国的"新经济"。除了美国之外，信息产业在其他发达国家的发展也是非常迅速的。在世界第二经济大国日本，信息产业已经成为最大的产业部门。现在日本惟一一个年产值超过100万亿日元的产业部门就是信息产业。欧洲发达国家的信息产业也在蓬勃地发展，其在国民经济中所起的作用虽然还赶不上美国，但并不亚于日本。即使是在发展中国家，信息产业也在加速地发展着。一些国家，如印度，甚至已成为世界软件业中的佼佼者。中国的信息产业发展也在加大力度和速度。这些都预示着一个新的信息时代确实迅速地向我们走来。

信息产业的出现和发展，主要是科学技术创新的结果，但也离不开大量的资本投入。离开了必要的资本投入，不仅科学技术的创新不大可能，就是有了科学技术创新，也难以转化为现实的社会生产力，并在实际经济生活中发挥应有的作用。美国在信息产业方面取得的成就为我们提供了最好的例证。要能使科学技术不断地创新，首先必须有大量的研究和开发投入。没有足够的、必要的研究开发投入，天上不会掉下馅饼。近几年来，美国每年用于研究开发的投入已在 2500 亿美元以上，比日本、德国、英国、法国、意大利和加拿大 6 个国家加在一起的总和还要多，美国又怎能不在科学技术的发展上处于遥遥领先的地位？进行研究和开发的投资是一种风险投资，而不冒一定的风险在这方面进行投资，也就不会有科学技术的创新和成功。正因为美国既有一定的经济实力，又建立了一套行之有效的进行风险投资的机制，从而使美国的研究开发能够得到足够的资金支持，这才有了今天的成绩。在有了科学技术创新的成果之后，要使之变成现实的生产力，同样离不开资本投资的大力支持。近年来，美国每年用于信息产业的投资已经高达 2000 亿美元以上，在美国投资总额中所占比重已超过 40％，年增长率则在 10％ 以上。正是由于在这一领域的投资如此巨大而集中，美国的信息产业才能异军突起，一跃而为最主要的产业部门，并主导了世界经济未来的发展方向。所以，科学技术的创新只有和必要的资本投入相结合，才会产生并结出硕果，否则，要么无法创新，要么有了创新也只能束之高阁，发挥不了应有的作用。

信息产业的迅速发展和崛起使世界经济开始进入一个不同于工业社会的新时代。应该指出的是，并不是任何一个新产业部门的发展和兴起都能决定社会发展的阶段和性质。只有具备如下条件的产业部门才能起这样的作用：①它要能成为这一时期最重要的支柱产业，在国民经济中拥有举足轻重的地位和影响，从而能够带动和推动整个国民经济的增长。②它应具有改造其他一切经济部门的作用和力量，从而促进整个社会劳动生产率水平的提高。③它的存在和发展将改变整个社会的工作方式和生活方式，就像农业和工业就曾形成不同的工作方式和生活方式那样。很显然，现在的信息产业是具备这些条件和力量的，它正在使世界经济的面貌发生巨大的变化，并使人们的生产和生活方式，既不同于农业社会田园牧歌式的，也不同于工业社会大规模集中式的，而是日趋自由和扩散式的，诸如非全日制的工作、有期限的工作、远距离的工作、按合同进行的工作、借用的工作、在网络上进行的工作……正在迅速兴起和普及，工作场所和家居生活的界限已开始不那么清楚。据此，已经有人提出应该给工作和工作岗位重新下定义。我们说人类社会将在 21 世纪迈向信息社会的新阶段和新时代，正是以世界经济这些现实的状况和发展趋势作为依据的，这是一种科学的预测和判断。这种预测和判断，与以前用产业结构的变化来划分人类社会的不同发展阶段在方法论上是一致的，因之是可以衔接的，同时，进行这样的划分，也是符合历史唯物主义的基本原理的，它反映了人类社会在进行物质生产活动方面发生的变化以及与之相适应的社会生活各个方面的进步。2000 年 7 月在日本冲绳举行的八国首脑会议看到了信息产业对未来世界发展的重要意义，为此发表了《全球信息社会冲绳宪章》，说明人们对未来人类社会的发展方向逐步有了较为一致的认识。我们相信，世界经济未来的发展和变化，一定会证明

"21世纪人类社会将进入信息社会的新阶段和新时代"这一重要的预测和预言。

二

20世纪世界经济的巨大发展,不仅使人类社会正在迈入信息社会的新阶段,而且还使经济全球化成了越来越强劲的不可抗拒的趋势。21世纪必将是一个经济全球化的新世纪。

经济全球化,是指在社会生产力迅速发展、促使国际分工不断扩大和深化的基础上,世界各国和地区在经济上正日益更加紧密地联系在一起,逐渐结合成一个统一的整体。因此,经济全球化乃是一个不断发展的动态过程,它随着世界经济的不断发展而总是在不断地扩展和深化。经济全球化可以说早在资本主义生产方式产生之日就已开始,已经历了漫长而曲折的发展,但只是在社会生产力有了巨大发展的今天,它才获得了强大的推动力,形成了不可抗拒的强劲潮流和趋势。今后,虽然它的发展仍然不可能是直线的,总会遇到这样或那样的阻碍甚至挫折,但从其发展的整个过程来看,其发展的速度将会大大快于过去的任何时期,并将呈现不断加快的趋势。

经济全球化作为世界范围的社会经济关系,它和人类社会向信息社会过渡一样,也是由于科学技术进步使社会生产力不断提高的结果。一方面,迅速发展的社会生产力与各个国家和地区有限的资源和市场产生着越来越大的矛盾,从而要求突破民族国家疆界形成的限制,以能在世界范围内实现各种资源合理、有效的配置,共享更加广阔的世界市场,为社会生产力顺利地向前发展创造更大的、必要的空间和余地。另一方面,社会生产力的不断发展还推动国际分工不断地扩大与深化,把世界上所有的国家逐渐吸纳到世界范围的分工和协作体系中来，形成了一个镶嵌精细而严密的世界经济的统一整体。任何国家离开了这一世界分工体系，不要说充分发挥自己的比较优势，就是要顺利地发展自己的国民经济也不大可能。同时，科学技术的进步，不仅对经济全球化提出了要求，而且也为经济全球化提供了必要的手段和物质保证。经济信息化就是其中最重要的手段之一，它大大推动了经济全球化的发展，使经济信息化和经济全球化成为当前世界经济中同时存在的两大发展趋势。除此之外，交通运输工具的不断创新与便捷、市场经济在世界范围的普及与发展、经济和金融自由化程度的不断提高、国际经济秩序的逐步改善，如此等等，也都在经济全球化的发展过程中起了不小的作用。

经济全球化的发展大体上反映在国际经济交往的规模迅速扩大上。现在，国际贸易总额，包括服务贸易在内，每年接近8万亿美元，离超过10万亿美元的日子已为期不远。国际资本市场每年的融资额已超过15000亿美元，每年的国际直接投资流量已超过3500亿美元。其存量已达3.5万亿美元以上。外汇市场每年的交易额更已在500万亿美元以上，大约是每年国际商品贸易额的100倍。这些方面，21世纪肯定都会比20世纪获得更快、更大的发展。应该看到的是，如果说商品资本和货币资本的国际化早已有之的话，那么，生产资本的国际化则成了当前经济全球化的主要内容和特点。跨国公司的迅速增加与扩大就是其最集中的表现。跨国公司实行世界范围的经营和发展战略，把世界各国和各个地区都纳入它的活动范围，从而在实际上把它们在经济上联结成为一个整体。跨国公司虽然早已有之，但只是在第二次世界大战后由于社会生产力的巨大提高才大量兴起和发展起来。现在，跨国公司无论其数量和规模都已与战前不可同日而语。联合国贸发会议发表的数字显示，世界各国的跨国公司已超过5万家，其在世界各地的子公司更已多达40多万家，其对外直接投资的存量则已在3.5万亿美元以上。跨国公司控制的世界生产总量已达40%左右，有的跨国公司年产值甚至比一些中、小国家一年的国民生产总值还要多。跨国公司据有国际贸易的大约一半，其中跨国公司的内部贸易又占有2/3。还有人估计，现在世界的科学技术创新已有90%被控制在跨国公司手中，从而在未来的世界经济发展中将起举足轻重的作用，并占据着极为有利的地位。这些简单的数字和情况表明，跨国公司确实已经成为世界经济活动的重要载体和微观基础。从现在的发展趋势看，由于跨国公司适应了经济全球化的要求，或者说它本身就是经济全球化的产物，因此，它在新的世纪里必然还会有更大、更迅速的发展，并反过来对经济全球化以更加有力的推动。

经济全球化是社会生产力高度发展提出的要求。因此，由于经济发展水平和经济实力不同，世界各国在经济全球化中所处的地位和利益不可能是均等的。获益最大的当然是社会生产力高度发展的发达国家；而经济相对落后的发展中国家则可能暂时获益不多，甚至有时还会因之使自己的经济受到一定的损害和冲击。这种不平等的状况是世界经济长期发展过程形成的后果。因此，要解决经济全球化中的这一问题，也只有通过世界经济的进一步发展来解决。除此之外，别无他法。这将是一个漫长的发展和变化过程。我们希望在21世纪能看到在这一方面获得较大的进展。

现在美国走在世界其他国家的前面，并占据着较大的优势。它拥有的跨国公司最多也最大，进行的国际直接投资则居世界之首。无论在国际贸易，还是在世界金融领域，美国都占有不小的优势。因此，美国在经济全球化方面也就成了当前的最大受益者。但是，我们不能因此把经济全球化看成是由美国策划的一个阴谋。因为，经济全球化乃是世界社会生产力的巨大发展提出的客观要求，是世界经济发展的必然规律，而不是由什么人或什么国家的主观意志决定的。它绝不是人们主观意志的产物，而是世界经济发展到现在这样的水平所提出的必然要求，因而也是无法阻挡和不可抗拒的。我们不能因为其目前在利益分配上的不均衡和不平等而据之决定自己的好恶，甚至逆经济全球化的潮流而动。这只会给自己国家的社会经济发展带来损失，甚至造成极大的危害。

马克思早就指出，社会分工与协作能创造新的生产力。国际分工与协作当然也同样如此。任何国家只有顺应经济全球化的客观潮流，采取正确的政策和措施，使自己国家的经济尽快地、更好地融入国际分工体系，才能不被经济全球化的浪潮所淹没，并为未来国民经济的顺利发展创造更好的条件和环境，加快经济发展速度，提高国民经济的质量，以跟上世界经济发展的步伐和趋势。

三

经济信息化和经济全球化要求世界各国有统一的经济运行机制，有共同遵守的经济规则、制度和秩序，也就是要求有世界经济的一体化与之相适应。因此，伴随经济信息化和经济全球化而来的必然是世界经济的一体化。如果说经济信息化表明了社会生产力的发展水平，经济全球化是在此基础上形成的经济基础，那么，经济一体化则是必须与它们相适应的上层建筑。倘若没有与经济信息化和经济全球化相适应的经济一体化，世界经济就不可能顺利和正常地发展。如果说经济信息化和经济全球化都是客观经济规律决定的必然趋势的话，那么，经济一体化是否能存在和发展，则在很大程度上取决于不同国家统治者们的主观意志，也就是他们所代表的各种不同的利益和对世界事务的不同观点和认识。因为，经济一体化（统一的规则、制度和秩序）或多或少、或大或小都会要求民族国家在主权上做出一定的让渡。因此，它们在参加经济一体化时必然要衡量各种利弊得失。这就决定了经济一体化的形成和发展总是会遇到更大的困难和障碍，总是不能很好地满足经济信息化和经济全球化的客观需要，从而往往大大滞后于客观形势发展的要求。当前世界经济中的各种矛盾和冲突乃至危机，许多就是由此产生的。但人们的主观意志，由于不断发生的危机及其带来的破坏和危害，最终还是要被迫服从于客观经济规律的要求。所以，尽管经济一体化的发展不可能顺利，步伐往往非常缓慢，但仍然总是在不断地向前发展着。

现在，世界经济中的一体化有两种不同的表现形式。一是世界范围的经济一体化；再一是地区性的经济一体化。

由于东欧剧变、苏联解体，中、东欧和独联体国家重新回到市场经济的运行机制中来，中国等其他社会主义国家也开始实行市场经济，世界各国的经济运行机制逐步趋向统一，从而使世界范围的经济一体化获得了新的有利的发展条件。可以预见，在新的世纪里，世界范围的经济一体化必将有较快较大的进展。现在已有的各种国际经济组织（如世界贸易组织、国际货币基金组织、世界银行等等）及其为世界经济正常运转制定的各种规则和制度，必将进一步得到加强、改进并逐渐趋于完善。

由于国际经济秩序如何制定和修改，归根结底是由参与其中的各个国家的经济实力对比决定的。因此，现行的国际经济秩序必然有利于占世界经济绝大比重的发达国家。这种状况在经济实力对比发生大的改变以前是不会得到根本性扭转的。在新的世纪里，随着科学技术的进步和经济全球化的发展，发展中国家经济十分落后的状况一定会逐步得到改变。在广大发展中国家经济发展水平逐步提高及其在世界经济中的地位不断加强的情况下，国际经济秩序中不利于发展中国家的各种规定和内容一定会逐步削弱、修正，甚至取消，从而使各类国家都能在新的国际经济秩序中得到大体上相对平等的发展机会，使世界经济的一体化朝着有利于逐步缩小发展中国家与发达国家在经济上差距的方向发展。这样，在新的世纪里，世界经济的发展就会逐渐出现相对较为平衡的局面。

当然，要建立相对公平合理的国际经济新秩序，这将是一个艰难而曲折的过程；但有利于各类国家社会经济发展的世界经济一体化，乃是社会生产力发展和经济全球化提出的客观要求，是无法抗拒的发展趋势，因此，尽管它的进展由于各种矛盾的存在，总是缓慢和滞后的，但仍然一直在不断地向前推进。在新的21世纪，世界经济一体化的发展步伐肯定会加快。我们一定会迎来一个世界经济一体化水平比现在要高得多的新世纪。

现在，与世界经济一体化同时存在的还有大量的地区经济一体化。由于地域相邻，经济发展水平相近，经济关系越来越密切，这使得现在所达到的世界经济一体化水平已经不能满足一些国家进一步发展相互之间经济关系的客观要求，再加上一些其他政治和经济因素的作用与影响，地区性的经济一体化组织便开始出现和发展起来。现在，世界上各种各样的地区性经济组织已经多达40—50个。

在现有的地区性一体化经济组织中，最重要的当数欧洲联盟，其他的地区性经济组织，包括北美自由贸易区在内，无论是在包括的国家之多、还是在一体化的水平之高上，都还无法与之相提并论。在进入21世纪之后，欧洲联盟在规模上，其成员国将扩展到20个以上、覆盖大半个欧洲。在经济一体化的水平上，它更是处于遥遥领先的地位。它现在不仅已经在成员国的范围内建立起统一大市场，而且还建立了统一的中央银行，并已开始实行欧盟国家统一的货币——欧元。今后它还会沿着进一步提高经济一体化水平的方向继续发展。欧洲联盟除了在经济一体化方面有了高度的发展之外，现在在政治上已经建立了欧洲议会，在军事上则正在逐步建立共同的防务，而且法国又已提出要制定一部欧洲宪法。看来欧洲联盟很有可能会在新的世纪里朝着准国家的方向发展。这是其他任何地区性经济组织在经济一体化和政治联合上都望尘莫及的。

北美自由贸易区未来的发展也值得引起人们的关注。它是由现在世界上惟一的超级大国——美国组织和领导的，现在虽只有美国、加拿大和墨西哥三个国家参加，却包含了发达国家和发展中国家两种不同类型的国家，创造了世界上一种新的经济集团类型。在经济实力上，它是现在世界上惟一能和欧洲联盟相抗衡的一个地区性经济集团。更值得注意的是，它还有着发展成世界上地域最广、国家最多的一个地区性经济组织的潜力和前景。不仅美国已经就此发出了倡议，而且众多美洲国家也已表达了这种愿望，要把北美自由贸易区发展成囊括整个南北美洲的地区性经济组织，而且还拟订了初步的发展日程。从现在的发展趋势看，要建立一个统一的囊括整个南北美洲的地区性经济组织要比建立欧洲联盟困难得多。因为，这里既有发达国家，也有大批发展中国家，它们在经济上的差距要比欧洲联盟国家之间的差距大得多，它们在经济发展水平上并不是处在同一个档次上。这和墨西哥一个发展中国家与发达国家在经济上结盟的情况是很不一样的。再加上历史上积累的国家和民族之间的种种问题，因此，要组织一个庞大无比的地区性经济组织，各种矛盾和问题都要多得多和大得多。但既然经济一体化已经成为世界经济发展的客观趋势和要求，在美洲建立统一的地区性经济组织也就不是可望不可及的事。它也会像欧洲联盟的建立和发展那样，尽管在前进的道路上会遇到很多困难和障碍，有时还会停滞倒退，但最终还是要继续向前发展的。因此，21世纪在世界上出现了一个包括整个美洲在内的地区性经济组织并不是不可思议的。但要使它在一体化水平上达到欧洲联盟那样的高度就不那么容易了。欧洲联盟达到今天这样的经济一体化水平，经历了将近半个世纪的艰难历程，美洲国家要想达到这样的水平，至少也要有几十年的时间。这应是可以预见的。

除了欧洲联盟和北美自由贸易区之外，当前还有一个有较大影响的区域性经济组织，那就是亚太经济合作组织。现在，亚太经济合作组织已有21个成员国，是目前拥有成员国最多、涉及地域最广的一个地区性经济组织。但是，也正由于此，其成员国不仅在经济发展水平上差异很大，而且社会政治经济制度也不一样，要实行经济一体化难度就更大了。因此，在经济一体化的水平和层次上，它都无法与欧洲联盟甚至北美自由贸易区相比。它在承认多样性原则的基础上，更多采用的是自愿参加、协商一致的办法，而不特别强调法律化和机制化，其协商的成果也往往不具有约束力。这虽然是一种层次较低的经济一体化组织，但却是从亚太地区现实的情况出发采取的符合世界经济一体化发展方向的一种形式。所以，亚太经济合作组织是有其存在价值的，它也会随着这一地区经济和政治形势的变化而不断地向前发展。

世界经济一体化和地区性经济一体化的发展，既有统一的一面，也有矛盾的一面。在当前世界社会生产力的发展水平要求实现经济一体化的情况下，地区性的经济一体化可看作是达到最终目的的一个步骤。它可局部地缓解世界经济一体化水平达不到应有要求引起的一些矛盾，从而有利于成员国的经济增长和相互经济关系的发展。同时，各种地区性的经济组织又都必然会带有一定的排他性，如果参加不参加这一组织在获取经济利益上并没有什么区别，那也就没有成立这一组织的必要了。因此，地区性经济组织的存在，或多或少都会给统一的世界经济带来一定的割裂和不利的影响。因此，对地区性经济组织的存在和发展，应一分为二地看待其作用，而不能片面地只强调哪一个方面。应该看到，地区经济一体化作为世界经济一体化的一种补充，它还会对世界经济的一体化起一定的推动作用。因此，在当前，从世界经济的全局来看，它的存在和发展，对于世界经济发展和世界经济的一体化是利大于弊的。这正是地区性经济一体化能够兴起并迅速发展的根本原因所在。

可以预见，在新的世纪里，无论是世界经济的一体化，还是地区性的经济一体化，都会有更大的发展，成为世界经济中并行不悖的两个趋势。经济一体化的不断发展将使世界各国面对的国际经济环境能得到逐步的改善，并促使人类社会向着建立更加公平合理的国际经济新秩序迈出更大、更坚实的步伐。

四

世纪之交，往往是世界政治、经济格局发生新的重大变化之时。在进入19世纪前后，英国由于率先进行了工业革命，成了"世界工厂"，霸占了大量殖民地，号称"日不落帝国"，从而成了不可一世的世界霸主。在20世纪来临的时候，人们则看到了大英帝国的衰落和美国的迅速崛起，并逐渐使20世纪变成了"美国的世纪"。现在又一次处在了世纪之交，世界的政治与经济格局同样在经历着新的重大变化。

在刚刚过去的20世纪，世界的政治、经济格局曾经历了几次大的变化：第一次变化发生在19世纪末、20世纪初，那时由于大英帝国的相对衰落、而美国作为一颗冉冉上升的新星却又一时羽翼未丰，致使世界进入了群雄争霸的局面。这一局面导致了两次世界大战的爆发。第二次变化发生在第二次世界大战之后，战争使美国成了资本主义世界的霸主，苏联则统领了一个社会主义阵营，形成了美、苏两个超级大国争夺世界霸权的两极格局。这一格局延续了将近半个世纪，才在20世纪的最后10年里，由于苏联的解体而走向终结。这样，便在世纪之交使世界的政治与经济格局发生了新的重大变化，开始进入了多极化的时代。这种多极化的格局在21世纪将持续相当长的时期。

在两霸之一的苏联解体之后，两极格局的终结并没有顺理成章地使作为另一极的美国成为主宰国际事务的惟一霸主，这是由于美国的国际地位相对衰落的结果。由于战后的不平衡发展，发达国家在经济上已形成了三足鼎立的局面，迅速崛起的日本和欧洲联盟国家都已不再是美国惟命是听的小伙伴；广大的发展中国家，在经济上也有了相当大的发展，有的发展中国家还成了新兴工业国，一些发展中的大国（中国、印度、巴西等），则在迅速增强自己的经济实力。由于政治与经济上的共同利益，发展中国家还常常联合起来进行争取合法权益的斗争，这就更不容国际社会忽视它们的存在和利益；苏联虽然解体了，但俄罗斯继承了它的绝大部分政治与经济遗产，不仅在独联体国家有着不可替代的影响，其在世界范围的影响利益也仍然不小，其军事实力更不应低估，现在它在经济上非常困难，但若理顺关系、处理好各种矛盾，其发展的潜力是很大的。如此等等，都使美国无法颐指气使，让其他国家惟美国之命是听。世界就是在这种情况下进入又一个新世纪的。在21世纪来临之时，一个多极化的世界政治与经济格局就这样不可避免地降临于人间。

当然，世界的政治与经济格局虽是多极的，但各个极的力量和影响并不是均衡的，也不可能是均衡的。它们之间的力量对比今后还将不断的发生变化。正是由于各个极之间的力量对比总是在不断地发生变化，从而使多极化在其长期发展过程的各个时期里，必然会具有不同的特点和性质，呈现明显的阶段性。

在现阶段，世界多极化的主要特点是一超多强，即有一个惟一的超级大国美国，同时还有许多强国和国家集团与之抗衡。这种一超多强的局面在可预见的将来将很难从根本上加以改变。

现在，美国是世界上的第一经济大国，其经济实力是任何其他国家在短期内都无法超越的。就经济总量而言，它的国民生产总值每年已达 8 万亿美元以上，位居第二的日本，其国民生产总值仅及美国的大约 2/3，而作为世界第三经济大国的德国，国民生产总值又只有日本的大约 2/3。它们在短期内要想在经济总量上超越美国都很难做到，更遑论其他国家。美国是现在世界上最大的进口国，也是最大的出口国，因此在国际贸易领域具有举足轻重的影响。第二次世界大战后，世界上经济发展较快的国家几乎没有不是依靠美国的市场来发展自己的。美国市场在世界经济中的这种地位和作用，在短期内也是不可能由其他国家取代的。美国现在是世界上最大的资本输出国，也是最大的资本输入国，因而它在国际金融领域的影响力可想而知。仅看其对世界股市的影响就可见一斑。只要美国股市一有风吹草动，其他国家的股市便会立即做出反应，甚至发生更大的价格波动和沉浮。而日本，现在是世界上最大的债权国，当其泡沫经济破灭股票市场的价格在 2—3 年内跌到只有原来的 1/3 时，世界其他国家的股市对此却看不出有多大的反应。欧洲股市在世界上的影响同样也远不如美国。虽然作为国际货币制度的布雷顿森林体系早已瓦解，但美元据之成为世界货币的特殊地位依然存在，即使是欧洲联盟发行的统一货币欧元，短期内也难以取得与之平起平坐的地位。因此，从美国经济已经达到的水平和拥有的实力及影响来看，美国作为世界第一经济大国地位短期内还不可能遇到真正的挑战。若再加上它独一无二的军事实力和政治影响力，美国作为惟一的超级大国，也是没有任何国家能在短期内轻而易举地替代的。

从未来发展的趋势和潜力看，现在，在经济信息化和经济全球化这种世界经济发展的两大趋势方面，美国都已拔得头筹。这说明，美国在未来社会生产力发展和国际经济关系变化这两个方面都在世界上取得了优势和主动地位。其他国家若不能在社会生产力的发展水平和社会生产关系的调整上赶上和超过美国，要想在世界事务中发挥主导作用是根本不可能的。因此，在可以预见的将来，世界上不可能再出现一个能超越美国的新的世界霸主以终结多极化的格局。这是客观的实力对比所决定的，是无法由任何人的主观意志能改变的。

对于未来将在较长时期里存在的一超多强这样的多极化世界政治与经济格局，我们应有正确的判断和估计，以制定恰当的战略与政策，使自己的国家在新世纪的格局发展和变化中能处于主动和有利的地位。否则，错误地估计国际力量对比和国际政治与经济形势，将会给整个国家和民族带来不可估量的损失。在这一方面，我们是有一定教训的，不应再重蹈覆辙。

五

人类社会，在20世纪取得了巨大的发展，在21世纪必将取得更大的成就。一个美好的未来世界应该是不容置疑的。人类将通过不断的努力，在大幅度提高社会劳动生产力的基础上，向着多少世代以来人们憧憬和追求的理想社会更快地前进。

21世纪将是一个前所未有的科学技术加速创新的世纪。科学技术的进步将使社会生产力更快地发展和提高，使人类社会逐步进入信息社会的新时代。科学技术进步推动社会生产力的提高，这是建立美好社会的惟一基础。离开了社会生产力的巨大发展和提高，其他一切社会进步都将无从谈起，这是马克思主义最基本的观点。现在，科学技术进步正在广泛的领域开拓乐观的前景。除了信息技术之外，生物工程、新材料、新能源、宇航工程、海洋工程、各种新的科学技术领域的发展正方兴未艾。一批新兴的产业部门正在涌现，传统的产业部门则在得到改造，生产的广度和深度都大大地扩展了，社会经济必然加速发展。生产力的发展和经济水平的提高，还会促进社会政治经济制度的变化，通过制度创新，使各种上层建筑与经济基础更加适应。随着信息时代的到来，人们的工作和生活方式都将随之发生巨大的变化，从而有更多的时间和手段来发展和提高自身的素质，这是人类社会进步的标志和目的所在。在 21 世纪，人类在向着自由王国前进的道路上必将获得比过去任何时代都大很多的成就。

21 世纪必将是一个和平与发展的世纪。科学技术的进步，社会生产力的发展，世界政治与经济格局的变化，人们吸取过去的教训而普遍地反对世界战争，如此等等，都有利于世界和平而不利于世界战争。因此，可以断言，在可能预见的将来，将不可能再打世界大战。随着社会经济发展水平的提高和经济全球化的发展，为争夺资源和市场的局部战争也会相应减少。这给世界各国的社会经济发展提供了最基本的国际和平环境和条件，使各类国家都可避免因进行剧烈军备竞赛和大规模战争所带来的危害和破坏，从而能集中人力、物力和财力去发展经济，改善人们的生活环境和条件。努力发展经济因之必将成为 21 世纪人类社会的主流和最强音。哪个国家若沉湎于发展自己的军事力量，大力进行军备竞赛，白白耗费大量的财富，就像马克思说过的，是把钱扔进水里，最终只能使自己的国民经济受到严重的危害。苏联的解体就是最突出的例子。只有那些在社会经济发展上取得突出成就的国家才能成为新世纪世界舞台上的重要角色。这对各类国家都既是机遇，也是挑战。如何利用较长的和平时期来发展自己的社会经济，已经成为各个国家必须解决的迫切课题。世纪的发展过程是漫长的，但解决课题的时间却是紧迫的。在激烈的经济竞赛中，所有国家都要经受考验，各个国家都会获得不同程度的发展与进步，但能够成为胜利者的，只有那些真正把精力集中在发展经济上，奋力跑在前面的那些国家。

21世纪，人类将生活在获得改善的生态环境里。这将是一个越来越重视生态环境的世纪。20世纪人类社会的发展在很大程度上是以破坏生态环境作为代价的，并已带来极其严重的后果。这样的增长方式已经难以为继，否则将会导致人类自身的毁灭。因此，改善与保护生态环境，已成为世界各国人民的共同愿望和呼声。在这种情况下，越来越多的国家和人士已开始投身于环保事业之中。一个新兴的环保产业正在迅速兴起，并将在21世纪成为世界最重要的产业之一。为了环保，也就是为了社会经济发展。谁抓住了环保产业发展的机遇，也就既促进了经济增长，又保护和改善了生态环境，为可持续的发展创造了良好的条件，从而可以在新世纪的经济竞赛中占据主动的地位。为了眼前的、局部的经济利益而严重破坏生态环境的傻事将会越来越少。在不断积累和总结经验的基础上，人们将会更好地处理经济发展和保护生态环境之间的关系。科学技术的发展则将为保护和改善生态环境提供更多也更加有效的条件和手段。因此，我们相信，在21世纪，人类必将会生活在越来越好的生态环境里，这不会只是一种奢望。

21世纪，将是人类社会经济更加平衡发展的一个世纪。在

20世纪，人类在促使社会经济相对平衡地发展方面，应该说较之过去的许多世纪已经有不小的进步。那种先进的工业国与落后的封建的、甚至部族的国家同时并存的局面，现在可以说已经基本上消除了。但是，在这方面的进步还不能说是令人满意的。当发达国家已开始步入信息社会的时候，不少发展中国家则在工业化的道路上才刚刚起步。穷国和富国在经济上的差距仍然非常之大。这是世界发生许多矛盾和冲突的重要根源所在。经济上的差距只有通过经济发展来解决，除此之外别无他法。在新的21世纪，科学技术的进步，新兴产业的兴起，各种信息的加速传播和扩散，这些都为落后的发展中国家更好地发挥后发性优势提供了一定的条件；经济全球化则把世界上的各类国家在经济上更加紧密地联系在一起，资本、技术和劳动力在世界范围的优化配置，也会更好地带动发展中国家在经济上更快地发展。因此，在经济上大大缩小穷国与富国之间的差距是有希望的。当然，要完全消除国与国之间的经济差距是不可能的。因为，世间的万事万物不可能有完全的均衡。但缩小经济上的差距，使之不再具有进行经济剥削和压迫的作用和意义则是可能的。要达到这样的理想境界，将经历非常漫长的过程。既需要依靠发展中国家自身的努力，同时也需要发达国家对此有所贡献和作为。在经济全球化的情况下，这是各类国家的共同利益所在，严重的经济发展不平衡对穷国和富国都不利。因此，不管它们愿意不愿意，都不得不为缩小穷国与富国的经济差距作出一定的努力。这同样是客观经济规律的要求。因此，在21世纪，发展中国家在经济上一定会获得比发达国家更快的发展速度。在近几十年中，已经有许多发展中国家做到了比发达国家更快的经济发展，今后必将有更多的国家能够做到这一点。所以，发展中国家的经济前景是乐观而大有希望的。穷国与富国在经济上的严重不平衡，一定会在新的世纪里，通过世界经济更快的发展，走上逐步缓解的道路。

　　新的世纪和新的千年已经来临。这是一个充满希望，也存在许多难题的世纪和千年。为了实现理想的人类社会，逐步从必然王国走向自由王国，仍然需要各国人民继续进行艰苦卓绝的努力和奋斗。虽然前面仍然有漫漫长路，同样会经历各种艰难与曲折，但在过去成就的基础上，我们已经可以清晰地看到美好的前景。只要我们以坚忍不拔的精神，向着光辉的未来，勇敢地继续前进，就一定能达到科学、民主、自由和富裕的理想彼岸。

（选自《2000—2001年世界经济黄皮书》）

《世界经济与中国》序[*]

在 20 世纪与 21 世纪之交，世界经济发生了很大的变化。美国在 20 世纪末长达十年之久的经济繁荣结束了，代之以经济的大幅度减速乃至衰退。这使整个世界经济都受到了不利的影响。世界经济的增长速度明显放慢，陷入了非常不景气的状态之中。世界经济为什么会发生这样的变化，其前景又将如何，特别是，正是在这种背景下，中国正式加入 WTO，这会对中国经济产生什么样的影响，所有这些都已成为人们普遍关注的重大问题。一年多来，中国世界经济学会的专家学者们对这些领域的诸多问题进行了大量的研究，写出了不少很有见地的著作和文章。这些成果，从实证的分析研究，到理论的创新探索，作者们都为之付出了艰辛的劳动。这些成果对各种问题所作的阐释，对大家了解当前的世界经济形势和未来的发展趋势，以及中国应采取的战略与对策，应是很有助益的。因此，中国世界经济学会理论委员会、《世界经济》编辑部和中国世界经济学会秘书处，从中挑选了有代表性的一小部分，汇集成这本论文集，奉献给大家，以尽我们

---

[*] 本文是为人民出版社 2002 年出版的《世界经济与中国》一书写的序。

世界经济学界应尽的义务。这本书中所论及的许多问题都是有各种不同意见的、甚至有很大争论的。所选文章中的观点和看法只是作者的一家之言。我们学会从来不主张把各种不同观点强行统一到某种意见上来。因为只有通过"百花齐放，百家争鸣"才能使我们接近真理。还是让世界经济的实际发展来检验各种意见的正确与否吧！

回顾一二年前，不少人对世界经济还是一片乐观的情绪，认为世界经济的繁荣还会持续相当长一段时期。但是，形势的发展变化竟是如此之快。转眼之间，就发生了极大的逆转。美国已不再是世界经济增长的希望所在，不景气的阴影迅速笼罩了整个世界经济。这大大出乎许多人的意料。为什么不少人对世界经济形势的看法和估计与实际情况的变化会产生如此之大的误差呢？据我看来，除了各自不同的主观原因之外，主要是在两个理论问题上没有能把握好。当然，这只是我个人的看法，而且不一定正确。

一是对所谓的"知识经济"所产生的误解。由于科学技术在社会生产和国民经济中所起的作用越来越大，使一些人过于夸大了和不正确地估计了知识的地位和作用。认为现在知识已成为社会生产力的第一要素，在许多字里行间，甚至已成了惟一要素。认为知识已取代了资本的地位和作用，人们只要有知识就什么都有了。知识直接就是财富。因此，现在已是"知识经济"的时代，至少"知识经济"已经初见端倪。重视和强调知识的地位和作用，这绝没有错。因为，事实上，知识从来就是社会生产力的最主要因素。没有知识就没有任何社会生产力的存在和发展，也就不会有任何经济形态。因此，也可以说，从来就都是"知识经济"，而绝不是自今日始。现在，知识在社会经济生活中的作用更大了，这更是不可否认的事实。但是，在实际社会生活中，特别是在现代经济条件下，如若知识不与其他的生产要素相结合，不与现实的资本相结合，就不可能在实际的经济生活中发挥任何作用，而只能束之高阁。美国经济在20世纪最后十年的风光无限，正是由于科学技术的创新得到了巨额风险投资支持的结果；而进入新世纪以后，美国纳斯达克指数的大幅度下跌，使新兴产业失去了现实资本的有力支撑，从而成了美国经济陷入困境的一个重要原因。这正是，成也萧何，败也萧何。繁荣与衰退，都与知识进步有关系，也与真实资本的运动分不开。应该看到，现在，知识的发展和进步是如此之快，但现实的经济发展和资本积累却有其自身的规律，两者决不可能是同步的。美国前十年的经济繁荣和近年来的经济不景气，正是由这两个要素能否很好地结合所决定的。如果不估计到这一点，在分析社会经济的形势和发展趋势时，只看到知识加速进步这一面，而忽略了必须与之相匹配的其他各个方面，就一定会产生偏差和失误。但是不少人却往往忽略了这一点。如果真的"知本家"完全代替了"资本家"，而没有两者相应的、有机的结合，那也就不会有什么现代社会经济的存在，更不用说经济持续地较快发展了。这种理论上的误区，在对世界经济形势不能作正确的估计和判断中，我认为是起了一定作用的。现在应是我们正确对待"知识经济"这一不是科学经济范畴的时候了。

再一是对经济周期运动产生了不正确的认识。由于科学技术在社会经济生活中的作用不断加大，使社会经济结构较之过去有了很大的变化，并使经济全球化得到了空前的发展，再加上企业和政府对经济活动管理的加强，在世界经济中出现了不少新的因素和现象，致使一些人认为，经济周期运动的规律已不再起作用，美国经济、乃至世界经济将在较长的时期里继续不断地增长下去，一时还看不到有发生经济衰退的可能。的确，由于社会经济条件的种种变化，必然会对各个国家和世界经济的周期运行发生这样或那样的影响。但这绝不会使经济的周期运动规律不再起作用，甚至消失。进入21世纪后，美国经济的迅速减速、甚至陷入衰退，世界经济的严重不景气，已证明了这一点。它说明，客观的各种条件只能对经济规律产生一定的影响，而不能消除它。这一次美国经济陷入衰退和世界经济的不景气，就是经济周期运动的表现和结果。当然，像"9·11"这样的恐怖事件的发生，对美国经济和世界经济的发展，也产生了非常不利的影响，但这决不是美国经济和世界经济严重不景气的根本原因所在。因为，早在这一突发的恐怖事件之前，美国经济和世界经济就已经处于不景气的状态之中了，而不是在此事件发生之后才陷入困境之中的。由于没有正确考虑到经济周期运动的规律必然要继续发生作用，从而对经济形势的发展变化便过于乐观了，对经济前景的预测出现较大的偏差也就不足为怪了。

现在的世界经济形势并不是很好。但既然经济的周期运动规律在起作用是一个重要原因，那也就不会长期如此的不景气下去。科学技术进步使社会经济结构进一步变化，世界经济组织和各国政府对经济政策的调整和宏观经济管理的改进，各种企业经过强制性的优胜劣汰而不断提高效益，如此等等，都是有利于世界经济走向复苏的因素，从而会使世界经济在经过一定时期的不景气之后逐步走向新的增长。因此，对世界经济未来的发展，从经济周期运动规律的角度来看，我是持谨慎的乐观态度的。

在当前世界经济形势并不是很好的情况下，近年来，我国政府采取了许多相应的正确对策，特别是依靠发展内需来拉动经济发展的策略，从而使我国的经济尽可能地避免了世界经济不景气所可能带来的影响。同时，我们采取了积极的措施正式加入了WTO，进一步扩大对外开放，从而正在逐步改善我国的对外经济环境。这样，就使我们在经济全球化不断发展的情况下，可以适应国内外迅速变化的形势和条件，以保证国民经济持续、稳定、较快地发展。在这种情况下，对我国经济未来的发展和腾飞，我们是充满信心的。中国经济必将逐步融入世界经济的整体之中，并将发挥独立的越来越大的作用。

世界经济中值得研究的问题非常之多，这本论文集所涉及的内容限于篇幅，只能是挂一漏万。这只好请读者们见谅了。

作者主要著述目录

一、专著

美国经济的衰落（编著者之一）人民出版社，1973年。

西欧共同市场（编著者之一）人民出版社，1974年。

帝国主义是资本主义的最高阶段学习札记（编著者之一） 北京人民出版社，1975年。

通货膨胀简论（独著） 中国财经出版社，1978年。

资本主义国际贸易与金融 中国财经出版社，1980年。

战后帝国主义基本经济特征的发展（主编之一） 广西人民出版社，1980年。

资本主义与社会主义纵横谈（合著） 世界知识出版社，1983年。

资本主义兴衰史（编著者之一）人民出版社，1984年。

国际资本简论（主编之一）中国财经出版社，1987年。

2000年中国的国际环境（主编）中国社会科学出版社，1988年。

世界经济史（编著者之一）经济科学出版社，1989年；1994年再版。

世界经济与政治概论（主编）世界知识出版社，1989年。

资本主义兴衰史（编著者之一）人民出版社，1991年修订版。

中国发展市场经济的国际环境（合著） 中央党校出版社，1993年。

当代资本主义论（合著） 社会科学文献出版社，1993年。

世界经济大趋势与中国（主编之一） 中国国际广播出版社，1993年。

世纪之交的世界政治与经济格局（主编） 中国物价出版社，1994年。

有中国特色的社会主义与当代世界（合著） 世界知识出版社，1997年。

经济信息化的新时代 中国社会科学出版社，1997年。

世界经济史（编著者之一） 经济科学出版社，1998年修订版。

金融监管与风险防范（合著） 经济日报出版社，1998年。

大波动（合著） 经济日报出版社，1999年。

世界上没有免费的午餐（主编之一） 中国审计出版社，2000年。

二、论文

主要资本主义国家的通货膨胀及其对经济危机的影响 《世界经济》，1979年第1期。

略论战后资本主义世界经济发展的特点 《教学与研究》，1979年第5期。

论通货膨胀与经济发展的关系 《金融研究动态》，1980年第1期。

欧洲货币体系的建立与货币战的加剧 《经济科学》，1980年第1期。

国际贸易对资本主义经济发展的影响 《世界经济》，1980年第4期。

战后帝国主义国家的通货膨胀 《红旗》，1981年第11期。

浅谈当前美国的高利率 《世界经济》，1982年第8期。

浅议当前美国的经济危机和高利率 《经济研究参考资料》，1982年第9期。

略论战后金融资本的发展 《经济研究参考资料》，1983年第1期。

当前资本主义世界经济危机问题 《经济研究》，1983年第3期。

谈谈当前世界经济形势中的几个问题 《经济学文摘》，1984年第6期。

历史规律是不可抗拒的（合著） 《红旗》，1984年第7期。

80年代世界经济发展趋势及其

对世界政治的影响 《世界经济》，1985年第1期。

国家垄断资本主义与货币危机（合著） 《世界经济文汇》，1985年第2期。

2000年的国际环境与我国的对外开放 《经济研究参考资料》，1985年第2期。

正确看待战后资本主义国家的经济发展和科学技术进步 《学习与研究》，1986年第6期。

帝国主义国家的经济发展与经济危机 《学习与研究》，1986年第7期。

世界经济的低速增长与我国的对外开放 《世界经济与政治内参》，1986年第11期。

1987年：西方经济仍将低速发展 《半月谈》，1987年第1期。

试论当代帝国主义的特点与我们所处的时代 《世界经济》，1987年第7期。

无可奈何花落去——昔日"金元帝国"沦为最大债务国的几点剖析 《学习与研究》，1987年第8期。

世界经济形势不容乐观 《经济日报》，1987年第12期。

更慢 更乱 更不平衡——谈1988年的世界经济前景 《瞭望周刊》，1988年第2期。

美国和日本经济地位的变化及其对我国对外开放的影响 《世界经济与政治》，1988年第11期。

中国改革与开放的国际环境 《改革》，1989年第1期。

变化中的世界经济与中国 《世界经济》，1989年第7期。

当今世界仍处于资本主义向社会主义过渡的历史时代 《教学与研究》，1990年第1期。

90年代世界经济发展的主要趋势 《中国对外贸易》，1991年第5期。

阴霾未散，景气难求—简评发达资本主义国家的经济与政治形势 《世界经济与政治》，1992年第2期。

过渡、低速、动荡——简析当前的国际政治经济形势 《国际技术经济研究学报》，1993年第1期。

世界经济继续保持着低速而不稳定的特点 《国际技术经济研究学报》，1996年第1期。

1997年世界经济走势 《新华文摘》，1997年第1期。

世界经济缓慢而相对平衡地发展——世界经济形势1996年的回顾与1997年的展望 《国际技术经济

研究学报》，1997年第1期。

世界经济发展趋势与中国　《经济经纬》，1998年第5期。

"知识经济"不可轻谈　《东亚经贸新闻》，1998年10月26日。

1999年世界经济将阴转多云　《东亚经贸新闻》，1999年1月4日。

试论世界经济发展的主要趋势——兼及"知识经济"与其他　《世界经济》，1999年第2期。

进入21世纪的世界经济格局　《世界经济》，1999年第7期。

世界经济奇迹般的50年——中国经济走向振兴的国际背景　《瞭望新闻周刊》，1999年第10期。

坎坷的道路　巨大的成就——20世纪世界经济回顾　《中国评论》，1999年第13期。

21世纪——世界经济"四化"的世纪　《前线》，2000年第1期。

世界经济形势与格局变化　《国外社会科学》，2000年第1期。

美国"新经济"新在何处　《瞭望新闻周刊》，2000年第4期。

纵观世纪　回眸沧桑　《新华文摘》，2000年第4期。

美国"新经济'评析　《前线》，2000年第4期。

信息化和经济全球化——不可抗拒的历史潮流　《中国改革报》，2000年11月22日。

作者年表

1932年11月　出生于江苏省南京市。

1950年7月—1952年8月　在东北化工局设计处、生产处工作，任见习技术员。

1952年8月—1956年8月　在沈阳化学工业学校工作，历任教员和团委副书记。

1956年9月—1960年5月　在中国人民大学经济系学习。

1960年5月—1970年12月　在中国人民大学经济系世界经济教研室工作，任助教。

1970年12月—1978年8月　在北京大学经济系工作，任教员。

1978年8月—1981年10月　在中国人民大学经济系世界经济教研室工作，任讲师。

1981年10月起　在中国社会科学院世界经济与政治研究所工作，历任副研究员、研究员、博士生导师；室主任、副所长。

1985年7月　任中国世界经济学会副会长兼秘书长。

1997年9月　任中国世界经济学会会长。

1998年4月　退休。

2000年9月　连任中国世界经济学会会长。

2002年3月11日　因患癌症逝世，享年69岁。

编　　后

　　王老师逝世后不久，王夫人李泽兰老师约我们到她家，商量能否将王老师的作品结集出版作为对他的纪念。我们接过大约100多篇的两大捆报刊和部分手稿，它清晰地记录着王老师的一段学术经历，感觉是沉甸甸的。因为王老师生前已经整理过自己的作品，加之李老师已经按日期排好了顺序，使我们工作得非常顺手。在杜厚文老师的指导帮助下，很快就编好了王老师著述约600多万字目录初稿。

　　出书的过程就不那么顺利了。好在得到中国社会科学院科研局李正乐、李千同志的指点：王老师符合中国社会科学院学者文选入选条件，可以向院科研局申请出版资助。在中国社会科学院和世界经济与政治所领导的热情支持下，不到两个星期问题就迎刃而解。剩下的问题就是从王老师著述中选出约30万字的作品。这使我们有点为难，担心我们的取舍不能全面反映王老师的学术贡献。征得世界经济与政治所领导、杜厚文老师和编委们的同意，我们按以下原则：基本未收入主编、合著著作，较多收入早期著作，尽可能每年都选取一篇著作，尽可能反映作者涉及的研究领域和主要成果，从中选取了29篇作品结为文集，希望大体反映王老师在学术界的概貌。

王老师心胸开朗，为人正直，从不随波逐流。例如，在关于"知识经济"的讨论中，王老师据理坚持自己的不同意见作为一家之言。在当前市场经济的条件下，既不偷"驴"，又不拔"橛"，是不容易做到的。

王老师一直特别关心世界经济学会中青年同志的成长。每年学会中青年委员会活动，只要没有特殊情况，他一定参加。学会一大批中青年学者在各界崭露头角，是与他的关心培养分不开的。

王老师大我们十多岁，非父非兄，犹如父兄；他未曾直接为我授业，但十几年言传身教，实是吾师。能为王老师做一点事，是我们所有得益于他的后辈们的心愿和荣幸。

陈　沙
2003 年 7 月 2 日